Lexikon der deutschen Konversation
독일어 회화사전

박 진 권 지음
Heiko Ital 감수

문예림

저자 박진권

- 한국외국어대학교 독일어과 및 동 대학원 졸업
- 독일 보쿰(Bochum)대학교 문학박사(독문학)

「저서」
- 독일어 무력통신문
- 꿩먹고 알먹는 독일어 첫걸음
- 〈공저〉대학생을 위한 활용 독일어 Ⅰ
  　　　대학생을 위한 활용 독일어 Ⅱ
- 드라마 사전
  Heiko Ital 감수

독일어 회화사전

초판2쇄 인쇄 | 2011년 8월 25일
초판2쇄 발행 | 2011년 8월 30일

저 자 | 박진권
발행인 | 서덕일
발행처 | 도서출판 문예림
출판등록 | 1962년 7월 12일 제 2-110호
주소 | 서울 광진구 군자동 1-13호 문예하우스 101호
전화 | 02-499-1281~2
팩스 | 02-499-1283
http://www.bookmoon.co.kr
E-mail : book1281@hanmail.net

・잘못된 책은 구입하신 서점에서 교환하여 드립니다.
・인지는 저자와 협의에 의해 생략합니다.

ISBN 978-89-7482-507-2

머리말

　요즘 독일로 여행이나 출장을 떠나는 사람들이 많다. 독일에서 기차를 타거나 관광을 하고 쇼핑을 할 때 어떻게 독일어로 말해야 할 지 정작 한국에서 독일어를 배워도 난감할 때가 있다. 또한 독일 대학에 다니기 위해 한국에서 독일어를 배워 읽는데 별 어려움을 겪지 않지만 정작 독일어로 말할 때 어떻게 표현해야 옳을지 모를 경우가 많다. 국내에서도 독일인과 비즈니스를 한다거나 독일인을 안내할 때 그리고 그들과 대화할 때 실제 상황에서 독일어 단어나 표현법이 떠오르지 않아 당황하기도 한다. 이럴 때마다 상황에 알맞은 표현을 알 수 있는 책이 있다면 얼마나 좋을까 하는 바람이 절실하다. 이 책의 집필 동기는 바로 그러한 이유로 나온 것이다. 그때그때마다 필요한 표현법을 찾아 실제로 사용하고 또 이미 독일어를 배웠다면 단어들을 바꾸어가며 독일어 학습자가 응용할 수 있도록 배려하였다. 학습자나 독자가 이 책을 가지고 말하고 싶은 것을 정확히 표현할 수 있도록 하자는 데 집필 목적을 두었기 때문에 언제든지 재미있게 익힐 수 있을 것이다. 이미 여행을 위한 여러 가지 독일어회화 책들이 있기는 하지만, 거기서도 만족을 못 느끼거나 부족한 점, 빠진 점들이 있어서 독자들이 폭넓은 일상생활의 상황 속에서 독일어를 구사할 수 있도록 독일어회화 표현을 충분히 그리고 완벽하게 수록하였다.

　이 책이 나오기까지 한국외국어 대학교 독일어 통번역학과의 Heiko Ital 교수가 조언을 하고 각별히 전체 내용을 감수하였으며 각 부(Teil)의 1장~3장 정도를 직접 녹음도 해주었다. 향후 전체 녹음을 계획하는 게 학습자에게 큰 도움이 될 것이라는 조언도 해주었다. 또한 이 책의 발행을 기꺼이 허락하신 도서출판 문예림의 서덕일 사장님께 깊은 감사를 드린다.

　필자는 독자들이 좀 독특한 언어인 독일어를 꾸준히 배우고 실제로 사용하는데 조금이나마 도움이 되도록 이 책을 집필하였기에 독자들의 조그마한 만족에도 기쁨은 더 없이 클 것이다.

2010년 2월
박 진 권

INHALT

I 사람을 만났을 때의 표현

01 일상적 인사   16
아침, 낮, 저녁에 인사하기 / 근황을 물을 때 / 바쁘냐고 물을 때 / 상대방의 안색을 나타낼 때

02 소개   19
처음 만났을 때 / 서로 이름을 밝힐 때 / 말씀 많이 들었다고 할 때 / 자기소개하기 / 자기 자신에 대해 좀 더 소개하기 / 상사나 직원을 소개할 때 / 가족을 소개할 때 / 다른 사람을 소개할 때 / 서로 아는 사이인지 물을 때 / 잘 아는 사이에 소개할 때 / 소개 받고 응답할 때 / 상대방에 대해 더 자세히 묻기

03 오랜만의 만남   31
오랜만에 만났을 때 / 사업이나 학업에 대한 안부를 물을 때 / 가족의 안부를 물을 때

04 헤어질 때의 인사   34
헤어질 때 / 밤에 헤어질 때 / 가봐야 한다고 말할 때 / 다시 만나자고 할 때 / 다시 오라고 할 때 / 약속하고 헤어질 때 / 연락을 하자고 할 때 / 안부를 전할 때 / 안부를 전하겠다고 할 때 / 헤어질 때 덧붙이는 말

II 사교할 때의 표현

01 감사   44
고마울 때 / 도움과 친절에 감사할 때 / 선물을 전할 때 / 감사에 대해 응답할 때

02 축하   47
축하할 때 / 생일을 축하할 때 / 성공을 축하할 때/ 출산축하 / 결혼축하 / 행운을 빌 때 / 축하 받고 대답할 때 / 절기를 축하할 때 / 건배할 때 / 기

원할 때 / 환영할 때

03 칭찬　　　　　　　　　　　　　　　　　　　　　　　54
감탄을 나타낼 때 / 칭찬할 때 / 성과를 칭찬할 때 / 능력을 칭찬할 때 / 외모를 칭찬할 때 / 대상에 대해 칭찬할 때 / 칭찬에 대해 응답할 때 / 부끄러울 때 / 의견에 대해 칭찬할 때

04 사과와 변명　　　　　　　　　　　　　　　　　　　62
사과할 때 / 양해를 구할 때 / 사과의 이유를 말할 때 / 유감을 나타낼 때 / 사과의 말을 전해달라고 할 때 / 잘 못을 인정할 때 / 용서를 구할 때 / 사과를 받아줄 때

05 권유와 제안　　　　　　　　　　　　　　　　　　　71
음료는 식사를 권할 때 / 권유할 때 / 제안할 때 / 제안이나 권유에 응할 때 / 동의를 구하는 제안 / 제안이나 권유를 거절할 때

06 부탁과 도움　　　　　　　　　　　　　　　　　　　79
부탁할 때 / 구체적으로 부탁할 때 / 간단히 부탁할 때 / 허락을 부탁할 때 / 부탁을 들어줄 때 / 부탁을 거절할 때 / 완곡히 거절할 때 / 도움을 주고받을 때

07 허가와 양해　　　　　　　　　　　　　　　　　　　88
허가나 허락을 구할 때 / 허가나 허락을 할 때 / 양해를 구할 때 / 약속을 승낙할 때 / 약속을 거절할 때

08 명령과 금지　　　　　　　　　　　　　　　　　　　93
지시할 때 / 명령할 때 / 경고할 때 / 금지나 허락을 하지 않을 때

09 재촉과 여유　　　　　　　　　　　　　　　　　　100
재촉할 때 / 여유를 가지라고 할 때

10 주의와 타이름　　　　　　　　　　　　　　　　　104
주의를 줄 때 / 꾸짖을 때 / 타이를 때 / 변명을 듣고 싶지 않을 때

11 충고와 의무　　　　　　　　　　　　　　　　　　111
충고할 때 / 조언할 때 / 의무, 당연을 나타낼 때

12 설득과 결심　　　　　　　　　　　　　　　　　　115
고집을 피울 때 / 설득할 때 / 의중을 확인할 때 / 당위성을 말할 때 / 결심을 유보하거나 바꿀 때 / 결심했을 때 / 결정할 때 / 결정을 망설일 때

INHALT

13 추측과 확신　　　　　　　　　　　　　　　　　　**121**
추측을 나타낼 때 / 추측이 맞았을 때 / 추측과 판단이 다를 때 / 확신을 물을 때 / 확신할 때 / 확신하지 못할 때

14 가능과 불가능　　　　　　　　　　　　　　　　　**126**
가능 여부를 물을 때 / 가능을 말할 때 / 불가능을 말할 때

15 계획과 예정　　　　　　　　　　　　　　　　　　**130**
계획과 예정을 물을 때 / 계획과 예정을 말할 때

16 희망과 의지　　　　　　　　　　　　　　　　　　**133**
희망을 물을 때 / 희망을 말할 때 / 의향을 물을 때 / 의지를 말할 때

Ⅲ 유창한 대화를 위한 표현

01 이해와 확인　　　　　　　　　　　　　　　　　　**140**
이해를 확인할 때 / 이해했을 때 / 이해를 못했을 때

02 대화의 막힘과 재촉　　　　　　　　　　　　　　**143**
말이 막힐 때 / 적절한 말이 생각나지 않을 때 / 말하면서 생각할 때 / 말을 재촉할 때

03 동의와 찬반　　　　　　　　　　　　　　　　　　**147**
동의를 구할 때 / 동의할 때 / 부분적으로 동의할 때 / 동감할 때 / 상대방이 옳고 자신이 틀렸다고 할 때 / 찬성할 때 / 반대할 때 / 확실하게 반대의 말을 할 때 / 불확실하게 대답할 때 / 거절을 나타낼 때

04 맞장구　　　　　　　　　　　　　　　　　　　　　**156**
확실하게 동의할 때 / 애매하게 동의할 때 / 긍정적 맞장구 / 부정적 맞장구 / 이해의 맞장구 / 잠시 생각할 때 /

05 대화를 부드럽게 하는 표현　　　　　　　　　　**161**
대화의 계기를 마련할 때 / 말을 걸 때 / 대화를 시도할 때 / 화제를 바꿀 때 / 대화 도중에 쓸 수 있는 표현 / 간단히 말할 때 / 무슨 일이냐며 응할 때 / 어색함을 모면하면서 말을 걸 때 / 잘 알아듣지 못했을 때 / 되물을 때 / 다

시 한 번 더 말해달라고 할 때

Ⅳ 감정을 나타내는 표현

01 기쁨과 행복 　　　　　　　　　　　　　　　　　　　174
기쁨을 나타낼 때 / 기쁜 소식을 들었을 때 / 즐거울 때 / 재미있을 때 / 행운을 얻었을 때 / 행복할 때 / 안심할 때

02 슬픔과 우울함 　　　　　　　　　　　　　　　　　　179
슬플 때 / 슬퍼서 울 때 / 우울할 때 / 슬픔과 우울함을 위로할 때

03 격려와 위로 　　　　　　　　　　　　　　　　　　　182
배려할 때 / 격려할 때 / 위로할 때 / 조의를 표할 때 / 동정할 때 / 병문안 할 때 / 병문안에 대한 감사의 말

04 노여움과 진정 　　　　　　　　　　　　　　　　　　189
화가 날 때 / 상대방이 화났을 때 / 화를 달랠 때

05 놀라움과 무서움 　　　　　　　　　　　　　　　　　195
놀랐을 때 / 놀라움을 진정시킬 때 / 믿어지지 않을 때 / 두려움을 나타낼 때 / 두려움이나 염려를 진정시킬 때

06 걱정과 긴장 　　　　　　　　　　　　　　　　　　　202
걱정을 물을 때 / 걱정이 될 때 / 걱정스러울 때 / 걱정하지 말라고 할 때 / 긴장될 때 / 긴장과 초조함을 진정시킬 때

07 후회와 실망 　　　　　　　　　　　　　　　　　　　229
아쉬워할 때 / 후회할 때 / 실망스러울 때 / 낙담할 때 / 유감스러울 때

08 귀찮음과 불평 　　　　　　　　　　　　　　　　　　213
귀찮을 때 / 지겹고 지루할 때 / 짜증이 날 때 / 불평을 할 때 / 불만을 나타낼 때

09 좋아함과 싫어함 　　　　　　　　　　　　　　　　　217
좋고 싫음을 물을 때 / 좋아하는 것을 말할 때 / 싫어하는 것을 말할 때

INHALT

10 비난과 다툼   **222**
비난할 때 / 말싸움할 때 / 욕할 때 / 꾸짖을 때 / 화해할 때

V   깊이 있는 교재를 위한 표현

01 약속   **230**
약속을 청할 때 / 스케줄을 확인할 때 / 약속 시간과 날짜를 정할 때 / 약속 장소를 정할 때 / 약속을 변경할 때 / 약속을 취소할 때 / 기타 약속에 관한 표현

02 초대   **238**
초대할 때 / 초대에 응할 때 / 초대에 응할 수 없을 때

03 방문과 접대   **242**
방문했을 때 / 손님을 맞을 때 / 손님을 대접할 때 / 방문을 마칠 때 / 주인으로서의 작별인사

04 식사 제안   **251**
식사를 제안할 때 / 대접할 때 / 식사 제안을 받았을 때 / 식사할 때 / 식사를 마칠 때 / 커피나 차를 마실 때 / 술을 권할 때

05 음식점   **260**
식당을 찾을 때 / 식당에 가자고 권할 때 / 식당을 예약할 때 / 식당에 들어서서 / 주문할 때 / 주문받을 때 / 주문할 때 음식을 묻는 말 / 더 주문하기 / 주문을 바꾸거나 취소할 때 / 주문에 문제가 있을 때 / 음식을 먹으면서 / 음식에 문제가 생겼을 때 / 디저트에 대해서 / 맛있게 먹으라고 할 때 / 식사를 마칠 때 / 음식이나 식당에 대해 말할 때 / 음식 값을 계산할 때 / 팁을 줄 때

06 카페와 술집   **281**
음료를 권할 때 / 술을 마시자고 할 때 / 술을 주문할 때 / 술을 추가로 주문할 때 / 건배할 때

일상생활에 관한 표현

01 날씨와 계절 🎧　　　　　　　　　　　　　　　　　286
날씨를 물을 때 / 기후에 대해서 / 날씨를 말할 때 / 일기예보에 대해서 / 일기에 대해서 / 계절에 대해서

02 시간과 연월일 🎧　　　　　　　　　　　　　　　　294
시간을 물을 때 / 시간을 말할 때 / 시간을 모른다고 응답할 때 / 시간에 대해 말할 때 / 날짜에 대해 말할 때 / 요일에 대해 말할 때 / 달에 대해 말할 때 / 해에 대해 말할 때 / 기타 표현들

03 하루의 일과 🎧　　　　　　　　　　　　　　　　　306
일어날 때 / 외출준비를 할 때 / 집으로 돌아올 때 / 저녁식사를 할 때 / 휴식과 취침 / 집안 청소를 할 때 / 쓰레기를 버릴 때 / 휴일을 보낼 때

04 학교와 출신지　　　　　　　　　　　　　　　　　316
출신학교에 대해 / 전공에 대해서 / 학년과 선후배에 대해서 / 학교생활에 대해서 / 수업에 대해서 / 시험과 성적에 대해서 / 출신지에 대해 말할 때

05 개인의 신상　　　　　　　　　　　　　　　　　　325
나이를 말할 때 / 생일에 대해 / 종교에 대해서 / 가족에 대해서 / 형제자매에 대해 / 자녀에 대해 / 친척에 대해서 / 거주지에 대해서 / 주소에 대해서 / 주택에 대해서 / 직업에 대해서

06 성격과 태도　　　　　　　　　　　　　　　　　　337
성격을 물을 때 / 자신의 성격을 말할 때 / 다른 사람의 성격을 말할 때 / 성격을 칭찬할 때 / 태도에 대해서

07 외모와 패션　　　　　　　　　　　　　　　　　　343
체격에 대해서 / 체중에 대해서 / 외모에 대해서 / 패션에 대해서

08 건강　　　　　　　　　　　　　　　　　　　　　348
건강에 대해서 / 건강관리에 대해서 / 컨디션에 대해서 / 다이어트에 대해서

09 음주와 흡연　　　　　　　　　　　　　　　　　　354
주량에 대해서 / 금주에 대해서 / 흡연에 대해서 / 담배를 피울 때 / 금연에

INHALT

대해서

10 취미와 여가 — 360
취미에 대해서 / 여가 활동에 대해서 / 여행에 대해서

11 오락과 유흥 — 364
오락에 대해서 / 유흥에 대해서

12 문화생활 — 366
책에 대해서 / 신문과 잡지에 대해서 / 음악에 대해서 / 그림에 대해서 / 라디오에 대해서 / 텔레비전에 대해서 / 비디오에 대해서 / 공연관람에 대해서 / 연극 관람에 대해서 / 영화 관람에 대해서

13 요리 — 381
요리에 대해서 / 식성과 식욕에 대해서 / 맛에 대해서

14 스포츠와 레저 — 387
스포츠에 대해서 / 스포츠를 관전할 때 / 스포츠 중계를 볼 때 / 여러 가지 경기에 대해서 / 기타 운동에 대해서

15 우정과 이성교제 — 394
친구에 대해서 / 이성교제에 대해 / 데이트를 신청할 때 / 데이트를 즐길 때 / 애정을 표현할 때 / 사랑을 고백할 때 / 절교를 표현할 때

16 결혼과 출산 — 402
청혼할 때 / 약혼에 대해서 / 결혼에 대해서 / 결혼식에 대해서 / 임신과 출산에 대해서 / 별거와 이혼에 대해서

17 직업과 직장생활 — 408
직업을 물을 때 / 직업을 말할 때 / 사업을 물을 때 / 사업에 대해 말할 때 / 직장에 대해 / 출퇴근에 대해서 / 근무에 대해서 / 상사와 부하 직원에 대해 / 승진에 대해서 / 휴가에 대해서 / 사직과 퇴직에 대해서

18 구직과 취업 — 420
일자리를 구할 때 / 면접에 응할 때 / 면접을 할 때 / 면접장에서 대답하거나 질문할 때 / 취직을 했을 때

Ⅶ 전화와 메일 그리고 팩스에 대한 표현

01 전화통화   428

전화를 걸기 전에 / 전화를 걸 때 / 전화가 걸려왔을 때 / 전화를 받을 때 / 전화를 바꿔줄 때 / 전화를 받을 수 없을 때 / 다시 전화할 때 / 메시지를 받을 때 / 메시지를 부탁할 때 / 메시지를 전해주겠다고 할 때 / 전화를 잘못 걸었을 때 / 교환을 이용할 때 / 통화에 문제가 있을 때 / 국제전화를 이용할 때 / 전화를 끊을 때

02 이메일과 팩스 사용   446

E-mail 주소나 팩스번호를 물을 때 / 이메일이나 팩스를 발송할 때 / 팩스 수신 상태가 나쁠 때 / 이메일이나 팩스가 도착하지 않았을 때 / 이메일이나 팩스 내용에 대해 말할 때

03 복사와 컴퓨터 사용   450

복사 / 컴퓨터

Ⅷ 비즈니스를 위한 표현

01 업무의 위임과 진행   454

업무를 맡길 때 / 업무 진행과 확인 / 그 외에 할 수 있는 말들

02 회사 방문   458

전화로 방문을 예약할 때 / 방문객을 접수할 때 / 거래처를 방문했을 때 / 방문객과 인사 나눌 때 / 회사를 안내할 때

03 회의   467

회의 준비 / 회의 진행할 때 / 회의를 종료할 때

04 상담   472

바이어를 맞이할 때 / 회사를 설명할 때 / 제품을 설명할 때 / 구입을 희망

INHALT

할 때 / 가격을 협상할 때 / 할인을 요청할 때 / 할인을 허용할 때 / 결정을 유보할 때 / 조건에 합의할 때 / 조건을 거부할 때

05 납품과 클레임　　　　　　　　　　　　　　　　　　481

납품할 때 / 클레임을 제기할 때 / 클레임에 응할 때 / 클레임을 거부할 때

IX 독일에서의 여행을 위한 표현

01 비행기 　　　　　　　　　　　　　　　　　　486

항공기를 이용할 때 / 짐을 부칠 때 / 공항 대합실에서 / 좌석을 찾을 때 / 기내서비스를 받을 때 / 기내식을 주문할 때 / 기내 면세품을 구입할 때 / 입국카드를 작성할 때 / 몸이 불편할 때 / 통과 · 환승할 때

02 공항　　　　　　　　　　　　　　　　　　　　　　498

짐을 찾을 때 / 입국심사를 받을 때 / 세관을 통과할 때 / 공항 안내소에서

03 호텔　　　　　　　　　　　　　　　　　　　　　　505

호텔을 찾을 때 / 호텔을 예약할 때 / 숙박기간을 말할 때 / 숙박비를 말할 때 / 체크인 할 때 / 숙박부를 작성할 때 / 물건을 보관 맡길 때 / 체크인에 문제가 있을 때 / 방의 위치를 확인할 때 / 방을 확인할 때 / 짐을 옮겨달라고 할 때 / 룸서비스를 이용할 때 / 시설물을 이용할 때 / 숙박 이용에 문제가 있을 때 / 체크아웃을 할 때 / 숙박비를 계산할 때 / 휴가지의 숙소에서 / 캠핑장에서 / 유스호텔에서

04 관광과 기념사진　　　　　　　　　　　　　　　　　531

관광안내소에서 / 투어를 이용할 때 / 입장권을 살 때 / 관광지에서 / 관람할 때 / 기념촬영을 할 때

05 쇼핑　　　　　　　　　　　　　　　　　　　　　　541

쇼핑센터를 찾을 때 / 매장을 찾을 때 / 가게로 가려고 할 때 / 가게에 들어서 말할 때 / 물건을 찾을 때 / 물건을 고를 때 / 정할 때 / 색상을 고를 때 / 사이즈를 고를 때 / 디자인을 고를 때 / 품질을 물을 때 / 가격을 물을 때 / 포장을 부탁할 때 / 배달과 배송을 부탁할 때 / 물건을 교환하거나 환불받을 때

06 귀국　　　　　　　　　　　　　　　　　　　　　　557
귀국편을 예약할 때 / 예약을 재확인할 때 / 항공편을 변경하거나 취소할 때 / 공항으로 갈 때 / 탑승 수속을 할 때 / 비행기 안에서

X 독일에서의 생활을 위한 표현

01 길 안내 　　　　　　　　　　　564
길을 물을 때 / 장소를 물을 때 / 걸리는 시간과 거리를 말할 때 / 길을 알려줄 때 / 자신도 모를 때 / 길을 잃었을 때

02 대중교통　　　　　　　　　　　　　　　　　　572
택시를 이용할 때 / 시내버스를 이용할 때 / 지하철을 이용할 때 / 열차를 이용할 때 / 항공기를 이용할 때

03 자동차 이용　　　　　　　　　　　　　　　　583
렌터카를 이용할 때 / 차를 운전할 때 / 주유할 때 / 주차할 때

04 관공서　　　　　　　　　　　　　　　　　　　590

05 은행　　　　　　　　　　　　　　　　　　　　593
은행을 찾을 때 / 환전할 때 / 환율을 물을 때 / 잔돈을 바꿀 때 / 구좌를 개설할 때 / 입출금과 송금할 때 / 신용카드

06 주택임대　　　　　　　　　　　　　　　　　　602
방을 임대할 때 / 아파트나 주택을 구할 때 / 구체적인 내용을 물을 때 / 임대료에 대해서 / 편의 시설과 주변 환경에 대해 / 임대기관과 입주 / 집을 구경할 때 / 계약할 때 / 이사할 때

07 우체국　　　　　　　　　　　　　　　　　　　616
우체국을 찾을 때 / 편지를 부칠 때 / 우표를 살 때 / 소포를 부칠 때

08 세탁소　　　　　　　　　　　　　　　　　　　621
세탁물을 맡길 때 / 세탁물을 찾을 때

09 이발소와 미용실　　　　　　　　　　　　　　624

INHALT

10 시장보기   **628**

쇼핑센터나 시장에서 / 야채, 과일 등을 고를 때 / 수량이나 단위로 값을 물을 때 / 옷을 고를 때 / 구두를 살 때 / 문구류를 살 때 / 서점에서 / 면세품을 구입할 때

11 병원   **647**

병원에 갈 때 / 접수창구에서 / 증상을 물을 때 / 신체의 이상을 말할 때 / 진찰할 때 / 진찰 후 조언을 할 때 / 내과에서 / 외과에서 / 피부과에서 / 이비인후과에서 / 소아과에서 / 안과에서 / 치과에서 / 산부인과에서 / 약이 필요할 때 / 환자의 상태를 물을 때

12 약국에서   **684**

약을 살 때 / 처방전에 따른 약 구입 / 복용방법

XI 긴급 상황 대처를 위한 표현

01 난처하거나 위급한 상황   **690**

난처할 때 / 위급할 때 / 도움을 요청할 때

02 분실과 도난   **694**

분실물 취급소에서 / 분실했을 때 / 도난당했을 때

03 교통사고   **699**

교통사고가 났을 때 / 교통사고를 냈을 때 / 교통사고 경위를 설명할 때 / 교통법규를 위반했을 때

04 자동차 수리   **706**

자동차 수리를 문의할 때

05 안경점   **711**

안경점에서

Teil I

사람을 만났을 때의 표현

01 일상적 인사
02 소개
03 오랜만의 만남
04 헤어질 때의 인사

01 일상적 인사

독일어 인사말은 하루의 시간대에 따라 "Guten Morgen"(아침), "Guten Tag"(낮), "Guten Abend"(저녁)를 쓰는 것이 보통이다. 이러한 시간에 국한되지 않는 인사말은 "Hallo"이다. 모르는 사이라 할지라도 처음 만나는 사람과 눈이 마주치거나 엘리베이터 안 또는 복도 등에서 마주하게 되면 이렇게 인사한다.

아침, 낮, 저녁에 인사하기

안녕!
Hallo!
안녕하세요. (아침인사)
Guten Morgen!
안녕하세요(낮인사)
Guten Tag!
안녕하세요.(저녁인사)
Guten Abend!
안녕하세요. (밤인사)
Gute Nacht!

근황을 물을 때

안녕?
Hallo!
잘 지내니?
Wie geht es dir?
잘 지내니?
Wie geht's?
안녕, 잘 지내?
Hallo, wie geht's?

어떻게 지내십니까?
Wie geht es Ihnen?

아주 잘 지냅니다.
Es geht mir sehr gut.

덕분에 잘 지냅니다.
Danke, mir geht es gut.

덕분에 잘 지냅니다. 당신은 어떠세요?
Danke, mir geht es gut. Und Ihnen?

저도 덕분에 잘 지내요.
Danke schön, mir geht es auch gut.

저도 잘 지내요.
Danke, auch gut.

저도 잘 지내요.
Danke, mir auch.

그럭저럭 지내요
Es geht.

별로 안 좋아요.
Mir geht es nicht so gut.

기분 아주 좋습니다.
Ich fühle mich sehr gut.

바쁘냐고 물을 때

요즘 일이 많으세요?
Haben Sie viel Arbeit zurzeit?

요즘 바쁘십니까?
Sind Sie zurzeit sehr beschäftigt?

요즘 바쁘니?
Bist du zurzeit sehr beschäftigt?

너 요즘 할 일이 많니?/너 요즘 바쁘니?
Hast du zurzeit viel zu tun?

오늘 하실 일이 많으신가요?
Haben Sie heute viel zu tun?

상대방의 안색을 나타낼 때

기분이 별로 안 좋습니다.
Ich bin schlechter Laune.

컨디션이 좀 안 좋습니다.
Ich fühle mich nicht wohl.

기운이 없어 보이네요.
Sie sehen bedrückt aus.

왜 그렇게 시무룩하니?
Warum bist du so deprimiert?

얼굴 참 좋아 보인다.
Du siehst gut aus.

어디 아프십니까?
Wo tut es Ihnen weh?

무슨 일이 생겼어요?
Was ist los (mit Ihnen)?

무슨 일이 생겼니?
Was ist los (mit dir)?

소개

처음 만났을 때 인사표현은 "안녕하세요. 처음 뵙겠습니다."인데 독일어로 "Guten Tag!"처럼 하루의 때에 알맞은 인사를 하면 된다. "반갑습니다"라는 말은 "Ich freue mich", "Freut mich", "Sehr erfreut" 등을 사용한다. 독일인들은 사람을 소개하거나 소개받을 때 상대의 이름을 정확히 기억해두려고 하며 대화중에도 상대의 이름을 부르는데, 이렇게 하는 것이 이름을 기억하기 쉽고 상대에게 친숙감을 주기도 한다.

처음 만났을 때

처음 뵙겠습니다.
Guten Tag!

 독일어에서 "처음 뵙겠습니다"란 표현은 Guten Tag처럼 하루의 때에 상응하는 인사말을 사용한다. 영어의 How do you do?에 해당한다. 소개하는 상황에서 "처음 뵙겠습니다"라고 할 때는 Sehr erfreut! 또는 Freut mich sehr!한다.

만나서 반갑습니다.
Ich freue mich, Sie zu treffen.

만나서 반갑습니다.
Wie schön, Sie zu treffen.

당신을 알게 되어 반갑습니다.
Nett, Sie kennen zu lernen.

여러분들 모두를 뵈어서 반갑습니다.
Ich freue mich, Sie alle getroffen zu haben.

뵙게 되어 반갑습니다.
Freut mich, Sie zu sehen.

만나서 반갑습니다.
Ein Vergnügen.

알게 되어 아주 기쁩니다.
Sehr erfreut, Sie kennen zu lernen.

제가 오히려 반갑습니다.
Gern geschehen!

서로 이름을 밝힐 때

성함이 어떻게 됩니까?
Wie heißen Sie, bitte?

성함이 어떻게 됩니까?
Wie ist Ihr Name?

성함을 말씀해 주십시오.
Ihr Name, bitte!

성이 어떻게 됩니까?
Wie heißen Sie mit Familiennamen?

이름이 어떻게 됩니까?
Wie ist Ihr Vorname?

이름을 말씀해 주십시오.
Ihr Vorname, bitte!

김이 당신의 이름입니까?
Ist Kim Ihr Vorname?

아니오, 저의 성입니다.
Nein, es ist mein Nachname.

당신이 바이골트씨입니까?
Sind Sie Herr Weihgold?

예, 그렇습니다.
Ja, das bin ich.

성은 박입니다.
Mein Nachname ist Park.

니나라고 불러주십시오.
Nennen Sie mich Nina!

천천히 다시 말씀해 주십시오.
Bitte wiederholen Sie das, langsam!

실례합니다. 성함이 뭐라고 하셨지요?
Entschuldigung, wie war Ihr Name noch einmal?

철자를 어떻게 쓰지요?
Wie buchstabiert man das?

철자는 이렇게 됩니다: S, t, r, a, u, ß
Das buchstabiert man: großes s, t, r, a, u, scharfes s.

당신 성의 철자를 불러주십시오.
Bitte buchstabieren Sie Ihren Nachnamen!

말씀 많이 들었다고 할 때

당신에 관한 말씀 많이 들었습니다.
Ich habe viel von Ihnen gehört.

선생님에 대해서 말씀을 들었습니다.
Ich habe von Ihnen gehört.

말씀 많이 들었습니다.
Viel von Ihnen gehört.

말씀은 많이 들었습니다.
Ich kenne Sie vom Hörensagen.

슈나이더 씨가 당신 이야기를 자주 했습니다.
Herr Schneider hat mir oft von Ihnen erzählt.

쾨넨 씨가 선생님에 대해 자주 얘기했습니다.
Herr Köhnen hat oft von Ihnen erzählt.

만나 뵙고 싶었습니다.
Ich habe mir gewünscht, Sie zu treffen.

오래전부터 당신을 만나 뵙고 싶었습니다.
Schon seit langem habe ich gewünscht, Sie zu treffen.

나쁜 말이 아니길 바랍니다.
Ich hoffe nichts Schlechtes.

자기 소개하기

제 소개를 할까요?
Darf ich mich vorstellen?

제 소개를 하겠습니다.
Darf ich mich Ihnen vorstellen?

저를 소개하고 싶습니다.
Ich möchte mich Ihnen vorstellen.

저를 소개해도 될까요?
Gestatten Sie, dass ich mich vorstelle?

방금 소개받은 박 입니다.
Ich heiße Park, so wie in meiner Vorstellung bereits erwähnt.

자기 자신에 대해 좀 더 소개하기

안녕하세요. 제 이름은 이 혜림입니다. 저는 한국에서 왔습니다.
Guten Tag, mein Name ist Herim Lee. Ich komme aus Korea.

저는 한국의 서울에서 왔습니다.
Ich komme aus Korea, aus Seoul.

저는 대학생입니다.
Ich bin Studentin.

 독일어 여성명사는 남성명사 뒤에 –in이 붙는다. Student(대학생), Studentin(여대생)

저는 회사원입니다.
Ich bin Angestellte.

저는 소프트텍에서 근무하는 김입니다.
Ich bin Herr/Frau Kim von der Firma Softtech.

저는 프랑크푸르트 주재 수출입은행에 근무하고 있습니다.
Ich arbeite bei der Korean Import und Export Bank in Frankfurt.

저는 어학과정에서 독일어를 배우고 있습니다.
Ich lerne Deutsch im Sprachkurs.

저는 기숙사에 살고 있습니다.
Ich wohne im Studentenheim.

저는 미혼입니다.
Ich bin ledig.

상사나 직원을 소개할 때

제 직장 동료입니다.
Das ist mein Kollege.

 여자동료는 die Kollegin.

제 상사입니다.
Das ist mein Vorgesetzter.

der Vorgesetzte 상사(上司), der Chef[셰프]라고도 한다. 여성명사는 die Vorgesetzte, die Chefin.

이분은 우리 회사의 총무부장입니다.
Das ist der Geschäftsführer meiner Firma.
그리고 이분은 영업부 과장, 미스터 리입니다.
Und das hier ist Herr Lee, der Leiter der Produktionsabteilung.

가족을 소개할 때

이쪽은 제 가족입니다.
Das ist meine Familie.
이들은 제 형제들입니다.
Das sind meine Geschwister.
이쪽은 제 언니입니다.
Das ist meine Schwester.
이들은 제 자매들입니다.
Das sind meine Schwestern.
이들은 제 남자형제들입니다.
Das sind meine Brüder.
이분들은 저의 부모님입니다.
Das sind meine Eltern.

다른 사람을 소개할 때

소개할까요?
Darf ich vorstellen?
이쪽은 제 친구 알렉산더입니다.
Das ist mein Freund Alexander.
만나서 반가워요. 저는 레나입니다.
Nett, Sie zu treffen. Ich heiße Lena.
제 친구를 소개해 드리고 싶습니다.
Ich möchte Ihnen meinen Freund vorstellen.
김 선생을 소개드릴까요?
Darf ich Ihnen Herrn Kim vorstellen?

> Tipp Herr는 2, 3, 4격에서 어미 n이 붙는다.

김 선생을 소개드릴까요?
Darf ich Sie mit Herrn Kim bekannt machen?

소개드릴까요?
Darf ich bekannt machen?

마이어 씨, 이분은 남씨입니다.
Frau Meyer, das ist Herr Nam.

서로 아는 사이인지 물을 때

서로들 벌써 아는 사이입니까?
Kennen Sie sich schon?

서로들 이미 알고 계신가요?
Kennen Sie sich bereits?

너희들은 서로 아는 사이지, 그렇지?
Ihr kennt euch schon, oder?

두 분이 전에 만난 적이 있습니까?
Haben Sie beide sich schon vorher getroffen?

두 분이 서로 아는 사이입니까?
Sind Sie beide schon miteinander bekannt?

두 분이 서로 아는 사이입니까?
Haben Sie beide schon miteinander Bekanntschaft geschlossen?

우리는 서로 뵌 적이 있습니다.
Wir kennen uns vom Sehen.

우리 서로 아는 사이 아닌가요?
Kennen wir uns nicht?

혼동하고 계신 겁니다. 우리는 한 번도 만난 적이 없는데요.
Sie irren sich. Wir sind uns noch nie begegnet.

여기는 모니카고 이 친구는 동민이야.
Hier ist Monika. Und hier Dong-Min.

이분은 한국에서 온 미스터 이입니다.
Das ist Herr Lee aus Korea.

이 양, 로만 씨를 아시나요?
Frau Lee, kennen Sie Herrn Lohmann?

제가 당신을 그분에게 소개해 드릴게요.
Ich mache Sie mit ihm bekannt.

너 정말 볼프 부인 알고 있어?
Kennst du eigentlich Frau Wolf?

이들은 제 동료들입니다.
Das sind meine Kollegen.

이들은 제 친구들입니다.
Das sind meine Freunde.

이들은 제 여자친구들입니다.
Das sind meine Freundinnen.

이들은 김씨 부부입니다.
Das sind Frau und Herr Kim.

나는 그의 이름을 모르고 단지 얼굴만 알고 있습니다.
Ich weiß nicht, wie er heißt. Ich kenne ihn nur vom Sehen.

나는 그의 성만 알고 있습니다.
Ich kenne ihn nur vom Namen.

아렌트 씨를 아십니까?
Kennen Sie Herrn Arndt?

예, 우리는 친해요.
Ja, wir sind befreundet.

잘 아는 사이에 소개할 때

우도, 인아를 알아?
Udo, kennst du Ina?

이쪽은 자비네야.
Das hier ist Sabine.

여기 이 사람은 내 남편이야.
Das hier ist mein Mann.

여기 이 사람은 내 아내야.
Das hier ist meine Frau.

얘는 내 동생이야. 다니엘이라고 해.
Das ist mein Bruder. Er heißt Daniel.

다니엘, 너 랄프 알지, 그렇지?
Daniel, du kennst doch sicher den Ralf.

레나테, 너는 이미 보미를 알고 있지?
Renate, du kennst doch schon die Bomi?

 사람 이름 앞에 정관사를 붙여 '…라는 애/사람'의 뜻으로 쓴다.

너희들은 이미 서로를 알고 있지, 그렇지?
Ihr kennt euch ja schon, oder?

너 나의 형/동생 민호를 알아?
Kennst du meinen Bruder Minho?

너 나의 여동생/언니 민희를 아니?
Kennst du meine Schwester Minhi?

그 애는 민희라고 해, 그러나 모두들 그 애를 미니라고 불러.
Sie heißt Minhi, aber alle nennen sie Mini.

저기 저 남자 이름이 뭐지?
Wie heißt der Mann da?

아, 그의 이름이 혀에 돌긴 하는데.
Sein Name liegt mir auf der Zunge.

그의 이름이 혀에 돌긴 하는데 모르겠어.
Ich habe seinen Namen auf der Zunge.

소개 받고 응답할 때

반갑습니다.
Freut mich.

대단히 반갑습니다.
Freut mich sehr.

만나서 반갑습니다.
Angenehm.

저도 마찬가지입니다.
Ganz meinerseits.

저도 마찬가지인 걸요.
Gleichfalls.

반갑습니다. 박이라고 합니다.
Angenehm, Park.

반갑습니다. 제 이름은 박입니다.
Angenehm, ich heiße Park.

처음 뵙겠습니다. 저는 마이어입니다.
Sehr angenehm, ich bin Herr Meier.
뵙게 되어 반갑습니다.
Sehr angenehm, Sie kennen zu lernen.
뵙게 되어 반갑습니다.
Sehr angenehm, Sie zu sehen.
만나 뵙게 되어 반갑습니다.
Schön, Sie zu treffen.
당신을 사귀게 되어 매우 반갑습니다.
Freut mich sehr, Ihre Bekanntschaft zu machen.
당신을 알게 되어 반갑습니다.
Freut mich, Sie kennen zu lernen!
만나 뵙게 되어 반갑습니다.
Es freut mich, Sie zu sehen!
당신을 만나니 반갑습니다.
Es freut mich Sie zu treffen.
당신을 알게 되어 대단히 반갑습니다.
Es freut mich sehr, Sie kennen zu lernen!
당신을 알게 되어 대단히 반갑습니다.
Ich freue mich sehr, Sie kennen zu lernen!
처음 뵙겠습니다.
Sehr erfreut.
당신을 알게 되어 반갑습니다.
Sehr erfreut, Ihre Bekanntschaft zu machen!
대단히 반갑습니다.
Sehr angenehm!
저도 반갑습니다.
Ganz meinerseits!
저도 그렇습니다.
Ganz meinerseits!
말씀 많이 들었습니다.
Viel von Ihnen gehört.
이미 말씀 많이 들었습니다.
Ich habe schon viel von Ihnen gehört.
나는 이미 그 여자를 몇 년 전에 만났어.
Ich habe sie schon vor Jahren kennen gelernt.

우리는 베를린에서 만났어./알게 됐어.
Wir haben uns in Berlin kennen gelernt.

우리는 이미 서로 알게 된지 오래됐어.
Wir sind schon lange miteinander bekannt.

우리는 사귄지 2년 됐어.
Wir haben uns vor zwei Jahren kennen gelernt.

 kennen lernen 사귀다 ('처음 만나다' 라는 맥락으로도 사용할 수 있다.) seit ...부터, ... 이래로(3격지배 전치사)

내가 너를 내 사촌에게 소개해주고 싶어.
Ich möchte dich mit meinem Vetter bekannt machen.

당신은 그 여자를 어디서 만나셨습니까?
Wo haben Sie ihre Bekanntschaft gemacht?

당신은 그 여자를 언제 만나셨습니까?
Wann haben Sie ihre Bekanntschaft gemacht?

 공식적인 표현은 아니지만, begegnen+3격을 써서 표현하기도 한다.

우리는 처음에 그 여자를 함부르크에서 우연히 만났습니다.
Wir sind ihr zum ersten Mal in Hamburg begegnet.

상대방에 대해 더 자세히 묻기

어느 나라에서 오셨습니까?
Woher kommen Sie?

 "어디서 오셨습니까?"라고 할 때 Woher kommen Sie?나 Wo kommen Sie her? 또는 Woher sind Sie?라고 한다. 어디서, 어느 도시, 어떤 나라에서 왔느냐고 할 때 모두 쓰인다.

당신은 국적이 어디입니까?
Welche Nationalität haben Sie?

한국입니다.
Koreanisch.

 국적을 물을 때는 형용사로 대답한다. 한국 koreanisch, 독일 deutsch, 프랑스 französisch, 중국 chinesisch, 일본 japanisch, 러시아 russisch ...

당신은 중국인입니까?
Sind Sie Chinese?

아니오, 저는 한국인입니다.
Nein, ich bin Koreaner.

> 여성명사는 대부분 '남성명사+in' 이다; Koreanerin, Japanerin, Amerikanerin, 그러나 형용사가 명사가 된 경우, 예) 독일인 Deutscher 독일인(남자), Deutsche 독일인(여자), Franzose 프랑스인(남자), Französin 프랑스인(여자), Chinese 중국인(남자), Chinesin 중국인(여자)

죄송합니다. 이름이 뭐하고 하셨지요?
Entschuldigung, wie war Ihr Name?

저 여자 분의 이름이 무엇입니까?
Wie heißt die Frau?

당신 친구 분의 이름은 무엇입니까?
Wie heißt Ihr Freund?

언제 출생하셨습니까?
Wann sind Sie geboren?

생년월일은 어떻게 됩니까?
Wie ist Ihr Geburtsdatum?

몇 살입니까?
Wie alt sind Sie?

몇 살인지 여쭈어 봐도 될까요?
Wie alt sind Sie, wenn man fragen darf?

저는 21살입니다.
Ich bin einundzwanzig Jahre alt.

그를 아십니까?
Kennen Sie ihn?

저기 저 여자분 아시지요, 그렇지요?
Sie kennen ja die Frau da, oder?

쾨낸씨입니까?
Sind Sie Herr Köhnen?

식구가 몇입니까?
Wie viele Personen sind Sie zu Hause?

우리는 세 식구입니다.
Wir sind zu dritt in der Familie.

다시 만나서 반갑습니다.
Freut mich, Sie wieder zu sehen.

만나서 반가웠습니다.
Es war angenehm, Sie zu treffen.

오늘 하루 당신을 만나 뵈어 즐거웠습니다.
Ich habe mich schon den ganzen Tag auf unser Treffen gefreut.

이야기 즐거웠습니다.
Ich freue mich darüber, mich mit Ihnen unterhalten zu haben.

이번이 독일에 처음 입니까?
Ist das Ihr erster Besuch in Deutschland?

아니오, 저는 독일에 자주 옵니다.
Nein, ich bin öfter in Deutschland.

보쿰에도 가보신 적이 있습니까?
Waren Sie denn auch schon mal in Bochum?

아니오, 저는 오늘 여기 처음입니다.
Nein, ich bin heute zum ersten Mal hier.

여기 함부르크가 마음에 드십니까?
Wie gefällt es Ihnen hier in Hamburg?

정말 좋습니다.
Ich muss sagen, sehr gut.

저는 잘 적응하고 있습니다.
Ich habe mich gut eingelebt.

오랜만의 만남

사람들과 사귀다가 오랜만에 만나는 경우가 매우 흔하다. 이 경우 가장 흔하게 쓰는 표현이 "Ich habe Sie lange nicht gesehen."(오랜만입니다.) 그러나 친한 사이에는 "Lange nicht gesehen"을 많이 쓴다. 안부를 물을 때는 "Wo waren Sie denn?"이나 친한 사이에 "Wo warst du denn?"이라고 하거나, 사업에 대해서 "Wie geht es Ihrem Geschäft?" (사업은 잘 되 가고 있습니까?)라든지 "Wie geht es zu Hause?" (집안은 평안하시지요?") 등의 표현을 많이 사용한다.

오랜만에 만났을 때

오랜만입니다.
Lange nicht gesehen!

참 오랜만입니다. 그렇죠?
Wir haben uns lange nicht gesehen, oder?

참 오랜만이야.
Ich habe dich lange nicht gesehen!

어디 갔었어?
Wo warst du denn?

몇 년 만에 뵙는군요.
Ich habe Sie Jahre lang gar nicht gesehen.

오, 미스 리, 정말 오랜 만이예요.
Oh, Frau Lee! Lange nicht gesehen.

무엇 때문에 그렇게 바쁘셨어요?
Warum sind Sie so beschäftigt?

너를 다시 만나서 반가워.
Es freut mich, dich wieder zu sehen.

다시 뵙게 되어 반갑습니다.
Es freut mich, Sie wieder zu sehen.

오랫동안 소식 못 드려 죄송합니다.
Entschuldigen Sie bitte, ich habe lange nichts von mir hören lassen.

왜 오랫동안 소식이 없었던 겁니까?
Warum haben Sie lange nichts mehr von sich hören lassen?

요즘 뵙기 힘드네요.
Ich kann Sie kaum antreffen.

대체 어디서 지내셨습니까?
Wo waren Sie denn eigentlich?

저는 한국에 다녀왔습니다.
Ich war in Korea.

저는 독일 전역을 좀 여행하고 왔습니다.
Ich habe eine Reise durch Deutschland gemacht.

한국에는 얼마나 계셨습니까?
Wie lange waren Sie in Korea?

그곳에 3주간 있었습니다.
Drei Wochen lang war ich dort.

사업이나 학업에 대한 안부를 물을 때

사업은 잘 되어갑니까?
Wie läuft das Geschäft?

사업은 잘 되어갑니까?
Was macht das Geschäft?

새로 시작한 사업은 잘 되어갑니까?
Was macht das neue Geschäft?

사업 잘 되고 있지요?
Das Geschäft läuft gut?

예, 잘됩니다.
Ja, das Geschäft läuft gut.

덕분에 사업이 잘 됩니다.
Danke schön, es läuft gut.

그럭저럭 되갑니다.
Es geht.

사업이 잘 안 됩니다.
Das Geschäft ist sehr flau.

 flau 무딘, 우둔한, 단조로운, (사업, 장사가) 활기 없는, 침체된

학업은 어떻게 진척되고 있습니까?
Wie geht Ihr Studium voran?
학업에 진척이 있습니까?
Kommt Ihr Studium gut voran?
학업은 잘 되고 있습니까?
Wie kommen Sie mit Ihrem Studium voran?
학업계획들을 세웠습니까?
Haben Sie sich schon Pläne zurechtgelegt?

 zurechtlegen 준비하다, 정돈해 놓다

대학생활이 어떠세요?
Wie ist Ihr Studentenleben?

가족의 안부를 물을 때

집안은 두루 평안하시지요?
Wie geht es zu Hause?
부인께서는 어떻게 지내십니까?
Wie geht es Ihrer Frau?
덕분에 저희 집사람 잘 지내요.
Danke, ihr geht es gut.
자녀들은 잘 있어요?
Was machen die Kinder?
애들이 잘 지냅니다.
Ihnen geht es gut.
모두들 잘 지냅니다.
Alle sind in Ordnung.
부모님께서는 평안하시지요?
Wie geht es Ihren Eltern?
베로니카는 어떻게 됐어요?
Was macht Veronika?

헤어질 때의 인사

일상적 만남에서 헤어지는 상황은 늘 있는 것이므로 작별할 때 사용하는 표현들 역시 다양하다. 곧 만날 것을 기약하거나 오랜 시간이 흘러 만나기를 약속하는 표현 등이 있으니 그것을 익혀보도록 하자. 가장 흔하게는 **"Tschüs!"**(안녕), **"Auf Wiedersehen!"**(안녕히 가세요), **"Bis später!"**(나중에 만나요) 등을 사용한다.

헤어질 때

안녕
Tschüs!

안녕.
Ciao!

안녕.
Tschau!

안녕히 가세요.
Auf Wiedersehen!

안녕히 계세요.
(Auf) Wiedersehen!

안녕히 가십시오.
Gute Heimfahrt!

안녕히 가십시오.
Kommen Sie gut nach Hause!

잘 가.
Komm gut nach Hause!

살펴 가십시오.
Fahren Sie gut nach Hause!

운전 조심해 가십시오.
Fahren Sie vorsichtig!

재미있게 보내!
Viel Spaß noch!

재미있게 지내십시오.
Unterhalten Sie sich gut!

그럼 이만.
Bis dann!

우리 서로 연락하며 지냅시다.
Lassen Sie uns in Kontakt bleiben!

좋은 하루 보내십시오.
Schönen Tag noch!

 이 말을 Ich wünsche Ihnen noch einen schönen Tag! 라고 정중히 표현하기도 한다.

주말 잘 보내십시오.
Schönes Wochenende!

밤에 헤어질 때

잘 자요. / 안녕히 주무세요.
Gute Nacht!

안녕히 주무세요.
Schlafen Sie gut!

잘 자.
Schlaf gut!

좋은 꿈꾸세요.
Träumen Sie süß!

가봐야 한다고 말할 때

(저는) 이제 가봐야겠습니다.
Ich muss jetzt gehen.

가봐야겠습니다.
Ich muss weggehen.

가봐야겠습니다.
Ich muss abreisen.

가봐야겠습니다.
Ich muss fort.

이제 집으로 가야합니다.
Jetzt muss ich nach Hause gehen!

우리는 이제 정말 가야만해요.
Wir müssen jetzt wirklich gehen!

작별을 고해도 될까요?
Darf ich mich verabschieden?

이제 가봐야겠습니다.
Ich muss mich jetzt verabschieden!

이제 가봐야겠습니다.
Ich muss mich empfehlen!

다시 봅시다.
Lassen Sie uns mal wiedersehen!

저는 그럼 작별인사를 해야겠습니다.
Ich darf mich verabschieden.

이제 우리가 가야할 시간입니다.
Es wird Zeit für uns.

이제 우리가 집으로 가야할 시간입니다.
Es wird Zeit, dass wir nach Hause gehen.

유감이지만 이제 더 이상 시간이 없습니다.
Ich habe jetzt leider keine Zeit mehr.

이봐, 나는 가야겠어.
Du, ich muss weggehen.

다시 만나자고 할 때

나중에 만나요.
Bis später!

곧 만납시다.
Bis gleich!

그때 다시 봐.
Bis dahin!

또 만납시다.
Lassen Sie uns wieder treffen.

곧 만납시다.
Bis demnächst!

좋습니다. 조금 있다가 봅시다.
O.K. Bis gleich!

다음에 만나요.
Bis zum nächsten Mal!

내일 봅시다.
Bis morgen!

다음에 뵙겠습니다.
Bis zum nächsten Mal!

다음 달에 만나자.
Bis nächsten Monat!

다시 오라고 할 때

다시 또 오십시오.
Kommen Sie doch mal wieder vorbei!

우리 집에 다시 또 오십시오.
Lassen Sie sich mal wieder bei uns sehen!

기꺼이 다시 오겠습니다.
Ich komme gern wieder.

다시 또 와.
Lass dich mal wieder bei mir sehen!

곧 소식 좀 전해라.
Lass bald wieder von dir hören!

약속하고 헤어질 때

다시 또 만납시다.
Treffen wir uns noch mal!

다음에 봅시다.
Sehen wir uns das nächste Mal!

다음엔 우리 집에서 만나지요.
Das nächste Mal treffen wir uns bei uns!

곧 다시 뵙기를 바랍니다.
Hoffentlich sehen wir uns bald wieder.

나중에 봅시다.
Sehen wir uns später!

내일 또 봅시다.
Lass uns morgen noch sehen!

다음 주에 만나요.
Wir sehen uns nächste Woche!

열두 시에 만나요.
Wir sehen uns um 12 Uhr!

토요일에 만납시다.
Wir treffen uns am Samstag!

우리 언제 만날까요?
Wann treffen wir uns?

우리 곧 만나기를 바랍니다.
Ich hoffe, dass wir uns bald wieder treffen!

우리 다시 만날 수 있을까요?
Können wir uns wieder sehen?

좋아요. 어디서 만날까요?
Gerne, wo treffen wir uns?

주소를 제게 알려주십시오. 그러면 제가 7시에 모시러 가겠습니다.
Geben Sie mir Ihre Adresse und ich hole Sie um sieben Uhr ab!

제가 댁으로 모셔다 드릴까요?
Darf ich Sie nach Hause bringen?

여기서 언제든 환영받는 것 아시지요.
Sie wissen, Sie sind hier jederzeit herzlich willkommen.

연락을 하자고 할 때

전화로 언제든지 연락하세요.
Rufen Sie mich jederzeit an!

나중에 전화주세요.
Rufen Sie mich später einmal an!

가끔 메일로 소식 주십시오.
Schreiben Sie mir ab und zu eine E-Mail!

가끔이라도 소식 듣고 싶습니다.
Ich möchte gern von Ihnen dann und wann hören.

서로 연락합시다.
Bleiben wir miteinander in Kontakt!

연락드리겠습니다.
Ich werde mich bei Ihnen melden.
거기에 도착하시면 저에게 연락 주십시오.
Geben Sie mir bitte Bescheid, wenn Sie da angekommen sind.
곧 제게 편지 좀 주십시오.
Schreiben Sie mir bitte bald!

안부를 전할 때

당신 동료에게 안부를 좀 전해주십시오.
Grüßen Sie bitte Ihren Kollegen von mir!
당신의 여자 동료에게 안부를 전해주십시오.
Bitte grüßen Sie Ihre Kollegin von mir!
노이만씨에게 안부 좀 전해주십시오.
Grüßen Sie Herrn Neumann von mir!
당신 남편께 안부를 좀 전해주십시오.
Grüßen Sie bitte Ihren Mann von mir!
부인께 안부 좀 전해주십시오!
Grüßen Sie bitte Ihre Frau von mir!
댁에 안부 좀 전해주십시오.
Grüßen Sie bitte zu Hause!
너의 어머니께 안부 말씀 드려.
Grüß deine Mutter von mir!
너의 아버지께 안부 좀 전해드려.
Grüß deinen Vater von mir!
네 언니에게 안부 좀 전해.
Einen schönen Gruß an deine Schwester.
그(분)에게 인사 좀 전해 주세요.
Richten Sie ihm bitte meine Grüße aus!
그녀에게 인사 좀 전해 주세요.
Richten Sie ihr meine besten Wünsche aus!
그에게/그분에게 인사를 전해줘.
Sag ihm einen schönen Gruß von mir!
로만 씨께 안부 좀 여쭈어 주세요.
Bestellen Sie Herrn Lohmann einen Gruß von mir!

플로리안에게 안부 좀 전해줘.
Bestell Florian Grüße von mir!

베로니카에게 안부 좀 전해줘.
Bestell Veronika viele Grüße von mir!

당신 가족에게 제 안부 좀 전해 주세요.
Viele Grüße an Ihre Familie!

안부를 전하겠다고 할 때

알았어.
O.K.

그럼요.
Auf jeden Fall.

그럼요.
Bestimmt.

알았어/알겠습니다.
Einverstanden.

기꺼이 그렇게 하겠습니다.
Gerne.

물론입니다.
Selbstverständlich.

알았어.
Alles klar.

전혀 문제없어요.
Kein Problem.

그럼요. 물론이지요.
Na klar.

그럼요. 그리고 말고요.
Aber sicher.

감사합니다. 그렇게 하겠습니다.
Danke, mache ich.

그러지요.
Ja.

그럼요. 그리고 말고요.
Ja, gerne.

그래요, 그에게 전해줄게요.
Ja, gern. Ich werde es ihm ausrichten.

물론 그렇게 하겠습니다.
Ja, natürlich.

예, 물론 그렇게 하겠습니다.
Ja, selbstverständlich.

예, 그렇게 하겠습니다.
Ja, das mache ich.

예, 그렇게 하겠습니다.
Ja, das mache ich gern.

그래, 그럴게.
Ja, mache ich.

예, 틀림없이 그렇게 하겠습니다.
Ja, ganz sicher.

예, 틀림없이 그렇게 하겠습니다.
Ja, ganz bestimmt.

그에게 당신의 안부를 전하겠습니다.
Ich werde ihm Ihren Gruß ausrichten.

기꺼이 전하겠습니다.
Ich werde es gerne ausrichten.

헤어질 때 덧붙이는 말

행운이 깃들길.
Viel Glück!

행운을 바랍니다.
Ich wünsche Ihnen viel Glück!

여행 즐겁게 다녀오십시오.
Ich wünsche Ihnen eine gute Reise!

여행 잘 하고 와.
Ich wünsche dir eine gute Reise!

안녕, 재미있게 지내.
Tschüs, viel Vergnügen!

Teil II

사교할 때의 표현

01 감사
02 축하
03 칭찬
04 사과와 변명
05 권유와 제안
06 부탁과 도움
07 허가와 양해
08 명령과 금지
09 재촉과 여유
10 주의와 타이름
11 충고와 의무
12 설득과 결심
13 추측과 확신
14 가능과 불가능
15 계획과 예정
16 희망과 의지

01 감사

독일에서는 아주 사소한 일에도 감사하다는 말을 자주 사용한다. 독일인들은 일상생활 속에서 감사의 표현으로 "Danke schön!", "Danke sehr", "Vielen Dank!"라고 말한다. 감사에 대한 응답으로 "별말씀을요", "천만에요"등의 표현도 "Bitte sehr!", "Keine Ursache!" 등으로 표현하기 때문에 우리로서는 이러한 용법도 잘 익혀야한다.

고마울 때

대단히 감사합니다.
Danke sehr.

대단히 감사합니다.
Danke schön.

감사합니다.
Ich bedanke mich.

대단히 감사합니다.
Ich danke Ihnen vielmals.

너무 고마워.
Ich danke dir vielmals.

대단히 감사합니다.
Besten Dank.

진심으로 감사드립니다.
Herzlichen Dank.

대단히 감사합니다.
Schönen Dank!

대단히 감사합니다.
Vielen Dank!

대단히 감사합니다.
Haben Sie vielen Dank!

대단히 감사합니다.
Ich danke Ihnen vielmals.

진심으로 감사합니다.
Ich danke Ihnen herzlichst.

대단히 감사합니다.
Ich bin Ihnen sehr dankbar.

당신에게 신세 많았습니다.
Ich verdanke Ihnen alles.

친절에 감사드립니다.
Es ist sehr nett von Ihnen.

친절히 대해주셔서 감사합니다.
Vielen Dank, es war sehr nett von Ihnen.

멋진 저녁 시간을 내어주셔서 감사합니다.
Danke für den schönen Abend.

어떻게 저의 감사함을 표시해야 할까요?
Wie darf ich Ihnen meine Dankbarkeit ausdrücken?

도움과 친절에 감사할 때

도와주셔서 감사합니다.
Ich danke Ihnen für Ihre Hilfe.

초대해주어서 감사합니다.
Danke sehr für die Einladung.

친절히 베풀어주어서 감사합니다.
Danke für die mir entgegengebrachte Freundlichkeit.

환대에 감사드립니다.
Ich danke Ihnen für Ihre Gastfreundlichkeit.

조언을 해주셔서 감사합니다.
Vielen Dank für Ihren Rat

여러모로 배려해주셔서 감사드립니다.
Ich bedanke mich, dass Sie mich berücksichtigt haben.

보답해 드릴 수 있었으면 좋겠습니다.
Ich hoffe, dass ich Ihnen mal einen Gefallen erwidern kann.

저희와 함께 시간을 보내주셔서 감사합니다.
Ich bin Ihnen sehr dankbar dafür, dass Sie Ihre Zeit auf uns verwendet haben.

선물을 전할 때

당신에게 드리려고 뭘 좀 사왔습니다.
Ich habe etwas für Sie gekauft.

당신께 드릴 조그만 선물을 마련했습니다.
Ich habe ein kleines Geschenk für Sie.

여기 선물입니다.
Das Geschenk ist für Sie.

> 또는 간단히 Das ist für Sie. 라고 해도 된다.

대단치 않지만 마음에 들었으면 합니다.
Das ist nichts Besonderes, aber ich hoffe, dass es Ihnen gefallen wird.

감사에 대해 응답할 때

천만예요.
Bitte schön!

괜찮습니다.
Bitte sehr!

뭘요. 별말씀을.
Bitte, bitte!

천만예요.
Nichts zu danken.

천만예요. 제가 뭘 했다고요.
Keine Ursache!

천만예요. 별 것 아닌데요.
Das ist doch nicht der Rede wert.

천만예요. 당연한 한 일인 걸요.
Das ist doch selbstverständlich!

좋아서 한 일인데요 뭐.
Gern geschehen!

축하

축하의 표현으로 흔히 "Herzlichen Glückwunsch!"라고 한다. 그러나 구체적으로 생일을 축하하는 것인지, 취업이나 결혼을 축하하는 것인지 구체적으로 표현하는 게 좋다. 아울러 "행운을 빌어요."(Viel Glück!)라든지 "모든 일이 잘 되시기를"(Alles Gute!)이란 표현 등을 덧붙인다.

축하할 때

축하해./축하합니다.
Herzlichen Glückwunsch!

축하해./축하합니다.
Herzliche Glückwünsche!

축하해./축하합니다.
Herzliche Gratulation!

진심으로 축하해./축하합니다.
Meine besten Glückwünsche!

축하해./축하합니다.
Alles Gute!

축하해/축하합니다.
Ich gratuliere dir/Ihnen!

축하할 일이 있다면서요?
Ich habe gehört, dass es bei Ihnen etwas zu feiern gibt.

축하합니다. 선물입니다.
Herzlichen Glückwunsch! Das ist ein Geschenk für Sie.

생일을 축하할 때

생일 축하해./축하합니다.
Herzlichen Glückwunsch zum Geburtstag!

생일 축하해./축하합니다.
Herzliche Glückwünsche zum Geburtstag!

생일을 맞아 모든 일이 잘 되기 바랍니다.
Alles Gute zum Geburtstag.

축하해./축하합니다.
Herzlichen Glückwunsch!

축하해./축하합니다.
Ich gratuliere dir!

너의 생일을 축하해.
Ich gratuliere dir zum Geburtstag!

당신의 생일을 축하합니다.
Ich gratuliere Ihnen zum Geburtstag!

60회 생신을 진심으로 축하드립니다.
Herzliche Glückwünsche zu Ihrem sechzigsten Geburtstag!

당신 회사의 50주년 기념일을 진심으로 축하드립니다.
Herzliche Glückwünsche zum fünfzigsten Jubiläum Ihrer Firma!

성공을 축하할 때

너의 성공을 진심으로 축하해.
Herzliche Glückwünsche zu deinem Erfolg.

시험에 합격하여 축하합니다.
Ich gratuliere zur bestandenen Prüfung.

시험에 합격하여 축하합니다.
Ich gratuliere Ihnen zum Bestehen des Examens.

취업을 진심으로 축하해.
Herzlichen Glückwunsch zur neuen Stelle.

진급을 진심으로 축하합니다.
Ich beglückwünsche Sie zur Beförderung.

성공을 축하합니다.
Ich beglückwünsche Sie zum Erfolg.

성공을 축하합니다.
Viel Erfolg!

출산축하

우리는 당신이 아이를 출산하여 축하드립니다.
Wir gratulieren Ihnen zum neugeborenen Baby.

첫아이 출산을 축하드립니다.
Ich gratuliere Ihnen zur Geburt Ihres ersten Kindes.

딸을 낳으신 것을 진심으로 축하합니다.
Herzlichen Glückwunsch zur Geburt Ihrer Tochter.

득남을 진심으로 축하합니다.
Herzlichen Glückwunsch zur Geburt Ihres Sohnes.

결혼축하

너희들의 결혼을 맞아 행운을 빌어.
Zu eurer Hochzeit wünsche ich euch alles Gute.

결혼을 맞아 행운을 빕니다.
Alles Gute zur Hochzeit.

당신의 결혼을 축하합니다.
Ich beglückwünsche Sie zur Hochzeit!

당신의 결혼을 진심으로 축하합니다.
Herzlichen Glückwunsch zu Ihrer Hochzeit.

행운을 빌 때

성공을 빕니다.
Viel Erfolg!

행운을 빌어요.
Viel Glück!

시험 잘 봐.
Viel Glück bei der Prüfung!

재미 많이 보세요./봐.
Viel Spaß noch!

재미 많이 보세요.
Viel Vergnügen!

모든 일이 잘 되기를.
Alles Gute!

모든 일이 잘 되기를 바랍니다.
Ich wünsche Ihnen alles Gute!

시험에 행운이 있기를 바랍니다.
Alles Gute zum Examen!

곧 다가 오는 시험에서 좋은 성과 올리기를 바래요.
Viel Erfolg bei der bevorstehenden Prüfung!

당신의 새 집에 행운이 함께 하시길.
Alles Gute im neuen Heim!

너희들의 새 집에 행운을 바래.
Viel Glück in eurem neuen Haus!

축하 받고 대답할 때

감사합니다.
Vielen Dank!

저도 당신에게 행운이 깃들기 바랍니다.
Das wünsche ich Ihnen auch!

감사합니다. 당신도 그러시기 바래요.
Danke schön! Ihnen auch.

감사합니다. 저도 당신이 그러길 바래요.
Danke, gleichfalls!

당신이 그 일을 기억하시니 참 감사합니다.
Vielen Dank, nett, dass Sie daran gedacht haben!

절기를 축하할 때

크리스마스 즐겁게 보내십시오.
Frohe Weihnachten!

크리스마스를 축하합니다.
Frohes Weihnachtsfest!

즐거운 새해가 되십시오.
Frohes neues Jahr!

새해 복 많이 받으세요.
Ein glückliches neues Jahr!

새해 복 많이 받으세요.
Ein glückliches neues Jahr!

새해를 맞아 만사형통 하시기를 바래요.
Alles Gute zum neuen Jahr!

좋은 새해가 되십시오.
Guten Rutsch ins neue Jahr!

즐거운 성탄과 새해 복 많이 받으세요.
Frohe Weihnachten und alles Gute zum neuen Jahr!

기쁜 성탄과 행복한 새해가 되십시오.
Fröhliche Weihnachten und ein glückliches neues Jahr!

새해를 맞아 건배.
Prost Neujahr!

즐거운 부활절입니다.
Frohe Ostern!

즐거운 부활절입니다.
Ein frohes Osterfest!

건배할 때

건배.
Prost!

건배.
Prosit!

건강을 위하여.
Zum Wohl!

당신의 건강을 위하여 건배합시다.
Trinken wir auf Ihr Wohl!

너의 건강을 위하여.
Auf deine Gesundheit!

당신의 성공을 위하여.
Auf Ihren Erfolg!

당신의 사업을 위하여.
Auf Ihr Geschäft!

사업을 위하여.
Auf das Geschäft!

당신을 위하여.
Auf Sie!

당신의 건강을 위하여.
Auf Ihr Wohl!

우리의 우정을 위하여.
Auf unsere Freundschaft!

원만한 협력을 위하여.
Auf gute Zusammenarbeit!

기원할 때

회복을 빕니다.
Gute Besserung!

즐거운 자동차 여행이 되기 바랍니다.
Gute Fahrt!

여행 잘 하고 오십시오.
Gute Reise!

주말 잘 보내시기 바랍니다.
Schönes Wochenende!

휴일 잘 보내십시오.
Schöne Feiertage!

휴일 잘 보내십시오.
Schönen Feiertag!

방학 잘 보내십시오.
Schöne Ferien!

휴가 잘 보내십시오.
Schönen Urlaub!

멋진 휴가 보내시기 바랍니다.
Ich wünsche Ihnen einen schönen Urlaub!

환영할 때

환영합니다.
Willkommen!

정말 환영합니다.
Herzlich willkommen!

저희 집에 오신 것 환영합니다.
Willkommen bei uns!

진심으로 환영합니다.
Ich heiße Sie herzlich willkommen!

저희 집에서 편히 쉬시기를 바랍니다.
Ich hoffe, Sie fühlen sich wohl bei uns.

집처럼 생각하고 편히 계십시오.
Fühlen Sie sich wie zuhause.

편하게 여기십시오.
Machen Sie es sich bequem!

서울에 오신 것을 환영합니다.
Willkommen in Seoul!

저희 집에 오신 것을 환영합니다.
Ich heiße Sie willkommen in meinem Heim.

한국에 오신 것을 환영합니다.
Willkommen in Korea!

이곳이 마음에 들기를 바랍니다.
Ich hoffe, dass es Ihnen hier gefallen wird.

당신이 우리와 함께 일할 수 있게 되어 반갑습니다.
Wir freuen uns, dass Sie mit uns zusammen arbeiten.

당신과 함께 일하게 된다니 기쁩니다.
Ich freue mich darauf, dass ich mit Ihnen zusammenarbeiten kann.

당신이 곧 독일로 오시길 고대하고 있습니다.
Ich erwarte, dass Sie bald nach Deutschland kommen.

03 칭찬

사람들 사이의 관계를 부드럽게 하거나 친교를 하는 데 있어 칭찬은 대단히 중요한 역할을 한다. 상대방의 좋은 점을 그대로 솔직하게 표현하는 것이 독일인들의 습관이다. 그렇지만 칭찬에 인색하다거나 지나칠 정도로 아첨하는 표현은 친교에 방해가 될 수 있다. 사사로운 일에도 감탄하고 상대의 능력이나 외모, 좋은 점들을 칭찬하는 것은 독일인에게는 매우 익숙한 일이다.

감탄을 나타낼 때

멋져요
Wunderbar!

와, 정말 아름답군요.
Toll, es ist wirklich schön.

경치가 멋지네요.
Schöne Aussicht!

맛있어요.
Schmeckt gut!

잘 했어요.
Gut gemacht!

재미있네요.
Spannend! / Interessant! / Es macht Spaß!

엄청나네요.
Das ist wirklich super!

멋진 그림입니다.
Ein schönes Bild!

정말 날씨가 좋죠?
Ein herrliches Wetter!

아름다운 꽃입니다.
Schöne Blumen!

칭찬할 때

대단하군요.
Großartig!

잘 하시는군요.
Sie machen sich gut!

정말 훌륭하군요.
Fabelhaft! / Wundervoll!

당신이 최고예요.
Spitze! / Sie sind der Beste! / die Beste!

당신 평판이 대단하더군요.
Sie haben einen guten Ruf.

당신 평판이 자자하더군요.
Sie stehen in gutem Ruf.

음, 이 토마토 수프는 정말 훌륭합니다.
Mmm! Die Tomatensuppe ist ein Gedicht!

> ein Gedicht sein 놀랍다, 훌륭하다. Gedicht는 원래 "시(詩)"이다. 우리말에서도 "예술이다"라고 하는 것처럼 독일어는 이렇게 표현한다.

당신이 부러워요.
Ich beneide Sie.

나는 네가 너무 부러워.
Ich beneide dich sehr.

친절하기도 하셔라.
Das ist sehr nett von Ihnen.

잘 지적해주셨습니다.
Sie haben mir einen guten Fingerzeig gegeben.

어려운 결심을 하셨습니다.
Sie haben einen nicht leichten Entschluss getroffen.

성과를 칭찬할 때

대단하군요.
Großartig! / Toll! / Prima! / Super! / Spitze!

잘 하셨어요.
Das haben Sie gut gemacht!

잘했어.
Gut gelungen!

참 잘했어요.
Das ist Ihnen gut gelungen!

정말 잘 하셨어요.
Ich freue mich, das zu hören!

 "그 소식 들으니 기쁩니다."인데, "참 잘한 겁니다." "참 잘하셨어요." "참 잘했다."의 뜻으로도 사용된다.

당신은 이번에 특별히 잘하셨어요.
Sie haben es diesmal besser gemacht!

나는 당신이 자랑스럽습니다.
Ich bin stolz auf Sie!

나는 네가 자랑스러워.
Ich bin stolz auf dich!

나는 너희들이 자랑스럽습니다.
Ich bin stolz auf euch!

아주 잘 하고 있어요.
Sie kommen ja gut voran!

초보로서는 상당히 잘 하는군요.
Als ein Anfänger machen Sie sich ziemlich gut!

정말 큰일을 해냈군요.
Sie haben eine große Leistung erbracht!

참 훌륭한 일을 하셨네요.
Eine gute Tat ist Ihnen gelungen!

식사가 참 훌륭했어요.
Das Essen war prima!

능력을 칭찬할 때

기억력이 참 좋으시군요.
Sie haben ein gutes Gedächtnis.

당신은 모르는 게 없군요.
Sie sind ein wandelndes Lexikon.

 "당신은 걸어다니는 사전입니다."

당신의 입장이 부럽습니다.
Ich wünschte, ich wäre an Ihrer Stelle.

독일어를 어쩌면 그렇게 잘 하십니까?
Wieso sprechen Sie so gut Deutsch?

독일어를 참 잘하시는군요.
Sie sprechen sehr gut Deutsch!

마치 독일인처럼 독일어를 잘하십니다
Sie sprechen Deutsch wie ein Deutscher!

 상대가 여성이라면 eine Deutsche.

당신은 참 부지런하십니다.
Sie sind sehr fleißig!

노래를 잘하시네요.
Sie sind ein guter Sänger!

 상대가 여성이라면 Sie sind eine gute Sängerin.

요리를 잘 하시는군요.
Sie kochen sehr gut!

참 다재다능하십니다.
Sie sind ein Alleskönner.

다재다능하십니다.
Sie sind eine Frau mit vielseitigen Kenntnissen!

당신은 재능 꾼입니다.
Sie sind ein großes Talent!

따님이 그림에 특이한 재능이 있다고 들었습니다.
Ich habe gehört, dass Ihre Tochter eine besondere Begabung für Malen hat.

외모를 칭찬할 때

멋있어요.
Das ist schön!

어머 멋있군요.
Oh, prächtig!

오 예쁜 데.
Oh, schick!

야, 너 참 예쁘다.
Du siehst umwerfend aus!

나이에 비해 젊어 보이십니다.
Sie sehen jünger aus, als Sie sind!

그 연세로 안 보이십니다.
Man sieht Ihnen Ihr Alter nicht an!

아이가 참 귀엽습니다.
Ein hübsches Baby!

당신은 눈이 참 예뻐요.
Sie haben schöne Augen!

아드님이 참 잘 생겼습니다.
Ihr Sohn ist sehr gutaussehend!

그 원피스 참 잘 어울립니다.
Das Kleid steht Ihnen sehr gut!

그 블라우스가 치마에 잘 어울려요.
Die Bluse passt sehr gut zum Rock!

사진보다 실물이 더 예쁘네요.
Sie sind schöner, als auf den Fotos!

건강해보이십니다.
Sie sehen fit aus!

당신에게 매료되었어요.
Ich bin begeistert von Ihnen!

당신의 연주에 매료되었어요.
Ich bin begeistert von Ihrem Spielen!

너 참 날씬하다.
Du bist schlank!

어쩌면 그렇게 날씬하세요?
Wie bleiben Sie in so schlanker Verfassung?

인기가 대단하시겠어요.
Sie müssen sehr beliebt sein!

대상에 대해 칭찬할 때

그 양복 참 멋진 거 같아요.
Ich finde den Anzug sehr elegant!

그 양장 참 예쁘네요.
Ich finde den Damenanzug sehr schön!

그 구두 참 좋네요.
Die Schuhe sind sehr schön!

이 가방은 아주 실용적입니다.
Diese Tasche ist sehr praktisch!

정말 근사하네요.
Das ist ja schön!

그 넥타이 정말 멋져요.
Die Krawatte ist sehr schön!

당신의 원피스가 맘에 듭니다.
Ihr Kleid gefällt mir gut!

참 멋진 집을 갖고 계시군요.
Sie haben ein schönes Haus!

> (tipp) das Haus 단독주택. die Wohnung 아파트, 또는 다세대주택에 속한 집.

집이 참 멋져요.
Ich finde Ihre Wohnung sehr schön!

집이 참 쾌적합니다.
Ihre Wohnung ist sehr gemütlich!

나는 감탄하여 눈이 휘둥그래졌어요.
Ich riss vor Bewunderung die Augen weit auf.

맙소사! 이거 정말 예쁜 블라우스네요.
Donnerwetter, das ist aber eine schöne Bluse!

칭찬에 대해 응답할 때

칭찬해주시니 고맙습니다.
Danke sehr, ich fühle mich geschmeichelt!

그렇게 말씀해주시니 고맙습니다.
Es ist sehr nett, dies von Ihnen zu hören!

과찬의 말씀입니다.
Ich fühle mich sehr geschmeichelt!

너무 치켜세우지 마세요.
Loben Sie mich nicht zu sehr!

그러면 제 얼굴이 빨개집니다.
Das lässt mich erröten.

얼굴 빨개지게 하지 마세요.
Lassen Sie mich nicht erröten!

비행기 태우지 마세요.
Lassen Sie mich nicht erröten!

비행기 태우지 말게.
Lob mich nicht zu sehr!

저는 칭찬을 들을 자격이 없습니다.
Es steht mir nicht zu, von Ihnen gelobt zu werden.

부끄러울 때

부끄러워요.
Ich bin schüchtern.

나 자신이 부끄럽습니다.
Ich schäme mich sehr.

그런 짓을 한 게 부끄럽습니다.
Ich schäme mich davor, das getan zu haben.

창피한 줄 알아라!
Schäm dich!

그 말씀을 들으니 얼굴이 붉어집니다.
Sie lassen mich erröten!

의견에 대해 칭찬할 때

훌륭한 의견 감사합니다.
Vielen Dank für die geniale Idee!

die gute Idee라고 해도 좋다.

천만에요. 그 생각은 당신이 해낸 것인데요.
Keine Ursache! Sie haben sich die Idee ausgedacht.

당신 말에도 일리가 있어요.
Sie haben zum Teil Recht.

 Es steckt etwas Wahres in dem, was Sie sagen. 또는 Sie sagen es mit gutem Recht.

정말 좋은 생각이군요.
Sie haben eine gute Idee!

그거 좋은 생각인 것 같아요.
Ich finde, das ist eine gute Idee!

그거 환상적인 생각이군요.
Das ist eine fantastische Idee!

어떻게 그런 생각을 해 내셨지요?
Wie haben Sie sich das einfallen lassen?

 Wie haben Sie sich daran erinnert?/Wie ist es Ihnen in den Sinn gekommen?/Wie ist es Ihnen eingefallen? 또한 위와 같은 표현이다.

훌륭한 의견 감사드립니다.
Vielen Dank für Ihre gute Idee!

지적을 해주셔서 감사합니다.
Ich danke Ihnen dafür, dass Sie mich darauf aufmerksam gemacht haben!

대단히 훌륭한 지적을 해주셨습니다.
Sie haben mir einen großen wichtigen Fingerzeig gegeben.

바로 그겁니다.
Das ist nun einmal so!

맞아요, 바로 그겁니다.
Sie haben es verstanden!

 Das haben Sie erfasst./Jetzt verstehen Sie.라고 해도 된다.

사과와 변명

자신의 잘못에 대해 즉각적으로 "죄송합니다"(Entschuldigung!)라고 하든가 "미안합니다"(Es tut mir Leid), "실례합니다"(Entschuldigen Sie bitte!)라고 표현한다. 이때 사과하는 구체적인 사유를 언급하는 표현들을 사용하기도 한다. 또한 사과에 대해서 "괜찮습니다"(Macht doch nichts!), "염려하지 마세요"(Machen Sie sich keine Sorge!)라고 표현한다. 사용할 수 있는 표현들을 살펴보자.

사과할 때

죄송합니다./실례합니다.
Entschuldigung!

죄송합니다./실례합니다.
Entschuldigen Sie, bitte!

죄송합니다. 제가 그러려고 한 게 아니었습니다.
Entschuldigung, das wollte ich nicht!

죄송합니다.
Verzeihung!

죄송합니다.
Verzeihen Sie, bitte!

미안해.
Entschuldige mich!

미안해.
Entschuldige!

죄송합니다.
Pardon!

미안합니다.
Es tut mir Leid./Tut mir Leid!

정말 죄송합니다.
Es tut mir wirklich Leid!

대단히 죄송합니다.
Es tut mir sehr Leid!

진심으로 사과드립니다.
Es tut mir aufrichtig Leid!

너무 죄송합니다.
Es tut mir furchtbar Leid.

제가 꼭 사과를 드려야합니다.
Ich muss mich bei Ihnen entschuldigen!

방해해서/성가시게 해서 죄송합니다.
Verzeihen Sie die Störung!

성가시게 해서 죄송합니다.
Entschuldigen Sie, dass ich Sie störe!

성가시게 해서 죄송합니다.
Entschuldigen Sie die Störung!

방해해서/성가시게 해서 미안해.
Verzeih die Störung!

잠시 실례합니다.
Würden Sie mich für einen Moment entschuldigen?

그 일에 대해 미안하게 생각하고 있습니다.
Ich bedauere es sehr!

오랫동안 자리를 비워 미안합니다.
Entschuldigen Sie die lange Abwesenheit!

양해를 구할 때

실례합니다.
Entschuldigen Sie mich, bitte!

잠깐 실례합니다.
Entschuldigen Sie mich bitte einen Moment!

말씀 중에 실례합니다.
Entschuldigen Sie, dass ich Sie unterbreche!

잠시 실례 좀 해도 될까요?
Darf ich Sie mal kurz stören?

아직 제 말이 끝나지 않았는데요.
Ich bin noch nicht fertig!

곧 제 말이 끝나는데요.
Ich bin gleich fertig!

끝까지 말해도 될까요?
Darf ich noch ausreden?

제가 좀 끝까지 말을 마치게 해주십시오.
Lassen Sie mich bitte ausreden!

 "내 말 좀 끝까지 들어보세요."라는 뜻이다.

말씀 중에 잠시 실례합니다.
Entschuldigung, darf ich Sie einen Moment stören?

실례합니다만, 좀 지나갈까요?
Entschuldigen Sie, darf ich vorbei?

신문을 좀 봐도 될까요?
Gestatten Sie, dass ich die Zeitung nehme?

잠시 실례합니다. 금방 돌아오겠습니다.
Entschuldigen Sie bitte einen Augenblick! Ich komme gleich.

실례지만 성함을 여쭤 봐도 되나요?
Entschuldigen Sie bitte, wie heißen Sie, wenn man fragen darf?

실례지만 직업이 무엇인가요?
Was sind Sie von Beruf, wenn ich fragen darf?

미안합니다. 괜찮으신가요?
Entschuldigung, sind Sie in Ordnung?

실례합니다만, 지금 몇 시나 됐나요?
Entschuldigen Sie, können Sie mir sagen, wie spät es ist?

사과의 이유를 말할 때

늦게 와서 죄송합니다.
Entschuldigen Sie bitte, dass ich zu spät gekommen bin!

제가 늦게 와 죄송합니다.
Entschuldigen Sie bitte meine Verspätung!

내가 늦게 와서 미안해.
Entschuldige, dass ich zu spät gekommen bin!

더 일찍 올 수가 없었어요.
Es war nicht möglich, früher zu kommen.

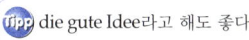 die gute Idee라고 해도 좋다.

천만예요. 그 생각은 당신이 해낸 것인데요.
Keine Ursache! Sie haben sich die Idee ausgedacht.

당신 말에도 일리가 있어요.
Sie haben zum Teil Recht.

 Es steckt etwas Wahres in dem, was Sie sagen. 또는 Sie sagen es mit gutem Recht.

정말 좋은 생각이군요.
Sie haben eine gute Idee!

그거 좋은 생각인 것 같아요.
Ich finde, das ist eine gute Idee!

그거 환상적인 생각이군요.
Das ist eine fantastische Idee!

어떻게 그런 생각을 해 내셨지요?
Wie haben Sie sich das einfallen lassen?

 Wie haben Sie sich daran erinnert?/Wie ist es Ihnen in den Sinn gekommen?/Wie ist es Ihnen eingefallen? 또한 위와 같은 표현이다.

훌륭한 의견 감사드립니다.
Vielen Dank für Ihre gute Idee!

지적을 해주셔서 감사합니다.
Ich danke Ihnen dafür, dass Sie mich darauf aufmerksam gemacht haben!

대단히 훌륭한 지적을 해주셨습니다.
Sie haben mir einen großen wichtigen Fingerzeig gegeben.

바로 그겁니다.
Das ist nun einmal so!

맞아요. 바로 그겁니다.
Sie haben es verstanden!

 Das haben Sie erfasst./Jetzt verstehen Sie.라고 해도 된다.

사과와 변명

자신의 잘못에 대해 즉각적으로 "죄송합니다"(Entschuldigung!)라고 하든가 "미안합니다"(Es tut mir Leid), "실례합니다"(Entschuldigen Sie bitte!)라고 표현한다. 이 때 사과하는 구체적인 사유를 언급하는 표현들을 사용하기도 한다. 또한 사과에 대해서 "괜찮습니다"(Macht doch nichts!), "염려하지 마세요"(Machen Sie sich keine Sorge!)라고 표현한다. 사용할 수 있는 표현들을 살펴보자.

사과할 때

죄송합니다./실례합니다.
Entschuldigung!

죄송합니다./실례합니다.
Entschuldigen Sie, bitte!

죄송합니다. 제가 그러려고 한 게 아니었습니다.
Entschuldigung, das wollte ich nicht!

죄송합니다.
Verzeihung!

죄송합니다.
Verzeihen Sie, bitte!

미안해.
Entschuldige mich!

미안해.
Entschuldige!

죄송합니다.
Pardon!

미안합니다.
Es tut mir Leid./Tut mir Leid!

정말 죄송합니다.
Es tut mir wirklich Leid!

미안해, 내가 그걸 몰랐어.
Entschuldige, ich hab's nicht gewusst!

늦게 전화 드려 죄송합니다.
Verzeihen Sie, dass ich Sie so spät anrufe!

제가 늦게 온 것을 용서바랍니다.
Meine Verspätung bitte ich zu entschuldigen!

제가 결석한 것을 용서해주십시오.
Meine Abwesenheit bitte ich zu entschuldigen!

용서해주시겠습니까?
Würden Sie mich bitte entschuldigen?

오래 기다리게 해서 죄송합니다.
Es tut mir Leid, dass ich Sie so lange habe warten lassen!

죄송합니다. 제가 사람을 잘 못 봤습니다.
Entschuldigen Sie, ich habe mich geirrt!

즉시 알아 뵙지 못해서 죄송해요.
Entschuldigen Sie, ich habe Sie nicht gleich erkannt!

시간을 지키지 못해 죄송합니다.
Entschuldigen Sie, dass ich nicht auf die Zeit geachtet habe!

더 일찍 답장 드리지 못해 죄송해요.
Entschuldigen Sie, dass ich Ihnen nicht früher geantwortet habe!

노고를 끼쳐 죄송합니다.
Es tut mir Leid, Ihnen soviel Mühe gemacht zu haben!

너무 시끄럽게 해 죄송합니다.
Tut mir Leid, dass wir Lärm gemacht haben!

미안해요. 어쩔 수 없었습니다.
Tut mir Leid, es war unvermeidlich!

미안합니다. 제가 약속 날짜를 혼동했습니다.
Tut mir Leid, dass ich den Termin verpasst habe.

시간을 어겨서 죄송합니다.
Verzeihen Sie, dass ich die Zeit nicht eingehalten habe!

약속을 지키지 못한 것 용서하십시오.
Verzeihen Sie, dass ich das Versprechen gebrochen habe!

죄송해요. 제가 말꼬리를 잡았군요.
Entschuldigen Sie! Ich war wohl etwas zudringlich.

유감을 나타낼 때

유감입니다.
Es ist schade!

유감입니다.
Schade!

정말 유감이군요.
Das ist aber schade!

네가 함께 갈 수 없다니 정말 유감이야.
Es tut mir sehr Leid, dass du nicht mitkommen kannst!

안됐습니다.
Das ist schlimm!

안됐습니다./ 끔찍하군요.
Das ist schrecklich!

정말 유감입니다.
Das ist aber schade!

운이 없으시군요.
Pech (gehabt)!

운이 없군요.
So ein Pech! / Was für ein Pech!

넌 정말 운이 없구나.
Du bist ein echter Pechvogel!

사과의 말을 전해달라고 할 때

사장님께 저의 사과를 전해주실래요?
Können Sie mich bitte bei dem Chef entschuldigen?

난 잉에에게 사과하고 싶어.
Ich möchte mich bei Inge entschuldigen.

제 남편이 사과의 말씀을 드려요. 그는 오늘 일을 해야 하거든요.
Mein Mann lässt sich entschuldigen. Er muss heute arbeiten.

잘못을 인정할 때

그것은 제 잘못입니다.
Das ist mein Fehler!

그것은 저의 잘 못이었습니다.
Das war mein Fehler!

그것은 제 실수입니다.
Daran bin ich schuld!

저희들 실수입니다.
Wir sind schuld.

그것은 저의 말실수였습니다.
Das habe ich falsch gesagt!

그것은 제가 철자를 잘 못 친 것입니다.
Das ist mein Tippfehler!

제가 실수했습니다.
Das war mein Versehen!

제가 생각이 부족했습니다.
Ich war leider rücksichtslos!

고의가 아니었습니다.
Das habe ich ohne Absicht getan!

그럴 생각은 없었습니다.
Das war nicht meine Absicht!

제가 주의가 좀 부족했습니다.
Es war unaufmerksam von mir!

제가 정말 부주의했습니다.
Es war recht unaufmerksam von mir!

제 부주의로 실수한 것입니다.
Ich habe aus Unachtsamkeit einen Fehler gemacht!

그것은 제 탓입니다.
Das ist meine Schuld!

죄송합니다. 사람을 잘못 알아봤습니다.
Entschuldigen Sie, ich dachte, ich kenne Sie!

용서를 구할 때

용서해주십시오.
Verzeihen Sie mir, bitte!

용서해주십시오.
Ich bitte um Verzeihung!

용서해주십시오.
Pardon!

제가 한 일을 용서해주십시오.
Verzeihen Sie mir, was ich getan habe!

제가 생각이 부족했던 것 용서해주십시오.
Es tut mir Leid, keine Rücksicht genommen zu haben!

제가 한 말에 대해 사과합니다.
Ich bitte Sie um Verzeihung für das, was ich gesagt habe!

저의 부주의를 사과드립니다.
Ich bitte Sie um Verzeihung wegen meiner Unaufmerksamkeit!

다시는 그런 일을 하지 않을 것입니다.
Das soll nie wieder geschehen!

다시는 실수하지 않겠습니다.
Ich will keinen Fehler wiederholen!

사과를 받아줄 때

됐습니다./괜찮습니다.
Ist schon gut!

됐습니다./괜찮습니다.
OK!

괜찮습니다.
Alles ist in Ordnung!

괜찮습니다.
Keine Ursache!

아무 문제도 아닙니다.
Das macht doch nichts!

괜찮아요, 아무 문제도 아닙니다.
Das macht nichts!

괜찮아요, 그건 문제가 안돼요.
Macht doch nichts!

그리 나쁘진 않아요.
Das ist doch nicht so schlimm!

아주 나쁘진 않아요.
Das ist doch nicht so tragisch!

아무 걱정 마십시오.
Machen Sie sich nichts daraus!

아무 걱정 마.
Mach dir nichts daraus!

염려하지 마.
Keine Sorge!

염려하지 마.
Mach dir keine Sorgen!

아무 염려 마십시오.
Machen Sie sich keine Sorgen!

문제될 것 없습니다.
Kein Problem!

그것 그다지 중요하지 않아요.
Das spielt keine Rolle!

중요한 일 아닙니다.
Spielt keine Rolle!

있을 수 있는 일인데요, 뭐.
Das kann ja mal passieren!

그런 일은 누구에게나 일어날 수 있는 걸요.
Das kann doch jedem mal passieren!

그럴 수도 있지요, 뭐.
Das kann vorkommen!

당신 책임이 아닙니다.
Das ist nicht Ihre Schuld!

언급할만한 일이 아닌 걸요.
Es ist nicht der Rede wert!

그럴 필요 없습니다.
Es ist nicht notwendig!

이미 다 지난 일이고 잊었는걸요.
Das ist vergeben und vergessen!

벌써 잊었어요.
Schon vergessen!

우리 그거 잊읍시다.
Vergessen wir das!

사과할 것 없어요.
Es liegt kein Grund davor!

사과할 사람은 당신이 아니라 접니다.
Ich muss Sie meinerseits um Verzeihung bitten, aber nicht umgekehrt!

좋아요. 당신의 사과를 받아주겠습니다.
O.K. Ich nehme Ihre Entschuldigung an!

권유와 제안

 손님을 접대할 때나 어느 곳에서든 대화를 할 때 흔히 "...하시겠습니까?"(Würden Sie ....?) 또는 "...을 하고 싶습니까?"(Möchten Sie gern ....?) 라든가 "...하는게 어떻습니까?"(Wie wäre es mit....?) 등의 문형을 사용한다. 이 말은 대단히 정중한 표현이다. 친숙한 사이라 해도 "Würdest du ....?"라고 말한다. 권유나 제안을 받아들일 때는 "Ja, gut!" 또는 "Sehr gerne!"라고 하고, 거절할 때는 "Tut mir Leid!"라고 한다.

음료는 식사를 권할 때

커피 한 잔 하시겠습니까?
Möchten Sie einen Kaffee?

 Möchten Sie einen Kaffee trinken?이라고 말하지 않아도 내용상 동사 trinken을 염두에 둔 표현이므로 동사를 사용하지 않아도 된다.

차 한 잔 하시겠습니까?
Möchten Sie einen Tee?

커피하시겠습니까? 아니면 차를 하시겠습니까?
Möchten Sie gern einen Kaffee oder einen Tee?

커피 마시겠습니다.
Ich möchte lieber einen Kaffee.

 möchten Sie gern A oder B?라는 질문이 올 때 대답으로 ich möchte lieber ...라고 한다. gern의 비교급이 lieber이다.

사과주스 한 잔 하시겠습니까?
Möchten Sie einen Apfelsaft?

콜라 한 잔 하시겠습니까?
Möchten Sie eine Cola?

생수 한 잔 하시겠습니까?
Möchten Sie ein Mineralwasser?

위스키 한잔 드릴까요?
Möchten Sie gern einen Whisky?

얼음을 넣은 위스키를 드시겠습니까?
Nehmen Sie einen Whisky mit Eis?

예, 얼음만 넣은 위스키를 주십시오.
Ja, einen Whisky nur mit Eis, bitte.

권유할 때

테니스 치러 가시죠?
Gehen wir mal Tennis spielen?

 'gehen + 원형동사'는 "…하러 가다."

괜찮다면 같이 가시죠?
Kommen Sie doch mit, wenn es Ihnen passt!

저하고 쇼핑 가시는 게 어때요?
Wie wäre es, mit mir einkaufen zu gehen?

차를 타고 가는 게 어떻겠어요?
Wie wäre es, wenn wir das Auto nehmen?

창문을 열까요?
Darf ich das Fenster aufmachen?

내일 식사나 같이 하겠어요?
Darf ich Sie morgen zum Abendessen einladen?

포도주 한 잔 하시겠어요?
Möchten Sie ein Glas Wein?

맥주 한 잔 하시겠어요?
Möchten Sie ein Glas Bier?

먼저 하십시오.
Nach Ihnen, bitte!

오늘 저녁 저하고 영화를 보러가지 않겠어요?
Wie wäre es, heute Abend mit mir in Kino zu gehen?

비디오 게임 한번 하는 게 어때?
Hast du Lust, das Videospiel zu spielen?

음악회에 가시겠습니까?
Möchten Sie ins Konzert gehen?

제가 권해 드리는데요, 규칙적으로 체조를 하세요.
Ich empfehle Ihnen, regelmässig Gymnastik zu machen.
당신은 땀을 많이 흘려야해요.
Sie sollten viel schwitzen.

제안할 때

제가 한 가지 제안을 해도 될까요?
Darf ich mal einen Vorschlag machen?
당신의 제안은 뭔가요?
Wie sieht Ihr Vorschlag denn aus?
월말까지 우리에게 제안을 하셔야 합니다.
Sie müssen Ihre Vorschläge bis zum Ende des Monats bei uns einreichen!
터놓고 이야기 합시다.
Nehmen wir kein Blatt vor den Mund!

 Ich wünsche eine offene Aussprache mit Ihnen. 또는 Ich bitte Sie um eine vertrauliche Aussprache.라고도 한다.

자, 이제 그만 합시다.
Los, verschwinden wir!

 verschwinden 사라지다;같은 표현으로 Machen wir Schluss! 또는 Hören wir damit auf!

오늘은 이만 합시다.
Lassen wir es für heute genug sein!
쉽시다.
Machen wir mal eine kurze Pause!
한숨 돌립시다.
Lassen Sie mich verschnaufen!
화해합시다.
Versönen wir uns miteinander!
좋으실 대로 하십시오.
Tun Sie es, wie Sie es wollen!

 Es hängt von Ihnen ab. 또는 Es liegt an Ihnen. 이라고 말해도 같은 뜻이다.

시험 삼아 한 번 해봅시다.
Probieren wir es mal!

내게 좋은 생각이 있어요.
Ich habe eine gute Idee!

> Darf ich Ihnen etwas sagen? 말씀 좀 드려도 되나요?

그것을 최대한 잘 이용해 봅시다.
Nutzen wir es so gut wie möglich aus!

> Machen wir das Beste daraus! 또는 Holen wir das Beste heraus!

그것을 최대한 잘 이용해 보세요.
Nutzen Sie es so gut wie möglich aus!

그런 의미에서 우리 악수나 한번 합시다.
Lass uns in diesem Sinn die Hände reichen!

지금 시작하는 것이 좋을 겁니다.
Wir könnten eigentlich ebensogut jetzt beginnen!

기분전환 겸 산책이나 합시다.
Gehen wir zur Abwechselung spazieren!

내 제안인데, 우리 다음 주에 만나자.
Ich schlage vor, dass wir uns nächste Woche treffen!

그는 그 제안을 받아들일 것을 제안했어요.
Er schlug vor, den Plan anzunehmen.

네가 오늘 우리들한테 오는 게 어떻겠니?
Wie wäre es, wenn du schon heute zu uns kämst?

먼저 산책을 가는 게 어떻겠어요?
Wie wäre es, wenn wir erst einmal einen Spaziergang machen würden?

이제 커피 한 잔 하는 게 어떻겠습니까?
Wie wäre es jetzt mit einem Kaffee?

제안이나 권유에 응할 때

좋습니다.
Ja, gut.

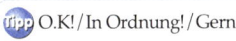 O.K! / In Ordnung! / Gern!

네, 그렇게 하겠습니다.
Ja, sehr gerne!

그럴게요.
Ich würde gerne!

괜찮다면 제가 함께 가 드리겠습니다.
Ich begleite Sie, wenn es Ihnen recht ist?

 Ich gehe mit Ihnen, wenn Sie mögen.

괜찮다면 제가 댁에 모셔다드리지요.
Ich bringen Sie nach Hause, wenn es Ihnen recht ist?

댁까지 모셔다 드려도 될까요?
Darf ich Sie nach Hause bringen?

내가 너의 집까지 데려다 줄께.
Ich begleite dich zur Tür.

감사합니다. 그렇게 해주세요.
Danke, gerne!

네가 말 한대로 할께.
Ich mache es, wie du gesagt hast.

 '네가 말하는 대로 할게' Ich mache es, so wie du sagst.

그거 좋은 생각이군요.
Das ist eine tolle Idee!

그거 재미있겠는데요.
Das klingt interessant!

그렇게 합시다.
Lass es uns so machen!

그거 괜찮겠군요.
Vielleicht wäre es gut!

 같은 표현 : Vielleicht sollten wir es tun!

그거 아주 좋은 생각인 것 같군요.
Das klingt nach einer guten Idee!

좋은 생각인 것 같아.
Das scheint eine gute Idee zu sein!

그게 좋겠어.
Das wäre toll!

당신의 제안은 만장일치로 받아들여졌습니다.
Ihr Vorschlag wurde einstimmig angenommen.

과반수이상이 그 계획에 찬성했어요.
Die Mehrheit war für den Plan.

저는 당신의 제안에 찬성합니다.
Ich bin für Ihren Vorschlag.

동의를 구하는 제안

창문을 좀 열어주시겠습니까?
Würden Sie bitte das Fenster aufmachen?

문을 열어도 괜찮겠습니까?
Stört es Sie, die Tür aufzumachen?

라디오를 꺼 주시겠습니까?
Würden Sie bitte das Radio abstellen?

라디오 소리를 좀 낮추어 주시겠습니까?
Könnten Sie das Radio ein bisschen leise stellen?

라디오 켜도 괜찮겠지요?
Macht es Ihnen etwas aus, wenn ich das Radio anstelle?

그에게 당신의 자동차를 닦게 할까요?
Darf ich ihn Ihren Wagen waschen lassen?

제안이나 권유를 거절할 때

호의는 감사합니다만 괜찮습니다.
Das ist freundlich, aber nein danke!

그대도 감사했습니다.
Trotzdem, vielen Dank.

사실은 좋아하지 않습니다.
Ich möchte eigentlich nicht.

고맙습니다만, 사실은 아무 것도 원치 않습니다.
Danke, ich möchte eigentlich keins!

 대상을 불특정대명사 남성4격으로 하면 keinen, 여성1.4격으로 하면 keine가 온다.

고맙습니다만 제게는 주지 마십시오.
Für mich nicht, danke!

고맙습니다만 지금은 안 됩니다.
Im Moment nicht, danke!

아니오, 흥미 없어요.
Nein danke, kein Interesse!

이미 아니라고 말했는데요.
Ich sagte bereits nein!

우리는 그러한 특권은 원칙적으로 거절합니다.
Wir lehnen solche Privilegien grundsätzlich ab!

그럴 기분이 아닙니다.
Ich habe keine Lust!

 같은 표현 : Mir ist nicht danach!

다음 기회로 미룰까요?
Könnten wir es auf ein andermal verschieben?

그렇게 하지 맙시다.
Nein, so tun wir es nicht!

고맙지만 됐습니다.
Nein, danke!

그럴 생각이 없습니다.
Ich bin dafür nicht vorbereitet!

 같은 표현 : Darauf habe ich keine Lust!

나는 아직 그것을 끝내지 못했어요.
Ich bin damit noch nicht fertig!

쇼핑하러 가고 싶지 않습니다.
Ich möchte nicht einkaufen gehen!

 같은 표현 : Ich habe keine Lust, einkaufen zu gehen!

저는 무척 피곤해요.
Ich bin sehr müde!

 Ich bin völlig fertig! "난 완전히 지쳤어요."

그것이 그렇게 좋은 생각인 것 같지는 않아.
Ich glaube, das wäre nicht keine gute Idee!

그것이 그렇게 중요한 것 같지는 않아.
Ich glaube, das wäre nicht so sinnvoll!

당신의 제안은 만장일치로 거절되었습니다.
Ihr Vorschlag wurde einstimmig abgelehnt!

부탁과 도움

독일식으로 부탁을 하거나 도움을 청하는 방법은 간단하다. 망설이지 말고 상대방에게 직접 부탁을 하거나 도움을 요청하면 그만이다. 그렇다고 하여 무례히 말하지 않고 아주 정중하게 부탁을 청한다. 이때 "Darf ich ...?", "Könnten Sie .....?"라든가 "Würden Sie ....?" 등의 문형을 사용하면 더욱 정중한 표현이 된다.

부탁할 때

부탁 하나 해도 될까요?
Darf ich Sie um einen Gefallen bitten?

실례합니다. 부탁 하나 들어주시겠어요?
Entschuldigen Sie, könnten Sie mir einen Gefallen tun?

부탁드릴 게 하나 있습니다.
Ich habe ein Anliegen an Sie.

당신에게 부탁이 있습니다.
Ich habe eine Bitte an Sie.

한 가지 부탁을 드려도 될까요?
Darf ich eine Bitte äußern?

부탁 좀 드려도 될까요?
Darf ich Sie bitten, etwas für mich zu tun?

도움을 부탁드립니다.
Ich bitte Sie um Ihre Hilfe.

간곡히 그것을 부탁드립니다.
Ich bitte sehr darum.

잠시 실례하겠습니다.
Darf ich Sie kurz stören?

잠시 폐를 끼쳐도 될까요?
Darf ich Sie einen kleinen Moment stören?

 Würden Sie mich für einen Moment entschuldigen?이라고도 말한다.

방해가 되지 않을지 모르겠습니다.
Ich hoffe, dass ich Sie nicht störe.

제가 좀 끼어도 될까요?
Darf ich mich Ihnen anschließen?

잠시 시간을 좀 내주시겠습니까?
Haben Sie für mich eine Minute Zeit?

저를 도와주실 수 있나 모르겠네요.
Könnten Sie mir vielleicht helfen?

구체적으로 부탁할 때

저 좀 도와 줄 수 있습니까?
Können Sie mir bitte mal helfen?

저 좀 도와주시겠습니까?
Würden Sie mir mal helfen?

부디 저를 위해 그 일을 해주십시오.
Bitte, tun Sie das für mich!

전화 좀 잠깐 써도 될까요?
Darf ich mal kurz telefonieren?

뭐 좀 물어봐도 됩니까?
Darf ich Sie etwas fragen?

창문 좀 닫아 주세요.
Bitte, schließen Sie das Fenster!

저녁에 제게 전화 좀 해줄 수 있어요?
Könnten Sie mich abends anrufen?

당신의 자전거 좀 빌릴 수 있을까요?
Könnte ich vielleicht Ihr Fahrrad ausleihen?

내일 저희들한테 좀 와 주시겠습니까?
Würden Sie morgen zu uns kommen?

이 일 좀 처리해 주시겠습니까?
Würden Sie das bitte für mich erledigen?

제게 이 일 좀 해 주시겠습니까?
Würden Sie das bitte für mich tun?

이 우편물을 처리해 주시겠습니까?
Könnten Sie bitte die Post erledigen?

나는 그에게 도움을 요청했어.
Ich habe ihn um Hilfe gebeten.

볼프강한테 전화하는 거 잊지 마.
Vergiss bitte nicht, Wolfgang anzurufen!

제게 샘플 하나 보내주시기 바랍니다.
Ich möchte Sie bitten, mir ein Muster zuzuschicken.

여기로 좀 오십시오!
Bitte, kommen Sie hierher!

좀 태워다 주시겠습니까?
Könnten Sie mich bitte mitnehmen?

내일 제가 차를 쓸 수 있을까요?
Kann ich morgen den Wagen benutzen?

당신 것을 빌려주시겠습니까?
Würden Sie mir Ihren leihen?

 Ihren은 소유대명사로 당신의 자동차(Ihren Wagen)를 가리킨다. 여성명사라면 Ihre, 중성명사라면 Ihres, 복수명사는 Ihre이다. 뜻은 모두 "당신 것."

돈을 좀 빌릴 수 있을까요?
Könnte ich mir von Ihnen Geld leihen?

문 좀 열어주시겠습니까?
Würden Sie bitte die Tür öffnen?

저와 함께 가실래요?
Würden Sie mit mir mitkommen?

주소 좀 가르쳐주시겠어요?
Darf ich Sie um Ihre Adresse bitten

 같은 표현 : Würden Sie mir Ihre Adresse geben?

춤 한 번 추실까요?
Darf ich Sie um einen Tanz bitten?

가능한 한 빨리 저에게 알려주시겠습니까?
Würden Sie mir so schnell wie möglich Bescheid geben?

제 대신 좀 해주실래요?
Könnten Sie es anstelle von mir machen?

그 분이 어떤 분인지 말 좀 해주시겠어요?
Würden Sie mir sagen, was für ein Mann er ist?

제 곁에 있어주세요.
Bleiben Sie bei mir, bitte!

기회를 주세요.
Geben Sie mir bitte eine Chance!

확인 좀 해주세요.
Bitte bestätigen Sie!

> 같은 표현 : Überprüfen Sie es bitte! / Sehen Sie bitte noch einmal nach!

다음 기회로 미룰 수 있을까요?
Können wir es auf ein andermal verschieben?

내일은 쉬고 싶습니다.
Ich möchte mich morgen ausruhen.

혼자 있게 해주세요.
Lassen Sie mich bitte allein!

제 차 좀 봐줄 수 있어요?
Könnten Sie meinen Wagen nachsehen?

저 좀 태워주십시오.
Nehmen Sie bitte mich mit!

간단히 부탁할 때

문 좀 닫아주세요.
Machen Sie die Tür zu, bitte!

창문 좀 열어주세요.
Machen Sie bitte das Fenster auf!

창문 좀 닫아주세요.
Machen Sie bitte das Fenster zu!

불 좀 켜주세요.
Machen Sie das Licht an!

스위치를 켜주십시오.
Schalten Sie es ein!

잠시 기다리세요.
Warten Sie einen Moment!

커피 두 잔 주세요.
Zwei Kaffee, bitte!

저도 같은 것으로 주세요.
Dasselbe, bitte!

> Ich nehme dasselbe, bitte!

프런트를 부탁합니다.
Die Rezeption, bitte!

허락을 부탁할 때

여기서 담배를 피워도 됩니까?
Darf ich hier rauchen?

당신의 볼펜을 사용해도 됩니까?
Darf ich Ihren Kuli benutzen?

당신에게 이 꽃을 전해드리도록 허락해주시겠습니까?
Erlauben Sie mir, Ihnen die Blumen zu überreichen?

제발 그것을 허락해 줘.
Erlaub das doch!

제 손 좀 놓으세요.
Lassen Sie meine Hand los!

(들어가도/지나가도/...해도) 됩니까?
Darf ich?

부탁을 들어줄 때

예, 그래요.
Ja, gerne!

예, 그래요(그러십시오.)
Ja, bitte!

예, 물론이지요.
Ja, natürlich!

예, 좋아요./그래 좋아.
Na klar!/Na gut!

자, 좋습니다./그럼 좋아.
Also gut!

물론이지요.
Aber natürlich!

물론이지요.
Aber selbstverständlich!

물론이지요.
Klar doch!

예, 곧 갑니다/됩니다.
Ja, sofort!

예, 곧 갑니다.
Ja, ich komme gleich!

꼭 그래야만 한다면 됩니다.
Wenn es sein muss.

예, 그래도 됩니다.
Ja, es geht.

예, 됩니다.
Ja, das geht.

그래, 알아어/알았습니다.
Gut, einverstanden!

난, 괜찮습니다/좋습니다.
Das passt mir gut!

예, 물론이지요.
Ja, sicher!

물론이지요.
Selbstverständlich!

예, 그러지요.
Ja, bestimmt!

기꺼이 그렇게 하겠습니다.
Sehr gerne.

기꺼이 하겠습니다.
Ich gebe mein Bestes!

> Ich werde mein Bestes tun. "최선을 다하겠습니다."; das Beste 최선; tun 행하다; werden+... 동사원형은 '~할 것이다' 라는 미래형 표현이다.

좋아요, 그러지요.
Okay, mache ich.

그렇게 하세요.
Machen Sie schon!

 "그렇게 해봐" Mach schon! / Na los!

그렇고말고요.
Ja, doch.

그럼요, 그러지요.
Warum nicht.

문제없어요.
Kein Problem!

뭐 그 정도야 문제 아니지요.
Das ist nichts Besonderes.

 das Besondere 특별한 것, 별것; nichts Besonderes 별 것이 아님; Es ist keine große Sache! 그것은 별 문제가 아닙니다.

그렇게 하세요.
Nur zu!

원하는 건 무엇이든 가지세요.
Nehmen Sie alles, was Sie wollen!

부탁을 거절할 때

안 되겠는데요.
Lieber nicht.

아니오, 유감이지만 안 됩니다.
Nien, das geht leider nicht.

미안하지만 지금은 안 되겠는데요.
Es tut mir Leid, ich kann es jetzt nicht tun.

미안하지만 그렇게는 안 되겠는데요.
Ich kann es leider nicht machen.

아니오, 미안합니다.
Nein, es tut mir Leid.

그것은 무리한 요구입니다.
Das ist ein bisschen viel verlangt!

> Tipp Sie verlangen zu viel!

시간이 필요합니다.
Das braucht Zeit.

완곡히 거절할 때

그럴 기분이 아닙니다.
Mir ist nicht danach zumute.

아직 그럴 준비가 되지 않았습니다.
Ich bin dafür noch nicht vorbereitet.

다음 기회에 꼭 하겠습니다.
Ich mache es ein andermal.

당장은 무리라고 생각해요.
Ich fürchte, ich kann es nicht sofort machen.

글쎄요, 다음 기회에 그러지요.
Nun ja, vielleicht ein anderes Mal.

다른 사람에게 부탁해보세요.
Fragen Sie bitte irgendjemand!

> Tipp irgend*jemanden*이라고 해야 fragen의 목적어가 되는 데 말을 할 때 흔히 –jemand라고 한다.

도움을 주고받을 때

저 좀 도와주시겠어요?
Entschuldigung, würden Sie mir helfen?

좀 도와주시겠어요?
Können Sie mir helfen?

도움이 필요하세요?
Brauchen Sie Hilfe?

당신의 도움이 필요합니다.
Ich brauche Ihre Hilfe!

도와드릴까요?
Darf ich Ihnen helfen?

Darf ich Ihnen behilflich sein?

뭘 해 드릴까요?
Was wünschen Sie von mir?

네, 기꺼이 도와드리지요.
Ja, gerne.

말씀만 하세요. 당장 해 드릴께요.
Sagen Sie es mir nur. Ich will es sofort besorgen.

제가 해드리겠습니다.
Ich werde es Ihnen besorgen.

그것 빼고는 무엇이든 하겠습니다.
Ich will alles besorgen, nur dies nicht.

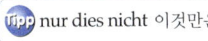 nur dies nicht 이것만은 안돼요.

제가 트렁크를 들어드릴게요.
Ich trage Ihren Koffer.

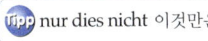 Lassen Sie mich Ihren Koffer tragen!

고맙지만 괜찮습니다. 제가 할 수 있습니다.
Nein, danke. Ich kann ihn selber tragen.

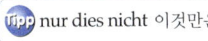 ihn은 den Koffer를 지칭한다.

감사합니다만, 저 혼자서도 할 수 있습니다.
Danke schön, aber ich kann es allein tun!

허가와 양해

상대방에게 어떤 것에 대해 허가나 양해를 요구할 때도 부탁이나 도움을 청할 때처럼 정중하게 말하는 문형은 "Darf ich ...?", "Kann ich...?", "Entschuldigen Sie, darf ich ....?" 등등의 표현이다. 허락할 때는 "Ja, bitte.", "Ja, Sie dürfen.", "O.K." 등등 다양하다.

허가나 허락을 구할 때

여쭤 봐도 될까요?
Darf ich Sie mal fragen?

질문 좀 하나 해도 되겠습니까?
Darf ich Ihnen eine Frage stellen?

하나 가져가도 되나요?
Darf ich eins davon haben?

 대상이 남성명사면 부정대명사 einen, 여성명사이면 eine; davon '그 중에서'

들어가도 되요?
Darf ich hereinkommen?

잠시 실례합니다.
Entschuldigen Sie einen Augenblick!

자전거를 빌려줄 수 있니?
Kann ich mir dein Fahrrad borgen?

이 책 빌려도 돼요?
Darf ich dieses Buch ausleihen?

이제 집에 가도 돼요?
Darf ich jetzt nach Hause gehen?

나가서 놀아도 돼요?
Darf ich zum Spielen rausgehen?

여기서 주차해도 됩니까?
Darf ich hier parken?

여기서 잠시 주차해도 됩니까?
Darf ich hier für einen Moment parken?

여기서 사진을 찍어도 돼요?
Darf ich hier fotografieren?

전화 좀 써도 될까요?
Könnte ich das Telefon hier benutzen?

여기서 담배를 피워도 됩니까?
Haben Sie etwas dagegen, wenn ich hier rauche?

> 물론 간단히 Darf ich hier rauchen? 이라고 한다.

도와드릴까요?
Kann ich Ihnen helfen?

> 서비스 업종에서 Darf ich Ihnen behilflich sein?이라고 정중히 말하기도 한다. Kann ich etwas für Sie tun?라고도 한다.

전화번호 좀 주시겠어요?
Kann ich Ihre Telefonnummer bekommen?

내일 전화 드려도 됩니까?
Kann ich Sie morgen anrufen?

오늘 우리가 영화 보러가도 돼죠?
Erlaubst du uns, heute ins Kino zu gehen?

허가나 허락을 할 때

예, 그렇게 해도 됩니다.
Ja, Sie dürfen.

좋아요.
O.K./Okay.

물론이지요.
Sicher.

물론이지요.
Natürlich.

어서 하세요.
Bitte./ Bitte, schön.

어서 하세요.
Kommen Sie schon!

어서 하세요.
Gehen Sie voran!

어서 하세요.
Los, sofort!

어서 일을 하세요.
Sofort los mit der Arbeit!

문제없습니다.
Kein Problem.

왜 안 되겠어요?
Warum nicht?

전혀요. 괜찮습니다.
Es gibt kein Problem. / Es ist alles in Ordnung.

그럼요, 어서 하세요.
Natürlich, nur zu! / Machen Sie!

들어와도 됩니다.
Sie dürfen hereinkommen.

이제 집에 가도 됩니다.
Sie dürfen nun nach Hause gehen.

여기서 담배 피워도 됩니다.
Sie dürfen hier rauchen.

가도 됩니다.
Sie dürfen gehen.

여기서 사진 찍어도 됩니다.
Sie können hier fotografieren.

신을 신고 방에 들어가도 됩니다.
Sie dürfen das Zimmer mit Schuhen betreten.

하고 싶은 일은 뭐든지 해도 돼.
Du darfst tun, was immer du willst.

가져가고 싶은 것은 뭐든지 가져가도 돼요.
Sie dürfen alles mitnehmen, was Sie brauchen.

제 주차장을 사용해도 됩니다.
Sie können meinen Parkplaz benutzen.

마음에 드는 대로 웃옷 한 벌을 골라도 좋아.
Du kannst dir eine Jacke nach Belieben aussuchen.

언제든 필요하면 제 차를 사용해도 됩니다.
Jedesmal wenn Sie meinen Wagen brauchen, können Sie sich ihn nehmen!

양해를 구할 때

실례합니다.
Entschuldigung!

잠깐 실례합니다.
Entschuldigen Sie einen Moment.

잠깐 실례해도 되겠습니까?
Entschuldigen Sie mich einen Augenblick!

잠깐 실례해도 되겠습니까?
Entschuldigen Sie, darf ich Sie einen Moment stören?

말씀 도중에 실례합니다.
Entschuldigen Sie, dass ich Sie unterbreche!

여기 앉아도 됩니까?
Darf ich mich hier hersetzen?

실례합니다. 잠시 지나갈게요.
Entschuldigen Sie, darf ich mal durch?

 durchgehen 사람들 사이를 뚫고 지나가다. vorbeigehen …의 앞을 지나가다.

약속을 승낙할 때

좋아요. 시간 괜찮아요.
Ja, da bin ich frei. / Ja, da habe ich Zeit.

이번 주말에는 별다른 계획이 없어요.
Ich habe am Wochenende keinen besonderen Plan.

이번 주말에는 별다른 계획이 없어요.
Ich habe am Wochenende nichts Besonderes vor.

어느 정도 시간을 주실 수 있는데요?
Wie lange könnten Sie mir Zeit geben?

감사합니다. 그 시간에 그곳으로 가겠습니다.
Vielen Dank! Ich komme zu der verabredeten Zeit dorthin.

그럼 그때 만납시다. 안녕.
Bis dann, tschüs!

그러면 약속 시간, 약속한 장소에서 만납시다.
Dann treffen wir uns zur verabredeten Zeit am verabredeten Ort!

그럼 제가 정확하기 약속 장소로 가겠습니다.
Dann will ich pünktlich am verabredeten Ort sein.

네 주소를 알려줘. 그러면 6시에 태우러 갈게.
Gib mir deine Adresse und ich hole um sechs Uhr ab.

당신을 좀 찾아뵙고 싶은데요.
Ich würde Sie gerne mal besuchen.

언제가 좋겠습니까?
Wann passt es Ihnen?

약속을 거절할 때

죄송합니다. 제가 오늘은 좀 바빠서요.
Es tut mir leid, ich bin heute ein bisschen beschäftigt.

오늘 손님이 오기로 돼 있어서요.
Ich erwarte heute Besuch.

오늘은 스케줄이 꽉 차 있습니다.
Ich bin heute voll ausgebucht.

다음 두 주간은 예약이 다 돼있습니다.
Die beiden nächsten Wochen bin ich vollkommen ausgebucht.

더 이상 비어 있는 예정일이 없습니다.
Ich habe keinen freien Termin mehr.

선약이 있어요.
Ich habe bereits eine Verabredung.

미안해요. 선약이 있어서요.
Es tut mir leid, aber dass ich bereits eine Verabredung habe.

미안합니다만 다른 약속이 있어요.
Es tut mir leid, ich habe eine andere Verabredung.

유감스럽게도 약속 일정을 지킬 수가 없습니다.
Ich kann leider den Termin nicht einhalten.

저는 이미 약속이 있습니다.
Ich bin schon verabredet.

저는 4시에 의원에 약속이 있습니다.
Ich bin um vier Uhr zum Arzt bestellt.

오늘 저녁은 여의치 않습니다.
Heute Abend passt es mir schlecht.

명령과 금지

독일어의 지시와 명령형은 〈동사+주어...!〉이다. 친한 사이(서로 du를 사용하는 사이)에 쓰는 지시와 명령에는 동사의 어미와 주어를 사용하지 않는다. 친한 사이의 상대방들에게(ihr라고 부르는 사이) 지시나 명령을 할 때는 동사는 어형변화를 그대로 하고 다만 주어(ihr)만 쓰지 않는다.

지시할 때

이번 주 금요일까지 확실히 끝내세요.
Machen Sie es bitte bis Freitag fertig!

이번 주 금요일까지 끝내는 것 잊지 마세요.
Vergessen Sie nicht, es bis Freitag fertigzumachen!

네, 최선을 다 하겠습니다
Ja, ich will mein Bestes tun.

예, 그렇게 하도록 노력하겠습니다.
Ja, ich werde mich darum sehr bemühen.

미스 마이어를 빨리 좀 데려오세요.
Holen Sie Frau Meier bitte sofort ab!

그 사람의 지시를 따르세요.
Befolgen Sie seine Anweisung!

 seine Anweisung befolgen 그의 지시를 따르다; Befolgen Sie ihre Anweisung – 그녀의 지시를 따르세요.

그건 이렇게 하세요.
Tun Sie es auf diese Weise!

 auf diese Weise 이런 방법으로, 이런 식으로

당신에게 어떤 지시도 받지 않겠습니다.
Ich will keine Anweisung von Ihnen erhalten.

무슨 일이 있어도 그것을 해라.
Tu es doch bitte auf alle Fälle!

 auf alle Fälle 무슨 일이 있어도; auf jeden Fall 어떤 경우라도

무슨 일이든지 제게 맡겨주십시오.
Bitte, überlassen Sie mir alles!

무슨 일이든지 분부만 하십시오.
Ich stehe zu Ihren Diensten.

 같은 표현 : Ich stehe Ihnen immer zur Verfügung! / Wie Sie befehlen!

명령할 때

조심해!
Vorsicht!

조심해!
Sei vorsichtig!

조용히 해!
Sei ruhig!

너희들 조용히 해!
Seid ruhig!

조용히 하십시오!
Seien Sie ruhig!

조용히 좀 해!
Ruhe, bitte!

자 조용히!
Beruhige dich!

자 조용히들 해!
Beruhigt euch!

이것 좀 와서 봐!
Guck mal!

언제 놀러와.
Komm bei mir mal vorbei!

 vorbeikommen bei 3격(...의 집에 들르다)

문 좀 여세요.
Machen Sie die Tür auf!

핸드폰을 꺼주십시오.
Machen Sie das Handy aus!

명심해!
Merk dir das!

이리와!
Komm her!

너희들 이리와 봐!
Kommt her!

들어봐.
Hör zu!

그만 둬.
Hör (damit) auf!

 Hören Sie auf! 그만 두세요.

당장 싸움 그만들 해라.
Hört endlich auf, zu streiten!

어서 들어와.
Komm herein, bitte!

 Kommt herein! 너희들 들어와.

천천히 말해.
Sprich bitte langsam!

앞으로 나와.
Nach vorn, bitte!

저리가!
Verschwinde!

더 빨리!
Schneller!

걱정 마!
Keine Sorge!

엄살떨지 마!
Sei nicht so zimperlich!

들어봐!
Hör mal zu!

제 말 좀 잘 들어보세요.
Hören Sie mir genau zu!

경청하십시오!
Spitzen Sie die Ohren!

여기서 꺼져!
Raus!

저리 가 버려!
Geh weg!

마음껏 먹어!
Bedien dich!

나한테 맡겨!
Lass mir was über!

여섯시까지 꼭 돌아와야 해.
Vergiss nicht, bis sechs Uhr zurückzukommen!

움직여!
Beweg dich!

차 세워!
Halt den Wagen an!

차라리 묻지 마!
Frag lieber nicht!

뭔가 말을 해봐!
Sag doch irgendwas!

입 닥쳐!
Halt den Mund!

보여줘!
Zeig es mir doch!

일어서!
Steh auf!

놀리지 마!
Nimm mich doch nicht auf den Arm!

 (직역) 나를 팔위에 올려놓지 마.

열심히 공부해라!
Lerne fleißig!

쉬엄쉬엄해!
Bleib locker!

 Immer mit der Ruhe / Lass es ruhig angehen!

해 봐!
Versuch es doch!

좀 더 노력해봐!
Gib dir doch mehr Mühe!

불 꺼!
Schalt das Licht aus!

더 빨리 걸어!
Lauf schneller!

기다려!
Warte!

잠깐만 기다리십시오!
Warten Sie einen Augenblick!

잠깐만!
Augenblick noch!

계속해!
Mach weiter!

계속해서 읽어봐요!
Bitte lesen Sie weiter!

계속해서 읽어!
Lies weiter!

너희들 좀 읽어봐!
Lest doch!

서행하십시오.
Fahren Sie langsam!

너무 과속하지마!
Fahr doch nicht so schnell!

경고할 때

움직이지 마!
Keine Bewegung!

엎드려!
Leg dich auf den Bauch!

손들어!
Hände hoch!

멈춰!
Halt!

앞으로 가!
Geh vorwärts!

물러 서!
Bleib weg!

이만 물러 가!
Fort mit dir!

속력을 내!
Mach Tempo!

위험해!
Es ist gefährlich!

됐어 그만해.
Genug davon!

이제 더 이상 그만해!
Ich will nichts mehr davon hören!

그만 둬. 됐어.
Das reicht!

금지나 허락을 하지 않을 때

아니오, 안 됩니다.
Nein, Sie dürfen nicht!

죄송합니다만, 안 됩니다.
Tut mir Leid, Sie dürfen nicht!

죄송합니다만, 허용이 안 됩니다.
Tut mir Leid, es ist nicht erlaubt!

허용할 수가 없습니다.
Das ist nicht zu erlauben!

여기서 담배 피우면 안 됩니다.
Hier darf man nicht rauchen!

여기서는 흡연 금지입니다.
Rauchen ist hier verboten!

너 정말이지 더 이상 담배 피우지 말아야 해.
Du solltest wirklich nicht mehr rauchen!

너 밖에 나가면 안 돼. 너무 추워.
Du darfst nicht rausgehen. Es ist zu kalt!

남에 대해서 나쁜 말을 하면 안 돼.
Du darfst nicht schlecht über den anderen reden!

사람은 약속을 어겨서는 안 됩니다.
Man sollte sein Versprechen nicht brechen.

> Man darf sein Wort nicht brechen. 자기 약속을 어겨서는 안 된다. Man sollte nicht.../ Man darf nicht ... ~해서는 안 된다.

절대로 다른 사람에게 말하지 마세요.
Sagen Sie es niemandem!

어린 아이들이 혼자 가게 하지 마시오.
Lass die Kinder nicht allein gehen!

나를 어린애 취급하지 마세요.
Behandeln Sie mich nicht wie ein Kind!

그럴 기분이 아닙니다.
Darauf habe ich keine Lust!

죄송합니다만, 즉시 해드릴 수가 없습니다.
Leider kann ich es nicht sofort schaffen.

09 재촉과 여유

상대가 행동을 서둘러 행하기를 바라는 마음으로 재촉을 할 때 정중하게 "Würden Sie sich bitte beeilen?", "Beeilen Sie sich!"나 "Beeilen Sie sich doch!"라고 한다. 반면에 여유를 가지고 "천천히 하세요"라고 하는 표현으로는 "Das hat Zeit."라고 한다. "급한 게 아니에요." 라고 할 때는 "Es ist nicht eilig."라고 한다.

재촉할 때

서두르세요!
Beeilen Sie sich!

 Beeilt euch! 너희들 서둘러!; Beeile dich! 너 서둘러라!

서둘러주시겠습니까?
Würden Sie sich beeilen?

서둘러라!
Beeil dich!

너희들 서둘러라!
Beeilt euch!

서두르자.
Beeilen wir uns!

우리의 일에 속도를 붙이자!
Beschleunigen wir unsere Arbeit!

저는 몹시 급해요.
Ich habe es sehr eilig!

저는 급해요.
Ich bin in Eile.

 같은 표현 : Ich habe es eilig. / Ich bin in Eile.

서둘러. 시간이 넉넉하지 않아.
Beeil dich! Wir haben wenig Zeit.

 Die Zeit drängt. 라고도 한다. "시간이 촉박해."

서둘러. 시간이 임박하고 있어.
Beeil dich, es ist höchste Zeit.

빨리 하세요!
Machen Sie schnell, bitte!

지체할 시간이 없어요!
Wir haben keine Zeit zu verlieren!

가능한 한 빨리하세요!
Machen Sie es so schnell wie möglich!

빨리 나오세요!
Kommen Sie schnell raus

 raus는 heraus를 줄임말.

속도를 내세요!
Machen Sie Tempo!

이 편지를 속달로 부쳐주세요!
Senden Sie diesen Brief als Eilsache!

지금 당장 해주세요!
Erledigen Sie es sofort!

이것을 좀 빨리 해주세요!
Erledigen Sie es schnell!

시간이 없어요!
Die Zeit ist knapp.

여유를 가지라고 할 때

천천히 하세요!
Machen Sie langsam!

서둘지 마세요!
Keine Eile!

> Nur keine Eile! 라고도 한다.

서두를 필요 없어요.
Sie brauchen sich nicht zu beeilen.

나중에 해도 돼요.
Sie können es später machen.

뭐가 그리 급하세요?
Warum sind Sie so in Eile?

뭐가 그리 급하세요?
Warum die Eile?

너무 재촉하지 마세요.
Drängen Sie mich nicht so!

> Treiben Sie uns nicht zur Eile! 우리들에게 너무 재촉하지 마세요.

그렇게 조급하게 굴지 마세요.
Seien Sie nicht so ungeduldig!

> Haben Sie Geduld! 인내심을 가지세요./참으세요.; Ich bitte Sie um Ihre Geduld. 참으십시오.

조급해 하지 말아요.
Seien Sie nicht voreilig!

일을 천천히 침착하게 해.
Lass dir mit der Arbeit Zeit!

천천히 하세요. 시간은 충분하니까요.
Nehmen Sie sich Zeit. Wir haben genug Zeit.

천천히 해도 괜찮아요.
Es hat keine Eile.

시간이 허용하는 한 천천히 해주십시오.
Bleiben Sie so lange, wie es Ihnen Ihre Zeit erlaubt!

진정해. 왜 서둘러?
Beruhig dich! Warum bist du in Eile?

> Warum beeilst du dich denn? 왜 서두르는 거야?

왜 그렇게 서둘러?
Wozu diese Hast?

 Warum bist du in großer Eile?

그렇게 서두르지 마세요.
Nur keine solche Eile!

너무 서두르지 마십시오.
Haben Sie es nicht eilig!

시간이 많이 있습니다.
Wir haben genug Zeit.

날 제발 재촉하지 마.
Treib mich bitte nicht zur Eile an!

재촉하지 마세요.
Seien Sie nicht aufdringlich!

주의와 타이름

상대가 위험한 상황에 처할 때는 „Vorsicht!" (조심해), 위험할 때는 „Es ist gefährlich!"(그건 위험해.) 위험한 행동을 할 때는 „Das geht nicht!"(그러면 안 돼)라고 한다. 꾸짖을 때는 „Tu das nie wieder!"(다시는 절대 그러지 말아.) 또는 상대를 타이를 때는 „Denk darüber noch einmal nach!"(그것을 한 번 더 생각해봐.) 등의 표현을 사용한다. 상대가 변명을 한다면 „Reden Sie nicht drum herum!"(억지 변명하지 말아요.)라고 하자.

주의를 줄 때

조심해!
Vorsichtig!

 조심해 Vorsicht!

주의하십시오!
Achtung!
주목하십시오!
Aufgepasst!

 주의하십시오 Passen Sie auf!라고도 한다.

그러면 안 돼요.
Das geht nicht.
이러시면 안 돼요.
Das sollten Sie nicht tun.
개의치 마십시오.
Sie brauchen es nicht zu tun.

 같은 표현: Machen Sie sich bitte keine Mühe!/ Bemühen Sie sich nicht!

쓸데없는 짓 말아요.
Machen Sie sich doch keine unnötigen Sorgen!

쓸데없는 짓 말아라.
Mach dir doch keine unnötigen Sorgen!

성가시게 굴지 마.
Belästige mich doch nicht!

나쁜 친구들을 사귀지 마.
Gib doch nicht mit schlechten Leuten!

잘 생각하고 행동해.
Überlege es dir gut, bevor du es tust!

그에게 너무 심하게 대하지 말아요.
Seien Sie bitte doch nicht so hart gegen ihn!

 "그를 너무 심하게 다루지 말아요"라고 할 때는 Behandeln Sie ihn nicht so hart!

아이들에게 너무 심하게 대하지 말아요.
Seien Sie bitte nicht zu streng gegenüber den Kindern!

비밀을 누설하지 마세요.
Lassen Sie die Katze nicht aus dem Sack!

 Verraten Sie das Geheimnis nicht!(비밀을 누설하지 마세요)라는 말의 관용적 표현.

이제 싸움을 그만 하지요.
Beenden wir mal unseren Streit!

그것을 중지하도록 하세요.
Hören Sie damit auf!

오해하지는 마세요.
Verstehen Sie mich bitte nicht falsch.

나에게 쓸데없는 칭찬을 하지 마세요.
Machen Sie bitte keine unnötigen Komplimente!

제발 언성을 높이지 마세요.
Erheben Sie bitte nicht die Stimme!

제발 큰 소리로 말하지 마세요.
Sprechen Sie bitte nicht so laut!

너무 굽실거리지 마세요.
Kriechen Sie doch nicht vor anderen!

kriechen 기다, 굽실거리다; vor anderen 다른 사람들 앞에서

돈을 낭비하고 다니지 말아라.
Wirf das Geld nicht zum Fenster hinaus!

돈을 너무 많이 지출하지 말아라.
Gib doch nicht so viel aus!

주의하는 것이 좋겠어요.
Sie sollten lieber aufpassen!

그의 말을 액면 그대로 받아들이지 마세요!
Nehmen Sie sein Wort nicht für wahre Münze!

네 맘대로 말하지 말아.
Sprich nicht so, wie es dir beliebt!

네 멋대로 행동하지 마.
Benimm dich nicht so rücksichtslos!

항상 멋대로 굴지 마.
Setz deinen Kopf nicht immer durch!

버릇없게 굴지 마.
Sei bitte nicht unhöflich zu mir!

 같은 표현: Tu mir nicht so frech!

자동차를 조심하세요.
Passen Sie auf die Autos auf!

조용히 해!
Ruhe!

 Ruhe bitte!; Sei ruhig!(너 조용히 해)/Seid ruhig!(너희들 조용히 해)/Still!(조용!)/Seien Sie bitte ruhig!(조용히 하세요)

쉿 조용히!
Still!

말 조심해!
Pass auf deine Worte auf!

 같은 표현: 같은 뜻으로 Hüte deine Zunge!(die Zunge 혀, hüten 보호하다), Halt den Mund!(입 닥쳐, 말조심해)

내 기대를 저버리지 마세요.
Enttäuschen Sie mich bitte nicht!

 enttäuschen 실망시키다; die Erwartungen nicht erfüllen 기대를 저버리다; Erfüllen Sie die Erwartungen! 기대를 저버리지 마세요!

이제 주의를 기울여야 합니다.
Jetzt heißt es aufpassen!

꾸짖을 때

다시는 절대 그러지 말게나.
Tu das nie wieder!

그런 법이 어디 있어요?
Warum denken Sie so?

 같은 표현: Wie konnten Sie eine solche Richtung einschlagen?

조용히 할 수 없니?
Kannst du nicht still sein?

행동으로 옮기든가, 입 다물고 있든지 해.
Schlag ein oder halt den Mund!

너희들 나머지도 마찬가지야.
Der Rest von euch ist auch nicht anders!

어떻게 나에게 이런 행동을 할 수 있어?
Wie verhältst du dich eigentlich mir gegenüber?

네가 나한테 어떻게 그럴 수 있니?
Wie kannst du mir so etwas antun?

당신은 나를 정말 실망시켰어요!
Sie haben mich wirklich enttäuscht!

당신 정신 나갔어요?.
Sind Sie verrückt?

너 정신 나갔니?
Bist du verrückt?

너 제정신이 아닌가봐!
Du hast wohl einen Stich!

네 책임이야.
Du bist schuld daran.

내 탓으로 돌리지 마!
Schieb die Schuld nicht auf mich!

창피하지도 않아요?
Schämen Sie sich nicht?

그런 말을 하면 안 돼!
So etwas solltest du nicht sagen!

그런 말을 하지 말았어야 했는데!
Das hättest du nicht sagen sollen!

왜 나를 못살게 굴지?
Warum hackst du auf mir herum?

내 말 듣고 있어?
Hörst du mich noch?

나를 우롱하는 거니?
Führst du mich an der Nase herum?

왜 오늘 이렇게 늦었니?
Wieso kommst du heute so spät?

참는데도 한계가 있어.
Meine Geduld ist langsam am Ende.

타이를 때

도중에 일을 그만두면 안 돼요.
Beenden Sie nicht das, womit Sie angefangen haben!

그것을 하는 것이 네 의무야.
Es ist deine Pflicht, das zu tun!

너는 그것을 할 의무가 있어.
Du bist dafür verantwortlich, das zu tun!

너에게 필요한 일은 조금 더 노력하는 일이야.
Was du brauchst, ist, dass du dich mehr darum bemühst!

너희들 모두 너희들의 의무를 꼭 행해야 해.
Ihr alle müsst eure Pflicht tun!

좀 더 힘내는 거야!
Du musst es härter versuchen!

자존심을 더 가져라.
Hab' mehr Selbstachtung vor dir selbst!

자부심을 가져라.
Sei stolz!

그것을 달리 생각할 수 없니?
Kannst du das nicht noch einmal überdenken?

그것을 달리 생각해봐.
Denk' noch einmal darüber nach!

한 번 생각해봐.
Ich gebe es dir noch einmal zu bedenken.

곰곰이 생각해봐.
Überlege dich mal!

섣불리 믿어서는 안 돼.
Du sollst es nicht unbedacht glauben!

 같은 표현: Das sollst du nicht ernst nehmen!

너만 특별 대우할 수는 없어.
Ich kann keine besondere Ausnahme für dich machen.

이제 그만하면 충분해.
Nun mach aber einen Punkt!

변명을 듣고 싶지 않을 때

변명하지 마세요.
Machen Sie keine Ausreden!

 같은 표현: Kommen Sie mir nicht mit Ausreden!

변명은 듣고 싶지 않아.
Ich möchte von Ihnen keine Ausreden hören!

그것에 대해 아무 것도 듣고 싶지 않아요.
Ich will nichts davon hören!

이제 변명은 됐어.
Die Ausreden sind genug!

그건 변명이 안 돼.
Es gibt keinen Grund zur Ausrede für Sie!

> 같은 표현: **Das ist keine Ausrede!**

그건 뻔한 변명이야.
Das ist eine sehr durchschaubare Ausrede!

난 그게 단순히 변명이었다고 생각 해.
Ich glaube, das war bloß eine Ausrede!

억지 변명하지 말아요.
Reden Sie nicht drum herum!

충고와 의무

조언과 충고를 할 때는 Es wäre besser, wenn Sie … 접속법2식 동사. 문형을 사용할 수 있고 –„Es wäre besser, wenn Sie jetzt gingen!" / „Sie sollten jetzt lieber gehen!"(지금 가시는 게 좋을 겁니다.) –„Wie wäre es ~"(…하는 게 어떻습니까?) 또는 „Es wäre vielleicht leichter für dich gewesen, ~"(…하는 게 네게 훨씬 더 쉬울 텐데.)라고 친절하게 표현하거나 Sie sollten …처럼 완곡한 표현을 쓸 수 있다.

충고할 때

나를 실망시키지 마세요.
Enttäuschen Sie mich bitte nicht!

잊지 말고 기억하세요.
Behalten Sie das im Gedächtnis!

잊지 마세요.
Vergessen Sie das nicht!

그것을 잊지 마세요.
Vergessen Sie es nicht!

자존심을 버려요.
Stecken Sie sich Ihren Stolz in die Tasche!

여기 이것을 잠깐 보십시오.
Werfen Sie bitte einen Blick auf das hier!

최선을 다해라.
Tu alles, was du kannst!

 같은 표현: Leiste dein Bestes!

최선을 다해 노력해라.
Gib dein Bestes!

최선을 다해 노력하십시오.
Geben Sie Ihr Bestes!

너희들 최선을 다해 노력해라.
Gebt euer Bestes!

나는 최선을 다할 겁니다.
Ich werde mein Bestes tun.

선수를 치세요.
Tun Sie den ersten Schritt!

> 같은 표현: Nehmen Sie eine Gelegenheit eher als ein anderer wahr!
> eine Gelegenheit wahrnehmen 기회를 잡다; eher als ein anderer 다른 사람보다 먼저

여론에 귀를 기울이세요.
Geben Sie bitte auf die öffentliche Meinung acht!

그걸 너무 심각하게 받아들이지 마세요.
Nehmen Sie es sich nicht so zu Herzen!

그는 나에게 많은 충고를 해 주었어요.
Er hat mich viel beraten.

> 같은 표현: Er hat mir viele Ratschläge erteilt.

말보다 행동이 중요해요.
Taten zählen mehr als Worte.

> 같은 표현: Die Tat wirkt mächtiger als das Wort.

당신은 그 생각을 버려야 해요.
Sie müssen den Gedanken aufgeben!

당신은 그것을 잘 이용해야 해요.
Sie müssen es sich zu Nutze machen!

> Sie müssen daraus einen Vorteil ziehen! "당신은 거기서 한 가지 장점을 끌어내야 합니다." (즉, 좋은 점을 잘 이용해야 합니다.)

격식 따위는 따지지 마세요.
Legen Sie keinen Wert auf Etikette!

실수를 두려워하지 마세요.
Fürchten Sie sich nicht davor, Fehler zu machen!

모든 것이 다 네 뜻대로 될 수는 없는 거야.
Es kann nicht immer alles nach dir gehen!

조언할 때

잠시 쉬는 게 어때요?
Wie wäre es, eine kleine Pause zu machen?

 wie wäre es ~는 "...하는 게 어때(요)?"라는 권유, 충고 또는 조언을 나타내는 표현이다.

쉬는 게 좋지 않겠어요?
Wie wäre es, im Bett zu bleiben?

독일어 회화 개인교습을 받아보지 그래?
Wie wäre es mit einer Nachhilfe in Deutsch?

이제 슬슬 가는 게 좋지 않겠어요?
Wäre es nicht besser, wenn Sie jetzt gingen?

포기하지 않는 게 좋겠어.
Wir sollten es lieber nicht aufgeben!

내가 뭘 하던 상관 않는 것이 좋을 거야.
Du solltest deine Nase nicht in meine Angelegenheiten stecken!

규칙대로 하는 것이 좋을 겁니다.
Sie sollten sich lieber an die Regel halten!

 같은 표현: Sie sollten sich lieber streng/ strikt an die Vorschriften halten! 여기서 sollten은 간곡한 표현으로 Sie sollten lieber ~ "...하는 게 더 좋을 거예요"의 뜻.

일찍 자고 일찍 일어나는 게 좋아요.
Es wäre besser, früh ins Bett zu gehen und früh aufzustehen!

혼자 해보는 게 좋아요.
Es tut Ihnen gut, es selbst zu versuchen!

의무, 당연을 나타낼 때

오늘은 쇼핑 가야겠어요.
Ich muss heute einkaufen gehen.

독일어를 더 연습해야겠어요.
Ich muss viel Deutsch üben!

시간이 없으니까 서둘지 않으면 안 됩니다.
Wir müssen uns beeilen, weil wir keine Zeit haben!

가야겠습니다.
Ich muss los!

보고서는 독일어로 써야합니다.
Das Referat muss auf Deutsch geschrieben werden!

조심해야합니다.
Ich muss mich in Acht nehmen!

 같은 표현: Sie sollten aufpassen! / Acht geben! / vorsichtig sein!

조심해야합니다.
Sie sollten sich in Acht nehmen!

조용히 해야 합니다.
Sie sollten ruhig sein!

제 생일 파티에 꼭 오셔야 합니다.
Sie müssen zu meiner Geburtstagsparty kommen!

아침 일찍 출발하셔야 합니다.
Sie müssen früh am Morgen abfahren!

 früh am Morgen, früh morgens 이른 아침에; abfahren 출발하다, abreisen 여행을 떠나다; aufbrechen (mit dem Auto) (자동차로) 떠나다

거기에 가는 것 말고 달리 선택이 없습니다.
Ich habe keine andere Wahl, als dorthin zu fahren.

거기에 갈 수 밖에 없습니다.
Ich kann nirgendwo anders hingehen.

 같은 표현: Nur dorthin kann ich hingehen. 또는 Ich kann nicht anders, als dorthin zu fahren.

숙제만 하면 되요.
Ich brauche nur meine Hausaufgaben zu machen.

설득과 결심

상대를 설득할 때 „Sie haben mich schon verstanden."(제 말 아셨을거예요.) 또는 „Hören Sie mir zu!"(제 말을 좀 들어봐요)라고 하고, 상대에게 응할 때는 „Ich lasse mich dazu überreden." (정 그러시다면 좋습니다)라고 할 수 있다. 상대의 요구에 대해 아직 결심이 서지 못했을 때는 „Ich habe mich noch nicht entschlossen."(아직 결정하지 못했어요.)라고 하고, 결정을 하기 위해 시간이 필요할 때는 „Ich brauche Zeit zum Nachdenken."(생각할 시간이 좀 필요해요)라고 한다.

고집을 피울 때

내 방식대로 하겠어요.
Ich werde es ganz bestimmt nach meinem Willen tun.

저에게 결정을 강요하지 마세요.
Zwingen Sie mich nicht, eine Entscheidung zu treffen!

그는 항상 자기 맘대로 하려고 해요.
Er will immer alles nach seinem Willen tun.

 같은 표현: Er will immer das tun, was ihm beliebt.

당신은 고집불통이군요.
Sie sind so störrisch wie ein Maultier!

 das Maultier 노새; störrisch 고집이 센, 다루긴 힘든

더 이상 이 일을 못 맡겠습니다.
Ich kann diese Arbeit nicht mehr übernehmen.

설득할 때

제 말을 들으세요.
Hören Sie mir zu!

그에게서 비밀을 캐내는 게 어때?
Wie wäre es, das Geheimnis aus ihm herauszubekommen?

만약 ...하면 어때요?
Wie wäre es, wenn .....?

 Wie finden Sie es? 그것을 어떻게 생각하세요?/그건 어때요?

나는 그를 설득하려고 했으나 실패했어요.
Ich wollte ihn dazu überreden, aber es hat nicht geklappt.

의중을 확인할 때

그의 제안을 어떻게 처리하실 겁니까?
Wie wollen Sie seinen Vorschlag verwircklichen?

 여기서 verwircklichen 대신에 in die Tat umsetzen이라고 해도 된다.

그의 제안에 응하실 겁니까?
Wollen Sie seinem Vorschlag zustimmen?

당신은 누구 편입니까?
Mit wem stimmen Sie darin überein?

 같은 표현: Auf welcher Seite stehen Sie? 당신은 어느 편입니까?
mit jm. übereinstimmen ...에게 동의하다

진심으로 그런 말을 하는 겁니까?
Sprechen Sie frei aus Ihren Herzen heraus?

 같은 표현: Meinen Sie es ernst? / Ist das von Herzen gekommen?

그것을 어떻게 생각하세요?
Was ist Ihre Meinung dazu?

무엇을 하고 싶으세요?
Was möchten Sie tun?

당신의 속마음을 모르겠어요.
Ich weiß nicht, wie Ihr Vorhaben aussieht.

당신의 속셈을 모르겠군요.
Ich weiß nicht, wie Sie spielen.

같은 표현: Ich weiß nicht, mit welchen Karten Sie spielen.

당신이 무엇을 생각하고 있는지 알아요.
Ich weiß, was Sie meinen.

 같은 표현: Ich weiß, woran Sie denken.

당위성을 말할 때

이만 가 봐야합니다.
Ich muss jetzt gehen!

 같은 표현: Ich muss jetzt los!

당신은 댁으로 가셔야 합니다.
Sie müssen nach Hause gehen!

저는 오늘 야근을 해야 합니다.
Ich muss heute Abend lange arbeiten.

저는 오늘 사무실에 좀 더 있어야 해요.
Ich muss heute länger im Büro bleiben.

너는 부모님을 공경하고 사랑해야 해.
Du sollst deine Eltern ehren und lieben!

부모는 자녀를 돌볼 의무가 있습니다.
Eltern haften für ihre Kinder!

부모는 자녀에 대한 책임이 있습니다.
Eltern tragen die Verantwortung für ihre Kinder!

부모에게는 많은 의무가 있어요.
Eltern haben viele Pflichten!

그에게 말하지 않을 수 없었어요.
Ich musste es ihm einfach sagen.

당신은 그 편지를 오늘 중으로 끝내야합니다
Sie müssen heute noch den Brief fertigschreiben!

나는 당신에게 그것에 대해 알려줄 의무가 있어요.
Ich habe die Pflicht, Sie darüber zu informieren.

당신에게 경고하는 것이 제 의무입니다.
Es ist meine Pflicht, Sie zu warnen.

당신은 언제나 성실하게 의무를 다 이행하고 있어요.
Sie erfüllen immer treu Ihre Pflichten.

나는 그녀를 도와줄 의무감을 느끼고 있어요.
Ich fühle mich verpflichtet, ihr zu helfen.

그는 자기의 의무를 잊고 있어요.
Er vergisst seine Pflichten.

그에게도 기회를 줘야 합니다.
Sie sollten ihm auch eine Chance geben!

관세의무가 있는 물건들은 신고해야한다.
Zollpflichtige Waren sind anzumelden!

나는 이것을 경청할 의무가 없다.
Ich bin nicht verpflichtet, mir das anzuhören.

이 물건들은 관세필 의무가 없다.
Diese Waren sind nicht zollpflichtig.

그것은 누구의 책임입니까?
Wessen Schuld ist das?

누가 그것에 책임이 있습니까?
Wer ist daran schuld?

그 사람 말을 그대로 믿으면 안 됩니다.
Sie sollten ihm nicht glauben!

제가 그 일을 당신에 말하면 안 돼요.
Ich darf Ihnen nichts darüber erzählen.

결심을 유보하거나 바꿀 때

지금은 말하고 싶지 않아요.
Ich möchte lieber nichts in diesem Augenblick sagen.

그것에 대해 많이 생각해 봤어요.
Ich habe daran viel gedacht.

글쎄, 어떻게 할까?
So, wie machen wir das?

밤새 잘 생각해 보세요.
Befragen Sie Ihr Kissen!

 같은 표현: Schlafen Sie noch einmal darüber! 밤새 곰곰이 생각해 보세요; befragen 문의하다; das Kissen 베개

결과를 기다려 봅시다.
Lassen Sie es uns abwarten!

좀 더 두고 봅시다.
Lassen Sie uns abwarten und sehen!

지금 곧 결심해 주세요.
Entscheiden Sie sich auf der Stelle!

 auf der Stelle는 '지금 당장' / in diesem Augenblick/ sofort

지금 당장 결심해주십시오.
Entscheiden Sie sich jetzt!

왜 마음을 바꾸셨지요?
Warum haben Sie Ihre Meinung geändert?

 die Meinung대신에 die Absicht(의도); die Ansicht(의견, 생각)를 넣어서 다른 표현을 할 수도 있다.

다시 생각해 보니까, ...
Nach reichlicher ?berlegung, ...

결심했을 때

어려운 결심을 하셨습니다.
Sie haben eine mutige Entscheidung getroffen!

절대로 입 밖에 내지 않도록 맹세할게요.
Ich schwöre Ihnen, meinen Mund zu halten!

 같은 표현: Ich schwöre Ihnen, meine Lippen geschlossen zu halten!

나는 사업가가 되기로 결심했어요.
Ich habe mich entschlossen, Geschäftsmann zu werden.

 여성 사업가 die Geschäftsfrau

나는 굳게 결심했어요.
Ich habe mich fest dazu entschlossen.

죽을 때까지 기다리지요.
Ich will bis in alle Ewigkeit warten.

결정할 때

결정하셨어요?
Haben Sie sich entschieden?

고르셨습니까?
Haben Sie ausgewählt?

무엇으로 고르셨나요?
Was haben Sie ausgewählt?

그것은 만장일치로 결정되었습니다.
Das war ein einstimmiger Entschluss.

동전을 던져 결정합시다.
Werfen wir eine Münze!

추첨으로 결정되었어요.
Die Entscheidung erfolgt durch das Los.

그것은 당신이 결정할 일입니다.
Das müssen Sie bestimmen!

당신이 결정하세요.
Sie haben Sie die Wahl!

결정을 망설일 때

그것은 제 마음대로 결정할 수가 없어요.
Ich kann es nicht eigenverantwortlich entscheiden.

어떻게 해야 할지 모르겠어요.
Ich weiß mir keinen Rat.

어떻게 결정하셔도 저는 좋습니다.
Es ist mir egal, was für eine Entscheidung Sie treffen.

아직 아무 것도 결정을 못했어요.
Ich habe noch nichts entschieden.

그것은 아직 결정되지 않았습니다.
Das ist noch nicht bestimmt.

 bestimmt / festgesetzt / festgestellt / festgelegt 결정된, 정해진, 확정된

추측과 확신

자신의 추측이나 예측이 맞을 때 흔히 „Das war ja klar!" (그럴 줄 알았어)라고 하고 전혀 예측하지 못한 일이 일어났을 때는 „Daran habe ich nie gedacht." (그렇게 될 줄은 전혀 생각 못했어요)라고 말한다. 또한 첨사 wohl을 사용하여 추측을 나타내기도 한다. „Er wird wohl kommen." (그가 어쩌면 올 겁니다.) 상대에게 확신을 물을 때는 „Bist du dir dabei sicher?" (너 그것 확신해?) „Aber sicher!"(그럼!) 라고 한다. 또한 부사 sicherlich나 첨사 schon을 사용하여 확신을 표시한다. „Sicherlich wird er kommen." (그녀가 분명히 올 거야.) „Sie werden mich schon verstehen." (당신은 저를 분명히 이해하실 겁니다.)처럼 사용한다.

추측을 나타낼 때

내가 몇 살인지 알아맞혀 보세요?
Wie alt schätzen Sie mich?

그는 대충 몇 살쯤 됐을까요?
Wie alt schätzen Sie ihn?

대충 짐작해 보세요.
Raten Sie mal!

그녀는 몹시 바쁜 것 같아요.
Ich vermute, sie ist sehr beschäftigt.

그런 것 같아요.
Ich vermute ja.

베로니카는 틀림없이 집에 있을 거야.
Veronika muss zu Hause sein.

헬가는 집에 있을 겁니다.
Helga wird wohl zu Hause sein.

어쩌면 내일 비가 올지도 몰라요.
Morgen wird es wohl regnen.

난 그녀가 그것을 알고 있을 거라는 생각이 들어.
Ich nehme an, dass sie davon weiß.

그가 계획에 대해 아무 것도 몰랐을 수도 있어.
Es könnte sein, dass er nichts über den Plan gewusst hat.

페터는 그 사건에 대해 아무 것도 알지 못했을 수도 있어.
Es wäre möglich, dass Peter nichts von der Affäre gewusst hat.

페터는 그 계획에 대해 아무 것도 알지 못했을지도 몰라.
Peter wird vielleicht nichts über den Plan gewusst haben.

그는 어쩌면 그것을 알고 있을런지도 모른다.
Er wird wohl davon wissen.

일요일에는 아마도 다시 비가 올 것이다.
Am Sonntag wird es ja wohl wieder regnen.

추측이 맞았을 때

그럴 줄 알았어!
Das ist ja wieder mal typisch!

 같은 표현: Tipisch! / Das kann gut sein.

그러니까 그런 일이 일어나지.
Das kommt davon!

당신 추측이 딱 맞았어요.
Ihre Vermutung war ganz richtig.

제가 옳다는 것이 판명되었어요.
Es hat sich erwiesen, dass ich Recht hatte.

결과에 대한 우리 예측이 맞았어요.
Unsere Prognose bezüglich des Ausgangs erwies sich als richtig.

 같은 표현: Der Ausgang entsprach unserer Erwartung. 여기서 〈entsprechen+3격 목적어〉는 '…에 일치하다'는 뜻이다. entsprach는 entsprechen의 과거형.

결과가 우리 예상대로 되었어요.
Das Ergebnis erfüllte unsere Erwartungen.

추측과 판단이 다를 때

당신이 오리라고는 전혀 생각을 못했어요.
Ich habe gar nicht damit gerechnet, dass Sie kommen werden.

당신을 여기서 만나리라고는 전혀 생각 못했어요.
Ich habe gar nicht damit gerechnet, dass ich Sie hier treffen werde.

그것은 전혀 예상 밖의 상황이었습니다.
Das kam ganz unerwartet.

 같은 표현: Das übertraf alle meine Erwartungen.

아직 모르는 일이에요.
Das ist noch nicht bekannt geworden.

전혀 짐작이 안 가는군요.
Davon habe ich keine Ahnung.

 같은 표현: Ich habe keine blasse Ahnung. / Mein Name ist Hase. Ich weiß von nichts. / Ich habe nicht die leiseste Ahnung.

그 사람이 이길 것이라는 사실을 전혀 예상하지 못했어요.
Ich habe mit seinem Sieg gar nicht gerechnet.

속단하지 마십시오.
Entscheiden Sie bitte nicht voreilig!

 같은 표현: Seien Sie bitte nicht voreilig!

그것은 예측하기 어려워요.
Es ist schwer vorauszusehen.

누구 번호인지 짐작이 안 가요.
Ich erinnere mich nicht an diese Nummer.

판단에 맡길게요.
Ich überlasse Ihnen die Entscheidung.

확신을 물을 때

정말 전혀 문제가 없습니까?
Sind Sie sicher, dass das nicht in Frage kommt?

 같은 표현: Sind Sie sicher, dass das nichts zur Sache tut?

무슨 근거로 그런 말을 하는 거야?
Aus welchem Grund sagst du das?

왜 그렇게 확신하지요?
Warum sind Sie so davon überzeugt?

무슨 근거로 그것에 대해 확신하지요?
Aus welchem Grund sind Sie davon überzeugt?

확신할 때

그건 확실해.
Das ist sicher.

나는 그것을 분명히 알아.
Ich weiß das genau.

당신이 옳다고 확신합니다.
Ich bin sicher, dass Sie Recht haben.

내기를 걸어도 좋아요.
Darauf kann ich sogar wetten.

100퍼센트 확신 합니다.
(Ich bin) Absolut sicher.

그것은 제가 보증합니다.
Dafür gebe ich Ihnen mein Wort.

단언합니다.
Ich möchte darauf schwören.

 같은 표현: Ich setze alles auf eine Karte. / Ich versichere es Ihnen.

그것에 대해서는 의심할 여지가 없습니다.
Darüber besteht kein Zweifel.

저는 그의 말을 확신합니다.
Ich traue seinen Worten.

제 명예를 걸고 꼭 하겠습니다.
Ich will es mit allen Ehren tun.

이번 시합은 우리가 꼭 이길 거야.
Ich bin fest davon überzeugt, dass unser Team das Spiel gewinnt.

확신하지 못할 때

아직은 확실하지 않습니다.
Ich bin mir noch nicht sicher.

확실한 것은 모르겠습니다.
Das ist reine Vermutung.

그 점에 대해서는 확실하지 않습니다.
Davon bin ich nicht überzeugt.

장담할 수는 없습니다.
Ich kann es nicht sicher sagen.

노력하겠지만 장담은 못하겠습니다.
Ich werde es versuchen, aber ich kann es nicht bestimmt versprechen.

가능과 불가능

대화 상대에게 어떤 것에 대해 가능한지 물어볼 때는 „Können Sie ~ 동사원형?" 형태로 말하고, 이에 대해 가능하다고 대답할 때 „Ich kann~ 동사원형."이라고 말한다. 반면에 불가능하다는 것을 말할 때는 „Ich kann nicht ~"라고 하거나, „Es ist nicht möglich, ..."라고 한다. 정중한 표현이나 기대, 요구, 소망 등을 뜻하는 표현에는 „Ich könnte..."라는 말을 사용한다. 그밖에 imstande sein, etw. zu tun이나 in der Lage sein, etw. zu tun도 '...을 할 수 있다'는 말이며, erreichbar, lesbar처럼 동사어근+bar sein, 또한 '...할 수 있다'는 뜻이다.

가능 여부를 물을 때

무엇을 할 수 있습니까?
Was können Sie tun?

수영할 줄 아세요?
Können Sie schwimmen?

스키 탈 줄 아니?
Kannst du Ski fahren?

피아노 칠 수 있니?
Kannst du Klavier spielen?

독일어 할 줄 압니까?
Können Sie Deutsch sprechen?

독일어로 전화할 수 있습니까?
Können Sie auf Deutsch telefonieren?

제시간에 끝낼 수 있겠어요?
Können Sie es pünktlich fertig machen?

할인 좀 해주실 수 있습니까?
Können Sie einen kleinen Rabatt geben?

가격을 깎아 줄 수 있습니까?
Können Sie den Preis herabsetzen?

정말 믿어도 되겠어요?
Kann ich mich wirklich auf Sie verlassen?

시간에 늦지 않게 도착할 수 있겠습니까?
Könnten Sie rechtzeitig ankommen?

그게 진실일까요?
Kann das wahr sein?

주의 좀 할 수 없니?
Kannst du nicht aufpassen?

가능을 말할 때

누구나 그것을 할 수 있어.
Jeder kann das.

난 그것을 혼자 할 수 있어.
Ich kann es allein tun.

난 영어를 할 수 있어.
Ich kann Englisch sprechen.

난 운전할 수 있어.
Ich kann Auto fahren.

난 이 일을 금요일까지 끝낼 수 있어.
Ich kann diese Sache bis Freitag fertig machen.

우리는 이 일을 제때에 끝낼 수 있어요.
Wir können die Arbeit rechtzeitig fertig machen.

난 독일어를 읽고 쓸 줄 알아요.
Ich kann Deutsch lesen und schreiben.

그녀는 이 텍스트를 한국어로 번역할 수 있어요.
Sie kann diesen Text ins Koreanische übersetzen.

슈퍼마켓에서 물을 살 수 있습니다.
Man kann im Supermarkt Wasser kaufen.

당신은 그 가방을 분명히 찾을 수 있을 겁니다.
Sie können die Tasche sicherlich wiederfinden!

누구나 할 수 있어.
Jeder kann das.

여기서 전화를 하실 수 있습니다.
Sie können hier telefonieren!

넌 그것을 믿을 수 있을 거야.
Darauf kannst du dich verlassen!

그 트렁크를 잃어버렸을 수도 있어요.
Der Koffer kann verloren gegangen sein.

이 빵은 먹음직스럽군요.
Dieses Brot ist genießbar.

> genießbar 대신에 essbar 라고 한다. Das Brot ist zu essen. 이 빵은 먹을 수 있다.

그런 일은 일어날 수도 있지요 뭐.
Das kann ja mal passieren.

불가능을 말할 때

난 그것을 할 수 없어. - 아니야, 넌 할 수 있어.
Ich kann es nicht machen. - Doch, du kannst!

네가 그것을 할 수 없다는 걸 난 잘 알아.
Ich weiß genau, dass du es nicht (tun) kannst!

난 운전을 못해.
Ich kann nicht Auto fahren.

난 자전거를 못타.
Ich kann nicht Fahrrad fahren.

넌 어제 왜 올 수가 없었니?
Warum konntest du gestern nicht kommen?

이 빵을 먹을 수 없어요.
Dieses Brot kann man nicht essen.

이 빵은 먹을 수 없어요.
Dieses Brot ist nicht essbar.

저와 함께 가실 수 없겠습니까?
Können Sie nicht mit mir gehen?

난 하나도 제대로 하는 것이 없어.
Ich kann nichts richtig tun.

모르겠어요?
Wissen Sie das nicht?

그 질문에 답해드릴 수 없습니다.
Ich kann auf die Frage nicht antworten.

나는 그 시를 여전히 암송할 수가 없어요.
Das Gedicht kann ich immer noch nicht auswendig.
나는 너를 결코 잊을 수 없을 거야.
Ich werde dich nie vergessen können.
감기 때문에 올 수가 없었어요.
Wegen der Erkältung konnte ich nicht kommen.
나는 그 영화를 볼 수가 없었어요.
Den Film habe ich nicht sehen können.

> Den Film konnte ich nicht sehen. 독일어의 과거형은 현재완료형으로 흔히 말하는데, 화법 조동사가 들어간 문장의 완료형은 〈haben ...+원형동사+원형동사〉이다.

당신 말씀을 잘 들을 수가 없습니다.
Leider kann ich Sie nicht hören.
그렇게 할 수 없습니다.
Ich kann das nicht so tun./machen.
모르겠어?
Kannst du es nicht verstehen?
나는 그럴만한 여력이 안 됩니다.
Das kann ich mir nicht leisten.
난 이 더위를 견딜 수가 없습니다.
Ich kann diese Hitze nicht ertragen.
네가 지금 말하는 것을 믿을 수가 없어.
Ich kann nicht glauben, was du da sagst.
그것을 정확히 말할 수가 없습니다.
Ich kann es nicht genau sagen.

계획과 예정

상대방에게 어떤 계획이 있느냐고 물을 때는 „Haben Sie etwas vor?" 또는 „Was haben Sie vor?"(무슨 계획이 있습니까?)라고 하고 어떤 예정이 있느냐고 물을 때는 „Was werden Sie tun?"(무엇을 할 예정인가요?)라고 한다. Das werde ich ~, Ich werde ~ (난 …할 거야) (~할 예정입니다) 등의 표현도 알아두자. werden 동사는 문장 끝에 동사원형을 취하며 „Werden wir bald abfahren?"(우리 곧 떠날 건가요?) „Wirst du es ihm erzählen?"(너 그에게 그것을 설명할 예정이니?)처럼 사용된다.

계획과 예정을 물을 때

너 무엇을 하려고 그러니?
Was wirst du tun?

무엇을 할 계획입니까?
Was haben Sie vor?

오늘 저녁에 무슨 계획 있습니까?
Haben Sie heute Abend etwas vor?

주말에 무슨 계획 있어요?
Haben Sie am Wochenende etwas vor?

주말에는 무엇을 할 예정입니까?
Was haben Sie am Wochenende vor?

금요일에 뭐할 예정이니?
Was hast du am Freitag vor?

오늘 저녁 할 일이 있습니까?
Haben Sie heute Abend etwas zu tun?

내일 저녁 한가하신지 알고 싶습니다.
Ich möchte wissen, ob Sie morgen Abend frei sind.

내일 저녁에 시간이 있는지 알고 싶습니다.
Ich möchte wissen, ob Sie morgen Abend Zeit haben.

내일 계획은 어떻습니까?
Was haben Sie morgen vor?

언제 출발할겁니까?
Wann fahren Sie ab?

공항으로 마중 나오시겠습니까?
Werden Sie mich vom Flughafen abholen?

한국에 얼마동안 체류할 예정입니까?
Wie lange wollen Sie sich in Korea aufhalten?

너의 앞으로의 계획은 뭐니?
Was sind deine Pläne für die Zukunft?

다음 주 일정이 어떻게 됩니까?
Wie sieht Ihr Zeitplan für nächste Woche aus?

일정을 정했습니까?
Haben Sie einen Zeitplan aufgestellt?

이 일을 끝내고 무엇을 할 예정입니까?
Was haben Sie vor, wenn Sie damit fertig sind?

> 같은 표현: Was wollen Sie machen, wenn Sie diese Arbeit beendet haben?

왜 부다페스트로 갈려고 하는 거니?
Warum willst du ausgerechnet nach Bukarest?

계획과 예정을 말할 때

낚시를 갈 예정이에요.
Ich beabsichtige, Angeln zu gehen.

우리는 토요일에 파티를 열 예정입니다
Wir werden am Samstag eine Party geben.

저의 일정이 꽉 차 있습니다.
Mein Zeitplan ist voll belegt.

저의 일정은 이미 고정 되어 있습니다.
Mein Zeitplan steht schon fest.

저는 7월 초에 독일에 갈 예정입니다.
Ich werde Anfang Juli nach Deutschland fliegen.

저는 5월 마지막 주에 출장을 갈 예정입니다.
Ich werde in der letzten Maiwoche eine Geschäftsreise machen.

내일 찾아뵙겠습니다.
Ich besuche Sie morgen.

낭비한 시간을 보충할 예정입니다.
Ich beabsichtige, die versäumten Zeiten nachzuholen.

저는 생일에 친구들을 초대할 예정입니다.
Ich habe vor, meine Freunde zum Geburtstag einzuladen.

이번 휴가 때는 남부 독일로 갈 예정입니다.
Ich habe vor, im Urlaub nach Süddeutschland zu fahren.

나는 이 일을 내일까지 마무리할 예정입니다.
Ich will diese Arbeit bis morgen beenden.

언젠가 알프스에 가볼 생각입니다.
Ich will irgendwann in die Alpen fahren.

갈 생각이었지만 그럴 수가 없었어요.
Ich wollte eigentlich dahin gehen, aber ich konnte nicht.

정말 미안합니다. 놀라게 할 생각은 아니었어요.
Entschuldigen Sie! Ich wollte Sie nicht erschrecken.

점심으로 스파게티를 먹을까해.
Ich will Spaghetti zu Mittag essen.

그에게 말해 두려고 해.
Ich werde ihm etwas erklären.

여기서 이틀 더 체류하려고 합니다.
Ich will mich noch für zwei Tage hier aufhalten.

그녀는 3시경에 돌아올 겁니다.
Sie wird gegen drei Uhr zurückkommen.

2시에 회의실에서 모이기로 되어 있습니다.
Wir sollten um zwei Uhr im Gesprächsraum sein.

그 파티에 무엇을 입고 가기로 되어 있니?
Was sollen wir zur Party anziehen?

그 계획은 불확실합니다.
Der Plan ist unsicher.

희망과 의지

상대방에게 희망을 물을 때는 „Wollen Sie ~?"(~하고 싶습니까?)/„Wollen Sie, dass ich ...?"(제가 ...해주기를 원하나요?)라고 한다. 반대로 자신의 희망을 말할 때는 „Ich möchte gern ~."(...하고 싶습니다) „Ich hätte gern ~."(...하고 싶습니다)의 표현을 사용한다. 상대의 의향을 물을 때 „Möchten Sie gern ~?" 또는 „Was soll ich Ihrer Meinung nach tun?"같은 표현을 사용한다.

희망을 물을 때

너는 무엇이 되고 싶니?
Was möchtest du werden?

거기에 가고 싶어?
Möchtest du dorthin fahren?

그 영화를 보고 싶니?
Möchtest du dir den Film ansehen?

내가 무엇을 하기를 바라니?
Was möchtest du von mir?

뭘 드시고 싶습니까?
Was möchten Sie gern essen?

대학교에서 무엇을 전공하고 싶니?
Was möchtest du an der Universität studieren?

무슨 과목을 공부하고 싶습니까?
Was für ein Fach hätten Sie gern studiert?

 같은 표현: Was für ein Fach möchten Sie gern studieren?

언제 출발하고 싶니?
Wann möchtest du abfahren?

어디로 쇼핑가고 싶니?
Wohin möchtest du einkaufen gehen?

왜 교사가 되고 싶니?
Warum möchtest du Lehrer werden?

어떤 여자와 결혼하고 싶은데?
Was für eine Frau möchtest du heiraten?

내가 뭘 하길 바라니?
Was möchtest du von mir?

희망을 말할 때

그렇게 하고 싶어요.
Ich möchte gern so etwas tun.

기꺼이 그렇게 하겠습니다.
Ich will es gerne so tun.

기꺼이 그렇게 하지요.
Das will ich gerne tun.

저와 함께 가 주었으면 좋겠습니다.
Ich hoffe, dass Sie mit mir gehen!

저와 함께 가 주었으면 하는데요.
Ich wünsche mir, mit Ihnen zusammen zu gehen!

다시 만나고 싶군요.
Ich hoffe, Sie wieder zu sehen!

그렇지 않으면 좋겠는데.
Ich hoffe nicht.

혼자 있고 싶어요.
Ich möchte allein gelassen werden.

> 같은 표현: Ich möchte allein sein.

꼭 다시 한 번 해보고 싶어요.
Ich möchte es noch einmal versuchen.

한 번 시도해 볼래?
Willst du es mal versuchen?

그 일이 잘 되었으면 좋겠어.
Hoffentlich klappt es!

그녀가 곧 와 주었으면 좋겠어.
Hoffentlich kommt sie bald!

네가 빨리 좀 와주었으면 좋겠어.
Ich kann deinen Besuch kaum noch erwarten!

그녀를 보고 싶어 죽겠어.
Ich möchte sie dringend treffen.

 같은 표현: Ich bin schrecklich gespannt, sie zu sehen. / Ich kann es nicht erwarten, sie zu sehen.

대학에 가고 싶어.
Ich möchte studieren.

 studieren '대학 공부하다'; Renate studiert schon. "레나테는 벌써 대학에 다녀요." 따라서 Ich möchte studieren.이라 해도 된다.; Ich gehe zur Universität. "나는 대학교에 다녀요."/"나는 대학교에 갑니다." 따라서 Ich möchte zur Universität gehen. 이라고 하면 "난 대학교에 가고 싶다."

좀 더 공부하고 싶어요.
Ich möchte noch lernen.

당신이 저와 함께 있어주면 좋겠습니다.
Ich hoffe, dass Sie mich begleiten!

제 아내가 되어주면 좋겠어요.
Ich wäre glücklich, wenn Sie meine Frau würden!

네가 담배를 끊으면 좋겠는데.
Ich wünschte, dass du mit dem Rauchen aufhören würdest!

좀 더 일찍 오시면 좋겠습니다.
Hoffentlich kommen Sie noch früher!

제 어머니를 만나주셨으면 합니다.
Ich wünschte, Sie würden meine Mutter treffen!

교사가 되고 싶습니다.
Ich möchte Lehrerin werden.

그 일자리를 구하면 좋겠어요.
Ich hoffe, dass ich die Stelle erhalte!

그 시험에 합격하길 바랍니다.
Ich hoffe, dass Sie die Prüfung bestehen werden!

제 생일 파티에 오시길 바랍니다.
Ich hoffe, dass Sie zu meiner Geburtstagsparty kommen können!

그녀는 그 남자를 만나고 싶어 해.
Sie hofft, ihn zu treffen.

그럴 수만 있으면 좋겠는데.
Ich wünschte, dass ich es könnte!

내가 ~할 수 있으면 좋겠는데.
Ich wünschte, ich könnte ...

우리가 갈 수만 있으면 좋겠는데?
Ich wünschte, wir könnten gehen.

네가 영화배우가 될 수만 있으면 좋겠는데.
Ich wünschte, dass du Schauspieler würdest.

예, 부탁드립니다.
Ja, bitte.

의향을 물을 때

좀 더 크게 말할까요?
Soll ich lauter sprechen?

집까지 태워다줄까요?
Wünschen Sie, dass ich Sie nach Hause mitnehme?

공항까지 태워다드릴까요?
Kann ich Sie zum Flughafen mitnehmen?

몇 시에 가면 좋겠습니까?
Wann soll ich kommen?

제가 좀 일찍 가야 되겠습니까?
Soll ich früher gehen?

제가 좀 일찍 가기를 원하십니까?
Wünschen Sie, dass ich früher gehe?

생일 선물로 뭘 원하니?
Was wünschst du dir zum Geburtstag?

의지를 말할 때

내가 계산할게요.
Ich bezahle die Rechnung.

아침에 일찍 일어나야겠어.
Ich will früh aufstehen.

내일 아침에는 일찍 일어나야겠어.
Morgen früh will ich früh aufstehen.

너에게 이 책을 줄게.
Ich will dir das Buch geben.

디저트는 거르겠습니다.
Das Dessert werde ich auslassen.

> (tipp) das Dessert 「데서:트」 디저트, „Zum Dessert gibt es Eis." 디저트로는 아이스크림이 있습니다.

등산이나 갈까 합니다.
Ich werde bergsteigen gehen.

나는 곧 하이킹을 갈까 합니다.
Ich werde bald wandern gehen.

쇼핑을 갈까 합니다.
Ich will einkaufen gehen.

낚시나 갈까 합니다.
Ich werde Angeln gehen.

Teil III

유창한 대화를 위한 표현

01 이해와 확인
02 대화의 막힘과 재촉
03 동의와 찬·반
04 맞장구
05 대화를 부드럽게 하는 표현

이해와 확인

자신이 한 말을 상대방이 알아들었는지 확인하는 말은 "Verstehen Sie?"(이해하시겠어요?), "Sehen Sie?"(알겠어?) 또는 "Alles klar?"(알겠어?)이다. 이 말에 대해서 상대방은 "Einverstanden."(이해했어요.)라고 말하고, 반대로 이해하지 못했을 경우는 "Ich verstehe nicht."(이해하지 못하겠어요.)라고 말하든가 "Wie bitte?"(뭐라고 하셨지요?), "Ich habe nicht verstanden."(이해하지 못했습니다.)라고 표현한다.

이해를 확인할 때

이해하시겠어요?
Verstehen Sie?

 Verstehen Sie das? '그것을 이해하시겠습니까?' 란 말이지만 '이해하시겠어요?' 와 같은 말로 쓰인다.

이제 이해가 되니?
Kapierst du endlich?

제 말 뜻을 이해하시겠어요?
Verstehen Sie, was ich meine?

제가 드린 말뜻을 이해하시겠어요?
Verstehen Sie, was ich gemeint habe?

제가 한 말을 알겠어요?
Verstehen Sie, was ich sage?

지금까지 제가 한 말을 이해하시겠어요?
Verstehen Sie, was ich bisher gesagt habe?

내용을 알았어?
Kapierst du?

내가 말하는 의미를 잘 알지?
Du weißt ganz genau, was ich meine!

이해했을 때

이해했어요.
Einverstanden.
아, 알겠습니다.
Oh, ich hab's!

> Ich habe es의 준말.

아, 그렇군요.
Ach so ...!
아, 알겠어요.
Ach so, ich verstehe schon.
아, 이제 알겠어요.
Ach, jetzt verstehe ich.
이해가 되는군요.
Nun ist es mir klar.
아, 무슨 말씀인지 알겠습니다.
Ich begreife, was Sie meinen.
이해할 만하군요.
Das ist nachvollziehbar!
당신의 입장을 이해합니다.
Ich verstehe Ihre Einstellung.
이제 알겠어요.
Jetzt verstehe ich.
이제 감이 잡히는군요.
Jetzt komme ich damit klar!

이해를 못했을 때

이해가 안 됩니다.
Ich verstehe nicht.
이해하지 못했습니다.
Ich habe nicht verstanden.
뭐라고요?
Wie bitte?

무슨 말을 하는지 모르겠군요.
Ich weiß nicht, was Sie meinen!

그게 무슨 뜻이지요?
Was meinen Sie damit?

이해하기 어렵군요.
Es ist schwer zu verstehen!

제가 제대로 이해한 것인가요?
Habe ich richtig verstanden?

그것을 이해할 수 없어요.
Das kann ich nicht nachvollziehen.

죄송합니다만, 제가 제대로 이해하지 못했습니다.
Verzeihen Sie, ich habe nicht recht verstanden.

저는 그것을 전혀 이해하지 못했습니다.
Das habe ich gar nicht verstanden.

저는 그것을 이해할 수가 없습니다.
Das kann ich nicht kapieren.

도무지 감이 잡히지 않습니다.
Ich komme damit nicht klar.

무슨 말인지 전혀 모르겠어요.
Ich kann Sie nicht verstehen.

당신 말씀을 이해할 수 없습니다.
Ich kann nicht verstehen, was Sie meinen.

그것을 전혀 이해할 수가 없군요.
Das kann ich gar nicht verstehen!

> 같은 표현 : Ich kann daraus nicht klug werden!

대화의 막힘과 재촉

대화를 할 때 말문이 막히거나 할 말이 생각나지 않을 때가 있다. 이외에 부드럽게 말을 이어가지 못하면 상대방의 기분을 감안하지 않는 느낌을 주기 때문에 갑작스러운 침묵을 피하는 연습을 해 볼 필요가 있다. 당황스런 상황에서 상대의 기분을 무시하지 않는 배려 역시 사교에 있어 중요한 요소가 될 것이다.

말이 막힐 때

음,
Hm,

에 ...
Äh ...

글쎄, 어디 생각해봅시다.
Na ja, lassen Sie mich überlegen.

글쎄요, 사실 ...
Na ja, eigentlich ...

뭐라고 할까?
Was soll ich sagen?

그게 뭐더라?
Was gibt's?

 es gibt+4격 '...이 있다'

확실하지 않지만,
Ich bin nicht sicher, aber ...

글쎄, 제 말은 ...
Na ja, was ich meine ...

실은 ...
in der Tat, ...

제가 어디까지 말했지요?
Wo war ich stehengeblieben?

그것을 어떻게 말해야 할까요?
Wie kann ich es sagen?

우리가 어디까지 이야기했지요?
Wo waren wir?

적절한 말이 생각나지 않을 때

생각 좀 해보고.
Lass mich überlegen!

생각 좀 해보고요.
Lassen Sie mich überlegen!

뭐라고 했지, 그래 맞아. ...
Was habe ich eigentlich gesagt? Ach ja, ...

뭐라고 말하려고 했더라 ...
Was wollte ich eigentlich sagen?

뭐라고 말을 해야 할까?
Was soll ich sagen?

무슨 말을 하려고 했지?
Was wollte ich sagen?

맞아, 이래요.
Ah ja, das ist etwa so.

잊었습니다.
Ich habe vergessen.

지금 당장 생각이 안 나는군요.
Das fällt mir gerade gar nicht ein.

지금 기억이 나지 않습니다.
Jetzt erinnere ich mich daran nicht.

그걸 뭐라고 합니까?
Wie wird es genannt?

그걸 뭐라고 하냐고요? 모르겠네요.
Wie es genannt wird? Ich weiß es nicht.

한 번 더 이야기 해주시겠어요?
Würden Sie das noch einmal wiederholen?

실례합니다만, 뭐라고 하셨지요?
Verzeihen Sie, was haben Sie gesagt?

말하면서 생각할 때

글쎄, 제 말은
Na ja, was ich meine ...

확실하지 않지만, ...이라고 생각해요.
Ich weiß nicht genau, aber ich glaube, ...

 Ich bin nicht sicher, aber ich bin der Meinung, dass ...

제 기억이 옳다면,
Wenn ich mich recht erinnere, ...

잘 기억나지 않지만,
Ich erinnere mich nicht genau, aber ...

기억할 수 있는 한
Soweit ich mich erinnern kann, ...

분명하지 않지만,
Ich bin nicht sicher, aber ...

굳이 대답해야 한다면,
Wenn ich wirklich antworten muss, ...

말을 재촉할 때

빨리 말씀하세요.
Sagen Sie es mir sofort!

우리들에게 말씀해주세요.
Sagen Sie es uns doch!

할 말이 있으면 하세요.
Sagen Sie, was Sie wollen!

 Sagen Sie, was Sie auf dem Herzen haben!

누가 그랬는지 좀 말해 보세요.
Sagen Sie bitte, wer das so gesagt hat!

제게 말씀 좀 해주시겠어요?.
Würden Sie es mir sagen?

그래서 당신은 뭐라고 그랬나요?
Und was haben Sie gesagt?

제발 말 좀 해봐요.
Bitte sagen Sie es doch!

제발 말 좀 해주세요.
Sagen Sie es mir bitte!

동의와 찬반

대화를 할 때 상대방의 의견에 정확하게 동의를 한다거나 동의하지 않는다는 말을 나타내는 게 유럽식이다. 동의를 나타낼 때 "Ich bin Ihrer Meinung."(나는 당신의 의견에 동의합니다), "Sie haben Recht."(당신 말씀이 옳습니다.)라고 한다. 동의하지 않을 경우 "Ich bin anderer Meinung."(제 생각은 다릅니다.)라든가, "저는 반대입니다."(Ich bin dagegen) 등의 표현으로 자신의 뜻을 분명히 밝힌다. 이제 구체적 표현들을 살펴보도록 하자.

동의를 구할 때

그렇지 않나요?
Meinen Sie nicht auch?
그렇게 생각하지 않으세요?
Denken Sie nicht auch?

동의할 때

좋은 생각입니다.
Gute Idee!

 같은 표현 : Das klingt gut!

그거 좋은 생각이야.
Das ist eine gute Idee!
동의합니다.
Ich stimme mit Ihnen überein.
당신에게 동의합니다.
Ich bin der gleichen Meinung.
저는 전적으로 동의합니다.
Ich bin ganz Ihrer Meinung.

나는 당신 생각에 전적으로 동의합니다.
Ich bin mit Ihnen ganz einer Meinung.

예, 동의합니다.
Ja, abgemacht.

당신 말씀이 옳습니다.
Sie haben Recht.

지당하신 말씀입니다.
Da haben Sie ganz Recht.

알겠어요. 당신 말씀이 맞습니다.
O.K. Begriffen.

저는 이의 없습니다.
Ich habe keinen Einwand.

> Tipp Meinetwegen. 저는 괜찮아요.

정말 그렇습니다.
Eben.

> Tipp 같은 뜻으로 Genau. / Ganz Recht.

정말 옳습니다.
Das stimmt.

분명 맞습니다.
Das stimmt sicher.

> Tipp Das ist schon wahr. / Ja, so ist es.

예, 물론이고말고요.
Ja, allerdings. ...

의심할 여지가 없습니다.
Darüber besteht kein Zweifel.

> Tipp Es bestehet kein Zweifel daran.

네, 그게 바로 제 생각입니다.
Ja, genau. Das ist es, was ich meine.

이 문제에 있어 저는 그의 의견에 동의합니다.
In dieser Frage stimme ich mit ihm überein.

이 문제에 있어 나는 너의 생각에 동의해.
Ich stimme mit deiner Meinung in dieser Frage überein.

그것에 대해 찬성합니까?
Sind Sie dafür?

저는 그것에 찬성합니다.
Ich bin dafür.

나는 그의 제안에 찬성합니다.
Ich bin für seinen Vorschlag.

나는 자동차를 구입하는데 찬성합니다.
Ich bin für den Kauf eines Wagens.

우리는 다음 주에 다시 만나기로 하는 데 동의했다.
Wir kamen schließlich überein, uns noch einmal in der nächsten Woche zu treffen.

부분적으로 동의할 때

백번 옳은 이야기입니다만,
Ich kann alles verstehen, aber ...

당신의 생각에 전적으로 동의하지는 않습니다.
Ich stimme mit Ihnen nicht völlig überein.

무슨 말씀인지 알겠습니다만,
Ich verstehe, was Sie meinen, aber ...

요점은 알겠습니다만, ..
Ich verstehe, worauf Sie hinauswollen.

어느 정도는 그렇습니다만,
Gewissermaßen ja, aber ...

아마 맞을 겁니다만, ...
Ja vielleicht, aber ...

동감할 때

동감입니다.
Ich bin derselben Meinung.

그 점에 대해서 저도 동감입니다.
Damit bin ich auch einverstanden.

전적으로 동감입니다.
Ich stimme mit Ihnen voll überein.

저는 괜찮습니다.
Meinetwegen.

> Tipp Es macht mir nichts aus.

상대방이 옳고 자신이 틀렸다고 할 때

예, 아마 그 점에 대해서는 제가 틀렸습니다만, …
Ja, vielleicht habe ich es falsch verstanden, aber …

바로 그 말씀을 하시려는 거군요.
Darauf wollen Sie also die Pointe legen.

> Tipp 같은 표현 : Darauf wollen Sie also Ihre Hauptaussage legen.

그건 생각해보지 못했습니다.
Daran habe ich nicht gedacht.

미안합니다. 당신 말이 옳습니다.
Es tut mir Leid, Sie haben schon Recht.

당신 말이 충분히 옳은 이야기입니다.
Sie können ja Recht haben.

찬성할 때

찬성합니다.
Ganz meine Meinung.

그 계획에 찬성합니다.
Ich bin mit dem Plan einverstanden.

그것에 찬성합니다.
Ich bin dafür.

유감스럽지만, 찬성합니다.
Leider bin ich dafür.

당신의 의견에 찬성합니다.
Ich stimme Ihrer Meinung zu.

당신의 모든 의견에 찬성합니다.
Ich bin mit Ihren allen Meinungen einverstanden.

한 가지 조건부로 그의 의견에 찬성합니다.
Unter einer Bedingung stimme ich mit seiner Meinung überein.

그의 의견에 무조건 찬성합니다.
Ich stimme mit ihm unbedingt überein.

당신의 계획에 대찬성입니다.
Ich bin ganz für Ihren Plan.

반대할 때

그것에 반대합니다.
Ich bin dagegen.

저는 그 계획에 찬성할 수 없습니다.
Dem Plan kann ich nicht zustimmen.

그 계획에 반대합니다.
Ich bin gegen den Plan.

당신의 생각에 전적으로 동의하지는 않습니다.
Ich stimme mit Ihnen nicht völlig überein.

저는 그 계획에 찬성할 수 없습니다.
Dem Plan kann ich nicht zustimmen.

그건 절대 반대입니다.
Ich bin absolut dagegen.

저는 당신 생각에는 찬성할 수 없습니다.
Ich kann Ihrer Meinung nicht zustimmen.

당신 말에 찬성할 수 없습니다.
Ich kann mit Ihrer Äußerung nicht übereinstimmen.

그 의견에 반대합니다..
Ich bin anderer Meinung.

저의 의견은 당신과 정반대입니다.
Ich bin anderer Meinung wie Sie.

당신이 말한 것에 반대합니다.
Ich bin gegen das, was Sie gesagt haben.

당신이 말하는 것에 의견이 다릅니다.
Ich teile nicht das, was Sie sagen.

 같은 표현 : Ich stimme nicht damit überein, was Sie sagen.

저는 당신의 의견을 지지할 수 없습니다.
Ich kann Ihre Meinung nicht unterstützen.
그 점은 당신과 뜻을 함께 할 수 없습니다.
Da kann ich Ihnen nicht zustimmen.
그 점에서 당신의 말에 전적으로 동의하지 않습니다.
Darin stimme ich mit Ihnen nicht völlig überein.
그 점에 있어서 모두들 의견이 일치하지 않습니다.
Darin stimmen alle Leute nicht überein.
저의 견해는 조금 다릅니다.
Ich bin anderer Meinung.

 Ich bin anderer Ansicht als Sie. 저는 당신과 견해가 다릅니다.

당신이 틀렸습니다.
Das ist falsch.
당신 생각이 틀린 것 같아요.
Ich glaube, Sie irren sich.
그렇게 하는 것은 옳지 않아요.
Das kann nicht stimmen.
당신 의견에 찬성할 수가 없습니다.
Ich kann Ihnen da nicht zustimmen.
그 문제에 있어 나는 당신과 의견이 다릅니다.
Diesbezüglich bin ich anderer Meinung.
그의 의견은 다릅니다.
Er ist aber anderer Ansicht.
나는 그것을 대단하게 여기지 않아요.
Davon halte ich nicht viel.

 nicht viel davon halten ~을 대단하다고 여기지 않다.

확실하게 반대의 말을 할 때

안 돼.
Aber nein!
말도 안 돼.
Unsinn!
절대 그렇지 않아요.
Niemals!
절대 그렇지 않아요.
Ganz bestimmt nicht!
결코 그렇지 않아요.
Keineswegs!
어쨌든 그렇지 않아요.
Auf keinen Fall!
그건 맞지 않아요.
Das stimmt nicht!
아니오, 그렇지 않아요.
Nein, das stimmt nicht!
난 그렇게 생각지 않아요.
Das glaube ich nicht!
아니오, 그 반대인 걸요.
Ganz im Gegenteil.

불확실하게 대답할 때

그럴지도 모르지요.
Das kann richtig sein.
그럴 거야.
Ich nehme es an.

 annehmen: …라고 생각하다, 추측하다.

그럴지도 모르겠어요.
Das mag wahr sein.

 Das mag zutreffen. / Vielleicht, ja.

아마 그럴 거야.
Mehr oder weniger.

경우에 따라서요.
Es kommt darauf an.

아마도.
Vielleicht.

아마 안 될 거예요.
Vielleicht nicht.

어느 쪽이라고 단정할 수 없어요.
Jein.

> Tipp Ja와 Nein을 합쳐서 부른말, [야인]으로 발음한다.

확실히는 모르겠어요.
Ich bin mir nicht sicher.

그렇지 않다면 좋겠어요.
Hoffentlich nicht.

뭐라 말할 수가 없군요.
Ich weiß nicht, wie ich es sagen soll.

아무래도 좋아요.
Es ist mir egal.

그렇게 생각할 수도 있겠죠.
Sie könnten es so meinen.

너 좋을 대로 해.
Tu es, wie du willst!

좋아, 네가 그렇게 원한다면.
Okay, wenn du es so wünscht.

거절을 나타낼 때

아니오, 감사합니다.
Nein, danke.

호의는 감사합니다만 괜찮습니다.
Das ist freundlich, aber nein danke.

그대도 감사합니다.
Trotzdem, vielen Dank.

사실은 좋아하지 않습니다.
Ich möchte eigentlich nicht.

고맙습니다만, 사실은 아무 것도 원치 않습니다.
Danke, aber ich möchte eigentlich keins.

 부정의 부정대명사로서 문법의 성(性)에 따라 각각 남성명사 (1격) keiner, (4격) keinen, 중성명사 (1격) keins, (4격) keins, 여성명사 (1격) keine, (4격) keine, 복수형명사 (1격) keine, (4격) keine

고맙습니다만 제게는 주지 마십시오.
Für mich nicht, danke.

고맙습니다만 지금은 안 됩니다.
Im Moment nicht, danke.

아니오, 흥미 없어요.
Nein, danke, kein Interesse.

 Daran habe ich kein Interesse ~에 대해 별로 관심없다.

이미 아니라고 말했는데요.
Ich sagte bereits, nein!

우리는 그러한 특권은 원칙적으로 거절합니다.
Wir lehnen solche Privilegien grundsätzlich ab.

04 맞장구

앞에서 본 것처럼 동의를 나타내는 표현들 이외에 대화를 나눌 때 그냥 듣고만 있지 않고 상대의 말에 맞장구를 치는 표현이 있다. 상대방의 말에 대해서 "Ja, das stimmt."(예, 그건 그래요.)라는 긍정적인 동의와 "Nein, ich denke nicht so."(아니오, 그렇게 생각하지 않습니다.)같은 부정적인 동의를 나타낼 수도 있다. 확실하게 "Richtig!"(맞아요)라고 동의를 표현할 수도 있다. 물론 "Kann sein."(그럴 수도 있을 걸요.)라는 애매한 동의도 맞장구 표현에 넣었다.

확실하게 동의할 때

맞아요.
Richtig!

전적으로 옳아요.
Völlig richtig!

당신 말씀이 맞아요.
Sie haben Recht!

당신이 전적으로 옳아요.
Sie haben ganz Recht!

당신이 전적으로 옳았어요.
Sie hatten ganz Recht!

저도 그렇게 생각해요.
Das finde ich auch.

괜찮을 겁니다.
Das wird schon in Ordnung.

바로 그거예요.
Ganz genau!

바로 그거예요.
Das ist es.

알았어.
Einverstanden!

그렇다면 좋겠는데.
Ich hoffe es.

동의합니다.
Ich stimme mit Ihnen überein.

물론이지요.
Natürlich!

틀림없어요.
Sicher!

> (Tipp) 강조하면서 aber sicher! 라고도 말한다. sicher의 첫 음절에 억양이 온다.

확신해요.
Ich bin davon überzeugt.

예, 사실입니다.
Ja, wirklich.

예, 그렇고말고요.
Ja, gewiss.

그거 좋군요.
Das ist gut.

좋아요.
Schön.

좋은 생각입니다.
Das ist eine gute Idee.

애매하게 동의할 때

아마도.
Wahrscheinlich.

어쩌면.
Vielleicht.

거의 확실해요.
Fast sicher.

그럴지도 모르겠어요.
Kann sein.

그럴 거라고 생각합니다.
Ich nehme es an.

그렇기를 바랍니다.
Ich hoffe es.
저도 역시 그렇게 생각해요.
Ich denke auch.
저도 역시 그렇게 생각해요.
Ich denke, es geht mir auch so.

긍정적 맞장구

그래요?
So?
어머, 그래요?
Oh, wirklich?
오, 그렇게 생각하세요?
Oh, meinen Sie?
오, 그렇게 생각하세요?
Oh, finden Sie?
그렇게 생각하세요?
Denken Sie auch so?
그건 그래요.
Ja. das stimmt.
나도 그렇게 생각해요.
Das glaube ich auch.
그냥 맞장구를 첬을 뿐이에요.
Ich wollte nur nett sein.
궁금해서 그래요.
Es interessiert mich.

부정적 맞장구

설마.
Auf keinen Fall.
그럴 것 같지 않아요.
Unwahrscheinlich.
그럴 리가요?
Das ist doch kaum möglich.

아니오, 그렇게 생각하지 않습니다.
Nein, ich denke nicht so.

저도 좋아하지 않아요.
Das mag ich auch nicht.

저도 좋아하지 않아요.
Ich auch nicht.

모르겠어요.
Ich weiß nicht.

모르겠어요.
Keine Ahnung.

모릅니다.
Kann ich nicht sagen.

 Ich weiß es nicht. 와 같은 말이다.

확실하지는 않아요.
Das is ungewiss.

확실하지는 않아요.
Das ist unklar.

확실하지는 않아요.
Ich bin nicht sicher.

그건 확실하지는 않아요.
Davon bin ich nicht überzeugt.

그것은 무리입니다.
Das ist unmöglich.

그것은 제게 아주 놀라운 일인 걸요.
Das kommt völlig überraschend für mich!

그것을 거의 믿을 수가 없습니다.
Ich kann das kaum glauben!

그것은 간단히 믿을 수 있는 일이 아닌 걸요.
Das ist doch einfach nicht zu glauben!

그럴리가 없어요.
Das gibt es doch nicht!

아, 안 됩니다.
Das darf doch nicht wahr sein!

네 진심이 아니겠지.
Das ist nicht dein Ernst.
네가 정말 그렇게 생각하는 건 아니겠지.
Das meinst du doch nicht wirklich.

이해의 맞장구

아시겠어요?
Verstehen Sie?
제 의도를 아시겠습니까?
Verstehen Sie, was ich vorhabe?
제 말을 이해하시겠어요?
Verstehen Sie, was ich gesprochen habe?
당신 기분이 어떤지 알겠어요.
Ihr Gefühl kann ich mir sehr gut vorstellen.
말씀하신 뜻을 알겠습니다.
Ich verstehe, was Sie gesprochen haben.
무슨 뜻인지 잘 압니다.
Ich weiß schon, was Sie gemeint haben.

잠시 생각할 때

글쎄.
Also ja.
저, 사실은…
Also eigentlich. ...
어디 보자.
Also, lass mich mal sehen.
거 뭐랄까?
Was soll ich sagen?
우리 어디 그렇게 해보자.
Nun gut, versuchen wir doch so!

대화를 부드럽게 하는 표현

처음에 독일인과 대화를 나누려면 본인이 먼저 접근해야 한다. 말을 걸고 싶은 사람이 먼저다. "Haben Sie vielleicht Zeit?"(혹시 시간 좀 있습니까?)라든지, "Entschuldigen Sie!"(실례합니다.)라고 말문을 트는 게 어렵다. 그렇지만 이런 표현들은 말을 거는 부드러운 문형에 속한다. "Kann ich etwas sagen?"(이야기 좀 할 수 있을까요?) "Ich habe etwas zu sagen!"(드릴 말씀이 있습니다.) 등으로 대화를 이끌어 갈 수 있다. 가장 보편적인 대화는 날씨에 대해서 말을 하는 것이다. 대화 중에 사용하는 말들에 대해 아래와 같이 사용해보도록 하자.

대화의 계기를 마련할 때

혹시 시간 좀 있습니까?
Haben Sie vielleicht Zeit?

잠시 시간이 있나요?
Haben Sie einen Moment Zeit?

잠깐 시간 좀 내주시겠습니까?
Haben Sie eine Minute Zeit?

잠시 저에게 시간 좀 내줄 수 있습니까?
Haben Sie einen Moment Zeit für mich?

시간이 나십니까?
Sind Sie frei?

말을 걸 때

실례합니다.
Entschuldigen Sie!

실례합니다.
Entschuldigen Sie mich bitte!

잠깐 실례합니다.
Entschuldigen Sie mich bitte einen Moment!

말씀 중에 실례합니다.
Entschuldigen Sie, dass ich Sie unterbreche!

잠시 실례 좀 해도 될까요?
Darf ich Sie mal kurz stören?

말씀 중에 잠시 실례합니다.
Entschuldigung, darf ich Sie einen Moment stören?

실례합니다만, 잠시 이야기 좀 할 수 있을까요?
Entschuldigen Sie bitte, darf ich mit Ihnen einen Moment sprechen?

드릴 말씀이 있습니다.
Ich habe etwas zu sagen.

말씀 좀 드리고 싶은데요.
Ich möchte mit Ihnen sprechen.

드릴 말씀이 좀 있습니다.
Ich möchte ein paar Worte sprechen.

드릴 말씀이 좀 있습니다.
Ich möchte mit Ihnen ein paar Worte sprechen.

말씀 좀 나누고 싶은데요.
Ich möchte mit Ihnen ein paar Worte wechseln.

잠시 말씀 좀 드리고 싶습니다.
Ich möchte mit Ihnen einen Moment sprechen.

잠시 말씀 좀 드리고 싶습니다.
Ich möchte ein Wort mit Ihnen wechseln.

할 말이 좀 있는 데요.
Ich habe etwas zu sagen.

이야기 좀 할 수 있을까요?
Kann ich mit Ihnen sprechen?

무슨 말씀을 하고 싶으신가요?
Was möchten Sie sagen?

무슨 말씀을 하고 싶으신 거죠? 그렇죠?
Sie möchten etwas sagen, oder?

저한테 뭔가 이야기 하고 싶으세요?
Wollen Sie mit mir sprechen?

난처하신 것 같은 데 제가 도와드릴까요?
Sie schauen verloren aus. Kann ich Ihnen helfen?

잠시만 이야기하면 됩니다.
Ich werde Sie nur für einen Moment.

잠시만 실례 좀 할까요?
Dürfte ich mal kurz stören?

잠시 저에게 시간 좀 내주셨으면 합니다.
Wenn Sie einen Moment Zeit für mich hätten?

지금 잠깐만 말씀 중 끼어들어도 됩니까?
Wenn ich Sie mal gerade unterbrechen dürfte?

실례합니다. 여쭤볼게 있어서요.
Entschuldigen Sie, ich hätte eine Frage.

대화를 시도할 때

잠시 이야기 좀 할 수 있을까요?
Kann ich Sie kurz sprechen?

이야기 좀 할 수 있을까요?
Kann ich etwas sagen?

잠시 말씀 좀 드려도 될까요?
Darf ich Sie für einen Augenblick sprechen?

당신에게 말하고 싶은 게 있는데요.
Ich habe etwas, was ich Ihnen erzählen möchte.

당신에게 뭐 좀 말씀 드리고 싶습니다.
Ich möchte Ihnen etwas erzählen.

환경문제에 대해 이야기합시다.
Sprechen wir mal über Umweltprobleme!

스포츠에 대해 이야기합시다.
Lassen wir uns über Sport sprechen!

전부터 물어보려고 했습니다.
Ich wollte Sie seit längerem fragen.

한 번 생각해보세요.
Stellen Sie sich vor!

화제를 바꿀 때

뭔가 좀 다른 이야기를 합시다.
Sprechen wir mal von etwas anderem!

화제를 바꾸지요.
Wechseln wir das Gesprächsthema!

화제를 바꾸지 마세요.
Wechseln Sie bitte das Gesprächsthema nicht!

주제를 바꿉시다.
Wechseln wir das Thema!

그 주제는 다루지 맙시다.
Lassen wir das Thema sein!

 같은 표현 : Lassen wir das Thema fallen!

좀 더 재미있는 화제로 바꾸지요.
Wechseln wir vom Gesprächsthema zu angenehmeren Dingen!

새로운 화제로 넘어갑시다.
Lass uns mit dem neuen Thema beginnen!

여행에 관한 얘기로 옮깁시다.
Lassen Sie uns zum Thema Reise kommen!

그건 그렇고.
Übrigens ...

그건 다른 문제예요.
Das ist eine andere Frage.

제가 한 말을 취소하겠습니다.
Ich will mein Wort zurücknehmen.

 mein Wort는 '내가 한 약속'이란 말로도 쓰인다. '취소하다' zurücknehmen, widerrufen.

대화 도중에 쓸 수 있는 표현

예를 들면.
Zum Beispiel

 줄여서 z.B.로 표기한다.

내 말은…
Ich meine,

제 말뜻은…
Was ich meine,

제가 한 말뜻은…
Was ich gemeint habe,

지금 제가 말하고 있는 것은…
Was ich sage,

제가 말씀 드리고자 하는 것은…
Was ich zu sagen versuche,

 versuchen은 '시도하다', zu + 원형동사를 뒤에 취한다.

제가 말씀 드리려는 것은…
Was ich sagen will,

제가 말씀 드리고 싶은 것은…
Was ich sagen möchte,

제가 설명 드리고자 하는 것은…
Was ich erklären will,

좋습니다.
O.K. In Ordnung.

일반적으로 말해서
Allgemein gesprochen,

알겠어요?
Wissen Sie es?

정확하지요?
Stimmt es?

맞지요?
Ist es richtig?

당신도 동의합니까?
Sind Sie der gleichen Meinung?

 물론 '동의하다'는 Sind Sie einverstanden?이나 Stimmen Sie mit mir überein?으로 쓰지만 여기서 Meinen Sie auch?는 '당신 의견도 그렇습니까?' 정도로 묻는 것이다.

당신도 동의하지 않습니까?
Meinen Sie nicht auch?

그 말 이치에 맞지요?
Das macht Sinn, nicht wahr?

방금 전에도 말씀 드린바와 같이,
Wie ich gerade gesagt habe,

그러나 어쨌든,
Überhaupt, ...

어떤 경우든,
Jedenfalls,

> 같은 표현 : auf jeden Fall, in jedem Fall, überhaupt,

간단히 말할 때

간단히 말해!
Sag es in wenigen Worten! / Sag es mit wenigen Worten!

요점만 말씀하세요.
Fassen Sie sich kurz!

바로 요점을 말씀하세요.
Kommen Sie doch auf den Punk!

요점을 말하십시오.
Bleiben Sie beim Thema!

요점을 말씀드리자면,
Genau genommen ...

무슨 일이냐며 응할 때

예?
Ja?

예, 왜 그러시지요?
Ja, bitte?

왜 그러시지요?
Bitte?

뭘 도와드릴까요?.
Was kann ich für Sie tun?

무슨 일이지요?
Worum handelt es sich?

무슨 일인데요?
Was gibt es?

자, 무슨 일인데요?
Na, was denn?

무엇을 도와드릴까요?
Womit kann ich Ihnen dienen?

 상점이나 사무실 등에서 흔히 이렇게 사용한다.

무엇을 드릴까요?
Was darf es sein?

 상점이나 음식점에서 사용하는 표현이다.

어색함을 모면하면서 말을 걸 때

여기는 처음입니까?
Sind Sie das erste Mal hier?

독일에 오신 적이 있습니까?
Waren Sie schon mal in Deutschland?

아니오, 독일에 처음입니다.
Nein, das ist mein erster Besuch in Deutschland.

독일에는 처음입니까?
Sind Sie das erste Mal in Deutschland?

베를린에 가 본 적 있습니까?
Waren Sie schon mal in Berlin?

아니오, 그러나 저는 독일에는 자주 왔습니다.
Nein, aber ich bin oft nach Deutschland gekommen.

하노버에는 자주 가봤습니다.
Ich bin oft in Hannover gewesen.

독일어 할 줄 아세요?
Sprechen Sie Deutsch?

독일어 할 줄 아세요?
Können Sie Deutsch sprechen?

프랑스어도 할 줄 아세요?
Können Sie auch Französisch?

예, 그러나 조금 합니다.
Ja, aber nur ein bisschen.

독일어를 참 잘하십니다.
Sie sprechen aber schon gut Deutsch!

그렇게 생각하세요? 고맙습니다.
Finden Sie? Danke.

독일어는 어디서 배우셨습니까?
Wo haben Sie Deutsch gelernt?

여기는 처음입니까?
Sind Sie das erste Mal hier?

예, 처음입니다. 저는 어학과정에 다닐 겁니다.
Ja, ich werde einen Deutschkurs besuchen.

독일에 처음으로 오신 겁니까?
Sind Sie zum ersten Mal in Deutschland?

아니오, 저는 여기 자주 옵니다.
Nein, ich bin öfters hier.

여기 이 자리 비었습니까?
Ist der Sitz hier frei?

여기 이 자리 비었습니까?
Ist der Platz hier frei?

여기 이 자리 아직 비었습니까?
Ist der Sitz hier noch frei?

이곳 분이 아니시네요, 그렇죠?
Sie sind nicht von hier?

 확신에 차서 말할 때 평서문 형태로 말하고 마지막 부분에 억양을 준다.

당신도 함부르크기에 갑니까?
Fliegen Sie auch nach Hamburg?

 fliegen 비행기를 타고 가다, fahren (자동차, 기차 등)을 타고 가다.

예, 함부르크로 갑니다. 그러나 저는 계속해서 킬까지 가야합니다.
Ja, ich fliege nach Hamburg, aber ich muss dann weiter nach Kiel.

신문 보시겠습니까?
Möchten Sie die Zeitung lesen?

날씨 참 좋습니다.
Schönes Wetter, nicht?

날씨 참 좋습니다.
Herrliches Wetter, nicht?

날씨 참 좋지요?
Schönes Wetter, nicht wahr?

경치가 참 멋지지요?
Oh, eine schöne Aussicht!

잘 알아듣지 못했을 때

뭐라고 하셨지요?
Wie bitte?

잘 모르겠는데요.
Leider weiß ich es nicht.

잘 못 알아듣겠습니다.
Ich verstehe Sie nicht.

무슨 말씀이신지 잘 못 알아들었습니다.
Ich habe Sie akustisch nicht verstanden.

말이 너무 빨라 모르겠습니다.
Sie sprechen zu schnell.

당신이 하는 말씀을 알아듣지 못했습니다.
Ich habe Sie nicht verstanden.

미안합니다만, 안 들립니다.
Entschuldigen Sie, ich kann Sie nicht hören.

무슨 뜻 입니까?
Was bedeutet das?

스펠링이 어떻게 되지요?
Wie buchstabieren Sie das?

스펠링을 불러주십시오.
Buchstabieren Sie bitte!

되물을 때

뭐라고요?
Entschuldigen Sie!

뭐라고?
Was?

뭐라고 했지?
Wie bitte?

 Was hast du gesagt? / Was hast du gemeint?

방금 뭐라고 말씀하셨지요?
Entschuldigen Sie, was haben Sie gerade gesagt?

뭐 맞습니까?
Ist das richtig?

그렇습니까?
Ist dem so?

정말인가요?
Wirklich?

농담이겠지요.
Sie machen nur Spaß, oder?

농담하는 거지?
Machst du Witze?

너, 나를 놀리는 거니?
Willst du mich auf den Arm nehmen?

다시 한 번 더 말해달라고 할 때

다시 말씀해 주시겠습니까?
Wie bitte?

 Ich habe Sie nicht verstanden! 이라고 해도 같은 말이다.

다시 한 번 말씀해 주십시오.
Das können Sie laut sagen!

 Würden Sie das bitte noch einmal sagen?이라고 정중하게 말할 수도 있다. 위에서 laut 가 꼭 '크게' 라는 뜻만은 아니다. 다시 한 번 생각하다(denken), 말하다(sagen) 라고 할 때 laut denken, laut sagen이라고 한다. Sagen Sie das bitte noch mal!이라고 해도 좋다.

천천히 말씀해주십시오.
Sprechen Sie bitte langsam!

더 천천히 말씀해주십시오.
Sprechen Sie bitte langsamer!

천천히 말씀해주시겠습니까?
Könnten Sie bitte langsam sprechen?

더 큰 소리로 말씀해주시겠어요?
Könnten Sie etwas lauter sprechen?

좀 더 분명하게 말씀해주시겠어요?
Könnten Sie bitte deutlicher sprechen?

더 쉬운 말로 다시 말씀해주시겠어요?
Könnten Sie das mit einfachen Worten wiederholen?

다른 말로 설명해주시겠어요?
Könnten Sie es mir mit anderen Worten erklären?

Teil Ⅳ

감정을 나타내는 표현

01 기쁨과 행복
02 슬픔과 우울함
03 격려와 위로
04 노여움과 진정
05 놀라움과 두려움
06 걱정과 긴장
07 후회와 실망
08 귀찮음과 불평
09 좋아함과 싫어함
10 비난과 다툼

기쁨과 행복

감정 표현을 솔직하게 드러내는 것은 우리나라 사람들에게 좀 어색한 일이지만 독일인들은 솔직하게 자신의 감정을 말로 표현한다. 독일인들은 기쁨과 즐거움 그리고 행복함을 상대방에게 직접적으로 표현한다. 이러한 표현법을 익혀두면 독일어 구사에 큰 도움이 될 것이다. "Ich freue mich!"(나는 기쁘다), "Ich bin sehr glücklich!"(나는 너무 행복해요), "Das macht mir viel Spaß!"(그것은 아주 재미 있습니다) 등으로 기쁨과 행복함을 나타낸다.

기쁨을 나타낼 때

만세.
Hurra!

브라보
Bravo!

멋져.
Prima!

멋져.
Herrlich!

와 좋았어.
Toll!

이~야!
Oh, Junge, Junge!

무척 기뻐요.
Ich bin sehr glücklich!

몹시 기뻐.
Ich bin überglücklich!

기뻐서 펄쩍 뛸 것 같아.
Ich könnte vor Freude tanzen!

기뻐서 날아갈 것만 같아요.
Ich könnte vor Freude an die Decke springen!

기뻐서 날아갈 것 같았어요.
Ich hätte vor Freude an die Decke springen können!

날아갈 것 같아.
Ich könnte vor Freude in die Luft springen!

기분 끝내주는군.
Was für ein schönes Gefühl!

너무 기뻐서 가슴이 설레요.
Das Herz hüpft mir vor Freude!

제 아들이 성공해서 무척 기뻐요.
Ich bin über den Erfolg meines Sohnes sehr erfreut!

더 이상 기쁠 수 없을 거야.
Ich könnte nicht glücklicher sein!

나는 기뻐요.
Das freut mich!

매우 기쁩니다.
Ich freue mich sehr!

나는 기쁘다.
Ich bin froh!

네가 온다니 나는 기쁘다.
Ich bin froh, dass du kommst!

이렇게 기쁠 수가 있나요.
Wie ich mich freue!

기쁜 소식을 들었을 때

그 소식을 들으니 정말 기쁩니다.
Ich freue mich, das zu hören!

대단한 소식이야.
Eine wunderbare Nachricht!

반가운 소식이야.
Eine frohe Nachricht!

듣던 중 반가운데요.
Es freut mich, dies zu hören!

그거 반가운 소식이군요.
Das ist eine gute Nachricht!

좋은 소식이군요. 당신을 만나기를 고대하고 있겠어요.
Eine gute Nachricht. Ich freue mich darauf, Sie zu treffen!

즐거울 때

와 즐겁다.
Was für ein Spaß!

재미있는데.
Das macht mir Spaß!

정말 기분이 좋군!
Ich bin wirklich guter Stimmung!

믿을 수가 없어요.
Unglaublich!

좋아./멋져/멋져요.
Wunderbar!

좋아.
Wahnsinn!

잘됐어.
Das ist ja fein.

당신은 운이 좋군요.
Sie haben es gut!

당신을 만나서 반갑습니다.
Ich freue mich, Sie zu treffen!

난 정말로 만족스러워.
Ich bin vollständig zufrieden gestellt!

난 그것에 만족합니다.
Ich bin damit zufrieden!

마음이 두근거려요.
Mein Herz hüpft vor Freude.

당신이 와주셔서 즐거웠어요.
Ich hatte mich sehr gefreut, dass Sie mich besucht haben.

파티에서 정말 즐거웠습니다.
Auf der Party ging es hoch her!

만나서 즐거웠어요.
Schön, Sie kennen gelernt zu haben!

재미있을 때

아주 재미있어요.
Sehr lustig!

이 게임은 아주 재미있어요.
Das Spiel macht mir Vergnügen!

재미있겠는데요.
Das klingt interessant!

너무 재미있어서 저는 웃음을 멈출 수가 없어요.
Es war so lustig, dass ich ständig nur lachen musste!

행운을 얻었을 때

잘됐다.
Alles ist gut!

오늘은 재수가 좋아.
Heute habe ich Glück.

오늘은 재수가 좋아.
Heute ist das Glück auf meiner Seite!

오늘은 재수 좋은 날이군요.
Das ist mein Glückstag!

오늘 운이 좋으시네요.
Heute ist Ihr Glückstag!

대성공이야.
Ich habe den Jackpot gewonnen!

단지 운이 좋았을 뿐이야.
Ich war nur glücklich!

행복할 때

너무 행복해요.
Ich bin sehr glücklich!

행복하세요.
Seien Sie glücklich!

꿈이 이루어졌어.
Das ist ein wahrgewordener Traum!

우리 모두는 행복해요.
Wir sind alle glücklich!

그는 행복에 겨워 기뻐합니다.
Sein Becher fließt vor lauter Glück über!

> überfließen 흘러넘치다.

돈으로 행복을 살 수 없어요.
Glück ist für kein Geld der Welt zu haben.

안심할 때

마음이 놓여.
Welche Erleichterung!

홀가분한 기분이 들어요.
Ich fühle mich erleichtert.

휴!
Huh!

안심해.
Sei unbesorgt!

그 말 들으니 안심이네요.
Es beruhigt mich, das zu hören!

그 말을 듣고 안심이 되었습니다.
Es hat mich beruhigt, das gehört zu haben!

슬픔과 우울함

감정을 나타내는 말 중에는 슬플 때와 우울할 때 사용하는 표현이 있다. "Ich bin traurig!"(나는 슬퍼요), "Ach, so traurig!"(아, 슬프군요), "Es ist schade!"(안 됐네요.) 라고 슬픔을 나타내고 우울할 때 "Ich bin deprimiert!"(나는 우울해요)라고 말한다. 위로의 말을 할 때는 "Lassen Sie nicht den Kopf so hängen!" (너무 우울해 하지 마세요), "Kopf hoch!"(기운 내), "Fass Mut!"(용기를 내)라고 표현할 수 있다.

슬플 때

아, 슬퍼요.
Ach, ich bin so traurig!

너무 슬퍼요.
Ich bin sehr traurig!

불쌍해라.
Wie schade!

참 안됐군요.
Es ist zu schade!

어머, 가엾어라.
Oh, armes Ding!

저는 비참한 기분이에요.
Ich fühle mich so trübsinnig!

저는 조금 슬픈 기분입니다.
Ich fühle mich ein bisschen traurig!

영화가 너무 슬퍼요.
Der Film ist ziemlich traurig!

무엇이 그렇게 슬프니?
Worüber bist du so traurig?

왜 그런 슬픈 얼굴이니?
Warum machst du so ein trauriges Gesicht?

슬퍼서 울 때

슬퍼서 울고 싶은 심정이에요.
Ich bin so traurig, dass ich weinen möchte!

울고 싶어요.
Ich möchte weinen.

눈물을 닦으세요.
Wischen Sie sich die Tränen ab!

우세요. 실컷 우세요.
Heulen Sie sich aus!

몹시 울었어요.
Ich habe mir die Augen aus dem Kopf geheult!

우울할 때

저는 우울해요.
Ich bin deprimiert!

저는 희망이 없어요.
Ich finde keinen Ausweg!

아무 것도 하고 싶은 생각이 없어요.
Ich habe keine Lust, etwas zu machen!

저는 지금 절망적인 상태예요.
Ich bin jetzt in eine verzweifelte Situation geraten!

저를 우울하게 만들지 마세요.
Seien Sie nicht betrübt wegen mir!

저는 지금 또 다시 우울해요.
Ich habe wieder einmal Depressionen!

저는 고독합니다.
Ich fühle mich einsam!

슬픔과 우울함을 위로할 때

내가 당신 곁에서 돌봐줄게요.
Ich halte zu Ihnen.

너무 우울해 하지 마.
Lass dich nicht so hängen!

기운 내.
Kopf hoch!

용기를 내.
Fass Mut!

용기를 내.
Sei brav!

용기를 잃지 마!
Halt die Ohren steif!

긍정적으로 생각해.
Denk positiv!

너는 이겨낼 거야.
Du wirst es sicher überwinden!

슬퍼하지 마세요.
Machen Sie sich doch keinen Kummer!

그렇게 슬퍼하지 말아요.
Nehmen Sie es sich nicht so zu Herzen!

격려와 위로

상대방이 슬프거나 우울할 때 어떻게 위로의 말을 할까? 그 표현 방법은 다양하다. "Seien Sie zuversichtlich!"(자신을 가져요), "Die Dinge werden gut ausgehen."(반드시 잘 될 거예요)라고 격려를 한다. 친구 사이에는 "Weg damit!"(그런 걱정하지 마), "Ich möchte dir irgendwie behilflich sein."(나는 어떻게든 네게 도움이 되고 싶어.) 등으로 위로를 해준다.

배려할 때

무슨 일이세요?
Was ist denn los?

괜찮으세요?
Sind Sie in Ordnung?

도대체 무슨 일이야?
Was ist denn passiert?

당신에 대해서 걱정하고 있습니다.
Ich sorge mich um Sie.

제 아들을 배려해주셔서 감사합니다.
Ich danke Ihnen für Ihre Besorgnis um meinen Sohn!

비용은 걱정하지 마.
Machen Sie sich keine Sorge um die Kosten!

비용은 문제되지 않아.
Die Kosten machen mir nicht viel aus!

그건 걱정하지 마.
Mach dir nichts daraus!

지금부터가 중요해.
Jetzt geht es um die Wurst!

격려할 때

자 힘들 내! 너는 할 수 있어.
Komm schon, du kannst es schaffen!

기운 내.
Kopf hoch! / Sieh es positiv!

기운 내세요.
Seien Sie wieder guter Stimmung!

좀 더 힘내세요.
Seien Sie guten Mutes!

자, 힘을 내세요.
Komm schon! Kopf hoch!

행운을 빌어요.
Viel Glück!

성공을 빌어.
Ich drücke dir die Daumen!

성공을 빌어.
Viel Erfolg!

힘내라.
Mach es!

포기하면 안 돼.
Gib nicht auf!

자, 기운을 내세요.
Nun, fass deinen Mut zusammen!

자신을 가져요.
Seien Sie zuversichtlich!

힘내 파이팅!
Weiter so!

최선을 다해.
Tu dein Bestes!

나는 네 편이야.
Ich stehe auf deiner Stelle!

반드시 잘 될 거예요.
Die Dinge werden gut ausgehen!

너에게 어떻게든 도움이 되고 싶어.
Ich möchte dir irgendwie behilflich sein!

격려해주셔서 고맙습니다.
Vielen Dank für Ihre Ermunterung!

위로할 때

걱정하지 마세요.
Machen Sie sich keine Sorge!

좋아질 거예요.
Es wird viel besser werden!

그런 걱정은 잊어버리세요.
Vergessen Sie Ihre Sorgen!

그런 걱정하지 마.
Weg damit!

그것은 문제없어.
Das ist kein Problem!

물론 확실합니다.
Ich bin mir sicher!

걱정할 것 없어.
Macht nichts!

걱정할 것 없어요.
Machen Sie sich nichts daraus!

부담스럽게 생각하지 마세요.
Denken Sie sich nichts dabei!

낙담하지 마.
Lass dich nicht unterkriegen!

당신의 마음을 잘 알아요.
Ich weiß, wie Sie sich fühlen!

걱정 말고 말해요.
Sagen Sie es ohne Angst frei heraus!

없는 것보다 낫잖아요.
Ein bisschen ist besser als gar nichts!

조의를 표할 때

참으로 유감이입니다.
Es tut mir sehr Leid!

이런 소식 들어서 참으로 유감입니다.
Es tut mir Leid, das zu hören!

우리의 진심어린 슬픔을 전합니다.
Unsere herzliche Anteilnahme!

삼가 조의를 표합니다.
Herzliches Beileid!

진심으로 조의를 표합니다.
Mein herzliches Beileid!

진심으로 조의를 표합니다.
Ich möchte Ihnen mein Beileid aussprechen!

우리는 진심으로 조의를 표합니다.
Wir möchten unser herzliches Beileid zum Ausdruck bringen!

진심으로 조의를 표합니다.
Mein aufrichtiges Beileid!

…의 돌아가심에 대해 우리는 깊은 동정을 전합니다.
Zum Tod von …. übermitteln wir Ihnen unser tiefes Mitgefühl!

동정할 때

정말 안됐습니다.
Es tut mir Leid, dies zu erfahren!

당신의 기분을 알겠어요.
Ich kann mit Ihnen mitfühlen!

당신의 고충을 공감해요.
Ich fühle Ihren Kummer mit!

흔히 있는 일이에요.
So etwas kann immer passieren!

운이 나빴네요.
Sie haben ein Pech!

안 됐네요.
Wie schade für Sie!

병문안 할 때

병원에 들릅시다.
Lass uns ins Krankenhaus gehen!

캐테에게 갑시다.
Gehen wir mal zu Käthe!

좋은 생각입니다. 저도 함께 가죠.
Gute Idee! Ich komme auch mit.

그녀에게 무엇을 사가지고 갈까?
Was wollen wir ihr denn mitbringen?

그녀에게 무엇을 갖다 주면 될까요?
Was sollen wir ihr mitbringen?

몇 시가 방문시간입니까?
Wann ist die Besuchszeit?

그가 입원한 병실이 몇 호입니까?
In welchem Zimmer liegt er denn?

 In welches Zimmer ist er denn eingewiesen worden? 또는 In welche Klinik ist er eingewiesen worden. 원래 jn. in etw. einweisen는 "-를 …(장소)에 지정(할당)하다"는 뜻.

기분이 어떠세요?
Wie fühlen Sie sich?

오늘은 기분이 어떠세요?
Wie fühlen Sie sich heute?

별로입니다.
Nicht besonders!

기분이 좋지 않아요.
Ich fühle mich nicht wohl!

어제보다 훨씬 좋습니다.
Ich fühle mich viel besser als gestern!

어제는 안 좋았습니다.
Gestern habe ich mich nicht wohl gefühlt!

어쩌다가 다치셨어요?
Wie haben Sie sich denn verletzt?

좀 나아지셨습니까?
Fühlen Sie sich etwas besser?

어때요, 이제 다시 아주 건강해지셨지요?
Na, sind Sie jetzt wieder ganz auf der Höhe?

 auf der Höhe sein 건강한, 컨디션이 좋은

오늘은 좀 나아지셨으면 좋겠습니다.
Hoffentlich fühlen Sie sich heute besser!

참 안 됐군요.
Es tut mir Leid, das zu hören!

몸조심하십시오.
Schonen Sie sich!

몸조리 잘 하세요.
Passen Sie auf sich auf!

몸조리 잘해라.
Pass auf dich auf!

조심하셔야 합니다.
Sie müssen sich besser in Acht nehmen!

당신 건강이 좋아지셨다니 기쁩니다.
Ich freue mich, dass es Ihnen besser geht!

당신의 건강이 좋아져서 기쁩니다.
Ich freue mich, dass es Ihrer Gesundheit besser geht!

안색을 회복하셨군요.
Ihr Gesicht hat wieder Farbe bekommen!

피곤하시면 좀 누워 계세요.
Legen Sie sich bitte hin, wenn Sie müde sind!

조속히 회복되시기를 바랍니다.
Ich wünsche Ihnen gute Besserung!

조속히 회복되시기를 바랍니다.
Ich hoffe, dass Sie sich bald von Ihrer Krankheit erholen!

곧 회복되길 바랍니다.
Sie werden bald gesund!

당신은 틀림없이 곧 회복될 거예요.
Sie werden schon bald wieder gesund werden!

당신 건강이 좋아지시기를 바랍니다.
Ich wünsche Ihnen, dass Sie sich guter Gesundheit erfreuen!

빨리 나아서 퇴원하시기를 바랍니다.
Ich wünsche Ihnen, dass Sie bald wieder gesund aus dem Krankenhaus entlassen werden!

회복되길 바랍니다.
Gute Besserung!

내일 다시 건강한 모습으로 뵙기 바랍니다.
Ich hoffe, dass Sie morgen wieder gesund sind!

당신의 병은 쉽게 나을 겁니다.
Ich denke, dass Sie bald wieder gesund sind!

용기를 잃지 마세요.
Lassen Sie den Mut nicht sinken!

병문안에 대한 감사의 말

아직 좀 피곤하지만, 괜찮아요.
Ich bin noch etwas müde, aber es geht!

저는 곧 좋아질 겁니다.
Es wird mir bald besser gehen!

오늘 좀 나아진 것 같아요.
Ich fühle mich heute besser!

많이 회복된 기분입니다.
Ich fühle mich schon wieder gesund!

고마워요. 거의 나았어요.
Danke, ich habe mich gut erholt!

저는 곧 일어날 수 있을 거예요.
Ich werde bald aufstehen können!

노여움과 진정

독일인과 대화를 할 때 늘 좋은 뜻의 이야기만 오가지는 않는다. 상대가 나를 화나게 하거나 참을 수 없을 만큼 분노가 날 수도 있다. 이럴 때는 "Das wird mir zu bunt!"(말씀이 지나치시군요.)라고 한다. 또한 상대가 화났을 때 "Hör auf!"(그만해), "Halt den Mund!"(입 닥쳐)라고 말하기도 하고 상대를 진정시킬 필요가 있을 경우 "Beruhige dich!"(진정해)나 "Komm runter!"(진정해)라고 말한다.

화가 날 때

말씀 지나치시네요.
Das wird mir zu bunt!

 Das geht mir über die Hutschnur! / Er treibt es zu bunt! 참을 수 없을 정도로 지나친 말이군요.

빌어먹을!
Mensch!

빌어먹을!
Verflixt nochmal!

제기랄!
Verdammt!

젠장!
Donnerwetter!

꼴좋다.
Du hast es verdient!

이런 결국 그렇게 됐군.
Es geschieht dir recht!

너한테 너무 화가나.
Ich bin dir so böse!

저런 심하군요.
So eine Schande!

바보 같은.
Blöd!

 Doof! 또는 Dumm!이라고도 한다.

돌았군.
Verrückt!

말 같지 않은 소리!
Unsinn!

알았어, 알겠다고.
Schon gut!

나한테 말하지 마.
Sag es mir nicht!

당신 때문에 미치겠어요.
Sie treiben mich zum Wahnsinn!

 같은 표현 : Sie machen mich wahnsinnig!

미치겠어요.
Ich bin sehr glücklich!

더 이상은 못 참겠어.
Ich kann dich nicht mehr ertragen!

난 비난 받는 것을 못 참겠어.
Ich kann es nicht ertragen, kritisiert zu werden!

너 미쳤구나.
Du spinnst!

너무 화가 나서 터질 것만 같아요.
Ich bin so ärgerlich, dass ich ausrasten könnte!

참는 것도 한도가 있어요.
Meine Geduld ist erschöpft!

그 사람을 볼 때마다 열 받아요.
Ich ärgere mich, jedesmal wenn ich ihn treffe!

그를 만나면 불쾌해.
Vor ihm empfinde ich Ekel!

너무 약 올라.
Es ist so ärgerlich!

끔찍해.
Das ist schrecklich!

이것은 너무 불쾌해.
Ich bin damit außerordentlich unzufrieden!

레나는 나를 열 받게 해.
Lena bringt mich zur Weißglut!

나는 그녀가 진실을 말하지 않는 게 화가 나.
Ich ärgere mich darüber, dass sie nicht die Wahrheit gesagt hat!

이 텔레비전 때문에 정말 화나.
Der Fernseher macht mich ärgerlich!

지금 도대체 뭐하는 거야.
Worum geht es denn jetzt?

그건 화나는 일이야.
Es ist ägerlich!

정말 화가나.
Es ist wirklich ärgerlich!

난 화가나.
Ich ärgere mich!

너는 나를 몹시 화나게 해.
Du hast mich sehr geärgert!

난 네게 몹시 화가나.
Ich bin so böse auf dich!

나는 그녀에게 늘 화가 난다.
Ich habe mit ihr immer viel Ärger!

더 이상 참을 수 없어.
Das kann ich nicht mehr dulden!

그것이 나를 몹시 화나게 한다.
Das ärgert mich sehr!

그 말을 들으니까 돌아버리겠어.
Das bringt mich auf die Palme!

그것은 서서히 내 신경을 건드려.
Das geht mir langsam auf den Kecks!

너는 나를 신경질 나게 해.
Du gehst mir auf die Nerven!

그가 어느 때나 내게 전화하기 때문에 나는 화가 난다.
Ich bin ärgerlich, weil er mich zu jeder Zeit anruft!

난 이제 더 이상 못 참아.
Jetzt habe ich aber genug!

난 이제 더 이상 못 참아.
Jetzt ist meine Geduld zu Ende!

나는 흥분하여 모든 것을 까먹었어.
Ich war so aufgeregt, dass ich alles vergaß!

나는 흥분한 나머지 모든 것을 까먹었어.
In der Aufregung hatte ich alles vergessen!

그 뉴스를 듣고 그녀는 흥분했다.
Die Nachricht regte sie auf!

상대방이 화났을 때

화났어요?
Sind Sie böse?

너 아직도 화나 있니?
Bist du noch böse?

그래서 나한테 화났어요?
Sind Sie deswegen böse auf mich?

뭐 때문에 그렇게 화났니?
Warum bist du so verärgert?

왜 너는 그렇게 화가 나니?
Warum bist du so böse?

무엇이 그렇게 화나는 겁니까?
Worauf sind Sie so böse?

무엇이 그렇게 화가 나는데요?
Worüber ärgern Sie sich denn?

왜 그런지 모르겠어요.
Ich weiß nicht warum.

그는 몹시 화가 나 있어.
Er ist sehr wütend.

안네는 화났어.
Anne ist zornig.

안네는 격분하고 있어.
Anne kocht vor Wut.

롤란트는 화가 나서 막무가내야.
Roland ist außer sich vor Wut.

화를 달랠 때

화내지마.
Mach dir nichts draus!

화내지마.
Ärgere dich nicht darüber!

화내지마.
Reg dich nicht auf!

내게 너무 화내지 마세요.
Seien Sie nicht so böse auf mich!

나한테 화내지 마라.
Lass es nicht an mir aus!

너는 사소한 일에 너무 화를 내.
Du ärgerst dich sehr über jede Kleinigkeit!

너무 흥분하면 안 돼.
Du darfst dich nicht so sehr aufregen!

진정하세요.
Beruhigen Sie sich, bitte!

진정해.
Beruhige dich!

진정해.
Komm runter!

화 내지 마세요.
Seien Sie bitte nicht so böse!

이제 그만 화 풀어요.
Wetzen Sie die Scharte aus!

이제 그만 화 풀어요.
Lassen Sie Ihren Ärger raus!

진정하려고 노력해봐.
Versuch mal, zu beschwichtigen!

이성을 잃으면 안 돼.
Du darfst nicht in Zorn geraten!

인내심을 잃으면 안 돼.
Du darfst nicht die Geduld verlieren!

화내면 안 돼.
Du darfst nicht wütend werden!

이런 일에 화낼 필요 없어.
Du brauchst dich darüber nicht zu ärgern!

성급히 화를 낼 필요는 없어.
Du brauchst nicht gleich an die Decke zu gehen!

> an die Decke gehen 매우 화가 나다.

진정해 이 정도도 다행이지 뭘 그래.
Ruh dich aus! Das könnte schlimmer sein.

이제 제발 그만 둬.
Lass das!

항상 그렇게 엄격하게 굴지 마라, 한 번만 봐줘.
Sei nicht immer so streng, lass doch mal fünf gerade sein!

> fünf(e) gerade/eine gerade Zahl sein lassen 대충대충하다, 봐주다, 대충 넘어가다.

놀라움과 두려움

놀라거나 무서움의 감정을 말로 나타낼 때 자연스럽게 표현하는 게 좋다. 복잡한 문장을 만들어 말하기보다는 "Oh, mein Gott!"/"Oh, Gott!"(오, 맙소사), "Das ist aber eine Überraschung!"(놀랍군요)처럼 표현하면 된다. 무섭거나 두려울 때 "Ich habe Angst!"(난 무서워)라고 하거나 "Keine Angst!"(겁먹지 말아요)하고 위로를 나타내기도 한다.

놀랐을 때

저런 세상에!
Oh, mein Gott!

아 세상에!
Ach, du lieber Gott!

하나님 맙소사!
Du meine Güte!

이런!
Donnerwetter!

어?
Na nu?

말도 안 돼!
Nie im Leben!

아차.
Ach, du liebe Zeit!

어머나!
Oh, Gott!

오, 안 돼.
Oh, nein!

아, 깜짝이야!
Ach, du Schreck!

아이고!
Meine Güte!

놀랍군요. / 웬 일 입니까?
Das ist aber eine Überraschung!

아이 깜짝이야.
Hoppla!

아이, 깜짝 놀랐잖아.
Oh, ich bin überrascht!

정말 놀랐어.
Ich bin völlig überrascht.

놀라워!
Eine Überraschung!

믿을 수 없어.
Das glaube ich nicht!

굉장한데.
Das ist großartig!

정말 충격이야.
Es ist ein totaler Schock!

이거 큰일 났군.
Wir sind wirklich in Schwierigkeiten!

놀랍군요.
Oh, es ist wunderlich!

너 때문에 놀랐잖아.
Du hast mich aufgeschreckt!

내 눈을 믿을 수가 없어.
Ich traute meinen Augen nicht!

굉장하군요!
Das ist hervorragend!

멋져요!
Fantastisch!

휴, 깜짝 놀랐네.
Huh! Ich bin erschrocken.

휴, 하마터면 큰 일 날 뻔했네!
Huh! Das war knapp!

그 말을 듣고서 너무 놀랐어요.
Ich bin überrascht, das zu hören!

그 사고에 충격을 받았어요.
Der Unfall hat mich schockiert!

굉장할 것 같아.
Es klingt großartig!

그거 매우 놀라운 걸.
Das ist sehr überraschend!

그것은 끔찍한 일이야.
Das ist schrecklich!

그거 정말 놀라운 일이군요.
Das ist ja eine Überraschung!

난 그 일에 대해 정말 놀랐어요.
Da bin ich aber überrascht!

놀라운 것은 아직도 그가 거기에 있다는 것이다.
Erstaunlich ist, dass er noch da ist!

우리는 그 음악에 대단히 감동되었다.
Wir sind von der Musik sehr begeistert!

나는 그 일에 대해 감탄했다.
Ich habe mich darüber gewundert!

놀랍게도 그는 여기에 없다.
Überraschenderweise ist er nicht hier!

나는 정말 놀랐다.
Ich traute meinen Ohren nicht!

그 소식을 듣고 나는 깜짝 놀랐어.
Als ich das hörte, sträubten sich mir die Haare!

놀라움을 진정시킬 때

놀랐니?
Bist du überrascht?

진정해.
Komm runter!

놀라지 마세요.
Beunruhigen Sie sich bitte nicht!

전혀 놀랄 것 없어요.
Es besteht kein Anlass zur Aufregung!

놀랄 것까지는 없어요.
Das erregt fast kein Staunen!

앉아서 긴장을 푸는 게 좋겠어요.
Es wäre besser, wenn Sie sich hinsetzen und entspannen würden!

숨을 깊이 들이쉬세요.
Atmen Sie tief durch!

믿어지지 않을 때

정말?
Wirklich?

믿을 수 없어!
Das ist unglaublich!

> Das ist nicht zu fassen!라고도 한다. ···zu 원형동사 "~할 수 있다"

설마, 믿기지 않아.
Nein, das glaube ich nicht!

설마 그럴 리가, 믿을 수 없어.
Nein, ich kann es einfach nicht glauben!

농담하시는 건가요?
Machen Sie Witze?

농담하시군요.
Sie machen wohl Witze?

날 가지고 놀려는 거야?
Willst du mich auf den Arm nehmen?

장난으로 그러는 거 맞지?
Du machst nur Spaß, oder?

진정인가요?
Ist es Ihnen ernst?

진정으로 그러는 거니?
Meinst du das im Ernst?

진정으로 그러는 거 아니지?
Das kann doch nicht dein Ernst sein?

네가 진정으로 그러는 건 아닐 거야.
Das kannst du unmöglich ernst meinen!

그것은 금시초문인데요.
Das ist mir neu!

두려움을 나타낼 때

무서워요.
Ich habe Angst!

너무 무서웠어요.
Ich erschrak sehr!

어찌나 놀랬는지 몰라.
Wie habe ich mich erschrocken!

(영화, 이야기가) 으스스한데.
Es ist schaurig!

탐정영화요? 오, 아니에요. 무서워요.
Einen Krimi? Oh nein, furchtbar!

그 생각만 하면 무서워.
Mir graut es davor!

무서워서 그 생각을 못해.
Ich wage gar nicht daran zu denken!

등골에 땀이 나요.
Der Schweiß rinnt mir den Rücken hinunter!

정말 무서운 영화였어.
Das war ein schauriger Film!

간 떨어질 뻔 했어요.
Ach du meine Güte!

그것 때문에 소름이 끼쳤어요.
Dabei kriege ich Gänsehaut!

내 팔에 소름끼치는 것 좀 보세요.
Gucken Sie sich diese Gänsehaut auf meinen Armen an!

무서운 생각이야.
Es ist ein erschreckender Gedanke!

당신의 개 때문에 난 등골이 오싹했어요.
Wegen Ihres Hundes saß mir die Angst im Nacken!

> jm. sitzt die Angst im Nacken. 등골이 오싹하다.

난 무서워서 아무 것도 할 수 없었어요.
Ich konnte nichts tun, weil ich Angst hatte!

난 무서워서 아무 것도 할 수 없었어요.
Ich hatte so große Angst, dass ich nichts tun konnte!

> Ich hatte so große Angst, dass ich nichts habe tun können! 라고도 한다.

당신은 무엇을 두려워합니까?
Wovor fürchten Sie sich?

또 무엇을 염려하십니까?
Worum sorgen Sie sich noch?

나는 어두운 숲을 통해서 가는 게 두려워요.
Ich fürchte mich davor, durch einen dunklen Wald zu gehen!

당신은 무엇이 겁납니까?
Wovor haben Sie Angst?

나는 개가 무서워요.
Ich habe Angst vor dem Hund!

내 여동생은 거미를 무서워해요.
Meine Schwester fürchtet sich vor Spinnen!

나는 운전면허 시험이 무서워요.
Ich fürchte mich vor der Fahrprüfung!

나는 졸업시험이 겁나요.
Ich habe Angst vor der Abschlussprüfung!

결과가 좋지 않아 두려웠어요.
Das schlechte Ergebnis war zu befürchten.

두려움이나 염려를 진정시킬 때

무서워하지 마세요.
Haben Sie keine Angst!

두려워하지 마.
Keine Angst!

두려워할 것 없어요.
Sie brauchen sich nicht zu erschrecken!

무서워하지 않아도 돼요.
Sie können beruhigt sein!

진정하세요.
Beruhigen Sie sich, bitte!

아무런 염려하지 마세요.
Machen Sie sich bitte keine Sorgen!

그것에 대해 아무런 걱정 말아.
Mach dir darüber keine Sorgen!

염려하지 마세요.
Keine Sorge!

걱정과 긴장

상대방과 깊은 대화를 나누려면 상대가 무엇을 걱정하고 있는지 알고 그를 이해하며 격려해주어야 한다. "Worum sorgen Sie sich denn?"(무슨 일로 걱정합니까?), "Worum kümmern Sie sich denn?"(무슨 일로 걱정하세요?)라고 말을 건다. 상대의 말을 들은 후 "Machen Sie sich keine Sorge!"(걱정하지 마십시오)라고 격려를 해주는 게 좋다. 또한 긴장이 될 때는 "Ich bin jetzt ein bisschen nervös!"(난 지금 조금 초조해.)라고 말한다.

걱정을 물을 때

무슨 일이지요?
Was ist los mit Ihnen?

무슨 일이야?
Was ist los mit dir?

무슨 일이 일어난 거야?
Ist dir etwas passiert?

무슨 일이인데?
Was ist passiert?

뭐가 잘 못되었나요?
Stimmt irgendwas nicht?

잘 못된 일이라도 있나요?
Feht Ihnen etwas?

무슨 일이야?
Was ist los?

무슨 일로 걱정하세요?
Worum kümmern Sie sich denn?

무엇 때문에 괴로워하십니까?
Was macht Ihnen Sorgen?

무엇 때문에 불안해하는 거야?
Was lässt dich nicht in Ruhe?

집에 무슨 일이 있으세요?
Haben Sie Probleme zu Hause?

뭘 그리 초조해하니?
Worüber regst du dich auf?

안색이 안 좋으신데요.
Sie sehen schlecht aus!

안색이 창백해 보여.
Du hast eine blasse Gesichtsfarbe!

안색이 불안해 보여.
Du siehst nervös aus!

걱정되는 일이 있었나요?
Hatten Sie sich um etwas besorgt?

걱정되는 일이 있으세요?
Haben Sie etwas zu besorgen?

왜 그러세요? 몸이 편찮으세요?
Was ist los? Fühlen Sie sich nicht wohl?

피곤해 보이는데 무슨 일이에요?
Wieso sehen Sie so müde aus?

오늘은 기분이 언짢아 보이네요.
Sie sind heute nicht ganz auf der Höhe!

아주 우울해 보이네요.
Sie sehen trostlos aus!

무슨 걱정이 있어요?
Worüber machen Sie sich Sorgen?

무슨 걱정이니?
Was für Sorgen hast du?

걱정이 될 때

그는 자기 아내를 걱정하고 있어요.
Er macht sich Sorgen um seine Frau.

저는 남편이 밤에 혼자서 운전하고 나가서 걱정이 돼요.
Ich mache mir Sorgen um meinen Mann, der bei Nacht unterwegs ist!

나는 당신의 건강이 염려돼요.
Ich sorge mich um Ihre Gesundheit!

네 건강이 걱정돼.
Ich sorge mich um deine Gesundheit!

우리 부서에서 다툼이 일어나 내 마음이 아주 무거워.
Der Streit in meiner Abteilung liegt mir schwer auf der Seele!

우리는 학교폭력이 걱정돼요.
Wir machen uns Sorgen über die Gewalttätigkeit an der Schule!

너희들이 다시 화해하는 것이 내게는 아주 중요해.
Es liegt mir am Herzen, dass ihr euch wieder versöhnt!

나에게 아주 중요한 일은 부모님이 다시 화해하는 것이야.
Es liegt mir am Herzen, dass meine Eltern sich wieder versöhnen!

나는 직장을 바꾸는 문제가 저는 걱정이 됩니다.
Der Stellenwechsel macht mir zu schaffen!

비가 올까봐 걱정입니다.
Ich fürchte, dass es regnen wird!

눈이 올까봐 걱정입니다.
Ich fürchte, dass es schneien wird!

번개가 칠까봐 걱정이야.
Ich fürchte, dass es blitzen wird!

기차를 놓칠까봐 걱정입니다.
Ich habe Angst, dass ich den Zug verpasse!

나는 오늘 같이 가지 못할 것 같아.
Ich fürchte, ich kann heute nicht mitkommen!

문제들이 있을 것 같아 걱정입니다.
Ich fürchte, dass es Probleme gibt!

나는 그 아이들이 염려돼.
Ich habe Sorgen um die Kinder!

이거 큰일 났는데, 타이어가 펑크났어.
Da haben wir den Salat! Jetzt ist ein Reifen geplatzt!

> **Tipp** Da haben wir den Salat! "이거 큰일 났는데."

걱정스러울 때

저는 이제 어떡하지요?
Was soll ich jetzt machen?

그녀가 안 오면 어떻게 하지요?
Was soll ich machen, wenn sie nicht kommt?

어제 밤에 당신이 걱정되어 잠을 못 잤어요.
Ich habe in der letzten Nacht nicht geschlafen, weil ich um Sie besorgt war!

난 잠을 잘 수 없을 정도로 걱정했어.
Ich bin so besorgt, dass ich nicht schlafen kann!

오늘은 어쩐지 기분이 좀 이상해요.
Heute fühle ich mich nicht wohl!

말 못할 사정이 있어요.
Ich kann nicht über meine Gefühle reden.

어쩔 수 없었어요.
Es blieb mir nichts anderes übrig, als es zu tun!

어쩔 수 없었어요.
Es blieb mir nichts anderes übrig!

이제 어쩔 수 없어요.
Es ist unvermeidbar!

너는 이제 어쩔 수 없다고.
Es bleibt dir nichts anderes übrig!

이제 어쩔 수 없어요.
Jezt habe ich keine andere Wahl!

이제 어쩔 수 없어요.
Ich kann nichts Anderes tun!

걱정하지 말라고 할 때

걱정하지 마세요.
Machen Sie sich keine Sorge!

걱정하지 마.
Mach dir keine Sorge!

걱정 마.
Keine Sorge!

걱정할 것 없어요.
Sie brauchen sich nicht darum zu sorgen!

너무 걱정하지 마세요. 다 잘 될 거예요.
Keine Sorge! Alles wird klargehen!

걱정하지 마. 우린 분명히 해낼 수 있어요.
Keine Sorge! Wir schaffen das schon!

결과에 대해 걱정하지 마세요.
Machen Sie sich keine Sorge um den Ausgang.

그러한 사소한 일로 걱정하지 마세요.
Sorgen Sie sich bitte nicht wegen einer solchen Kleinigkeit!

너무 심각하게 받아들이지 마세요.
Nehmen Sie es nicht zu ernst!

그렇다고 우울해하지 마.
Lass dich davon nicht runterziehen!

다 잊어버리세요.
Vergessen Sie doch alles!

다 잊어버리세요.
Lassen Sie doch das!

긍정적으로 생각하세요.
Denken Sie positiv!

긍정적으로 생각하세요.
Seien Sie davon überzeugt!

아직도 늦지 않아요.
Es ist noch nicht zu spät!

그것 때문에 골치 아파하지 마세요.
Machen Sie sich darüber kein Kopzerfbrechen!

빨리 해결하길 바랍니다.
Ich hoffe, dass Sie bald eine Lösung finden!

그 일이 빨리 해결되길 바랍니다.
Ich hoffe, dass die Angelegenheit bald gelöst wird.

긴장될 때

난 지금 조금 긴장돼.
Ich bin gerade ein bisschen angespannt.

난 지금 조금 초조해.
Ich bin jetzt ein bisschen nervös!

나는 마음이 조마조마해.
Ich bin wie ein Flitzebogen gespannt!

나는 조마조마해.
Ich bin in großer Unruhe!

나 좀 봐, 무릎이 덜덜 떨려.
Sieh mich an! Mir zittern die Knie.

나는 너무 걱정이 돼서 안절부절 못하겠어.
Ich bin so unruhig, als ob ich Hummeln im Hintern hätte!

> Hummeln im Hintern haben 안절부절 못하다

나는 너무 초조해.
Ich bin so nervös!

나는 너무 초조해.
Ich bin so unruhig!

나는 너무 긴장하고 있어요.
Ich befinde mich in großer Anspannung!

왜 너는 늘 긴장하고 있는 거야?
Warum bist du immer so angespannt?

그는 너무 긴장하고 있어요.
Er ist sehr angespannt.

너무 긴장돼서, 심장이 쿵쾅거려.
Ich bin so nervös, dass mein Herz schneller schlägt!

너무 긴장해서 손이 땀으로 흠뻑젖었어.
Ich bin so angespannt, dass meine Hände schweißgebadet sind!

저는 항상 긴장하고 있어요.
Ich bin immer angespannt.

왜 항상 긴장하고 있는 겁니까?
Warum sind Sie immer so angespannt?

긴장과 초조함을 진정시킬 때

앉아서 긴장을 푸세요.
Setzen Sie sich und ruhen Sie sich aus!

앉아서 긴장을 푸는 게 좋겠어.
Es wäre gut, dass wir uns setzen und ausruhen!

벤치에 앉아서 긴장을 풀자.
Lass uns auf der Bank ausruhen!

침착하세요. 놀랄 거 없어요.
Ruhen Sie sich aus! Es besteht kein Anlass zur Aufregung.

숨을 들이 쉬세요.
Atmen Sie bitte tief durch!

긴장을 풀어봐.
Beruhige doch mal deine Nerven!

그렇게 긴장하지 마.
Versuch nicht so angespannt zu sein!

그렇게 늘 긴장할 이유가 없어요.
Es gibt keinen Grund so überspannt zu sein!

후회와 실망

어떤 결과에 대해 후회할 때 "Ich wünschte, ich hätte …"라든가, "Ich wünschte, ich könnte …"(~했더라면 좋을 텐데)라고 한다. 아쉬움을 나타낼 때는 "Das hätte ich sagen müssen."(내가 그것을 말했어야 했는데)라고 한다. 후회하지 않을 때는 "Ich bereue gar nichts."(난 후회하지 않아)라고 표현한다. 실망스러울 때는 "Das ist sehr enttäuschend!"(너무 실망이야)라고 한다.

아쉬워할 때

당신에게 그것을 보여주고 싶었는데요.
Ich wollte es Ihnen zeigen!

당신에게 그것을 보여주고 싶었는데요.
Ich hätte es Ihnen zeigen wollen!

정말로 집이 그리워요.
Ich vermisse wirklich mein Zuhause.

그 사람이 실패하다니 정말 안됐군요.
Es ist sehr schade, dass er durchgefallen ist!

그것을 피할 수도 있었는데.
Das hätte ich vermeiden können!

그것을 피해야만 했었는데.
Das hätte ich vermeiden müssen!

저에게 말씀을 하셨어야지요.
Das hätten Sie mir sagen müssen!

독일어를 좀 더 열심히 배웠더라면 좋았을 텐데.
Ich wünschte, ich hätte Deutsch noch fleißiger gelernt!

독일어를 유창하게 할 수 있으면 좋을 텐데.
Ich wünschte, ich könnte flüssig Deutsch sprechen!

네 동정 따윈 필요 없어.
Ich brauche dein Mitgefühl nicht.

운이 없었을 뿐이야.
Es war nur kein Glück.

난 정말 이곳을 그리워하게 될 거야.
Ich werde diesen Ort sehr vermissen!

후회할 때

당신에게 사과했어야 하는 건데요.
Ich hätte mich bei Ihnen entschuldigen müssen!

그에게 사과했어야 하는 건데.
Ich hätte mich bei ihm entschuldigen müssen!

일을 저질러 놓고 보니 후회가 막심해요.
Ich bedauere es sehr, was ich getan habe!

언젠가는 후회할 겁니다.
Irgendeinmal werden Sie es bereuen!

후회가 많이 남아.
Ich bereue vieles!

이젠 너무 늦었어.
Es ist nun zu spät!

난 후회하지 않아.
Ich bereue gar nichts!

나는 이 일을 맡은 것에 대해 결코 후회해 본 적이 없어.
Ich habe nie bereut, dass ich es übernommen habe!

좋아, 나중에 후회하지 마.
Gut, du würdest es später bereuen, das getan zu haben!

담배를 끊지 않으면 나중에 후회할 거야.
Du wirst es später bereuen, wenn du mit dem Rauchen nicht aufhörst!

왜 그랬는지 후회가 됩니다.
Ich bereue, dass ich das getan habe!

실망스러울 때

참 실망스럽군요.
Wie enttäuschend!

참 안됐군.
Wie schade!

그거 정말 실망스러운 일인데요.
Das ist sehr enttäuschend!

실망이야. 그 전시회를 정말 보고 싶었는데.
Ich bin enttäuscht! Eigentlich wollte ich die Ausstellung anschauen.

나를 실망시키지 마세요.
Enttäuschen Sie mich nicht!

전 실망했습니다.
Ich bin enttäuscht!

당신에게 실망했어요.
Ich bin enttäuscht von Ihnen!

그는 나를 정말 실망시켰어요.
Er hat mich wirklich enttäuscht!

너는 나를 몹시 실망시켰어.
Du hast mich sehr enttäuscht!

그 말을 들을 때 가슴이 철렁 내려앉았어.
Mir wurde bange ums Herz, als ich davon hörte!

내가 곧 바로 다시 떠나려 하자, 그녀는 실망한 표정을 지었어요.
Sie machte ein langes Gesicht, als ich gleich wieder fort wollte!

이거 실망했는데.
Was für eine Enttäuschung!

실망했어.
Enttäuschend!

낙담할 때

낙담하지 마세요.
Seien Sie nicht enttäuscht!

낙담하지 말고 기운을 내라.
Kopf hoch!

희망을 포기하지 마.
Gib die Hoffnung nicht auf!

그렇게 낙담하지 말아.
Lass den Kopf nicht so hängen!

오죽이나 낙담했겠니.
Ich kann mir deine Enttäuschung gut vorstellen!

그 소식에 우리는 낙담했어.
Die Nachricht macht uns betroffen!

유감스러울 때

대단히 유감입니다.
Es tut mir sehr Leid!

유감스럽지만, 안 되겠어요.
Ich fürchte, leider nicht!

유감스럽지만 찬성합니다.
Ich sage das nicht gern, aber ich bin damit einverstanden!

유감스럽지만, 당신에게 동의할 수 없습니다.
Ich fürchte, ich kann mit Ihnen darin nicht übereinstimmen!

유감스럽지만, 그건 사실입니다.
Es ist nur zu wahr!

유감입니다만, 그것은 불가능합니다.
Leider ist es unmöglich!

유감스럽게도 나쁜 소식을 전해야겠습니다.
Tut mir Leid, dass ich Ihnen diese schlimme Nachricht mitteilen muss.

오, 그런 소리 듣다니 유감입니다.
Oh, tut mir Leid, das zu hören.

그런 소리 듣고 보니 유감입니다.
Tut mir Leid, das zu hören!

귀찮음과 불평

사교할 때 자신의 감정을 상대에게 솔직하게 표현하는 것은 그 사람과 친밀감을 나타낼 수도 있고 또는 자신에 대해 격식이나 예의를 갖추라는 표현이 될 수도 있다. 싫은 감정이나 불평을 할 수 있는 상황은 아마도 상대를 어느 정도 알고 있을 때 가능할 것이다. 이럴 때 는 부정적인 감정을 나타내는 형용사를 사용할 수 있다: "진짜 싫은" entsetzlich, grausam, schrecklich, furchtbar, fürchterlich, "싫은" ekelhaft, "귀찮은" lästig, "지루한" langweilig 등.

귀찮을 때

아, 귀찮아.
Oh, was für eine Schererei!

귀찮다니까.
Das gibt nur Scherereien!

정말 귀찮군.
Das ist aber lästig!

당신은 참 짜증나게 하는군요.
Sie verärgern mich sehr!

또 시작이군.
Jetzt geht das schon wieder los!

나 지금 바빠, 제발 저리 좀 비켜라.
Ich bin zurzeit beschäftigt. Geh mir aus dem Weg!

저리 비키란 말이야.
Mach Platz.

성가시게 묻지 마세요.
Belästigen Sie mich nicht mit Ihren Fragen!

지겹고 지루할 때

진짜 지겹다, 지겨워.
Das hängt mir zum Hals raus!

하는 일에 싫증나지 않으세요?
Bekommen Sie keinen Ekel vor Ihrer Arbeit?

하는 일에 싫증나지 않으세요?
Haben Sie Ihren Job nicht schon satt?

이제는 일에 싫증나요.
Ich werde müde von der Arbeit!

이제는 일에 싫증나요.
Ich habe meine Arbeit satt!

그는 무슨 일을 하든 곧 싫증을 내요.
Er wird jeder Sache bald überdrüssig!

그의 아첨에 정말 싫증이 나.
Seine Schmeichelei habe ich schon satt!

아, 이제 싫증이 났어.
Ach, ich hab's über!

따분하죠, 그렇죠?
Es ist langweilig, nicht wahr?

지루해 죽겠어.
Es langweilt mich zu Tode!

그의 이야기가 너무 지루했어요.
Er langweilte mich mit seiner Geschichte zu Tode!

그 영화는 지루했어.
Der Film war langweilig!

난 지루해.
Ich habe die Nase voll!

그는 정말 지루한 사람입니다.
Er ist ein ziemlich langweiliger Mensch!

너무 지루해 하지 마.
Sei doch nicht so langweilig!

나는 파티가 지루했어.
Ich habe mich auf der Party gelangweilt!

그것은 생각만 해도 지긋지긋해요.
Es kotzt mich an!

생각만 해도 지긋지긋해요.
Der Gedanke allein ekelt mich!

정말 지긋지긋해.
Das erfüllt mich mit Ekel und Abscheu!

나는 기다리기가 지긋지긋해.
Ich bin des Wartens müde!

그는 보기만 해도 지긋지긋해.
Sein Anblick widert mich an!

맥이 빠지는군.
Ich bin sehr enttäuscht!

맥이 빠지는군.
Welch eine Plage!

이 일은 해도 해도 끝이 없다.
Diese Arbeit endet nie!

짜증이 날 때

정말 짜증스럽군요.
Ich bin wirklich sauer!

그는 매우 짜증나게 해.
Er belästigt mich sehr!

정말 스트레스 쌓이는군.
Es ist sehr stressig!

왜 그렇게 짜증을 내?
Warum grämst du dich denn?

불평을 할 때

당신 또 불평이군요.
Sie beklagen sich noch?

무엇을 불평하고 계십니까?
Worüber beklagen Sie sich?

그렇게 투덜거리지 마.
Kein Murren!

너무 그러지 마.
Hör doch auf!

불평불만 좀 그만 해.
Mach keine Nörgeleien!

이제 그만 좀 불평해.
Beschwere dich nicht mehr!

불평 좀 그만해.
Hör auf dich zu beschweren!

불평들 좀 그만들해라
Hört doch mit eurer Beschwerde auf!

불만을 나타낼 때

저로서는 불만입니다.
Was mich betrifft, bin ich unzufrieden!

나한테 불만 있어요?
Haben Sie etwas gegen mich?

우리한테 불만 있어요?
Haben Sie etwas gegen uns?

뭐가 그리 불만족스러운가요?
Womit sind Sie so unzufrieden?

좋아함과 싫어함

상대에게 "무엇을 원하십니까?"를 물을 때는 „Was möchten Sie gern?"이라고 하고 "영화를 좋아하십니까?"라고 할 때는 „Sehen Sie gern Filme?"라고 한다. 영화를 함께 보러가고 싶다면 „Gehen wir mal ins Kino!"라고 말해보라. "좋아하다", "...하고 싶다" 또는 "싫다"는 표현 등에 대해 아래에서 익혀보라.

좋고 싫음을 물을 때

이 포도주를 좋아합니까?
Mögen Sie diesen Wein?
그것은 나쁘지 않아요. 저는 그것을 좋아합니다.
Der ist nicht schlecht! Den mag ich!

 지시대명사 남성1격 der, 4격 den; 여성1격 die, 4격 die, 중성1격 das, 4격 das; 복수 1격 die, 4격 die이다.

이 초콜릿 좋아합니까?
Mögen Sie diese Schokolade?
그것은 나쁘지 않아요. 저는 그것을 좋아합니다.
Die ist nicht schlecht! Die mag ich!
어떤 텔레비전 프로를 좋아하세요?
Was für ein Fernsehprogramm mögen Sie gern?
어떤 영화를 좋아하세요?
Was für Filme mögen Sie gern?
연극에 흥미 있으세요?
Interessieren Sie sich für Theater?
음악에 흥미 있니?
Interessierst du dich für Musik?
음악을 좋아하세요?
Hören Sie gern Musik?

수영을 좋아하세요?
Schwimmen Sie gern?

재즈를 좋아하세요?
Mögen Sie gern Jazz?

어떤 종류의 프로그램을 좋아하세요?
Was für ein Programm mögen Sie gern?

어느 프로그램을 가장 좋아합니까?
Welches Programm genießen Sie am meisten?

어떤 프로그램을 주로 보십니까?
Welches Programm sehen Sie sich am meisten an?

어떤 날씨를 좋아하세요?
Was für Wetter mögen Sie gern?

어떤 계절을 좋아하세요?
Was ist Ihre Lieblingsjahreszeit?

좋아하는 과목이 무엇입니까?
Was ist Ihr Lieblingsfach?

좋아하는 음식이 무엇입니까?
Was ist Ihr Lieblingsessen?

무엇을 읽는 것을 제일 좋아 합니까?
Was lesen Sie am liebsten?

좋아하는 것을 말할 때

나는 스파게티를 즐겨 먹어요.
Ich esse gern Spaghetti!

나는 음악 비디오를 매우 좋아합니다.
Ich mag Musikvideos sehr!

나는 수영장에서 수영하는 것을 좋아합니다.
Ich schwimme gern in der Schwimmhalle. / im Schwimmbad.

나는 춤추러 가는 것을 좋아합니다.
Ich gehe gern tanzen!

나는 음악을 좋아합니다.
Ich mag Musik!

나는 비디오 게임에 열광적입니다.
Ich habe einen Videogamefimmel!

나는 정말 공상과학 소설을 좋아합니다.
Ich bevorzuge Science-Fictionfilme!

우리는 오페라 보러 가는 것을 좋아합니다.
Wir gehen gern in die Oper!

그녀는 내가 특히 좋아하는 친구들 중의 한 사람입니다.
Sis ist eine meiner liebsten Freunde!

> 불특정 대명사 남성1격 einer, 남성 4격 einen 여성1격, 4격 eine, 중성1격, 4격 eins · 복수1격과 4격 welche.

나는 그곳에 혼자 가는 것이 더 좋아요.
Ich mag lieber allein dorthin gehen!

그는 자기 큰 누나를 특히 좋아한다.
Er mag seine ältere Schwester besonders gern!

오늘 저녁의 음악이 우리는 특히 맘에 들어요.
Die Musik heute Abend gefällt uns besonders gut!

나는 포도주보다 맥주가 더 좋아요.
Ich ziehe das Bier dem Wein vor!

나는 가만히 앉아있기보다는 책을 읽는 게 좋습니다.
Ich mag lieber lesen als nur stillsitzen!

나는 한국 음식을 먹고 싶습니다.
Ich möchte koreanisches Essen essen!

나는 한국음식을 좋아해요.
Ich mag koreanisches Essen!

중국음식을 좋아하세요?
Mögen Sie chinesisches Essen?

나는 이태리식을 즐겨먹어요.
Ich esse gern italienisch!

한식을 즐겨 드십니까?
Essen Sie gern koreanisch?

나는 감자 샐러드를 더 즐겨 먹습니다.
Ich esse lieber Kartoffelsalat!

나는 누군가와 얘기하고 싶었습니다.
Ich wollte mit jemandem sprechen!

난 그가 좋아 미칠 지경이야.
Ich bin auf ihn versessen!

> 같은 표현 : Ich bin total auf ihn abgefahren. / Ich fahre total auf ihn ab!

난 차라리 기다릴래.
Ich würde lieber warten!

집에 있느니 차라리 산책하러 가는 것이 좋아.
Ich möchte lieber spazieren gehen als zu Hause bleiben!

커피보다 홍차를 마시겠습니다.
Ich möchte lieber einen Tee als einen Kaffee!

그림은 내가 가장 좋아하는 취미 중 하나입니다.
Malen ist eins meiner Lieblingshobbys!

토크쇼를 가장 좋아합니다.
Ich mag die Talkshow am meisten!

싫어하는 것을 말할 때

나는 춤추는 것을 몹시 싫어합니다.
Ich tanze nicht sehr gern!

나는 이런 종류의 음식이 싫어요.
Ich mag nicht gern solches Essen!

나는 파티를 좋아하지 않습니다.
Ich mag keine Party!

나는 이런 더운 날씨가 참을 수 없을 만큼 싫어요.
Ich kann nicht dieses heiße Wetter aushalten!

그다지 좋아하지 않아요.
Ich mag es nicht sehr!

나는 락음악을 싫어해.
Ich mag keine Rockmusik!

나는 붉은색 양배추를 아주 싫어해요.
Ich mag Rosenkohl überhaupt nicht!

나는 감자를 좋아하지 않아요.
Kartoffeln mag ich nicht!

우리는 술을 마시지 않습니다.
Wir trinken keinen Alkohol!

그런데 못하겠는 거야?
Kannst du es nicht machen?

나는 수학을 싫어해요.
Ich hasse Mathematik!

가장 싫어하는 게 무엇입니까?
Was hassen Sie am meisten?

멍청한 질문하는 것을 싫어하지만, ...
Ich hasse es, dumme Fragen zu stellen, aber ...!

난 네가 아주 싫어.
Ich mag dich einfach nicht.

나는 그 사람이 너무 싫어.
Ich hasse ihn bis auf die Knochen!

Tipp bis auf die Knochen hassen ~를 뼈 속까지 싫어하다/~가 진저리 날 정도로 싫다.

⑩ 비난과 다툼

사교 중에 상대방을 비난하거나 상대와 다투는 것은 당연히 바람직하지 않다. 그러나 사람과의 만남에서 특히 상대와 가깝게 지낼 경우 종종 비난과 다툼에 대한 표현이 필요할 때가 있다. 상대방의 말이 지나칠 경우에 „Wie kannst du mir nur so etwas sagen?"(나한테 어떻게 그럴 수가 있어?)라고 한다.

비난할 때

창피한 줄 아세요.
Schämen Sie sich!

창피한 줄 알아.
Schäm dich!

창피한 줄 모르는군요.
Sie schämen sich überhaupt nicht.

뻔뻔스럽군요.
Unverschämt!

당신 정신 나갔어요?
Haben Sie den Verstand verloren?

당신 미쳤군요.
Sie haben einen Vogel!

너 정신 나갔어?
Bist du verrückt?

너 돌았구나.
Du spinnst!

너 미쳤구나.
Du bist wahnsinnig!

당신은 바보로군요.
Sie Trampeltier!

왜 이런 식으로 행동하지요?
Warum verhalten Sie sich so?

이렇게 멍청한 행동하지 마세요.
Stellen Sie sich nicht so dumm an!

그 사람을 믿다니 당신도 어리석군요.
Das ist dumm von Ihnen, ihm zu vertrauen!

너도 마찬가지야.
Die Geschichte gilt auch für dich!

너도 마찬가지야.
Du auch!

저질!
Das ist anstößig!

바보 짓 하지 마.
Mach dich nicht zum Narren!

바보 짓 하지 마.
Mach dich nicht lächerlich!

정말 뻔뻔하군.
So eine Unverschämtheit!

도대체 무슨 생각으로 그러세요?
Wie kommen Sie darauf?

진짜 유치하군.
Du bist so kindisch!

그는 정말 멍청해.
Er ist blöd!

뭐라고! 그래 그것도 몰라?
Was! Das weißt du nicht?

철 좀 들어라.
Werde endlich erwachsen!

말싸움할 때

내 말대로 해.
Hör mich nur an! / Hör mir zu!

이봐요! 목소리 좀 낮춰요.
Hey! Schreien Sie nicht so!

바보 같은 짓하지 마세요.
Machen Sie keinen Unsinn!

바보 같은 소리하지 마세요.
Reden Sie keinen Unsinn!

당신한테 따질 게 있어요.
Ich habe mit Ihnen noch eine Rechnung offen!

어떻게 그런 말을 할 수 있어요?
Wie können Sie es wagen, das zu sagen?

네가 어쩜 그럴 수가 있니?
Wie kannst du es wagen?

너한테 따질 게 있어.
Ich muss dich zur Rede stellen!

네가 나에게 어떻게 그럴 수가 있니?
Wie kannst du mir das antun?

너 두고 보자.
Du wirst dafür aufkommen müssen!

내가 뭐가 틀렸다는 거야?
Was ist mir fehlerhaft?

내 대답이 뭐가 틀렸다는 거야?
Wieso missfällt dir meine Antwort?

내가 너한테 뭘 어떻게 했다는 거야?
Was sagst du denn? Was habe ich dir denn getan?

네가 잘못 생각한 거야.
Du hast Unrecht.

내가 널 잘못 봤지.
Ich bin von dir enttäuscht!

마치 내가 잘못을 한 것처럼 말하는구나.
Du machst so, als ob ich einen Fehler begangen hätte.

> begehen (나쁜 짓, 어리석은 짓을) 행하다.

네가 완전히 망쳤어.
Du hast die Sache völlig vergeigt!

당신이 잘못한 거예요.
Sie haben Unrecht!

당신이 잘못한 거예요.
Sie sind im Irrtum!

감히 나한테 어떻게 그렇게 얘기할 수 있어?
Wie kannst du es wagen, das zu sagen?

우리 밖에서 한 판 붙자.
Lass uns draußen kämpfen!

자, 덤벼.
Los! Komm heran!

바보나 그렇게 하겠다.
Nur ein Idiot würde so etwas tun!

당신이 할 줄 아는 게 도대체 뭡니까?
Was können Sie denn machen?

욕할 때

제기랄!
Verdammt!

개새끼.
Scheißkerl!

너, 이 개새끼야.
Du Schwein!

 "돼지"라는 말이 욕이다. 우리식으로 "개새끼" 정도로 말이다.

헛소리!
Unsinn!

이런 xx.(18)
Scheiße!

벼락 맞을 놈.
Fall tot um!

욕하지 마세요.
Beschimpfen Sie mich nicht!

제발 욕 좀 그만해.
Hör doch mit dem Fluchen auf!

 aufhören mit 3격. ···을 그만두다. Hört doch damit auf! 너희들 그것 그만 둬!

꾸짖을 때

다시는 절대로 그러지 마.
Tu das bloss nicht wieder!

다시는 절대로 그러지 마.
Mach das nie wieder!

그런 법이 어디 있어요?
Wie konnten Sie eine solche Richtung einschlagen?

행동으로 옮기든지 입 다물든지 해.
Tu es halt und red nicht drumherum!

너희들도 다 마찬가지야.
Das gilt auch für euch!

왜 묻지 않는 일에 참견이야?
Warum musst du immer deinen Senf dazugeben?

그런 식으로 말하지 마세요.
Reden Sie nicht so mit mir!

저만 잘못했다고 탓하지 마세요.
Legen Sie nicht nur mir die Schuld zur Last!

그만해! 날 좀 혼자 내버려 둬.
Hör auf! Lass mich doch allein!

잘한다, 잘하는 짓이야.
Das ist ja eine schöne Bescherung!

네가 약속을 하고서 그것을 어기고 있어.
Du hast eine Abmachung gemacht und brichst sie!

화해할 때

흥분하지 마세요.
Regen Sie sich nicht auf!

이제 됐어.
Schon gut!

싸움을 말리지 그랬어요?
Warum haben Sie den Streit nicht geschlichtet?

두 사람 화해하세요.
Versöhnen Sie sich miteinander!

그 일은 잊어버리세요.
Lassen Sie das!
그 일은 잊어버리세요.
Vergessen Sie das!
네 동생에게 양보해.
Sei nett zu deinem kleinen Bruder!

Teil V

깊이 있는 교재를 위한 표현

01 약속
02 초대
03 방문과 접대
04 식사제안
05 음식점
06 카페와 술집

약속

약속을 할 때는 상대방에게 언제 시간이 나는지, 장소는 어디로 정할 지를 정중하게 묻는 것이 일반적이다. 만나기로 한 날짜와 시간을 정확히 알고 있어야하며 약속을 변경하거나 취소할 때에도 일상생활에서 사용하는 표현들을 익혀두는 게 좋다. „Können wir uns treffen?"(우리 만날 수 있을까요?)이나 „Um wie viel Uhr ist es Ihnen recht?"(몇 시로 하면 좋을까요?) „Können wir unsere Verabredung verlegen?"(약속 시간을 변경할 수 있나요?) 등의 표현 등을 적절히 사용해 보자.

약속을 청할 때

시간 좀 있습니까?
Haben Sie Zeit?

이번 금요일 오후에 시간 있습니까?
Haben Sie Freitag Nachmittag Zeit?

이번 주말에 시간 있으세요?
Haben Sie am Wochenende Zeit?

잠깐 만날 수 있을까요?
Kann ich Sie kurz treffen?

우리 만날 수 있을까요?
Können wir uns treffen?

내일 다른 계획이 있습니까?
Haben Sie morgen etwas vor?

너 오늘 무슨 계획이 있니?
Hast du heute etwas vor?

오늘 저녁에 만날까?
Treffen wir uns heute Abend?

내일 한 번 만날까요?
Treffen wir uns morgen?

내일 약속 있으세요?
Haben Sie morgen eine Verabredung?

내일 10시에 만날까요?
Wollen wir uns um zehn Uhr treffen?

언제 한 번 만나요.
Treffen wir uns irgendwann einmal!

만날 약속을 하고 싶습니다.
Ich möchte einen Termin vereinbaren!

약속 날짜를 정하고 싶습니다.
Ich möchte einen Termin ansetzen!

만날 약속을 하고 싶습니다.
Ich möchte mir von Ihnen einen Termin geben lassen!

다음 주에 만날 약속을 하고 싶습니다.
Ich möchte mir von Ihnen einen Termin für nächste Woche geben lassen!

다음 주 쯤에 한 번 만나 뵙고 싶습니다.
Ich möchte mich mit Ihnen irgendwann innerhalb der nächsten Woche einmal treffen!

말씀 드릴 아주 중요한 용무가 있습니다.
Ich habe etwas Wichtiges zu besprechen!

다음 주 예정은 어떻게 되세요?
Wie sieht Ihr Zeitplan für nächste Woche aus?

다음 주 계획은 무엇입니까?
Was haben Sie nächste Woche vor?

나는 주중에는 거의 시간이 없어요.
Wochentags habe ich wenig Zeit!

다른 약속이 있으세요?
Haben Sie eine andere Verabredung?

몇 시쯤에 시간이 납니까?
Gegen wie viel Uhr haben Sie Zeit?

오늘 계획은 뭔가요?
Was steht heute auf dem Zeitplan?

저는 약속이 있어서 가는 중입니다.
Ich gehe zu einer Verabredung.

저는 그녀와 내일 만나기로 약속했습니다.
Ich habe mich mit ihr verabredet, dass wir uns morgen treffen!

우리 언제 다시 만날 수 있을까요? 토요일에 시간있으세요?
Wann können wir uns wiedersehen? Haben Sie am Samstag Zeit?

우리 춤추러 갈래?
Sollen wir tanzen gehen?

우리 한 잔 하러갈까요?
Sollen wir einen trinken gehen?

제가 모시러 가겠습니다.
Ich hole Sie ab!

내가 더 데리러 갈게.
Ich hole dich ab!

스케줄을 확인할 때

이번 주 스케줄을 확인해 보겠습니다.
Ich sehe mal im Zeitplan für diese Woche nach!

이번 주 약속을 확인해주십시오.
Bestätigen Sie bitte unsere Verabredung in dieser Woche!

스케줄을 확정하고 싶습니다.
Ich möchte den Zeitplan festlegen!

다음 주 쯤에 약속할 수 있습니다.
Ich kann Ihnen irgendwann in der nächsten Woche einen Termin geben!

좋아요, 그날은 약속이 없습니다.
Ja gut, an dem Tag habe ich keine Verabredung!

오늘 오후는 한가합니다.
Ich habe heute Nachmittag frei!

3시 이후 2시간가량 시간이 있습니다.
Nach drei Uhr habe ich für zwei Stunden lang frei!

내일은 특별하게 정해놓은 일이 없습니다.
Ich habe morgen nichts Besonderes vor.

그날 아침에는 아무런 약속이 없습니다.
Ich habe an jenem Morgen keine Verabredung!

내주 목요일 오전 내내 시간이 있습니다.
Am nächsten Donnerstag habe ich den ganzen Vormittag Zeit!

오늘 저녁에는 약속이 있습니다.
Für heute Abend habe ich eine Verabredung!

약속 시간과 날짜를 정할 때

몇 시로 했으면 좋겠어요?
Um wie viel Uhr ist es Ihnen recht?

내일 저녁에 찾아와도 괜찮을까요?
Würde Ihnen mein Besuch morgen Abend passen?

내일 오후 3시에 만날까요?
Wollen wir uns morgen um drei Uhr treffen?

다음 주 수요일 오전 10시 반이 어떻겠어요?
Wie wäre es nächste Woche Mittwoch um halb elf?

내일 오후 3시에 만날까요?
Wollen wir uns morgen um drei Uhr treffen?

3시는 괜찮겠습니까?
Wie wäre es mit drei Uhr?

6시에 만납시다.
Treffen wir uns um sechs Uhr!

언제 만나면 될까요?
Wann können wir uns treffen?

어느 날이 가장 좋을까요?
Welcher Tag passt Ihnen am besten?

화요일이라면 괜찮을까요?
Würde der Dienstag Ihnen passen?

내일 오후 3시에 만날까요?
Wollen wir uns morgen um drei Uhr treffen?

얼마 정도 시간을 내 주실 겁니까?
Wie lange wollen Sie mir Zeit geben?

시간 지키는 것 잊지 마십시오.
Vergessen Sie bitte nicht, die Zeit einzuhalten!

시간 지키는 것 잊지 마.
Vergiss bitte nicht, die Zeit einzuhalten!

약속 장소를 정할 때

어디서 만날까요?
Wo treffen wir uns?

좋아요, 어디서 만날까요?
Gerne, wo treffen wir uns?

언제 만나기로 할까요?
Wann können wir uns treffen?

만날만한 곳이 어디 없을까요?
Wo ist der passende Ort, wo wir uns treffen können?

당신을 방문할까요?
Soll ich Sie besuchen?

이곳으로 올 수 있습니까?
Können Sie hierher kommen?

당신에게 달려 있습니다.
Es liegt an Ihnen!

제 사무실은 어떻겠습니까?
Wie wäre es mit meinem Büro?

예, 그러면 좋겠어요.
Ja, das wäre gut!

좋습니다.
Gut!

약속을 변경할 때

내일 오전 11시 경이면 어떨까요?
Wie passt es Ihnen morgen um ca. elf Uhr?

한 시간만 뒤로 미루지요.
Verschieben wir es um eine Stunde!

월요일로 미루기로 합시다.
Verschieben wir es auf den Montag!

다른 기회로 미뤄도 될까요?
Darf ich den Termin auf später verschieben?

다음에 합시다.
Machen wir es ein andermal!

약속 시간 좀 당기면 어떨까요?
Wie wäre es, wenn wir es etwas früher machen?

조금 더 늦췄으면 더 좋겠는데요.
Mir würde es besser passen, wenn es noch ein bisschen später wäre!

약속을 연기해야겠습니다.
Ich muss meine Verabredung verschieben!

저는 다음 번 약속으로 미루고 싶습니다.
Ich möchte es auf einen späteren Termin verschieben!

우리의 약속 시간을 변경할 수 있나요?
Können wir unsere Verabredung verlegen?

우리 약속 장소를 바꿀 수 있나요?
Können wir den Verabredungsort wechseln?

오늘 저녁때는 여의치 않습니다.
Heute Abend passt es mir schlecht!

내일 5시쯤은 어떨까요?
Wie passt es Ihnen morgen um ca. fünf Uhr?

조금 더 빨랐으면 더 좋겠습니다.
Mir würde es besser passen, wenn es noch ein bisschen früher wäre!

그러면 5시 반 전후로 합시다.
Also ungefähr halb sechs herum.

괜찮으시다면 내일 오전에 찾아뵙고 싶습니다.
Ich möchte Sie morgen Vormittag besuchen, wenn es Ihnen passt.

내일 오전에는 시간이 꽉 차있습니다.
Morgen Vormittag bin ich ausgebucht!

저에게 기일을 정해주시겠습니까?
Würden Sie mir einen Termin geben?

오후 2시면 될까요?
Vielleicht vierzehn Uhr?

좋아요, 그렇게 합시다.
Gut, bleiben wir dabei!

언제 저에게 오시겠어요?
Wann kommen Sie zu mir?

월요일 아침 9시에 당신께 가도 좋습니까?
Darf ich Montag morgen um neun Uhr zu Ihnen kommen?

10시가 제게 더 편하겠습니다.
Um zehn Uhr wäre es mir angenehmer!

늦게 오지 마세요.
Kommen Sie nicht zu spät!

그렇게 정확하게 오실 필요는 없어요.
So pünktlich brauchen Sie nicht zu sein!

약속을 취소할 때

약속을 취소해야겠습니다.
Ich muss die Verabredung absagen!

약속을 취소해야겠습니다.
Ich muss meine Verabredung zurückziehen!

약속을 지키지 못한 것을 용서하십시오.
Verzeihen Sie, dass ich die Verabredung nicht eingehalten habe!

약속에 못 나갈 것 같아요.
Ich fürchte, ich kann nicht am verabredeten Ort sein!

약속을 취소해도 될까요?
Darf ich die Verabredung absagen?

사정이 생겨서 내일 찾아뵐 수 없습니다.
Durch unvermeidliche Umstände kann ich morgen nicht zu Ihnen kommen!

기타 약속에 관한 표현

새끼손가락을 걸고 약속하자.
Gib mir die Hand drauf!

> Tipp 독일어에서는 '손가락을 걸고 약속한다' 라는 말을 이렇게 표현한다.

나는 약속을 잘 지키는 사람이야.
Ich halte, was ich verspreche!

약속 어기지 마.
Halt dein Versprechen!

약속 어기지 마.
Brich dein Versprechen nicht!

너는 무슨 일이 있어도 약속을 지켜야 해.
Du musst dein Versprechen um jeden Preis halten!

약속합시다.
Geben wir uns ein Versprechen!

오랫동안 기다리셨습니까?
Haben Sie schon lange gewartet?

기다리게 해서 죄송합니다.
Entschuldigen Sie, dass ich Sie habe warten lassen!

부문장 안에서 사역동사 lassen의 완료형은 맨 뒤에 haben+동사원형+lassen.

기다리게 해서 미안해요.
Es tut mir Leid, dass Sie warten mussten!

우리 다시 만날 수 있을까요?
Können wir uns wieder sehen?

저는 하루 종일 우리 만남을 기대해 왔어요.
Ich habe mich schon den ganzen Tag auf unser Treffen gefreut!

애인 있습니까?
Haben Sie einen festen Freund?

애인 있습니까?
Haben Sie eine feste Freundin?

결혼했어요?
Sind Sie verheiratet?

난 네가 너무 좋아.
Ich mag dich sehr gerne!

난 너에게 빠진 것 같아.
Ich glaube, ich habe mich in dich verliebt!

02 초대

  서로 간에 친분이 두터워지면 초대를 하게 된다. 다과를 한다거나 음식을 대접하기 위해 초대를 할 수도 있고 술을 마신다든가 생일 파티 등에 상대방을 초대하기도 한다. 이럴 때 초대기, 초대에 응하거나 거절하는 표현 등을 익혀두도록 하자. „Ich möchte Sie zum Essen einladen!"(당신을 식사에 초대하고 싶습니다.) „Danke, ich komme gerne!"(고맙습니다. 기꺼이 가겠습니다.) „Ich fürchte, ich kann leider nicht!"(유감스럽지만 안 될 것 같습니다.) 등등.

초대할 때

오늘 저녁 만나서 식사할까요?
Treffen wir uns heute Abend zum Essen?

이번 주말 제 생일파티에 당신을 초대하고 싶어요.
Ich möchte Sie am Wochenende zu meiner Geburtstagsparty einladen!

당신을 초대해 저녁식사를 하고 싶습니다.
Ich möchte Sie zum Abendessen einladen!

당신을 저희 집 저녁식사에 초대하고 싶습니다.
Ich möchte Sie bei uns zum Abendessen einladen!

당신은 그 파티에 초대를 받으셨습니까?
Haben Sie eine Einladung zu der Party bekommen?

그 파티에 가기로 하셨어요?
Haben Sie die Einladung angenommen?

파티에 오시지 그러세요?
Kommen Sie doch auf die Party!

왜 파티에 안 오세요?
Warum kommen Sie nicht auf die Party?

놀러 오십시오.
Besuche mich!

언제 한 번 놀러와.
Besuche mich einmal!

여행을 떠나기 전에 우리 집에 좀 들러.
Komm bei mir vorbei, bevor du abreist!

기회가 되면 우리 집에 좀 들러.
Komm gelegentlich bei mir vorbei!

언제 한 번 들러주시지 않겠습니까?
Würden Sie einmal bei mir vorbeikommen?

언제 오실 수 있습니까?
Wann wäre es Ihnen angenehm?

언제가 제일 적당합니까?
Wann passt es Ihnen am besten?

다음 주 화요일은 괜찮습니까?
Geht es am Dienstag nächster Woche?

다음 주 수요일은 어때요?
Wie wäre es am Mittwoch nächster Woche?

오늘 낮에 커피 한잔 하러 저에게 오실 수 있어요?
Können Sie heute Nachmittag zu einer Tasse Kaffee zu mir kommen?

초대에 응할 때

에, 좋습니다.
Ja, mit Vergnügen!

좋은 생각 이예요.
Das ist eine gute Idee!

기꺼이 그렇게 하겠습니다.
Sehr gerne!

그거 아주 좋겠는데요.
Das hört sich gut an!

멋진데요.
Das klingt großartig!

저는 좋습니다.
Damit bin ich einverstanden!

> **tipp** Das passt mir gut "그렇게 하는게 제게 좋아요." einverstanden sein mit etw. …을 이해했다.

감사합니다. 기꺼이 가겠습니다.
Danke sehr, ich komme gerne!

고맙습니다. 기꺼이 가지요.
Danke! Ich komme gern zu Ihnen!
고맙습니다. 그러죠.
Danke, ich werde gehen!
고맙습니다. 기쁜 마음으로 가겠습니다.
Danke, ich komme gerne.
아, 친절하십니다. 그렇게 하지요.
Oh, das ist sehr nett von Ihnen. Ich komme gerne.
감사합니다, 그렇지만 너무 무리가 되지 않아야 할 텐데요.
Vielen Dank. Aber machen Sie sich bitte keine Umstände.
기꺼이 초대를 받아들이겠습니다.
Ich nehme Ihre Einladung mit Freude an!
먼저 전화로 갈 수 있는 지 여부를 알려드리지요.
Vorher rufe ich Sie kurz an und sage Ihnen Bescheid, ob es klappt!
오늘밤 저희들을 초대해주시다니 정말 친절하시군요.
Es ist sehr nett von Ihnen, uns heute Abend einzuladen!

초대에 응할 수 없을 때

죄송하지만 그럴 수 없습니다.
Tut mir Leid, aber ich kann nicht kommen!
죄송하지만, 그럴 수 없을 것같군요.
Ich glaube nicht, dass ich kann!
죄송하지만, 해야 할 일이 있습니다.
Entschuldigung, aber ich habe etwas zu tun!
유감스럽지만 안 될 것 같군요.
Ich fürchte, ich kann leider nicht!
그럴 수 있다면 좋겠군요.
Ich wünschte, ich könnte zu Ihnen kommen!
그러고 싶지만 오늘밤은 이미 계획이 있습니다.
Sehr gerne, aber ich habe heute Abend bereits etwas vor!
오늘 저녁은 안되겠습니다.
Heute Abend lieber nicht!
죄송하지만 갈 수 없습니다.
Ich kann leider nicht kommen!

오늘 저녁에 손님이 오십니다.
Heute Abend bekomme ich Besuch!

남편 동료가 저녁식사에 오세요.
Ein Kollege von meinem Mann kommt zum Abendessen!

토요일에 손님이 오세요.
Am Samstag haben wir Gäste!

정말 그럴 기분이 나지 않습니다.
Mir ist wirklich nicht danach zumute!

03 방문과 접대

손님이 오게 되면 반갑게 „Kommen Sie bitte herein!"(들어오세요.) „Ich freue mich, dass Sie gekommen sind!"(와 주셔서 반갑습니다.) 등의 말을 하며 손님은 „Ich danke Ihnen für Ihre Einladung!"(초대해주셔서 감사합니다.)라고 말하고 „Bitte schön! Das ist für Sie!"(이거 받으세요. 당신께 드리는 겁니다.)라는 식으로 말하기도 한다.

방문했을 때

안녕하세요. 초대해주셔서 감사합니다.
Guten Abend! Vielen Dank für Ihre Einladung!

초대해주셔서 고맙습니다.
Ich danke Ihnen für Ihre Einladung!

우리를 초대해주셔서 고맙습니다.
Ich danke Ihnen dafür, dass Sie uns eingeladen haben!

조그만 선물입니다.
Hier ist eine Kleinigkeit für Sie!

이것은 조그만 선물입니다.
Das hier ist eine Kleinigkeit für Sie!

여기 이거 네게 주려는 거야.
Hier für dich!

여기 이거 받으십시오. 당신께 드리는 꽃입니다.
Bitte schön! Die Blumen sind für Sie!

여기 이거 받으십시오.
Hier für Sie!

여기 이거 네게 주려는 거야.
Hier für dich!

손님을 맞을 때

어서 들어오십시오.
Kommen Sie bitte herein!

어서 들어오십시오.
Kommen Sie bitte rein!

들어와.
Komm herein!

들어와.
Herein!

이쪽으로 오십시오.
Kommen Sie hierher!

와주셔서 반갑습니다.
Ich freue mich, dass Sie gekommen sind!

잘 오셨습니다.
Es ist nett, dass Sie gekommen sind!

함께 오셔서 참 잘됐습니다.
Es ist nett, dass Sie mitgekommen sind!

멀리서 와주셔서 감사합니다.
Vielen Dank für Ihr Kommen trotz der langen Anreise!

다시 뵙게 되어 반갑습니다.
Ich freue mich, Sie wieder zu sehen!

오시는데 고생하지 않으셨어요?
Haben Sie keine Schwierigkeiten gehabt, hierher zu kommen?

오, 꽃이잖아. 참 예쁘네요.
Oh, Blumen! Die sind aber schön!

이러실 필요 없는데요.
Das wäre doch nicht nötig gewesen!

이렇게 멋진 선물 저희들에게 과분한 걸요.
Sie verwöhnen uns mit einem so wunderbaren Geschenk!

당신의 외투를 받아드릴까요?
Darf ich Ihren Mantel abnehmen?

외투를 벗으시겠습니까?
Möchten Sie Ihren Mantel ablegen?

외투를 주십시오.
Geben Sie mir Ihren Mantel, bitte!

앉으십시오.
Setzen Sie sich, bitte!

앉으십시오.
Bitte, nehmen Sie Platz!

앉으시지 그러세요?
Wollen Sie sich nicht setzen?

너희들 앉지 그러니?
Wollt ihr euch nicht setzen?

집에 계신 것처럼 여기서 편히 지내세요.
Fühlen Sie sich bitte hier wie zu Hause!

편하게 계십시오.
Machen Sie es sich bequem!

건강은 좀 어떻습니까?
Wie geht es Ihnen gesundheitlich?

바깥 날씨는 좋습니까?
Ist das Wetter draußen gut?

조금 쌀쌀합니다.
Es ist ein bisschen kühl!

벌써부터 저희 집에 한 번 초대할 생각이었습니다.
Wir wollten Sie schon immer einmal zu uns einladen!

그러나 제가 늘 시간이 없었어요.
Aber ich hatte immer wenig Zeit!

저희 집을 보여드리겠습니다.
Ich zeige Ihnen unsere Wohnung!

아주 멋진 집이군요.
Sie haben eine schöne Wohnung!

집안을 멋지게 꾸미셨습니다.
Sie haben sich sehr schön eingerichtet!

새 가구들로 집이 참 아늑해졌습니다.
Mit Ihren neuen Möbeln ist die Wohnung sehr gemütlich geworden!

손님을 대접할 때

뭐 좀 마시겠습니까?
Möchten Sie etwas trinken?

커피 한 잔 드시겠어요?
Möchten Sie eine Tasse Kaffee?

과자라도 좀 드십시오.
Hier ist Gebäck! Bedienen Sie sich bitte!

오늘 특별한 음식을 준비했습니다.
Ich habe heute etwas Besonderes gekocht!

몇 가지 한국 고유의 음식을 준비했습니다.
Ich habe einige koreanische Spezialitäten gekocht!

애를 많이 쓰셨습니다.
Sie haben sich große Mühe gegeben!

우리 때문에 일을 많이 하셨군요.
Sie haben sich sehr viel Arbeit mit uns gemacht!

그것은 제게 큰일은 아니었습니다.
Es war für mich nicht sehr viel Arbeit!

일이 그리 많지 않았습니다.
Es hat mir nicht viel Arbeit gemacht.

음식이 맛있어야할 텐데요.
Hoffentlich schmeckt es Ihnen!

음식이 당신 입맛에 잘 맞아야할 텐데요.
Hoffentlich ist das Essen für Sie bekömmlich!

저녁식사로 불고기를 준비하고 있습니다.
Ich bereite Bulgogi zum Abendessen vor!

저녁식사 준비가 됐습니다.
Das Abendessen ist fertig!

드시고 싶은 것을 마음껏 드십시오.
Bedienen Sie sich bitte, wie es Ihnen beliebt!

자 듭시다.
Bitte lassen Sie uns zugreifen!

어서 드세요.
Legen Sie mit dem Essen los!

마음껏 드십시오.
Bitte greifen Sie zu!

마음껏 먹어라.
Lass es dir schmecken!

우리는 음식에 양념을 많이 씁니다.
Wir verwenden für unsere Speisen starke Gewürze!

음식에는 흔히 매운 양념이 들어갑니다.
Die Speisen sind häufig scharf gewürzt!

한국 음식은 손이 많이 갑니다.
Die koreanischen Gerichte machen viel Arbeit!

우리는 저녁에는 한국식으로 식사합니다.
Wir essen abends koreanisch!

저는 독일 음식도 좋아합니다.
Ich mag auch gerne deutsche Gerichte!

저는 요리하기를 좋아합니다.
Ich koche gerne!

좀 더 드시지요.
Legen Sie noch etwas zu!

고기를 좀 더 드시겠습니까?
Möchten Sie noch Fleisch nehmen?

좋아하지 않으시면 남겨두십시오.
Wenn Sie es nicht mögen, lassen Sie es einfach übrig!

다음에 제가 독일 음식 하는 방법을 보여드리겠습니다.
Ich möchte Ihnen nächstes Mal zeigen, wie man typisch deutsche Gerichte kocht!

그랬으면 좋겠는데요.
Das wäre sehr schön!

방문을 마칠 때

음식이 정말 좋았습니다.
Das Essen war sehr gut!

음식이 모두 참 맛있었어요.
Es hat alles sehr gut geschmeckt!

맛있게 잘 먹었습니다.
Ich habe reichlich gegessen!

자, 시간이 벌써 많이 지나갔군요.
So, es ist schon ziemlich spät!

천천히 일어나야겠어요.
Wir müssen langsam aufbrechen!

이제 가 봐야할 시간입니다.
Es wird Zeit für mich!

가봐야겠어요.
Ich muss gehen!

이제 작별했으면 합니다.
Ich möchte mich jetzt von Ihnen verabschieden!

우리가 지금 일어나도록 양해해주시겠지요?
Seien Sie bitte nicht böse, wenn wir jetzt schon gehen!

좀 더 계십시오.
Bleiben Sie doch noch ein bisschen!

더 있고 싶지만 약속이 있습니다.
Ich würde gerne länger bleiben, aber ich werde erwartet!

저는 오늘 아주 바쁩니다.
Ich habe es heute eilig!

자, 시간이 벌써 많이 지나갔군요.
So, es ist schon ziemlich spät.

그럼 가보겠습니다.
Ich darf mich verabschieden!

이제 가보겠습니다.
Nun gehe ich weg!

그럼 가보겠습니다.
Ich darf mich verabschieden!

가봐야 할 것 같네요.
Leider muss ich gehen!

정말 집에 가야합니다.
Ich muss leider wirklich nach Hause!

너무 늦은 것 같군요.
Ich fürchte, dass ich zu lange geblieben bin!

미안합니다만, 제가 좀 급합니다.
Es tut mir Leid, aber ich bin in Eile!

벌써 아홉 시입니까? 가봐야겠습니다.
Ist es schon neun Uhr? Ich muss jetzt gehen!

아, 유감이에요. 그렇지만 내일 베를린에 갑니다.
Ach schade, aber ich fahre morgen nach Berlin!

참 즐거웠습니다.
Es war sehr nett!

즐거운 저녁을 보냈습니다.
Es war ein netter Abend!

오늘 저녁은 정말 유쾌했습니다.
Es war nett, heute Abend!

오늘 저녁은 정말 유쾌했습니다.
Ich hatte wirklich einen angenehmen Abend!

오늘 저녁은 정말 멋졌어요.
Es war ein sehr schöner Abend!

정말로 식사 잘 했습니다.
Das Essen hat mir sehr gut geschmeckt!

멋진 파티 정말 고맙습니다.
Vielen Dank für die wunderschöne Party!

그럼 다음에 뵙겠습니다. 안녕히 가세요.
Dann bis später. Tschüs!

다음에는 꼭 저희 집에 와 주십시오.
Nächstes Mal müssen Sie zu uns kommen!

여기서 이만 작별하겠습니다.
Ich möchte mich gleich hier verabschieden!

더 나오지 마십시오.
Bemühen Sie sich bitte nicht weiter!

초대해주셔서 다시 한 번 감사드립니다.
Vielen Dank nochmal für Ihre Einladung!

그리고 초대해주신 것 고맙습니다.
Und vielen Dank für die Einladung!

주인으로서의 작별인사

방문해주셔서 고맙습니다.
Danke für Ihren Besuch!

좀 더 계시다 가시면 안 되나요?
Können Sie nicht etwas länger bleiben?

지금 가신다는 말씀입니까?
Sie sagen, dass Sie jetzt gehen?

오늘 저녁 재미있었습니까?
Hatten Sie heute Abend viel Spaß?

오늘 즐거우셨어요?
Haben Sie sich heute gut unterhalten?

다시 만날 수 있을까요?
Können wir uns wieder treffen?

곧 다시 오십시오.
Kommen Sie bald wieder!

곧 다시 한 번 들러라.
Komm bald wieder mal vorbei!

또 오세요.
Kommen Sie wieder!

언제 다시 와.
Lass dich mal wieder sehen!

가끔 연락 좀 해라.
Du kannst dich ab und zu mal melden!

열흘 쯤 뒤에 봅시다.
Bitte schauen Sie etwa in zehn Tagen wieder vorbei!

언제나 여기서 환영받는 것 알고 계시지요?
Sie wissen, dass Sie hier jederzeit herzlich willkommen sind!

다시 만나기 바랍니다.
Ich hoffe, wir sehen uns bald wieder!

제가 바래다 드릴까요?
Kann ich Sie nach Hause mitnehmen?

제가 집에 바래다 드릴게요.
Ich begleite Sie nach Hause!

살펴 가십시오.
Passen Sie auf!

안녕히 가십시오.
Gute Heimfahrt!

안녕히 가십시오.
Kommen Sie gut nach Hause!

그럼 안녕히 가십시오.
Dann kommen Sie mal gut nach Hause!

잘 가.
Komm gut nach Hause!

안녕히 가십시오.
Gehen Sie wohl behalten nach Hause!

조심해서 운전하십시오.
Fahren Sie bitte vorsichtig!

조심해서 돌아가십시오.
Gehen Sie vorsichtig!

조심해서 돌아가십시오.
Seien Sie vorsichtig auf dem Heimweg!

집에 도착하면 우리에게 전화 주십시오.
Rufen Sie uns an, wenn Sie zu Hause sind!

다 챙기셨지요?
Haben Sie alles mit?

식사 제안

사람을 사귀면서 식사를 함께 하는 것은 좋은 관계를 유지할 수 있는 기회가 된다. „Wollen wir zusammen zu Mittag essen!"(점심식사를 같이 할까요?) 또는 „Gehen wir zu Mittag essen!"(점심식사하러 갑시다.)라고 제안해보라. 상대방에게 식사비를 대신 지불하겠다고 할 때는 „Gehen wir! Ich lade Sie ein!"(갑시다, 제가 살게요.)라고 하던가, „Das geht auf meine Rechnung!"(제가 계산하겠습니다.)라고 한다.

식사를 제안할 때

저하고 식사하러 같이 가실래요?
Wollen Sie mit mir essen gehen?

함께 식사하러 가실까요?
Wollen wir zusammen essen gehen?

우리 점심 식사나 같이 할까요?
Wollen wir zusammen zu Mittag essen?

우리 점심 식사나 같이 할까요?
Wollen wir zusammen zum Mittagessen gehen?

저녁 식사 같이 하시겠어요?
Wollen Sie mit mir zu Abend essen?

저녁 식사하러 오십시오.
Kommen Sie zum Abendessen!

어떤 음식점이 추천할 만한가요?
Welches Restaurant können Sie uns empfehlen?

이 식당은 평이 좋아요.
Das Restaurant hat einen guten Ruf!

음식 다 됐어요.
Essen ist fertig!

오늘 저녁에 외식하자.
Essen wir heute Abend auswärts!

같이 식사할 수 있게 일찍 오세요.
Kommen Sie früher, damit wir zusammen essen können!

나가서 먹는 게 어때?
Wie wäre es, wenn wir draußen essen gehen?
나가서 먹는 게 어때?
Wie wäre es, im Restaurant zu essen?
내일 저녁 식사 같이 하실래요?
Wollen wir morgen zusammen zu Abend essen?
제가 저녁 식사에 모실까요?
Könnte ich Sie zum Abendessen einladen?
점심 식사하러 갑시다.
Gehen wir zu Mittag essen!
뭐 좀 간단히 먹으러 나갑시다.
Gehen wir eine Kleinigkeit essen!
점심 식사로 뭐가 있지요?
Was gibt es zum Mittagessen?
간단한 것으로 들겠습니다.
Ich nehme nur eine Kleinigkeit!
여기 들러서 뭐 좀 먹읍시다.
Halten wir hier und essen wir etwas!
오셔서 저녁 식사할 수 있겠습니까?
Können Sie zum Abendessen bleiben?
좀 더 있다가 저녁 드시고 가시죠?
Wollen Sie nicht zum Mittagessen bleiben?
식사하러 오십시오.
Kommen Sie zum Essen!
식사 초대에 응해 주시면 감사하겠습니다.
Ich wäre froh, wenn Sie meine Einladung zum Essen annehmen würden!
보통 점심은 어디서 드십니까?
Wo essen Sie normalerweise zu Mittag?
이태리 식당이든 그리스 식당이든 간에 식사하러 가자. 어디든 매 한가지야.
Lass uns entweder zum Italiener oder zum Griechen essen gehen! Das ist Jacke wie Hose.

 essen gehen 식사하러 가다; das ist Jacke wie Hose 매 한 가지다, 어차피 마찬가지다.

대접할 때

자 갑시다. 제가 살게요.
Gehen wir! Ich lade Sie ein!

제가 사는 겁니다.
Sie sind mein Gast!

오늘은 제가 살게요.
Sie sind heute mein Gast!

제가 계산할 겁니다.
Das geht auf meine Rechnung!

걱정 마, 내가 살게.
Mach dir keine Gedanken, ich bezahle!

걱정하지 마십시오. 이번엔 제가 사겠습니다.
Machen Sie sich keine Sorgen darüber! Diesmal bezahle ich!

제가 점심을 대접하겠습니다.
Ich bewirte Sie beim Mittagessen!

오늘 저녁을 제가 사겠습니다.
Das Abendessen geht auf meine Rechnung!

오늘 제가 사겠습니다.
Ich möchte etwas springen lassen!

제가 한잔 사겠습니다.
Ich will Sie zum Trinken einladen!

제가 접대하게 해주십시오.
Seien Sie bitte mein Gast!

내가 초대했으니 내가 내야지.
Ich habe dich eingeladen! Deshalb sollte ich bezahlen!

당신에게 특별히 한턱내고 싶습니다.
Ich möchte Sie mit etwas Besonderem bewirten!

식사 제안을 받았을 때

그러죠. 고맙습니다.
Ja, gerne! Danke sehr!

다음 기회에 해요.
Machen wir es ein anderes Mal!

글쎄요. 다음 기회에.
Vielleicht ein andermal!

식사할 때

저녁으로 불고기를 마련했습니다.
Wir haben Bulgogi zum Abendessen vorbereitet!

어서 드십시오.
Bedienen Sie sich!

어서 드십시오.
Greifen Sie zu!

많이 드십시오.
Essen Sie reichlich!

많이 먹어.
Iss reichlich!

고기를 좀 더 드시겠어요?
Möchten Sie noch mehr Fleisch?

샐러드를 좀 더 드시겠어요?
Möchten Sie noch mehr Salat?

좋아하지 않으시면, 남기십시오.
Wenn Sie es nicht mögen, können Sie es übriglassen!

필요한 게 있으면 말씀하십시오.
Sagen Sie mir bitte, wenn Sie etwas brauchen!

식사시간이 언제입니까?
Wann essen wir?

식사 전에 와인 한 잔 하시겠습니까?
Möchten Sie vor dem Essen ein Glas Wein trinken?

한국 음식을 먹어본 적이 있습니까?
Haben Sie schon koreanisch gegessen?

당신은 김치를 먹어본 적이 있나요?
Haben Sie schon einmal Kimchi gegessen?

불고기는 한국인들에게 가장 인기 있는 음식입니다.
Bulgogi ist das beliebteste Gericht für Koreaner!

한국인들은 불고기를 가장 즐겨먹습니다.
Koreaner essen am liebsten Bulgogi!

불고기를 맛보시겠습니까?
Wollen Sie mal Bulgogi probieren?
그것은 전형적인 한국 요리입니다.
Das ist ein typisch koreanisches Gericht!
좀 더 먹을 수 있나요?
Kann ich noch etwas nachbekommen?
저는 하루에 두 끼 식사하는 것을 습관으로 하고 있어요.
Ich habe mich schon daran gewöhnt, zweimal zu essen!
저는 푸짐한 저녁 식사보다는 푸짐한 점심식사가 더 좋아요.
Ich ziehe das Mittagessen dem Abendessen vor!
이것이 무엇인지 설명 좀 해주시겠어요?
Können Sie mir erklären, was das ist?
이것이 양이 참 많습니다.
Das ist eine sehr große Portion!
이것은 저에게 너무 많습니다.
Das ist mir beinahe zu viel!

식사를 마칠 때

잘 먹었습니다.
Ich habe mich satt gegessen!
많이 먹었습니다.
Ich habe reichlich gegessen!
잘 먹었습니다. 고맙습니다.
Ich bin schon satt! Danke sehr!
배가 부릅니다.
Ich bin satt!
훌륭한 식사였습니다.
Das war ein großartiges Essen.
정말 맛있는 저녁을 먹었습니다.
Das Abendessen hat mir gut geschmeckt.
식사를 맛있게 하셨기를 바랍니다.
Ich hoffe, dass Sie gut gegesssen haben.

커피나 차를 마실 때

저녁 식사 후에 커피를 마시겠습니다.
Nach dem Essen will ich einen Kaffee trinken.

커피와 홍차 중 어느 것이 좋습니까?
Was wollen Sie trinken, Kaffee oder Tee?

차를 마시겠습니다.
Lieber Tee, bitte.

무엇을 드시겠습니까?
Was nehmen Sie?

커피 한잔 하겠어요.
Ich nehme einen Kaffee!

커피를 더 좋아하십니까 아니면 홍차를 더 좋아하십니까?
Ziehen Sie Kaffee oder Tee vor?

커피를 어떻게 드십니까?
Wie nehmen Sie den Kaffee?

설탕만 빼고 마십니다.
Ich nehme Kaffee ohne Zucker!

저는 블랙으로 마십니다.
Ich trinke schwarz!

블랙으로 주십시오.
Schwarz bitte!

설탕이나 우유를 넣어 커피를 드십니까?
Nehmen Sie Kaffee mit Milch oder Zucker?

 독일에서는 크림이나 프림 대신에 생우유를 넣는다.

커피에 우유를 넣어 드십니까?
Nehmen Sie Mich zum Kaffee?

예, 그렇습니다.
Ja, bitte!

아니오, 저는 우유를 안 넣습니다.
Nein, ich nehme keine Milch!

우유만 넣어주세요.
Nur Milch, bitte!

우유와 설탕을 넣어주십시오.
Mit Milch und Zucker, bitte!

우유를 넣어주십시오.
Mit Milch bitte!

커피를 한 잔 더 드릴까요?
Möchten Sie noch einen Kaffee?

커피를 좀 더 드시겠습니까?
Möchten Sie noch mehr Kaffee?

술을 권할 때

술 한 잔 하시겠습니까?
Möchten Sie einen trinken?

한 잔 할까요?
Wollen wir einen trinken?

한 잔 하시죠?
Wie wäre es, wenn wir einen trinken?

오늘 저녁에 주점에서 한 잔할까요?
Wollen wir heute Abend in der Kneipe einen zur Brust nehmen?

> einen zur Brust nehmen "한잔하다." 여기서 einen은 불특정대명사 남성 4격이다. "술"(Alkohol)은 남성명사.

와인 한 잔 사고 싶은데요.
Ich möchte Sie auf ein Glas Wein einladen!

제가 와인 한 잔 살까요?
Darf ich Sie zu einem Glas Wein einladen?

술 마시는 것 좋아하십니까?
Trinken Sie gern Alkohol?

술 한 잔 하러 갑시다.
Gehen wir einen trinken!

한 잔하러 같이 갈래?
Kommst du mit auf einen Drink an die Bar?

> der Drink 술, 대부분 술을 나타낼 때 사용한다. einen Drink nehmen 술을 마시다. auf einen Drink 술 마시러 가다.

글쎄, 내 주머니 사정부터 봐야겠어.
Ich weiß nicht, ich muss erst mal Kasse machen!

> Kasse machen 주머니 사정을 확인하다. 원뜻: 결산하다.

맥주를 좋아하십니까, 아니면 와인을 좋아하십니까?
Ziehen Sie das Bier dem Wein vor?

오늘 저녁에 제가 한 잔 살게요.
Ich gebe heute Abend einen aus!

저희 집에 가서 한 잔 합시다.
Trinken wir bei mir zu Hause!

술 드시러 오시겠어요?
Wollen Sie zu mir kommen, um einen zu trinken?

저는 술을 전혀 못합니다.
Ich trinke überhaupt keinen Alkohol!

저는 술을 한모금도 못 마십니다.
Ich trinke keinen Tropfen!

맥주 한 잔 더 마실래요?
Trinken Sie noch ein Bier?

우리 맥주 한잔 더 마실까요?
Wollen wir noch ein Bier trinken?

저에게 맥주 한 조끼 주세요.
Bringen Sie mir ein Bier vom Fass!

건배합시다.
Trinken wir auf unser Wohl!

당신의 건강을 위하여 건배합시다.
Trinken wir auf Ihr Wohl!

우리의 건강을 위하여.
Auf unser Wohl!

건배.
Prost!

건배.
Zum Wohl!

당신을 위하여! 건배!
Auf Sie! Prost!

우리들의 건강을 위하여.
Auf unser Wohl!
너의 건강을 위하여.
Auf dein Wohl!
여러분 모두의 행복을 위해.
Auf Ihr Glück!
이제 우리 모두의 성취를 위하여 건배하자.
Lasst uns alle auf ein gutes Gelingen anstoßen!
행복한 미래를 위하여.
Auf eine glückliche Zukunft!

05 음식점

음식점과 관련된 표현들로는 먼저 식당을 찾을 때 „Gibt es ein Restaurant in der Nähe?"(근처에 식당이 있나요?) 라든가 „Wo liegt dieses Restaurant?"(이 식당은 어디 있지요?)라고 물을 수 있다. 식당을 예약할 때는 „Kann ich einen Tisch reservieren?"(테이블 하나 예약할 수 있나요?), „Ich möchte einen Tisch um halb sieben!"(저녁 6시30분에 테이블 하나 부탁합니다) 외에도 주문할 때, 주문을 취소할 때, 음식에 문제가 있을 때 등등 아래의 여러 상황들을 익히도록 한다.

식당을 찾을 때

이 근처에 맛있게 하는 음식점 있어요?
Gibt es ein gutes Restaurant hier in der Nähe?

어디서 먹고 싶으세요?
Wo möchten Sie gern essen?

근처에 한국 음식점 있어요?
Gibt es ein koreanisches Restaurant in der Nähe?

이 시간에 문을 연 가게가 있습니까?
Gibt es ein Restaurant, dass um diese Zeit geöffnet hat?

이 식당은 어디에 있지요?
Wo liegt dieses Restaurant?

어디 특별히 정해 둔 식당이라도 있습니까?
Haben Sie ein besonderes Restaurant im Sinn?

식당은 아직 영업을 합니까?
Ist das Restaurant noch geöffnet?

어떤 음식점을 우리에게 추천할 만한가요?
Welches Restaurant können Sie uns empfehlen?

이 음식점은 평이 좋아요.
Dieses Restaurant hat einen guten Ruf!

저는 이 음식점을 몰라요.
Ich kenne dieses Restaurant nicht!

괜찮은 음식점이라고들 해요.
Es soll aber gut sein!

이 음식점은 일등급 식당입니다.
Das ist ein erstklassiges Restaurant!

식당에 가자고 권할 때

함께 식사하러 가시겠어요?
Wollen wir zusammen essen gehen?

식사하러 같이 가시겠어요?
Kommen Sie zum Essen mit?

가볍게 식사를 하고 싶습니다.
Ich möchte eine leichte Speise nehmen!

무엇을 드시겠습니까?
Was wollen Sie nehmen?

간단한 것으로 들겠습니다.
Ich nehme nur eine Kleinigkeit!

보통 점심식사로 무엇을 드시나요?
Was essen Sie normalerweise zu Mittag?

아침식사는 항상 집에서 드시나요?
Frühstücken Sie immer zu Hause?

아침식사는 무엇을 드세요?
Was essen Sie denn zum Frühstück?

점심식사를 어디서 드시나요?
Wo essen Sie zu Mittag?

매번 틀려요.
Es ist verschieden!

경우에 따라 다릅니다.
Es kommt darauf an!

식당을 예약할 때

레스토랑에 자리를 예약할까요?
Soll ich einen Tisch im Restaurant reservieren?

예약이 필요한가요?
Brauchen wir eine Reservierung?

여기서 예약할 수 있습니까?
Kann man hier eine Reservierung machen?

여기서 테이블 하나 예약할 수 있나요?
Kann ich hier einen Tisch reservieren?

오늘 저녁에 이용할 테이블 하나 부탁합니다.
Kann ich für heute Abend einen Tisch reservieren?

테이블 하나 예약하고 싶습니다.
Ich möchte einen Tisch reservieren lassen!

몇 분이시지요?
Für wie viele Personen?

손님은 몇 분입니까?
Für wie viele Personen?

우리는 네 사람입니다.
Wir sind vier Personen!

세 사람입니다.
Für drei Personen!

몇 시로 할까요?
Für wie viel Uhr, bitte?

오후 7시요.
Sieben Uhr, bitte!

1인용 테이블을 부탁합니다.
Einen Einzeltisch, bitte!

빈 테이블 있습니까?
Haben Sie einen Tisch frei?

2인용 식탁으로 빈 것 있나요?
Ist ein Tisch für zwei Personen frei?

2인용 식탁 빈 것 있나요?
Haben Sie einen Tisch für zwei frei?

3인용 식탁으로 빈 것 있나요?
Einen Tisch für drei Personen, bitte!

저 밖에 있는 테이블을 잡을 수 있을까요?
Könnten wir bitte einen Tisch draußen bekommen?

그럼요. 앉으십시오.
Aber sicher. Setzen Sie sich doch bitte!

그럼요. 앉으십시오.
Nehmen Sie doch Platz!

성함이 어떻게 되십니까?
Darf ich Ihren Namen erfahren, bitte?

어떤 이름으로 예약하시겠습니까?
Unter welchem Namen wollen Sie reservieren?

거기에 어떻게 갑니까?
Wie komme ich zu Ihnen?

몇 시라면 좋으시겠습니까?
Um wie viel Uhr passt es Ihnen?

모두 같은 자리로 해주십시오.
Wir möchten alle an einem Tisch sitzen!

6시30분에 3인용으로 부탁합니다.
Wir möchten einen Tisch für drei Personen um halb sieben!

창가 쪽이면 좋겠는데요.
Der Tisch am Fenster wäre schön!

창가에 있는 테이블을 원합니다.
Ich hätte gern ein en Tisch am Fenster!

예약을 취소해주십시오.
Bitte nehmen Sie meine Reservierung zurück!

예약을 변경하고 싶습니다.
Ich möchte meine Reservierung umbuchen!

식당에 들어서서

무엇을 도와 드릴까요?
Was darf es sein?

무엇을 도와 드릴까요?
Kann ich Ihnen helfen?

무엇을 도와 드릴까요?
Womit kann ich Ihnen dienen?

예약하셨습니까?
Haben Sie reserviert?

창문가에 있는 테이블을 하나 잡을 수 있나요?
Kann ich einen Tisch am Fenster haben?

우리는 3인용 식탁을 주문했습니다.
Wir haben einen Tisch für drei Personen bestellt!

두 사람용 테이블을 주문했는데요.
Ich habe einen Tisch für zwei Personen bestellt!

저는 전화로 이미 예약했습니다.
Ich habe schon telefonisch gebucht!

예약은 하지 않았습니다.
Ich habe keine Reservierung!

일행이 6명인데 테이블 있습니까?
Wir sind sechs Personen. Haben Sie einen Tisch frei?

죄송합니다. 여기 빈자리 두 개 있나요?
Entschuldigen Sie bitte, sind hier noch zwei Plätze frei?

죄송합니다. 이미 자리가 다 찼습니다.
Tut mir Leid, alles ist schon besetzt!

죄송합니다. 빈 테이블들이 없습니다.
Tut mir Leid, es gibt keine freien Tische!

기다려야합니까?
Muss ich auf einen Tisch warten?

어느 정도 기다려야합니까?
Wie lange müssen wir denn warten?

이 자리는 예약되었습니까?
Ist dieser Platz schon besetzt?

예, 예약이 되었습니다.
Ja, der Platz ist schon besetzt!

합석해도 될까요?
Haben Sie etwas dagegen, wenn ich mit Ihnen den Tisch teile?

그럼요. 앉으십시오.
Aber sicher! Nehmen Sie doch Platz!

주문할 때

웨이터, 차림표 좀 갖다 주실래요?
Herr Ober, bringen Sie mir die Speisekarte?

우리들한테 차림표 좀 갖다 주실래요?
Können Sie uns die Speisekarte bringen?

우리에게 차림표 좀 갖다 주세요.
Bringen Sie uns bitte die Karte!

차림표 좀 주세요.
Die Speisekarte bitte!

메뉴 좀 볼 수 있을까요?
Kann ich mal die Speisekarte haben?

차림표를 드릴까요?
Möchten Sie die Speisekarte?

주문하겠습니다.
Ich möchte bestellen!

주문받으실래요?
Können Sie die Bestellung aufnehmen?

무엇으로 먹을까?
Was wollen wir nehmen?

이것을 주문하겠습니다.
Ich möchte dieses bestellen!

무엇이 빨리 되나요?
Was kann man schnell bekommen?

무엇이 빨리됩니까?
Was können Sie schnell bringen?

무엇이 제일 빨리됩니까?
Was geht am schnellsten?

차림표는 여기 있습니다. 저희는 20유로짜리 특별정식도 있습니다.
Hier ist die Karte! Wir haben auch ein Spezialmenü zu 20 Euro!

무엇을 권하겠습니까?
Was können Sie uns empfehlen?

제게 추천하는 것을 시키겠습니다. 당신이 이곳 요리를 저보다 더 잘 아실 테니까요.
Ich nehme, was Sie mir empfehlen, denn Sie kennen die hiesige Küche besser als ich!

전채로는 토마토 샐러드를 권해드리고 싶습니다.
Als Vorspeise möchte ich gerne einen Tomatensalat!

지역 특별요리도 있습니까?
Haben Sie auch regionale Spezialitäten?

메인 코스에는 어떤 와인이 제일 적합합니까?
Welcher Wein passt zum Hauptgang?

우리에게 레드와인 한 병 주십시오.
Bringen Sie uns bitte eine Flasche Rotwein!

주문받을 때

주문하시겠습니까?
Möchten Sie schon bestellen?

주문하시겠습니까?
Möchten Sie bestellen?

이제 주문을 받아도 될까요?
Darf ich jetzt Ihre Bestellung entgegennehmen?

무엇을 드릴까요?
Was darf ich Ihnen bringen?

주문하시지요.
Bitte, was bekommen Sie?

주문하셨습니까?
Haben Sie schon bestellt?

고르셨습니까?
Haben Sie schon gewählt?

결정하셨습니까?
Haben Sie sich entschieden?

아직 고르지 못했어요.
Ich habe noch nicht ausgesucht!

아니오, 아직 정하지 않았어요.
Nein, noch nicht.

아니오, 아직 안 됐어요.
Nein, wir sind noch nicht soweit!

음식은 어떻게 익혀드릴까요?
Wie möchten Sie es?

마실 것은 무엇으로 하시겠습니까?
Was möchten Sie trinken?

마실 것으로는 무엇을 주문하시겠습니까?
Und zum Trinken?

마실 것을 주문하시겠습니까?
Möchten Sie etwas zu trinken bestellen?

다른 주문은 없습니까?
Sonst noch etwas?

디저트는 어떻게 하시겠습니까?
Was möchten Sie zum Nachtisch bestellen?

주문할 때 음식을 묻는 말

이곳의 전문요리는 무엇입니까?
Was ist Ihre Spezialität?

이 집의 특별요리는 무엇입니까?
Was ist die Spezialität in diesem Restaurant?

이 지역의 특별음식은 무엇인가요?
Was ist die hiesige Spezialität?

빨리 좀 써빙해 주십시오. 우리는 곧 역으로 가야합니다.
Bitte bedienen Sie uns schnell, wir müssen gleich zum Bahnhof!

이 지역에서 생산한 좋은 포도주를 추천해주실 수 있나요?
Können Sie einen guten Wein aus der Umgebung empfehlen?

오늘의 정식은 무엇입니까?
Was ist das Tagesmenü?

이것은 무슨 요리입니까?
Was für ein Gericht ist das?

저기 저 남자분이 먹고 있는 것은 무엇입니까?
Was ist das, was der Mann da isst?

전채로는 무엇이 있습니까?
Was für Vorspeisen haben Sie?

스테이크들을 어떻게 해드릴까요?
Wie möchten Sie die Steaks, bitte?

제 것은 완전히 익혀 주십시오.
Gut durch für mich, bitte!

저에게는 완전히 익힌 스테이크를 주십시오.
Für mich ein durchgebratenes Steak, bitte!

제 것은 반쯤 익혀 주십시오.
Halb durch für mich, bitte!

후식으로는 무엇이 있습니까?
Was für einen Nachtisch haben Sie?

이건 어떤 맛입니까?
Wie schmeckt das?

저는 너무 맵지 않은 것을 원합니다.
Ich möchte nichts Scharfes!

이것이 무엇인지 말씀 좀 해줄 수 있습니까?
Können Sie mir sagen, was das ist?

아이스바인이 무엇입니까?
Was ist Eisbein?

아이스바인이 뭔지 말씀 좀 해주시겠어요?
Können Sie mir erklären, was Eisbein ist?

가벼운 음식을 먹겠습니다.
Ich will etwas Leichtes essen!

저는 오늘의 정식을 먹겠습니다.
Ich möchte das Tagesmenü nehmen!

정식 2번과 맥주 한잔 하겠습니다.
Ich nehme Menü zwei und ein Bier!

정식 2인분 주시겠습니까?
Könnten wir das Menü für zwei bekommen?

강낭콩 수프를 전채로 먹겠습니다.
Als Vorspeise möchte ich Erbsensuppe!

우리는 주요리로 안심스테이크를 먹겠어요.
Als Hauptgericht möchten wir Rinderfilet!

저는 야채수프와 소고기 구이를 먹겠습니다.
Ich nehme die Gemüsesuppe und den Rinderbraten!

밥을 곁들인 것으로 할까요, 샐러드를 곁들인 걸로 할까요?
Mit Reis oder mit Salat?

밥을 곁들인 것으로 주세요.
Mit Reis bitte!

감자 대신에 밥을 줄 수 있습니까?
Kann ich bitte statt Kartoffeln Reis bekommen?

우리들 각자에게 작은 빵 3개씩하고 버터 좀 가져다주세요.
Bringen Sie uns je drei Brötchen und Butter!

럼프 스테이크 하나 주문하고 싶습니다.
Ich hätte gern ein Rumpsteak!

럼프 스테이크 하나 주세요.
Ein Rumpsteak, bitte!

스테이크를 반 정도 구운 것으로 주세요.
Ich möchte es halbdurch!

스테이크를 완전히 익힌 것으로 주세요.
Ich möchte es gut durchgebraten!

후식으로 커피를 마시겠습니다.
Zum Nachtisch nehme ich einen Kaffee!

커피 두잔 주세요.
Zwei Kaffee, bitte!

감자 대신에 밥으로 할 수 있나요?
Kann ich bitte statt Kartoffeln Reis bekommen?

강낭콩 수프는 어느 분이 드시지요?
Wer bekommt die Erbsensuppe?

그것은 제 것입니다.
Die bekomme ich!

독일 음식을 잘 아십니까?
Kennen Sie sich in der deutschen Küche aus?

저는 독일 음식을 잘 몰라요.
Ich kenne die deutsche Küche nicht!

독일음식을 잘 드시나요?
Essen Sie gern deutsch?

저는 독일 음식을 좋아하지 않아요.
Ich mag keine deutschen Speisen!

저는 원래 이탈리아 음식을 좋아하지 않아요.
Eigentlich mag ich keine italienischen Speisen!

일본 음식을 먹으러 가는 일은 거의 없습니다.
Ich gehe nur selten japanisch essen!

저녁식사에 와인을 드십니까?
Trinken Sie zum Abendessen Wein?

오전에는 뭐 좀 드십니까?
Essen Sie am Vormittag etwas?

점심식사로 따뜻한 음식을 드십니까?
Essen Sie zum Mittagessen etwas Warmes?

매일 저녁에 요리를 하세요?
Kochen Sie jeden Abend?

점심때는 동료들이나 친구들과 함께 식사하십니까?
Essen Sie mittags zusammen mit Ihren Kollegen oder Freunden?

신문 좀 봐도 되겠습니까?
Gestatten Sie, dass ich die Zeitung nehme!

케첩 좀 써도 되겠습니까?
Kann ich mal das Ketchup bekommen?

더 주문하기

1인분만 더 주세요.
Geben Sie mir noch eine Portion!

샐러드 좀 더 주세요.
Ich möchte noch Salat!

치즈 좀 더 갖다 주시겠습니까?
Könnte ich bitte etwas mehr Käse haben?

밥을 추가로 부탁합니다.
Ich möchte eine Extraportion Reis bestellen!

빵을 좀 더 주세요.
Kann ich mal etws mehr Brötchen haben?

맥주 한 잔 더 주세요.
Ich möchte noch ein Bier!

맥주 한 잔 더 갖다 주세요.
Bringen Sie mir noch ein Bier!

물 한 잔 더 주시겠어요?
Könnte ich noch ein Glas Wasser haben?

접시 좀 하나 더 갖다 주세요.
Bringen Sie mir bitte noch einen Teller!

여기 이미 하나 더 있는 데요.
Hier ist doch schon einer!

우리는 잔이 하나 더 필요합니다.
Wir brauchen noch ein Glas, bitte.

잔 좀 하나 더 가져다주세요.
Bringen Sie mir noch eins!

숟가락 하나가 좀 필요해서요.
Ich brauche einen Löffel!

숟가락 좀 하나 더 가져다주세요.
Bringen Sie mir noch einen!

포크 한 개가 좀 필요합니다.
Ich brauche eine Gabel!

포크 좀 하나 더 가져다주세요.
Bringen Sie mir noch eine!

나이프 좀 하나 더 가져다주세요.
Bringen Sie mir noch ein Messer!

예, 즉시 하나 갖다 드리겠습니다.
Ja, ich bringe Ihnen sofort eins!

접시 두 개 좀 하나 더 갖다 줄 수 있습니까?
Können Sie uns bitte noch zwei Teller bringen?

잠깐만요. 곧 갖다드리겠습니다.
Einen Moment, ich bringe Ihnen sofort welche!

주문을 바꾸거나 취소할 때

다른 것으로 바꿔 주세요.
Tauschen Sie das bitte für ein anderes ein!

주문을 바꿔도 될까요?
Kann ich meine Bestellung ändern?

주문을 취소하고 싶은데요.
Ich möchte meine Bestellung abbestellen!

주문에 문제가 있을 때

시간이 많이 걸립니까?
Wird es länger dauern?

주문한 음식이 아직 안 나왔습니다.
Meine Bestellung ist noch nicht gekommen!

주문한 게 어떻게 된 거죠?
Was ist los mit meiner Bestellung?

제가 주문한 것 잊으셨습니까?
Haben Sie meine Bestellung vergessen?

서비스가 늦군요.
Die Bedienung ist aber langsam!

왜 이렇게 오래 걸리지요?
Warum dauert es so lange?

더 기다려야 합니까?
Muss ich noch lange warten?

이것을 주문하지 않았어요.
Das habe ich nicht bestellt!

수프가 너무 식었습니다.
Die Suppe ist zu kalt!

죄송합니다. 곧 새것으로 가져다 드리겠습니다.
Tut mir Leid! Ich bringe Ihnen sofort eine neue!

샐러드가 싱싱하지 않습니다.
Der Salat ist nicht frisch!

그 외에 식초가 그 안에 너무 많이 들어 있습니다.
Außerdem ist zu viel Essig drin!

아, 죄송합니다. 즉시 새것으로 가져다 드리겠습니다.
Oh, das tut mir Leid! Ich bringe Ihnen sofort einen neuen!

제 커피가 거의 식었습니다.
Mein Kaffee ist fast kalt!

이게 정식 1번입니까?
Ist das Menü eins?

이거 정식 2번이군요, 안 그래요?
Das ist doch Gedeck zwei, oder?

저는 이것을 주문하지 않았는데요.
Das habe ich nicht bestellt!

이것을 도로 가져가십시오.
Bitte nehmen Sie es zurück!

음식을 먹으면서

이것을 먹는 법을 가르쳐주시겠어요?
Könnten Sie mir sagen, wie ich es essen kann?

이것은 어떻게 먹으면 됩니까?
Wie kann ich das denn essen?

이 고기는 무엇입니까?
Was für ein Fleisch ist das?

이것은 무슨 재료를 사용한 겁니까?
Was sind die Zutaten von dieser Speise?

디저트 메뉴는 있습니까?
Haben Sie eine Nachtischkarte?

물 한 병 주세요.
Brigen Sie mir bitte eine Flasche Mineralwassen!

소금 좀 갖다 주시겠어요?
Könnte ich mal das Salz haben?

소금 좀 갖다 주세요.
Können Sie mir bitte Salz bringen?

포크를 떨어뜨렸습니다.
Ich habe meine Gabel fallen lassen.

글라스가 더럽습니다.
Das Glas ist nicht sauber!

음식에 문제가 생겼을 때

다시 가져다주시겠어요?
Könnten Sie es zurücknehmen?

수프에 뭐가 들어 있는데요.
Es gibt etwas in meiner Suppe!

이 고기는 충분히 익지 않았습니다.
Ich fürchte, dieses Fleisch ist noch nicht genug gebraten!

좀 더 구워주실래요?
Könnten Sie es etwas mehr braten?

이 우유 맛이 이상합니다.
Diese Milch schmeckt nicht mehr frisch!

이 음식이 상한 것 같아요.
Ich fürchte, diese Speise ist verdorben!

생선이 좀 상한 것 같아요.
Der Fisch scheint nicht mehr gut zu sein!

디저트에 대해서

디저트를 주문하고 싶습니다.
Ich möchte einen Nachtisch bestellen!

디저트로는 뭐가 있나요?
Was haben Sie zum Nachtisch?

디저트는 뭐가 있나요?
Was für Nachtisch haben Sie?

지금 디저트를 주문하시겠습니까?
Wollen Sie jetzt eine Nachspeise bestellen?

디저트를 드시겠습니까?
Möchten Sie eine Nachspeise?

디저트로 무엇을 원하십니까?
Was möchten Sie zum Nachtisch?

저는 아이스크림이 좋겠어요.
Ich möchte lieber Eis!

저는 커피만 주세요.
Für mich, nur einen Kaffee, bitte!

애플 케익 한 조각 주세요.
Geben Sie mir bitte ein Stück Apfelkuchen!

맛있게 먹으라고 할 때

맛있게 드십시오.
Guten Appetit!

마음껏 드십시오.
Bitte greifen Sie zu!

마음껏 드십시오.
Bitte bedienen Sie sich!

마음껏 드십시오.
Lassen Sie sich's gut schmecken!

> 's는 es의 약어. 's는 [스]로 발음.

마음껏 먹어.
Greif bitte zu!

마음껏 먹어.
Bediene dich, bitte!

마음껏 먹어.
Lass es dir schmecken!

너희들 마음껏 먹어.
Bitte, greift zu!

너희들 마음껏 먹어라.
Bitte, bedient euch!

너희들 마음껏 먹어라.
Lasst es euch gut schmecken!

식사를 마칠 때

다른 것을 더 드시겠습니까?
Möchten Sie noch etwas nehmen?

그밖에 다른 것은요?
Sonst noch etwas?

식탁 좀 치워주시겠어요?
Könnten Sie bitte den Tisch abräumen?

맛있게 드셨습니까?
Hat es Ihnen gut geschmeckt?

테이블 위에 물 좀 닦아주세요.
Wischen Sie bitte das Wasser auf dem Tisch ab!

접시들 좀 치워주세요.
Räumen Sie bitte die Teller ab!/Würden Sie bitte die Teller wegnehmen?

음식이나 식당에 대해 말할 때

여기의 음식이 어때?
Wie ist das Essen hier?

오늘 음식이 어때?
Wie ist das Essen heute?

오늘 대학 식당의 음식 맛이 어때?
Wie ist das Essen heute in der Mensa?

오늘 레스토랑의 음식 맛이 어땠어?
Wie war das Essen im Restaurant?

음식이 좋아.
Es ist prima!

음식이 괜찮아.
Das Essen ist gut!

먹을 만한 것이 없어.
Es gibt nichts zu essen!

음식이 형편없어.
Das Essen ist schlecht!

그 음식을 드셔보셨습니까?
Haben Sie das Essen schon mal gegessen?

그것은 제가 아직 못 먹어 본 것입니다.
Das ist etwas, was ich noch nie gegessen habe!

그 음식 먹어보았니?
Hast du das Essen schon mal gegessen?

아직 못 먹어 본 거야.
Das ist etwas, was ich noch nie gegessen habe!

여기 음식 잘해?
Ist das Essen hier gut?

대학식당의 음식 괜찮니?
Ist das Essen in der Mensa gut?

이 레스토랑의 음식 괜찮니?
Ist das Essen in diesem Restaurant gut?

음식 맛이 좋아.
Es ist gut!

음식 맛이 좋아.
Es schmeckt gut!

음식 괜찮았니?
War das Essen gut?

생각했던 것보다 훨씬 나았어.
Viel besser, als ich dachte!

음식 값을 계산할 때

아가씨? 계산하고 싶은데요.
Fräulein? Ich möchte gern zahlen!

계산 어디서 하지요?
Wo ist die Kasse?

계산 어디서 하지요?
Wo kann ich die Rechnung bezahlen?

계산서를 부탁합니다.
Die Rechnung, bitte!

계산서 좀 주세요.
Kann ich die Rechnung haben?

계산을 하려고 하는데요.
Ich möchte die Rechnung bezahlen!

계산 좀 합시다.
Zahlen bitte!
지불하겠습니다.
Ich möchte zahlen!
지금 지불할까요?
Kann ich jetzt zahlen?
제가 먹고 마신 값을 지불하고 싶습니다.
Ich will meine Zeche bezahlen!
우리에게 계산서 좀 갖다 줄래요?
Könnten Sie uns die Rechnung bringen?
우리 계산하고 싶습니다.
Wir möchten zahlen, bitte!
우리 계산 좀 할까요?
Können wir bitte bezahlen?
예, 그럼요. 같이하시나요, 따로 하시나요?
Ja, gern! Zusammen oder getrennt?
같이 계산할 겁니까? 아니면 따로 할 겁니까?
Zahlen Sie zusammen oder getrennt?
같이요.
Zusammen, bitte!
따로따로 합니다.
Getrennt, bitte!
따로따로 지불하고 싶은데요.
Ich würde gern getrennt bezahlen!
각자 계산하기로 합시다.
Jeder zahlt für sich selbst!
우리는 각자 계산할 겁니다.
Wir zahlen getrennt!
같이 계산할 겁니까?
Zahlen Sie zusammen?
내가 다 계산해 놨어요.
Ich habe das alles schon berechnet!
제가 계산할 겁니다.
Ich bezahle!
제가 사겠습니다.
Das bezahle ich!

이번에는 내가 사죠.
Ich lade Sie diesmal ein!

내가 살게.
Ich lade dich ein!

오늘은 내가 초대한 거야.
Du bist heute eingeladen!

선생님은 오늘 제 손님입니다.
Sie sind heute mein Gast!

오늘은 제가 내겠습니다.
Das geht heute auf meine Rechnung!

그만 두십시오. 제가 내겠습니다.
Lassen Sie, ich bezahle!

제가 내겠습니다.
Das geht heute auf meine Rechnung!

제가 내겠습니다.
Sie sind heute mein Gast!

그만 두세요. 오늘은 제가 내겠습니다.
Lassen Sie! Ich bezahle heute!

오늘은 제가 사겠습니다.
Lassen Sie! Sie sind heute eingeladen!

고맙습니다. 다음엔 제가 내지요.
Danke, dann werde ich mich nächstes Mal revancieren!

고마워요. 그럼 다음에 제가 초대하겠습니다.
Danke, dann werde ich Sie nächstes Mal einladen!

계산 좀 빨리할까요?
Kann ich sofot bezahlen?

봉사료는 포함되어 있습니까?
Ist da Bedienungsgeld inklusive?

봉사료가 포함되었나요?
Ist die Bedienung inbegriffen?

이 계산서는 세금을 포함하는 겁니까?
Ist die Steuer in der Rechnung inbegriffen?

청구서에 잘 못이 있는 것 같습니다.
Es gibt einen Fehler in der Rechnung!

이것은 주문하지 않았습니다.
Das habe ich nicht bestellt!

오늘 내가 한 잔 살게.
Ich lade dich zum Trinken ein!
내가 커피 한 잔 낼게.
Ich lade dich zu einer Tasse Kaffee ein!
오늘은 내가 한 턱 낼게.
Ich gebe heute einen aus!
저는 커피라테와 크라상을 먹었어요.
Ich hatte eine Latte macchiato und ein Croissant!
저는 레몬차와 아이스크림 일인분 먹었습니다.
Ich hatte einen Tee mit Zitrone und eine Portion Eis!
얼마죠?
Was kostet das?
저것 합쳐서 얼마입니까?
Was kostet das zusammen?
3유로 20센트입니다.
Das macht drei Euro zwanzig, bitte!
합쳐서 27유로 50센트입니다.
Das macht zusammen 27 Euro 50!
여기 30유로입니다. 그러면 됐죠?
Hier sind 30 Euro. Stimmt so!

 팁을 주기 때문에 stimmt so! "이거면 됐죠?" 라고 말하는 것이다.

맞습니다. 고맙습니다.
Das stimmt so! Vielen Dank!
손님도 맛있게 드셨습니까?
Hat es Ihnen auch geschmeckt?
아주 맛있었습니다.
Das war sehr lecker!
맛 좋았습니다.
Das hat gut geschmeckt!
음식이 아주 좋았습니다.
Das Essen war ausgezeichnet!
저희 음식점이 손님 맘에 드셨나요?
Hat es Ihnen bei uns gefallen?
그렇고말고요. 아주 좋았어요.
Doch, das war sehr schön!

doch는 ja보다 강한 확신. 여기서는 "예, 물론이죠."

다음번에 또 와야 할 것 같습니다.
Ich glaube, da kommen wir noch mal wieder!

계산을 잘 못하신 것 같습니다.
Ich glaube, Sie haben sich verrechnet!

저에게 잔돈을 잘 못 주셨습니다.
Sie haben mir zu weinig herausgegeben!

팁을 줄 때

고맙습니다. 이것은 당신 몫입니다.
Danke, das ist für Sie!

그리고 이것은 팁입니다.
Und das ist für Sie!

잔돈은 가지십시오.
Behalten Sie das Kleingeld!

잔돈은 가져도 좋습니다.
Behalten Sie das Wechselgeld!

나머지는 당신 가지세요.
Der Rest ist für Sie!

나머지는 가지셔도 됩니다.
Den Rest können Sie behalten!

여기 있습니다. 이거면 됐죠?
Hier bitte! Stimmt so!

여기 30유로입니다. 그러면 됐죠?
Hier sind 30 Euro. Stimmt so!

맞습니다. 고맙습니다.
Das stimmt so. Vielen Dank.

그러면 정확히 86유로입니다.
Das sind dann 86 Euro genau.

좋아요. 그것을 90 유로로 하십시오.
Machen Sie 90 Euro daraus!

 daraus는 "그 중에서", "그것에서 부터"라는 뜻인데, 여기서는 "그것을"이란 의미다.

카페와 술집

    교제를 할 때 커피나 차를 마신다든가, 술을 함께하는 것은 보다 더 긴밀한 친교를 위한 기회가 된다. „Was hätten Sie gern, Kaffee oder Tee?"(무엇을 드시겠어요, 커피로 할까요, 아니면 차로 할까요?)라고 할 때 „Ich hätte gern einen Kaffee."(커피한 잔 하고 싶습니다.)고 대답하던가, „Möchten Sie etwas trinken?"(뭐 마실 것을 좀 드시겠습니까?)라고 말하면, „Ja, ich möchte ein Glas Bier."(예, 맥주 한 잔 마시고 싶습니다.) 등으로 말한다. 아래의 표현들을 잘 익혀두도록 하자.

음료를 권할 때

뭐 마실 것을 드시겠습니까?
Möchten Sie etwas trinken?

마실 것은 어떤 것으로 하지요?
Was möchten Sie zum Trinken?

홍차를 드시겠습니까?
Möchten Sie einen schwarzen Tee?

냉홍차 있습니까?
Haben Sie Eistee?

그럼, 난 커피로 하겠어요.
Dann nehme ich einen Kaffee!

지금 커피를 가져다 드릴까요?
Soll ich Ihnen jetzt Ihren Kaffee bringen?

무엇을 드시겠어요? 커피요, 아니면 녹차요?
Was hätten Sie gern, Kaffee oder Tee?

커피는 어떻게 해드릴까요?
Wie möchten Sie den Kaffee nehmen?

설탕과 프림을 넣어주십시오.
Mit Zucker und Milch, bitte!

설탕은 넣지 마세요.
Ohne Zucker, bitte!

저는 블랙으로 마십니다.
Ich trinke den Kaffee schwarz!

커피 더 드릴까요?
Möchten Sie noch Kaffee?

커피 한잔 주문할 수 있나요?
Kann ich einen Kaffee bestellen?

커피 한잔 주문할 수 있나요?
Darf ich eine Tasse Kaffee bestellen?

커피 한잔 주문하고 싶습니다.
Ich hätte gern einen Kaffee!

커피 한잔 주문하고 싶습니다.
Ich möchte gern einen Kaffee!

커피 한잔 주문해드릴까요?
Soll ich mal einen Kaffee bestellen?

그래 미안하지만 커피 좀 한잔 주문해 줄래?
Ja, bitte sei so nett und bestell einen Kaffee!

제가 커피한잔 사도될까요?
Darf ich Sie zum Kaffee einladen?

커피 두 잔 주세요.
Zwei Kaffee, bitte!

카푸치노 하나와 에스프레소 하나요.
Einen Cappuccino und einen Espresso!

카페라테 하나 주세요.
Einen Caffè Latte, bitte!

라테 마끼아토 하나요.
Eine Latte macchiato, bitte!

제가 맥주 한잔 살까요?
Darf ich Sie zum Bier einladen?

제가 포도주 한잔 사겠습니다.
Darf ich Sie zu einem Glas Wein einladen?

술을 마시자고 할 때

술 한 잔 하시겠습니까?
Möchten Sie einen trinken?

오늘 저녁에 한 잔 하시겠습니까?
Wie wäre es, wenn wir heute Abend einen trinken?

 '술'을 남성명사 취급하므로 '한 잔'을 불특정대명사 남성 4격 einen으로 쓴다.

한 잔 사고 싶은데요.
Ich möchte Sie zum Trinken einladen!

술 마시는 걸 좋아하십니까?
Trinken Sie gern Alkohol?

저희 집에 가서 한잔 합시다.
Gehen wir zu meinem Haus und trinken etwas!

술은 어때요?
Wie wäre es, wenn wir etwas trinken?

언제 한번 술 한 잔 하러 갑시다.
Gehen wir irgendwann mal trinken!

술을 주문할 때

와인 메뉴 좀 볼까요?
Kann ich mal die Weinkarte sehen?

술은 무엇으로 드시겠어요?
Was hätten Sie gern zu trinken?

이 요리에는 어느 와인이 어울립니까?
Welcher Wein passt zu dieser Speise?

생맥주 있습니까?
Haben Sie Fassbier?

식사하시기 전에 뭐 마실 것 좀 드릴까요?
Möchten Sie gerne etwas vor dem Essen trinken?

어떤 와인이 있습니까?
Was für Wein haben Sie?

이것은 어떤 와인입니까?
Was für ein Wein ist das?

이 술은 독한가요?
Ist der Wein stark?

생수 좀 주십시오.
Ich möchte ein Mineralwasser!

술을 추가로 주문할 때

한 잔 더 주세요.
Noch ein Glas, bitte!

와인 한 잔 더 주세요.
Noch einen Wein, bitte!

맥주 한 병 더 주세요.
Noch eine Flasche Bier, bitte!

맥주 한 잔 더 하시겠어요?
Möchten Sie noch ein Glas Bier?

건배할 때

건배합시다.
Prost!

건배!
Zum Wohl!

우리의 건강을 위하여 건배할까요?
Wollen wir auf unsere Gesundheit anstoßen?

우리 모두를 위해 건배할까요?
Wollen wir auf uns anstoßen?

당신을 위해 건배할까요?
Darf ich auf Sie einen Trinkspruch aussprechen?

무엇을 위해 건배할까요?
Worauf sollen wir anstoßen?

건배를 제안합니다.
Ich möchte einen Trinkspruch aussprechen!

Teil

VI

일상생활에 관한 표현

01 날씨와 계절
02 시간과 연월일
03 하루의 일과
04 학교와 출신지
05 개인의 신상
06 성격과 태도
07 외모와 패션
08 건강
09 음주와 흡연
10 취미와 여가
11 오락과 유흥
12 문화생활
13 요리
14 스포츠와 레저
15 우정과 이성교제
16 결혼과 출산
17 직업과 직장생활
18 구직과 취업

01 날씨와 계절

독일에서는 날씨에 대해 말하는 것이 일상화 되어 있다. 그러므로 „Wie ist das Wetter heute?"(오늘 날씨 어때요?)라고 물어볼 때, „Es ist schön!"(날씨가 아주 좋아요.) 같이 말하는데 대답하는 유형에 들어가는 아래의 표현들을 익히고, 일기예보와 일기에 대해 그리고 계절 등에 대한 표현을 익혀 사용하도록 하자.

날씨를 물을 때

오늘 날씨 어때요?
Wie ist das Wetter heute?

그곳 날씨는 어떻습니까?
Wie ist das Wetter dort?

바깥 날씨는 어떻습니까?
Wie ist das Wetter draußen?

바깥 날씨는 좋습니까?
Ist es draußen gut?

날씨가 참 좋죠?
Ein herrliches Wetter, nicht wahr?

날씨 참 좋지요?
Schönes Wetter, nicht wahr?

어떤 날씨를 좋아하세요?
Was für Wetter mögen Sie gern?

이런 날씨 좋아하세요?
Mögen Sie so ein Wetter?

기후에 대해서

당신 고향의 기후는 어떻습니까?
Wie ist das Wetter in Ihrem Land?

한국의 7월과 8월은 무척 더워요.
In Korea ist es im Juli und August ziemlich heiß!
한국의 7월과 8월은 날씨가 좋지 않은 시기입니다.
Im Juli und August ist in Korea die Schlechtwetterperiode!
한국의 기후에 대해서 어떻게 생각하십니까?
Wie finden Sie das Klima in Korea?
베를린과 비교해 볼 때 이곳의 날씨는 어떻게 다르지요?
Wie unterscheidet sich das Wetter im Vergleich zu Berlin?
이곳 기후는 한국과 다릅니다.
Das Klima hier ist anders als in Korea!
기후가 불안정합니다.
Das Klima ist unbeständig!
기후가 포근합니다.
Das Klima ist mild.

날씨를 말할 때

오늘 날씨 어때요?
Wie ist das Wetter heute?
오늘 날씨 어때요?
Was haben wir heute für Wetter?
오늘은 날씨가 화창하군요.
Das Wetter heute ist ganz schön!
오늘은 날씨가 좋군요.
Wir haben heute schönes Wetter!
햇볕이 나는군요.
Es ist sonnig!
오늘은 해가 나는군요.
Heute scheint die Sonne!
날씨가 맑아요.
Es ist klar!
날씨가 화창해요.
Es ist heiter!
날씨가 흐려요.
Es ist bedeckt!

안개가 꼈어요.
Es ist neblig!
안개가 끼었어요.
Es herrscht Nebel!
시야 50미터 미만의 안개가 끼었습니다.
Es herrscht Nebel mit Sichtweiten unter 50 Metern!
안개가 아주 짙군요.
Der Nebel ist sehr dicht!
비가 와요.
Es ist regnerisch!
비가 와요.
Es regnet!
비가 올 것 같아요.
Es sieht nach Regen aus!
폭우가 옵니다.
Es regnet in Strömen!
바람이 있군요.
Es ist windig!
바람이 심하게 붑니다.
Wir haben starken Wind!
오늘은 밖에 바람이 세차게 불어요.
Draußen weht es heute tüchtig!
폭풍이 불어요.
Es stürmt!
차가운 바람이 불어요.
Der Wind weht kalt!
우박이 내린다.
Es hagelt!
천둥이 친다.
Es donnert!
번개가 친다.
Es blitzt!
날씨가 따뜻해요.
Es ist warm!
날씨가 건조해요.
Es ist trocken!

날씨가 시원해요.
Es ist kühl!

날씨가 더워요.
Es ist heiß!

날씨가 습하군요.
Es ist feucht!

찌는 듯해요.
Es ist schwül!

푹푹 찌는군요.
Es ist siedend heiß!

날씨가 적당합니다.
Es ist angenehm!

날씨가 추워요.
Es ist kalt!

얼어붙듯이 추워요.
Es friert!

날씨가 점점 추워지고 있어요.
Es wird immer kälter!

오늘은 정말 춥군요. 그렇죠?
Es ist heute wirklich kalt, nicht wahr?

날씨가 추워졌어요.
Es ist kalt geworden!

살을 에는 듯한 추위입니다.
Es ist bitter kalt!

일기예보에 대해서

오늘 일기예보는 어떻습니까?
Wie ist die Wettervorhersage für heute?

일기예보는 어떤가요?
Was sagt die Wettervorhersage?

일기예보에서 뭐라고 했나요?
Wie war die Wettervorhersage?

내일 일기예보를 아세요?
Wissen Sie den Wetterbericht für morgen?

내일 날씨가 어떨까요?
Wie wird das Wetter morgen?

어쩌면 비가 올 거예요.
Es wird wohl regnen!

일기예보에는 내일 비가 온데요.
Nach dem Wetterbericht soll es morgen regnen!

오늘 비가 올까요?
Wird es heute regnen?

일기예보를 확인해보세요.
Prüfen Sie bitte den Wetterbericht!

일기예보는 오늘밤이 어떨 거라고 합니까?
Wie ist die Wettervorhersage für heute Nacht?

주말 일기예보는 어떻습니까?
Wie ist die Wettervorhersage fürs Wochenende?

일기예보가 또 틀렸군요.
Die Wettervorhersage war wiederum falsch!

오늘 오후에는 아마 개일 겁니다.
Heute Nachmittag wird es wohl schön werden!

일기예보에 의하면 오늘은 날씨가 좋을 거랍니다.
Nach dem Wetterbericht wird es schön werden!

일기예보관이 그러는데 내일은 비가 온다고 합니다.
Der Wetteransager sagt, dass es morgen regnen soll!

날씨가 좋아질 거랍니다.
Es soll besser werden!

기온이 몇도 입니까?
Wie viel Grad haben wir?

섭씨 25도입니다.
Es sind 25 Grad Celsius!

일기에 대해서

밖에 아직도 바람이 부는가요?
Weht es draußen noch?

바람이 세차게 불어요.
Es weht zu stark!

비가와요.
Es regnet!

억수같이 퍼부어요.
Es gießt in Strömen!

비가 많이 와요.
Es regnet zu viel!

날씨가 정말 우중충하군요.
Das Wetter ist ja trübe!

비가 오락가락하는군요.
Es regnet mit Unterbrechungen!

비가 올 것 같아요.
Es sieht nach Regen aus!

비가 올 것 같으니 우산을 가지고 가세요.
Nehmen Sie den Regenschirm mit, da es nach Regen aussieht!

비가 오기 시작했어요.
Es fängt an zu regnen!

하루 종일 비가 오는군요.
Es regnet den ganzen Tag!

비가 그쳤어요.
Es hat aufgehört, zu regnen!

이제 비가 그쳤나요?
Hat der Regen jetzt aufgehört?

눈이 와요.
Es schneit!

밤새 10cm의 눈이 내렸어요.
In der Nacht sind 10 cm Schnee gefallen!

밖에 눈이 내렸어요.
Draußen liegt Schnee!

함박눈이 내려요.
Es schneit zu viel!

눈이 올 것 같은 날씨예요.
Es sieht nach Schnee aus!

눈이 펑펑 쏟아져요.
Es schneit sehr viel!

눈이 그쳤어요.
Es hat aufgehört zu schneien!

밖에는 얼음이 얼 정도로 추워요.
Draußen ist es eiskalt!

얼음이 얼었어요.
Es friert!

밤새 얼음이 얼었어요.
Es hat in der Nacht gefroren!

바람이 가라앉았어요.
Der Wind hat sich gelegt!

안개가 꼈습니다.
Es ist neblig!

안개가 걷혔어요.
Der Nebel hat sich aufgelöst!

안개 때문에 아무 것도 안 보여요.
Wegen des Nebels kann ich nichts sehen!

곧 안개가 걷힐 것 같습니까?
Glauben Sie, dass sich der Nebel bald auflösen wird?

이슬이 내렸네요.
Es taut!

서리가 내렸어요.
Es ist alles mit Reif bedeckt!

서리가 많이 내렸어요.
Es herrscht strenger Frost!

우박이 와요.
Es hagelt!

계절에 대해서

어느 계절을 가장 좋아하세요?
Was für eine Jahreszeit mögen Sie am liebsten?

어느 계절을 가장 좋아하세요?
Welche Jahreszeit mögen Sie am liebsten?

독일에서 일 년 중 가장 좋은 계절은 언제입니까?
Welche Jahreszeit ist in Deutschland am angenehmsten?

일 년 내내 봄날이라면 좋겠어요.
Ich wünschte, dass das Frühlingswetter das ganze Jahr hindurch andauern würde!

이곳의 봄을 좋아하세요?
Mögen Sie den Frühling hier?

이곳의 봄이 마음에 드나요?
Wie gefällt Ihnen der Frühling hier?

저는 더위를 잘 타요.
Ich bin sehr empfindlich gegen Hitze!

비가 많이 오는 계절은 싫어합니다.
Ich mag keine Regenzeit!

정말 더위는 이제부터예요.
Die heißeste Zeit beginnt von jetzt an!

이런 무더위에는 견디기 힘들어요.
In dieser Hitze ist es nicht auszuhalten!

날씨가 참 서늘하군요.
Es ist sehr kühl!

이젠 아침저녁으로 서늘해요.
Es ist jetzt morgens und abends kühl!

가을 기운이 완연해요.
Der Herbst ist schon spürbar!

가을은 운동과 독서의 계절입니다.
Der Herbst ist eine gute Zeit, um Sport zu treiben und zu lesen!

여름이 곧 지나갑니다.
Der Sommer geht bald zu Ende!

가을이 벌써 지나간 것 같네요.
Der Herbst scheint schon wieder vorbei zu sein!

겨울이 다가오는 것 같네요.
Ich glaube, der Winter kommt langsam!

벌써 겨울이 끝났습니다.
Der Winter ist schon vorbei!

봄이 곧 다가옵니다.
Der Frühling kommt bald!

02 시간과 연월일

시간, 날짜, 요일, 월 등에 말하는 표현은 자주 사용할 수 있는 것이기 때문에 즉각 말할 수 있도록 익혀두도록 하자. 시간에 대해 „Wie viel Uhr ist es jetzt?"(지금 몇 시입니까?), 날짜에 대해 „Der Wievielte ist heute?"(오늘 며칠입니까?), 요일에 대해 „Was für ein Tag ist heute?"(오늘 무슨 요일입니까?) 등으로 말하면 된다. 구체적으로 응용할 수 있는 내용들을 아래와 같이 익혀 사용하자.

시간을 물을 때

지금 몇 시입니까?
Wie viel Uhr ist es jetzt?

 Wie viel Uhr haben Sie? 또는 Wie spät ist es? 라고 표현해도 같은 말이다.

몇 시입니까?
Wie spät ist es?

지금 몇 시쯤 됐을까요?
Wie viel Uhr kann es wohl sein?

몇 시쯤 됐을까요?
Wie spät mag es wohl sein?

당신 시계로 몇 시입니까?
Wie spät ist es nach Ihrer Uhr?

몇 시인지 물어봐도 될까요?
Könnten Sie mir sagen, wie viel Uhr es ist?

정확히 몇 시입니까?
Haben Sie die genaue Uhrzeit?

시간을 말할 때

오전 7시입니다.
Es ist sieben Uhr morgens!

8시 15분입니다.
Es ist Viertel nach acht!

9시 5분입니다.
Es ist fünf nach neun!

10시 15분전입니다.
Es ist Viertel vor zehn!

10시 15분입니다.
Es ist Viertel nach zehn!

11시7분전입니다.
Es ist sieben vor elf!

정각 12시입니다.
Es ist genau zwölf!

7시 30분입니다.
Es ist halb acht!

7시 30분입니다.
Es ist sieben Uhr dreißig!

오후 1시입니다.
Es ist dreizehn Uhr!

2시 20분입니다.
Es ist zehn vor halb drei!

2시 20분입니다.
Es ist zwanzig nach zwei!

정각 9시입니다.
Es ist genau neun Uhr!

9시쯤 됐습니다.
Es ist ungefähr neun Uhr!

9시가 방금 지났습니다.
Es ist schon nach neun Uhr!

6시 반이 되어갑니다.
Es geht auf halb sieben!

5시 반 정도 된 것 같아요.
Ich vermute, es ist ungefähr halb sechs!

시계가 정확히 갑니까?
Geht Ihre Uhr pünktlich?

시간을 모른다고 응답할 때

죄송합니다. 저는 시계가 없어요.
Tut mir Leid, ich habe keine Uhr!

제 시계는 늦습니다.
Meine Uhr geht nach!

제 시계가 좀 빠릅니다.
Meine Uhr geht etwas vor!

제 시계가 5분 정도 빠른 것같아요.
Ich fürchte, meine Uhr geht etwa fünf Minuten vor!

보통 제 시계는 정확히 갑니다.
Meine Uhr geht normalerweise genau!

제 시계는 아주 정확합니다.
Meine Uhr geht ganz genau!

제 시계가 고장 났습니다.
Meine Uhr ist kaputt!

제 시계가 멈추었습니다.
Meine Uhr steht!

시간에 대해 말할 때

업무시간이 언제죠?
Wann beginnt Ihre Geschäftszeit?

시간 가는 줄 몰랐어요.
Ich habe nicht gemerkt, wie die Zeit vergeht!

이 늦은 시간에 여기는 웬일이세요?
Was machen Sie hier so spät?

이것은 시간을 다투는 문제예요.
Das ist eine äußerst dringende Angelegenheit!

우리는 허비할 시간이 없어요.
Wir haben keine Zeit zu verlieren!

시간을 내보세요.
Nehmen Sie sich Zeit!

시간을 아끼세요.
Sparen Sie sich die Zeit!

시간이 아까워.
Das ist Zeitverschwendung!

왜 시간을 낭비하고 있니?
Warum verbratest du deine Zeit?

그것은 시간낭비였어.
Der ganze Aufwand war umsonst!

저는 그것을 할 시간이 없어요.
Dazu fehlt mir die Zeit!

그는 지금 휴식 시간입니다.
Er macht jetzt eine Pause!

점심시간은 한 시간입니다.
Wir haben eine Stunde Mittagszeit!

넌 시간관념이 없어.
Du hast kein Gefühl für Zeit!

시간 참 안가네.
Wie langweilig!

그렇게 하는데 시간이 얼마나 필요할까요?
Wie viel Zeit wird dazu nötig sein?

재미있는 시간 보내십시오.
Viel Vergnügen!

 같은 표현 : Lassen Sie es sich gut gehen! 이나 Unterhalten Sie sich gut!

거기에 가는데 얼마나 걸립니까?
Wie lange dauert es dorthin?

베를린까지 가는데 얼마나 걸립니까?
Wie lange dauert es, nach Berlin zu fahren?

이제 집에 가야할 시간입니다.
Es ist Zeit, nach Hause zu gehen!

이제 가야할 시간입니다.
Es ist an der Zeit zu gehen!

이제 시간이 되어가네요.
Es wird höchste Zeit!

천천히 하세요.
Nehmen Sie sich Zeit!

잠시도 지체할 틈이 없어요.
Ich habe keine Zeit zu verlieren!

이제 집에 가야할 시간입니다.
Es ist Zeit nach Hause zu gehen!

시간이 없어요.
Ich habe keine Zeit!

제가 좀 급합니다.
Ich bin in Eile!

날짜에 대해 말할 때

오늘이 며칠이지요?
Der Wievielte ist heute?

오늘은 며칠입니까?
Den Wievielten haben wir heute?

오늘은 며칠입니까?
Welches Datum ist heute?

오늘은 며칠입니까?
Welches Datum haben wir heute?

오늘이 무슨 특별한 날입니까?
Ist heute ein bedeutender Tag?

오늘은 그녀의 특별한 날이다.
Heute ist ihr großer Tag!

오늘은 우리의 특별한 날이다.
Heute ist ein bedeutender Tag für uns!

오늘은 6월 9일입니다.
Wir haben heute den neunten Juni!

오늘은 7월 9일입니다.
Heute ist der neunte Juli!

오늘은 10월 1일입니다.
Heute ist der erste Oktober!

오늘은 11월 1일입니다.
Wir haben heute den ersten November!

제 생각엔 오늘이 제 생일 같아요.
Ich glaube, heute ist mein Geburtstag!

우리 휴가가 며칠부터 시작하지요?
Ab wann beginnt unser Urlaub?

며칠에 태어났습니까?
An welchem Tag sind Sie geboren?

언제 태어났습니까?
Wann sind Sie geboren?

어느 날로 예약하시겠습니까?
Wann wollen Sie reservieren?

날짜 정했습니까?
Haben Sie das Datum bestimmt?

날짜를 깜빡 잊었어요.
Ich habe das Datum völlig vergessen!

이 표는 며칠간 유효합니까?
Wie viel Tage ist diese Karte gültig?

저는 9월 21일에 출발하려고 합니다.
Ich will am einundzwanzigsten September abreisen!

며칠날 돌아오실 예정입니까?
Am wievielten werden Sie zurückkommen?

요일에 대해 말할 때

오늘이 무슨 요일이지요?
Was für ein Tag ist heute?

오늘이 무슨 요일이지요?
Welchen Tag haben wir heute?

오늘은 무슨 요일입니까?
Was für einen Wochentag haben wir heute?

오늘은 무슨 요일입니까?
Welchen Wochentag haben wir heute?

12월 20일이 무슨 요일입니까?
Was für ein Tag ist der zwanzigste Dezember?

오늘은 월요일입니다
Wir haben heute Montag!

오늘은 화요일입니다.
Heute ist Dienstatg!

오늘이 수요일입니까, 목요일입니까?
Ist heute Mittwoch oder Donnerstag?

오늘은 수요일입니다.
Wir haben heute Mittwoch!

잘 모르겠어요. 아마도 목요일 같은데요.
Ich weiß auch nicht genau! Vielleicht haben wir heute Donnerstag?

어제는 무슨 요일이었습니까?
Welchen Wochentag hatten wir gestern?

어제는 금요일이었습니다.
Gestern war Freitag!

공휴일이 일요일과 겹쳤어요.
Der Feiertag fällt auf den Sonntag!

금요일 오후에는 벌써 주말이 시작됩니다.
Am Freitag Nachmittag beginnt schon das Wochenende!

주말에 무슨 계획이 있습니까?
Haben Sie am Wochenende etwas vor?

달에 대해 말할 때

몇 월이에요?
Welchen Monat haben wir?

지금은 4월입니다.
Wir haben April!

벌써 11월입니다.
Es ist schon November!

지난 달은 몇 월이었습니까?
Welcher Monat war der letzte Monat?

이번 달에 어떤 공휴일이 있지요?
Welche Feiertage feiern wir in diesem Monat?

몇 달 동안 못 뵈었군요.
Wir haben uns monatelang nicht gesehen!

여기 온 지 석 달입니다.
Ich bin seit drei Monaten hier!

5월 7일까지 끝낼 수 있어요?
Können Sie es bis zum siebten Mai fertig machen?

우리는 한 달 전에 이사했어요.
Wir sind vor einem Monat umgezogen!

저는 한 달에 두세 번 영화를 보러갑니다.
Ich gehe zwei- oder dreimal im Monat ins Kino!

두 달 간의 기간을 드리겠습니다.
Ich gebe Ihnen eine Frist von zwei Monaten!

지난달에는 어디 다녀오셨습니까?
Wo waren Sie im letzten Monat?

다음 달에 무엇을 하실 겁니까?
Was wollen Sie im nächsten Monat machen?

나는 한 달 내내 시간이 없었어요.
Einen ganzen Monat hatte ich keine Zeit!

한 달 후면 운전면허시험입니다.
Einen Monat später habe ich einen Fahrtest.

Januar 1월	Februar 2월	März 3월	April 4월
Mai 5월	Juni 6월	Juli 7월	August 8월
September 9월	Oktober 10월	November 11월	Dezember 12월
im Januar 1월에	im Februar 2월에	im März 3월에	im April 4월에

해에 대해 말할 때

올해는 몇 년도입니까?
Welches Jahr haben wir jetzt?

2015년입니다.
Wir haben zweitausendfünfzehn!

몇 년도에 태어나셨습니까?
In welchem Jahr sind Sie geboren?

저는 1988년도에 태어났습니다.
Ich bin 1988 geboren.

6개월에 한 번은 치과에 가야합니다.
Jedes halbe Jahr sollte man zum Zahnarzt gehen!

그 계약은 3년간 유효합니다.
Der Vertrag ist drei Jahre lang gültig!

저는 10년 넘게 사업을 해왔습니다.
Ich habe über 10 Jahre lang Geschäfte gemacht!

올해는 어떤 타입이 유행입니까?
Welcher Typ ist in diesem Jahr in Mode?
일 년 내내 그는 시골에 머물러 있습니다.
Das ganze Jahr über bleibt er auf dem Land!
저는 내년에 그와 결혼할 거예요.
Ich will ihn nächstes Jahr heiraten!

기타 표현들

일주일은 며칠입니까?
Wie viele Tage hat eine Woche?
일 년은 몇 달입니까?
Wie viele Monate hat ein Jahr?
지금은 어느 계절입니까?
Welche Jahreszeit haben wir jetzt?
설날이 언제입니까?
Wann ist Neujahr?
입춘은 언제입니까?
Wann ist Frühlingsanfang?
부활절은 언제입니까?
Wann ist Ostern?
일주일은 7일입니다.
Eine Woche hat sieben Tage!
1년은 12개월입니다.
Ein Jahr hat 12 Monate!
하루는 24시간입니다.
Ein Tag hat 24 Stunden!
1시간은 60분입니다.
Eine Stunde hat sechzig Minuten!
지금은 봄입니다.
Wir haben jetzt Frühling!
처음에 그는 어려움이 있었다.
Anfangs hatte er einige Schwierigkeiten.
제가 1일 날 이사 들어올 수 있습니까?
Kann ich am Ersten einziehen?

아침에 저는 일하러 가야합니다.
Am Morgen muss ich zur Arbeit gehen!

저녁에 그가 사무실에서 옵니다.
Am Abend kommt er aus dem Büro.

밤중에 그녀가 내게 전화를 걸어왔다.
In der Nacht hat sie mich angerufen.

한밤중에 전화벨이 울렸다.
Um Mitternacht klingelte das Telefon.

너 주말에 무슨 계획이 있니?
Was hast du am Wochenende vor?

월말에 나는 그것을 지불할 수 있다.
Ende des Monats kann ich das bezahlen!

부활절에 우리는 여행을 하려고 한다.
Zu Ostern wollen wir eine Reise machen!

성탄절에 나는 집으로 갈 수가 있다.
Zu Weihnachten kann ich nach Hause fahren!

그는 몇 주간 병원에 누워있어야만 했다.
Er musste wochenlang im Krankenhaus liegen!

> (tipp) monatelang 몇 달간, jahrelang 몇 년간

나는 여기서 일주일간 머물 것이다.
Ich bleibe hier eine Woche!

> (tipp) zwei Wochen 2주일간, einen Monat lang 한 달간, drei Monate 세 달간, ein halbes Jahr. 반 년 동안, zwei Jahre lang 2년 동안

그가 어느 때나 내게 전화하기 때문에 나는 화가 난다.
Ich bin ärgerlich, weil er zu jeder Zeit mich anruft.

그는 저녁마다 내게 전화를 건다.
Er ruft mich jeden Abend an.

주말 내내 나는 집에 있었다.
Übers Wochenende bin ich zu Hause geblieben.

겨우 내내 여기는 몹시 추웠다.
Den ganzen Winter über war es hier sehr kalt.

여름 내내 그는 부모님을 도와드렸다.
Den ganzen Sommer über hat er seinen Eltern geholfen.

지난 여름에 나는 이탈리아에 다녀왔어요.
Im letzten Sommer war ich in Italien.
가을에 우리는 시골에 갔었어요.
Im Herbst waren wir auf dem Land.
저는 봄에 여행 다녀왔어요.
Im Frühling war ich auf einer Reise.

1월1일에	am ersten Januar
3월21일에	am 21. März
설날에	am Neujahrstag
내 생일날에	an meinem Geburtstag
일요일에	am Sonntag
월요일에	am Montag
화요일에	am Dienstag
수요일에	am Mittwoch
목요일에	am Donnerstag
금요일에	am Freitag
토요일에	am Samstag
아침에	am Morgen.
오전에	am Vormittag.
정오에	am Mittag.
오후에	am Nachmittag.
저녁에	am Abend.
월요일 오전에	Montag Vormittag
화요일 아침에	Dienstag früh
내일 아침에	morgen früh
동이 틀 무렵에	bei Tagesanbruch.
해가 뜰 때	bei Sonnenaufgang.
해가 질 때에	bei Sonnenuntergang.
땅거미 질 무렵에	bei Einbruch der Nacht.

밤에	in der Nacht
이른 아침에	in der Frühe
이른 아침에	am frühen Morgen
다음 주에	in der nächsten Woche
3월에	im März
봄에	im Frühling
여름에	im Sommer
가을에	im Herbst.
겨울에	im Winter.
2015년에	im Jahr 2015.
21세기에	im 21. Jahrhundert.
새해에	zu Neujahr.
부활절에	zu Ostern.
오순절에	zu Pfingsten.
성탄절에	zu Weihnachten.
섣달 그믐날에	zu Silvester.
9시에	um 9 Uhr.
10시경에	gegen 10 Uhr.
자정에	um Mitternacht.
자정 무렵에	gegen Mitternacht.

03 하루의 일과

일상생활 중 아침에 „Wach auf! Es ist schon sieben!"(일어나! 벌써 7시야!) „Beeile dich doch!"(서둘러), „Wasch dir das Gesicht!"(세수해!), „Willst du den Tisch abräumen?"(식탁 좀 치워주겠어?), „Ich muss staubsaugen!"(난 청소기를 돌려야만 해). „Ich bringe den Müll runter!"(내가 쓰레기를 내려다 놓을게.) 등등 일상에서 쓰는 말들을 이제 독일어로 말해보자.

일어날 때

일어나. 벌써 7시야.
Wach auf! Es ist schon sieben Uhr.

일어날 시간이야!
Es ist höchste Zeit aufzustehen!

일어났니?
Bist du wach?

일어나라 늦겠다.
Steh auf, sonst wirst du dich verspäten!

어제 몇 시에 잤니?
Wann bist du gestern Abend ins Bett gegangen?

어젯밤 늦게까지 안 잤어요.
Ich war bis spät in die Nacht wach!

밤새 한 잠도 못 잤어요.
Ich lag die ganze Nacht wach!

밤새웠어요.
Ich bin die ganze Nacht aufgeblieben!

지난 밤 잠을 못 잤어요.
Ich habe die letzte Nacht nicht geschlafen!

잠을 이룰 수가 없었어요.
Ich konnte nicht einschlafen.

저는 아침형 인간입니다.
Ich bin Frühaufsteher.

난 오늘 6시에 잠이 깼어요.
Ich bin heute Morgen um 6 Uhr aufgewacht!

이런, 늦잠을 잤어.
Ach, ich habe verschlafen!

왜 안 깨웠어요?
Warum haben Sie mich nicht geweckt?

왜 안 깨웠어?
Warum hast du mich nicht geweckt?

지난 밤에 잘 잤어요.
Ich habe die letzte Nacht gut geschlafen!

저는 오늘 아침 7시에야 일어났어요.
Ich bin heute Morgen um sieben Uhr aufgewacht!

외출준비를 할 때

커피를 마시면 눈이 떠져요.
Der Kaffee weckt mich auf!

아침에는 머리를 감을 시간이 없어요.
Morgens habe ich keine Zeit, um mir die Haare zu waschen!

저는 절대로 아침 식사를 거르지 않습니다.
Ich lasse nie das Frühstück weg!

오늘은 아침을 먹고 싶지 않아.
Heute habe ich keine Lust, zu frühstücken!

화장을 해야 해.
Ich muss mich schminken!

오늘은 뭘 입지?
Was soll ich heute anziehen?

오늘은 어떤 넥타이를 매지?
Welche Krawatte soll ich heute umbinden?

서둘러.
Beeile dich doch!

몇 시에 돌아올 거예요?
Um wie viel Uhr kommst du zurück?

이제 갈게.
Ich muss mich jetzt verabschieden!

집으로 돌아올 때

애들을 데리러 갈 시간이에요.
Es ist Zeit, die Kinder abholen zu gehen!
저 왔어요.
Da bin ich wieder!
오늘 학교에서 어땠니?
Wie war es heute in der Schule?
손부터 씻어라.
Wasch dir die Hände!
오늘은 곧바로 집에 가야겠어.
Ich gehe heute direkt nach Hause!
오늘 저녁은 무엇을 준비하지?
Was soll ich zum Abendessen kochen?
유감이지만 오늘은 술 마시러 안 가.
Ich komme heute leider nicht zum Trinken!
오늘은 일이 일찍 끝났어.
Heute sind wir mit der Arbeit so früh fertig!
장 보러 갑시다.
Gehen wir mal einkaufen!
지금 퇴근시간이라 차가 막혀요.
Der Verkehr stockt, denn es ist Hauptverkehrszeit.
지금은 러시아워야.
Es ist Hauptverkehrszeit.

저녁식사를 할 때

오늘 빨리 왔네요.
Du bist heute so früh nach Hause gekommen!
저녁 식사할래요?
Möchtest du zu Abend essen?
그래요, 너무 배가 고파요.
Ja, ich habe großen Hunger!
오늘 저녁 뭔가요?
Was gibt es zum Abendessen?

당신이 좋아하는 걸 만들었어요.
Ich habe deine Lieblingsspeise gekocht!

식사 다 됐어요.
Das Essen ist schon fertig!

갑니다.
Ich komme!

맛 괜찮아요?
Wie schmeckt es dir?

남기지 말고 다 먹어요.
Iss bitte alles auf!

그렇게 음식을 가리면 안 돼.
Du darfst nicht so wählerisch sein mit dem Essen!

밥 더 줄까?
Möchtest du noch mehr Reis?

다 먹었어?
Hast du aufgegessen?

식사 다 하셨습니까?
Sind Sie mit dem Essen fertig?

식탁 좀 치워줄래요?
Willst du den Tisch abräumen?

설거지는 내가 할게요.
Ich will abspülen!

휴식과 취침

저 목욕할게요.
Ich will ein Bad nehmen!

숙제 다 했니?
Hast du deine Hausaufgaben schon gemacht?

내일 준비는 다 했니?
Bist du schon für morgen vorbereitet?

텔레비전에 뭐 좋은 프로그램 있나요?
Gibt es ein gutes Programm im Fernsehen?

리모컨 어디 있지?
Wo ist denn die Fernbedienung?

이제 텔레비전을 꺼라.
Schalte den Fernseher aus!

잠잘 시간이야.
Es ist Zeit, ins Bett zu gehen!

아직 안자니?
Schläfst du noch nicht?

애들을 재워줄래요?
Willst du die Kinder ins Bett bringen?

나는 내일 일찍 일어나야 해요.
Morgen muss ich früh aufstehen!

난 아주 일찍 일어나야 해요.
Ich muss mit den Hühnern aufstehen!

불 좀 꺼줄래요?
Machst du das Licht aus?

집안 청소를 할 때

쓰레기를 좀 밖에 내놔.
Bring bitte den Müll heraus!

쓰레기 좀 버려주시겠어요?
Würden Sie bitte den Müll wegwerfen?

빨래가 쌓여 있어.
Die Wäsche hat sich angehäuft!

오늘은 빨래를 해야 해.
Ich muss heute meine Wäsche waschen.

우리는 오늘 빨래 감이 많아요.
Bei uns ist heute große Wäsche.

다려야 할 옷이 산더미야.
Ich habe viel Kleidung zu bügeln.

방이 어질러졌네.
Das Zimmer ist unordentlich!

방이 이게 다 뭐야.
Wie sieht denn das Zimmer aus!

당장 치워.
Räum endlich auf!

청소기를 돌려야해.
Ich muss staubsaugen.

진공청소기로 청소해야 해.
Ich muss mit dem Staubsager staubsaugen.

화장실 청소는 너무 힘들어.
Die Reinigung der Badewanne ist sehr anstrengend!

땀으로 범벅이 되었어.
Ich bin in Schweiß gebadet!

집안 청소를 다해서 기분이 참 좋아.
Ich bin sehr guter Laune, weil ich die ganze Wohnung aufgeräumt habe!

나는 창문을 닦고 싶습니다.
Ich möchte die Fenster putzen!

창문을 닦고 창틀을 깨끗이 문질러 닦아줄 수 있어?
Kannst du die Fenster putzen und die Fensterrahmen reinigen?

여기 이 빨래 좀 널어줄래?
Kannst du bitte die gewaschene Wäsche hier aufhängen?

난 마른 빨래를 정리해야 해.
Ich muss noch die trockene Wäsche einräumen.

쓰레기를 아래층에 내려다 버릴래?
Kannst du den Müll runterbringen?

우리 장들을 모두 닦아낼까?
Wollen wir alle Schränke auswischen?

너는 방을 꼼꼼하게 쓸어야 해.
Du musst das Zimmer gründlich kehren.

엄마, 청소가 재미있어요?
Mama, macht dir Putzen viel Spaß?

욕실과 부엌의 타일을 박박 문질러 닦는 것은 어렵습니다.
Es ist schwer, die Fliesen im Bad und der Küche zu schrubben!

내일 침대시트를 모두 빨아야겠어.
Ich will morgen die gesamte Bettwäsche waschen!

청소를 할 때는 먼지를 털고 진공청소기를 하고 훔치고 깨끗이 세정을 해야 해.
Beim Putzen musst du abstauben, saugen, wischen und reinigen!

왜 커피 잔들이 바닥에 놓여 있어?
Warum liegen die Kaffeetassen auf dem Boden?

왜 그릇들이 바닥에 놓여 있어?
Warum liegt das Geschirr auf dem Boden?

그것들을 모아서 설거지기계에 넣어.
Such es zusammen und räum es in die Spülmaschine!

네 외투가 아직도 소파 위에 있잖아.
Ach, dein Mantel liegt noch auf dem Sofa!

즉시 옷장 속에다 걸어놔.
Häng ihn sofort in den Schrank!

저는 오늘 아침에 집안을 청소했습니다.
Ich habe heute Morgen meine Wohnung aufgeräumt.

저는 먼저 이 방을 청소하고 싶습니다.
Ich möchte zuerst das Zimmer aufräumen.

사무실을 청소합시다.
Räumen wir mal das Büro auf!

내가 집안 청소하는 것을 도와줄 수 있니?
Kannst du mir beim Aufräumen der Wohnung helfen?

나는 오후 2시에 퇴근이야. 난 거실을 청소할 거야.
Um 14 Uhr habe ich Feierabend! Ich will das Wohnzimmer aufräumen.

나는 청소부 아주머니에게 내 집을 청소 맡기고 싶어요.
Ich möchte eine Putzfrau meine Wohnung aufräumen lassen.

빗자루는 어디 있지?
Wo ist der Besen?

행주와 걸레들은 어디 있는지 알아?
Weißt du, wo Waschlappen und Putztücher sind?

내 남편은 접시들을 윤이 나게 닦았습니다.
Mein Mann hat die Teller blank geputzt!

식초에 담가둔 스펀지로 문지르면 거울이 반짝반짝 윤이 납니다.
Spiegel werden blitzblank, wenn sie mit einem in Essig getauchten Schwamm abgerieben werden!

곧이어 부드러운 헝겊으로 마무리 윤을 냅니다.
Anschließend polieren Sie den Spiegel mit einem weichen Lappen nach!

매일 아침 나는 욕조와 세면대를 닦습니다.
Jeden Morgen reinige ich die Badewanne und das Waschbecken!

나는 모든 방을 돌아다니면서 청소를 해야만 해요.
Ich muss alle Zimmer durchgehen und aufräumen!

청소도구와 세제를 빨래 통이나 문 옆에 세워놔. 그래야 내가 그것들을 찾을 필요가 없잖아.
Stell das Putzset und die Reinigungsmittel neben die Spüle oder Tür, so dass ich nicht zu suchen brauche!

우리 아파트는 방이 4개야. 난 매번 진공청소를 하고, 쓸고 창문을 닦아야만 해.
Meine Wohnung hat vier Zimmer. Ich muss jedesmal saugen, wischen und Fenster putzen!

그런 다음에 욕실을 또 청소해야만 해.
Danach muss ich noch das Bad reinigen.

집안 닦고 털거나 비슷한 일을 난 그다지 좋아하지 않아.
In der Wohnung zu putzen, zu kehren oder ähnliches zu machen, das mag ich nicht so gerne!

내 남편은 대부분 쓰레기를 밖으로 내갑니다. 설거지도 하고 집안도 청소합니다.
Mein Mann bringt meistens den Müll raus, spült auch schon mal ab oder kehrt die Wohnung.

빨래도 널거나 같이 정리해 놓기도 하지요. 그러나 일들 중 대부분은 제 몫이에요.
Die Wäsche hat er auch schon mal aufgehängt oder zusammen gelegt, aber der größte Teil an Arbeit bleibt doch an mir hängen!

쓰레기를 버릴 때

쓰레기를 좀 밖에 내놔.
Bring bitte den Müll heraus!

쓰레기 좀 버려주시겠어요?
Würden Sie bitte den Müll wegwerfen?

쓰레기통은 어디 있습니까?
Wo ist die Mülltonne?

쓰레기통들은 마당에 있습니다.
Die Müllcontainer stehen im Hof!

유리병 컨테이너와 캔 컨테이너 그리고 합성수지 수거용 컨테이너가 있습니다.
Es gibt Glas-, Dosen- und Kunststoffcontainer!

쓰레기는 얼마나 자주 비게 됩니까?
Wie oft leert man die Mülltonne?

내가 쓰레기를 아래로 내려다 놓을게.
Ich bringe den Müll runter.

병들과 유리컵들은 이 안에다 넣습니다.
Flaschen und Gläser gehören hier rein!

이 마분지 상자들은 어디다 넣지요?
Wohin kommen diese Kartonagen?

종이는 저 안에 넣으세요.
Papier kommt da rein!

어떻게 해야 쓰레기가 적게 나올 수 있는지 알아요?
Wissen Sie, wie man weniger Abfall entstehen lässt?

예, 포장재가 거의 사용되지 않은 제품들을 구입하면, 쓰레기가 줄어들 수 있습니다.
Ja, wenn man verpackungsarme Produkte käuft, lässt sich Abfall reduzieren!

저는 일회용품을 사지 않습니다.
Ich kaufe keine Wegwerfartikel.

일회용품들은 리필제품들로 대체해야 해요.
Wegwerfartikel müssen durch nachfüllbare Produkte ersetzt werden!

쓰레기를 재활용하기 위해서는 그것을 맨 먼저 분리해야만 합니다.
Um den Abfall wiederverwerten zu können, muss er zunächst getrennt werden!

종이 쓰레기와 마분지상자들은 파랑색 통에 버리세요.
Werfen Sie die Papierabfälle und Kartonagen in die blaue Tonne!

이 쓰레기들은 재활용될 수 있습니다.
Sie können wiederverwertet werden.

음식물쓰레기는 갈색 쓰레기통에 버리십시오.
Werfen Sie Bio-Müll in die braune Mülltonne!

재활용할 수 없는 쓰레기들은 회색 쓰레기통에 넣는 것입니다.
In die graue Restmülltonne gehören Abfälle, die nicht verwertet werden können!

껌은 회색 쓰레기통에 버리세요.
Bitte werfen Sie Kaugummis in die graue Restmülltonne!

잔여 쓰레기는 나머지 쓰레기를 버리세요.
Werfen Sie den Restmüll in die grüne Tonne!

포장지 쓰레기들은 잔여 쓰레기통 용기에 투척하면 안 되고, 분리하여 배출하여야 합니다.
Verpackungsmüll darf nicht in die Restmüllbehälter geworfen werden, sondern ist getrennt zu entsorgen!

> "sein..zu 동사원형" =...하여야 한다 (=화법조동사+p.p+werden), 화법조동사의 종류에 따라 해석이 달라진다. 예) Das Brot ist nicht zu essen! 그 빵을 먹을 수 없다, 그 빵을 먹어서는 안 된다 등.

쓰레기가 적게 나와야 우리의 환경을 보호하고 돈을 절약하는 겁니다.
Weniger Müll schont unsere Umwelt und spart Geld!

종이 쓰레기들은 재활용됩니다.
Papierabfälle werden recycelt!

 recycelt 대신에 wiederverwertet라고도 한다.

휴일을 보낼 때

적어도 일요일에는 늦잠을 자고 싶어요.
Ich möchte mindestens am Sonntag ausschlafen!

한 번 푹 자야겠어.
Ich muss mich endlich einmal ausschlafen!

난 휴식이 좀 필요해.
Ich brauche Ruhe!

저는 주말에 푹 쉽니다.
Am Wochenende ruhe ich aus!

오늘은 온종일 어떻게 보낼까?
Wie soll ich heute den ganzen Tag verbringen?

서점에 들를까?
Kommen wir an einer Buchhandlung vorbei?

서점에 갈까?
Wollen wir in eine Buchhandlung gehen?

영화관에 갑시다.
Gehen wir ins Kino!

야외에 나갑시다.
Gehen wir ins Freie!

오늘 외식하자.
Essen wir auswärts!

오늘은 저녁은 음식점에서 식사하지요.
Essen wir heute Abend im Restaurant!

갑시다.
Lass uns gehen!

오늘은 약속이 있어요.
Heute habe ich eine Verabredung!

04 학교와 출신지

독일에서 학교에 다니다보면 대학생뿐만 아니라, 아는 사람들의 가족들에 대해서도 그들의 학교생활과 출신지 등에 대해 자연스럽게 물어보거나 그러한 질문에 대답을 해야 할 때가 생긴다. „Wo studieren Sie?" 혹은 „Wo gehen Sie zur Universität?"(어디서 대학에 다닙니까?) „Was ist Ihr Hauptfach?"(전공이 무엇입니까?) „Im wievielten Studienjahr sind Sie?"(몇 학년입니까?) „Im dritten."(3학년입니다.) „Woher kommen Sie?"(어느 나라에서 오셨습니까?) „Aus welcher Stadt sind Sie?"(어느 도시에서 오셨나요?)라고 출신을 묻기도 한다.

출신학교에 대해

어느 학교에 다니십니까?

Welche Universität besuchen Sie?

 초중고등학교 학생에게는 "Welche Schule besuchst du?" 또는 "Auf welche Schule gehst du?"

어디에서 대학교에 다니십니까?

Wo gehen Sie zur Universität?

어느 대학에 다니십니까?

Welche Universität besuchen Sie?

어느 대학에서 공부하시지요?

An welcher Universität studieren Sie denn?

저는 베를린대학교 학생입니다.

Ich bin Student an der Universität Berlin.?

몇 학기 째입니까?

In welchem Semester sind Sie?

 초중고등학교 학생에게는 "In welcher Klasse bist du?" "몇 학년이니?"

어느 학교를 졸업했습니까?

An welcher Universität haben Sie studiert?

어디에서 대학에 다녔습니까?
Wo haben Sie studiert?

전공에 대해서

무엇을 전공하십니까?
Was studieren Sie?

전공이 뭔가요?
Was ist Ihr Hauptfach?

부전공은 무엇입니까?
Was ist Ihr Nebenfach?

부전공은 몇 개하십니까?
Wie viele Nebenfächer studieren Sie?

대학교 때 전공이 무엇이었습니까?
Was war Ihr Hauptfach an der Universität?

어떤 학위를 가지고 계시지요?
Welchen Titel haben Sie erworben?

무엇을 전공하고 있습니까?
Was studieren Sie als Hauptfach?

무엇을 전공하고 있습니까?
Was studieren Sie im Hauptfach?

전공이 무엇입니까?
Was ist Ihr Hauptfach?

저는 도시공학을 전공하고 있습니다.
Ich studiere Raumplanung als Hauptfach.

저는 법학을 전공하고 있어요.
Ich studiere Jura.

저는 경제학을 전공하고 있습니다.
Ich studiere im Hauptfach Wirtschaftswissenschaften.

저는 독어독문학을 전공하고 있습니다.
Ich studiere als Hauptfach Germanistik.

대학교 때 전공이 무엇이었습니까?
Was war Ihr Hauptfach an der Universität?

저는 대학에서 역사학을 전공했어요.
Ich habe Geschichte an der Universität studiert.

저는 대학교 때 경제학을 전공했습니다.
Ich habe Wirtschaftswissenschaften an der Universität studiert.

저의 전공은 영어였습니다.
Mein Hauptfach war Englisch.

법학을 공부하는데 보통 몇 년 걸립니까?
Wie lange braucht man, wenn man Jura studiert?

어떤 과목을 좋아합니까?
Welche Hauptfächer mögen Sie besonders?

저는 독일어와 역사 과목을 특히 좋아합니다.
Ich mag besonders die Hauptfächer Deutsch und Geschichte!

어떤 학위를 가지고 계십니까?
Welchen Titel haben Sie?

학년과 선후배에 대해서

몇 학년이니?
Welchen Jahrgang besuchst du?

몇 학기 생이십니까?
In welchem Semester sind Sie?

저는 4학년입니다.
Ich besuche die vierte Klasse.

저는 2학년입니다.
Ich gehe in die zweite Klasse.

저는 지금 6학기 째입니다.
Ich studiere jetzt im sechsten Semester.

몇 학년입니까?
Im wievielten Studienjahr sind Sie?

> (tipp) 이것은 대학생에게 묻는 말이다. 초·중·고 학생에게는 Schuljahr라고 쓴다.

3학년입니다.
Ich bin im dritten.

지금 몇 학기 째입니까?
Im wievielten Semester sind Sie?

4학기 째입니다.
Im vierten.

그는 저보다 1년 선배입니다.
Er studiert schon zwei Semester länger als ich.

그는 저의 학교선배입니다.
Er hat viel früher als ich absolviert.

그녀는 나의 3년 후배입니다.
Sie hat 3 Jahre später mit dem Studium angefangen.

그는 나의 대학 3년 선배입니다.
Er ist schon 3 Jahre länger als ich an der Uni.

학교생활에 대해서

나는 내일 리포트를 발표해야합니다.
Ich muss morgen ein Referat halten.

나 오늘 미팅했어요.
Ich hatte heute eine Verabredung mit einem anderen Studenten.

> Tipp 여대생과 미팅했으면 mit einer anderen Studentin

아르바이트를 하고 있나요?
Haben Sie eine Teilzeitarbeit?

나는 방학 기간 동안에 일할 아르바이트를 구하고 있어요.
Für die Ferien suche ich mir einen Job.

> Tipp der Job 1) 일시적인 일, 2) 일자리(Arbeitsplatz, Stelle), 3) 직업

많은 학생들이 아르바이트를 합니다.
Viele Studenten arbeiten stundenweise.

많은 학생들이 방학 때 아르바이트를 합니다.
Viele Studenten jobben in den Ferien.

> Tipp jobben (파트타임제로) 아르바이트 하다.

이번 학기에 몇 과목이나 수강 신청했어요?
Wie viele Seminare haben Sie in diesem Semester?

> Tipp Seminare 대신에 Kurse를 넣기도 한다.

그녀는 수업 준비하느라 바쁩니다.
Sie ist mit der Vorbereitung des Unterrichts beschäftigt.

그게 무슨 책입니까?
Was für ein Buch ist das?

저는 장학금을 신청했어요.
Ich habe ein Stipendium beantragt.

저는 장학생입니다.
Ich habe ein Stipendium.

수업에 대해서

학업이 잘 되고 있습니까?
Kommen Sie mit Ihrem Studium gut voran?

그 수업은 저에게 너무 어려워요.
Der Unterricht ist zu schwer für mich!

이 수업은 제게 너무 벅찹니다.
Dieser Unterricht ist zu anstrengend für mich!

난 당신이 앞으로 잘 할 것이라고 확신합니다.
Ich bin sicher, dass Sie gut vorankommen werden.

제 딸이 학교에서 공부 잘 하고 있습니까?
Ist meine Tochter gut in der Schule?

예, 그 애는 학교에서 공부를 아주 잘 하고 있습니다.
Ja, sie macht sich sehr gut in der Schule!

당신은 대학교에서 독일어에 어려움이 없습니까?
Haben Sie an der Universität keine Schwierigkeiten mit der deutschen Sprache?

물론 아직은 문제가 있습니다.
Doch, ich habe noch etwas Probleme mit dem Deutsch!

저의 독일어는 아직 충분하지 않습니다.
Mein Deutsch ist noch nicht gut genug!

저는 독일어가 아직 부족합니다.
Mein Deutsch reicht noch nicht aus!

이 문제에 대한 답을 모르겠어요.
Ich kann die Fragen nicht beantworten.

교수님 수업을 청강해도 됩니까?
Darf ich Ihre Veranstaltung besuchen?

오늘은 수업이 없습니다.
Heute habe ich keinen Unterricht.

저는 월요일에 9시부터 오후 3시까지 수업이 있습니다.
Am Montag habe ich von neun bis fünfzehn Uhr Unterricht.

오늘 수업은 어땠어요?
Wie war der Unterricht heute?

저는 수요일에 리포트를 발표해야 합니다.
Ich muss am Mittwoch ein Referat halten!

오늘 그 수업은 휴강입니다.
Der Unterricht fällt heute aus!

그녀는 영어 과목을 가르칩니다.
Sie unterrichtet in Englisch.

그녀는 역사를 가르칩니다.
Sie unterrichtet Geschichte.

그는 학교 공부를 아주 잘합니다.
Er ist sehr gut in der Schule!

너 수학 잘하니?
Bist du gut in Mathematik?

아니, 수학은 내 적성에 맞지 않아.
Nein, Mathe liegt mir nicht!

너는 독일어에 흥미가 있니?
Interessierst du dich für Deutsch?

그 교수님은 수업중에 나에게 많은 질문을 하셨어.
Im Unterricht hat der Professor mich viel gefragt.

한국의 대학원에서 무엇을 전공하셨습니까?
Welche Aufbaustudiengänge haben Sie gemacht?

수업이 언제 끝납니까?
Wann endet der Unterricht?

수업에서 많은 것을 배웠습니다.
Ich habe im Unterricht viel gelernt.

시험과 성적에 대해서

저는 내일 시험이 있어서, 공부를 해야만 해요.
Ich muss lernen, weil ich morgen eine Prüfung habe!

그는 책을 파고듭니다.
Er steckt die Nase immer in die Bücher!

이제 공부를 해야 할 것 같아요.
Ich muss jetzt lernen!

저는 시험 준비를 해야 합니다.
Ich muss mich auf die Prüfung vorbereiten!

당신의 시험결과는 어떤가요?
Wie war Ihr Prüfungsergebnis?

당신은 성적 미달입니다.
Ihre Leistugen sind nicht ausreichend!

당신은 더 열심히 공부해야 합니다.
Sie müssen viel fleißiger lernen!

저는 그 시험결과에 큰 기대를 걸고 있습니다.
Ich warte auf das Ergebnis der Prüfung.

그는 학교성적이 매우 좋아진 것 같아요.
Ich glaube, er kommt gut voran!

제 딸은 좋은 점수를 받았어요.
Meine Tochter hat gute Noten bekommen!

그 애는 수학이라면 아무에게도 뒤지지 않아요.
In Mathematik macht ihr keiner was vor!

수학은 그 애의 선호과목입니다.
Mathe ist ihr Lieblingsfach!

그러나 최근에 영어 과목 성적이 많이 떨어졌습니다.
Ihre Leistungen in Englisch haben in letzter Zeit stark nachgelassen!

저는 수학을 늘 못했어요.
In Mathe war ich immer schlecht!

출신지에 대해 말할 때

어느 나라에서 오셨습니까?
Woher kommen Sie?

실례지만, 어디서 오셨습니까?
Entschuldigen Sie bitte, woher kommen Sie?

어디서 오셨습니까?
Wo kommen Sie her?

어디서 오셨습니까?
Woher sind Sie?

한국에서 왔습니다.
Ich komme aus Korea.

거기 어디서 오셨나요?
Woher da?

그곳의 어느 도시에서 오셨습니까?
Aus welcher Stadt sind Sie?

서울이요.
Aus Seoul.

저는 한국에서 왔어요. 부산에서요.
Ich komme aus Korea, aus Busan.

한국에서 오셨습니까?
Kommen Sie aus Korea?

예, 맞아요. 한국에서 왔어요.
Ja, genau! Ich komme aus Korea.

한국에서 오시지 않으셨습니까?
Kommen Sie nicht aus Korea?

예, 맞아요. 저는 한국에서 왔어요.
Doch, ich komme aus Korea!

어디에서 성장하셨습니까?
Wo sind Sie aufgewachsen?

서울에서 자랐습니다.
Ich wuchs in Seoul auf.

태어난 곳이 어디입니까?
Wo sind Sie geboren?

태어나서 자란 곳이 어디입니까?
Wo sind Sie geboren und aufgewachsen?

서울토박이입니다.
Ich bin in Seoul geboren und aufgewachsen.

고향생각이 나지 않으세요?
Sind Sie nicht krank vor Heimweh?

고향이 그리워요.
Ich sehne mich nach meiner Heimatstadt.

집이 그리워요.
Ich sehne mich nach meinem Elternhaus.

어느 나라 분이세요?
Welche Nationalität haben Sie?

제 국적은 한국입니다.
Ich bin koreanisch.

당신의 국적은 한국입니까?
Sind Sie koreanisch?

태생은 한국이지만, 국적은 독일인입니다.
Ich bin gebürtiger Koreaner, aber ich bin deutscher Staatsbürger!

당신은 일본인입니까?
Sind Sie Japaner?

아니오. 저는 한국 사람인데요.
Nein, ich bin Koreaner!

당신은 독일인입니까?
Sind Sie Deutscher?

 독일인(남자) Deutscher, ein Deutscher, der Deutsche; 독일인(여자) Deutsche, eine Deutsche, die Deutsche.

개인의 신상

독일 사람들과 교제를 할 때 개인의 신상에 대해 말하는 일은 드문 일이다. 그렇지만 친숙해지면서 „Wie groß ist Ihre Familie?"(가족이 몇 식구 입니까?) „Haben Sie Geschwister?"(형제가 있습니까?) „Haben Sie Kinder?"(자녀가 있습니까?) 라며 가족관계를 묻는 게 가장 일반적인 표현일 것이다. 생일, 나이, 생일, 주거지, 주소, 직업 등에 대해서 말하는 것도 상대방과 친하게 지내기 위한 적극적 표현이 될 수 있으니 일상 독일어를 자연스럽게 구사하도록 연습하자.

나이를 말할 때

몇 살입니까?
Wie alt sind Sie?

너 몇 살이니?
Wie alt bist du?

너희들 몇 살이니?
Wie alt seid ihr?

그들은 몇 살이지요?
Wie alt sind sie?

연세가 몇인지 여쭤 봐도 됩니까?
Darf ich fragen, wie alt Sie sind?

몇 살인지 물어봐도 될까요?
Wie alt sind Sie, wenn man fragen darf?

그가 몇 살인지 물어봐도 될까요?
Wie alt ist er, wenn man fragen darf?

당신의 나이를 알려주시겠습니까?
Könnten Sie mir sagen, wie alt Sie sind?

나이를 말하고 싶지 않은데요.
Ich möchte nicht sagen, wie alt ich bin.

제가 몇 살인지 추측해 보세요.
Erraten Sie, wie alt ich bin!

저를 몇 살로 보십니까?
Für wie alt halten Sie mich?

저는 겨우 19입니다.
Ich bin erst neunzehn Jahre alt.

스물다섯입니다.
Ich bin fünfundzwanzig Jahre alt.

저는 20대 초반입니다.
Ich bin in meinen frühen Zwanzigern.

저는 30대입니다.
Ich bin in meinen Dreißigern.

20대 후반입니다.
Ich bin in meinen späten Zwanzigern.

짐작하건대 30 세로 보입니다.
Sie sind schätzungsweise dreißig Jahre alt.

저는 당신과 동갑입니다.
Ich bin so alt wie Sie.

저는 당신과 동갑입니다.
Ich bin gerade Ihr Alter.

저와 동갑이군요.
Sie sind mein Alter.

저보다 3살 위이군요.
Sie sind drei Jahre älter als ich.

저는 그보다 몇 살 아래입니다.
Ich bin viele Jahre jünger als er.

나이에 비해 젊어 보이십니다.
Sie sehen jünger aus, als Sie sind!

그 사람은 나이에 비해 들어 보이네요.
Er sieht älter aus, als er ist!

생일에 대해

언제 태어났습니까?
Wann sind Sie geboren?

몇 년도에 태어났습니까?
In welchem Jahr sind Sie geboren?

생일이 언제입니까?
Wann haben Sie Geburtstag?

네 생일이 언제니?
Wann hast du Geburtstag?

너는 언제 어디서 태어났니?
Wann und wo bist du geboren?

오늘은 내 생일이야.
Heute habe ich Geburtstag.

내일은 제 생일입니다.
Morgen habe ich Geburtstag.

내일 모레야. 10월 23일.
Übermorgen, am dreiundzwanzigsten Oktober.

내일은 저의 26번째 생일입니다.
Morgen habe ich meinen sechsundzwanzigsten Geburtstag.

목요일이 제 생일입니다.
Am Donnerstag habe ich Geburtstag.

저의 생일은 이미 지나갔습니다.
Mein Geburtstag ist schon vorbei.

며칠 후면 제 생일입니다.
In einigen Tagen habe ich Geburtstag.

저는 5월1일에 태어났습니다.
Ich bin am ersten Mai geboren.

나는 좋은 별자리를 갖고 태어났어요.
Ich bin unter einem guten Stern geboren.

생일 축하합니다.
Herzlichen Glückwunsch zum Geburtstag!

늦었지만 생일 축하합니다.
Glückwunsch nachträglich!

오늘이 무슨 날인데요? 오늘이 당신 생일이잖아요.
Was ist der Anlass? Heute ist Ihr Geburtstag.

제 생일 파티에 당신을 초대하고 싶습니다.
Ich möchte Sie zu meinem Geburtstag einladen!

이번 주말 제 생일 파티에 당신을 초대하고 싶습니다.
Ich möchte Sie am Wochenende zu meinem Geburtstag einladen!

너 생일에 뭐 갖고 싶니?
Was wünscht du dir zum Geburtstag?

생일에 뭐 갖고 싶으세요?
Was wünschen Sie sich zum Geburtstag?

너의 생일을 축하해.
Ich gratuliere dir zum Geburtstag!

당신의 생일을 축하합니다.
Ich gratuliere Ihnen zum Geburtstag!

생일을 맞아 모든 일이 잘되길 바래요.
Alles Gute zum Geburtstag!

종교에 대해서

무슨 종교를 믿습니까?
Welche Religion haben Sie?

종교가 무엇입니까?
Was ist Ihre Religion?

종교를 가지고 계십니까?
Haben Sie eine Religion?

저는 기독교 신자입니다.
Ich bin evangelisch.

저는 카톨릭 신자입니다.
Ich bin katholisch.

저는 불교 신자입니다.
Ich bin buddhistisch.

당신의 종파는 무엇입니까?
Welche Konfession haben Sie?

이번 주일에 우리는 딸아이의 입교식 잔치를 합니다.
Am Sonntag feiern wir die Konfirmation unserer Tochter.

그는 신앙심이 매우 깊습니다.
Er ist sehr fromm.

가족에 대해서

가족은 몇 분이나 됩니까?
Wie viele Personen sind Sie zu Hause?

가족이 몇이나 됩니까?
Wie groß ist Ihre Familie?

우리가족은 4명입니다.
Wir sind zu viert in der Familie.

우리 가족은 네 명입니다.
Wir sind vier.

나의 가족은 넷입니다 : 어머니, 아버지, 여동생 그리고 저입니다.
Ich habe drei Familienmitglieder; meine Mutter, meinen Vater und meine Schwester.

식구가 많습니까?
Haben Sie eine große Familie?

우리 가족은 대가족입니다.
Meine Familie ist groß.

우리 가족은 많지 않아요.
Meine Familie ist klein.

그는 가족이 많아요.
Er hat eine große Familie.

가족이 있습니까?
Haben Sie Familie?

가족에 대해 좀 말씀해 주시겠습니까?
Würden Sie mir mal von Ihrer Familie erzählen?

저는 부모님과 잘 지냅니다.
Ich komme mit meinen Eltern glänzend aus.

모두 안녕하신가요?
Wie geht's zu Hause?

난 독자입니다.
Ich bin Einzelkind.

우리 가족사진입니다.
Das ist ein Bild von meiner Familie.

가족들이 무척 그리워요.
Ich sehne mich sehr nach meiner Familie.

저는 가족적인 분위기를 좋아해요.
Ich mag eine gemütliche Atmosphäre.

가족은 저에게 중요합니다.
Die Familie ist mir wichtig!

우리 가족은 매우 화목해요.
Wir sind eine sehr harmonische Familie.

가족과 함께 사세요?
Wohnen Sie mit Ihrer Familie?

부모님 집에서 함께 사세요?
Wohnen Sie bei Ihren Eltern?

부모님과 함께 사세요?
Wohnen Sie mit Ihren Eltern?

남편은 어떤 일을 하세요?
Was macht Ihr Mann beruflich?

아버님은 어떤 일에 종사하십니까?
Bei welcher Firma arbeitet sich Ihr Vater?

당신의 어머니는 무슨 일을 하십니까?
Was macht Ihre Mutter?

부모님 연세가 어떻게 됩니까?
Wie alt sind Ihre Eltern?

형제자매에 대해

형제가 몇 분이세요?
Wie viele Geschwister haben Sie?

형이 두 명, 여동생 한 명입니다.
Ich habe zwei Brüder und eine Schwester.

남동생이 한 명 있어요.
Ich habe einen jüngeren Bruder.

형제자매가 있어요?
Haben Sie Geschwister?

누나가 두 명 있습니다.
Ich habe zwei ältere Schwestern.

나는 형이 하나고 누이는 없어요.
Ich habe einen Bruder, aber keine Schwester.

나는 누이가 둘인데 형은 없어요.
Ich habe zwei Schwestern, aber keinen Bruder.

나는 외동아들입니다.
Ich bin der einzige Sohn.

나는 막내 딸이예요.
Ich bin die jüngste Tochter.

아니오, 없습니다. 독자입니다.
Nein, ich bin Einzelkind.

동생은 몇 살입니까?
Wie alt ist Ihr Bruder?

우리 형제는 한 살 차이밖에 안 져요.
Er ist nur ein Jahr jünger als ich.

동생은 저보다 두 살 아래입니다.
Er ist zwei Jahre jünger als ich.

자녀에 대해

아이들은 몇 명이나 됩니까?
Wie viele Kinder haben Sie?

아이는 언제 가질 예정입니까?
Wann wollen Sie ein Kind haben?

자녀들이 있습니까?
Haben Sie Kinder?

예, 둘 있습니다. 딸 하나에 아들 하나입니다.
Ja, ich habe zwei: Eine Tochter und einen Sohn.

다음 달에 첫돌이 되는 딸이 하나 있습니다.
Ich habe eine Tochter, die im nächsten Monat ein Jahr alt wird.

그 애들은 몇 살입니까?
Wie alt sind Ihre Kinder?

아들은 10살이고 딸은 겨우 2살입니다.
Mein Sohn ist zehn Jahre alt, aber meine Tochter ist erst zwei.

그 애들 이름이 뭡니까?
Wie heißen sie?

당신 아들의 이름은 뭡니까?
Wie heißt Ihr Sohn?

자녀들이 학교에 다니나요?
Gehen Ihre Kinder zur Schule?

아들은 초등학생입니다.
Mein Sohn ist Grundschüler.

딸은 유치원에 다녀요.
Meine Tochter geht auf den Kindergarten.

아주 잘 생긴 자녀들이군요.
Sie sehen gut aus!

아주 잘 생긴 자녀들이군요.
Sie sind gutaussehende Kinder!

저는 아들 셋 중에 막내입니다.
Ich bin der jüngste der drei Söhne.

아들 출산하신 것 축하드립니다.
Herzlichen Glückwünsch zur Geburt Ihres Sohnes!

득녀하신 것을 축하드립니다.
Herzlichen Glückwünsch zur Geburt Ihrer Tochter!

첫아이 출산을 축하드립니다.
Ich gratuliere Ihnen zur Geburt Ihres ersten Kindes!

우리는 당신이 아이를 출산하여 축하드립니다.
Wir gratulieren Ihnen zur Geburt Ihres Babys!

친척에 대해서

독일에 친척이 있습니까?
Haben Sie Verwandte in Deutschland?

나는 독일에 친척이 하나도 없습니다.
Ich habe keine Verwandte in Deutschland.

삼촌이 베를린에 살고 계세요.
Mein Onkel wohnt in Berlin.

두 분 친척관계이십니까?
Sind Sie beide verwandt?

우리는 친척이 아닙니다.
Nein, wir sind nicht miteinander verwandt!

우리는 친척도 아니고 사돈관계도 아닙니다.
Wir sind weder verwandt noch verschwägert.

저는 자주 독일에 있는 친척을 방문합니다.
Ich besuche oft meine Verwandten in Deutschland.

이 사람은 저의 이모/고모입니다.
Das ist meine Tante.

헤르만 저의 사촌입니다.
Hermann ist mein Kusin.

율리아는 너의 사촌이니?
Ist Julia deine Kusine?
아니, 그녀는 나의 조카야.
Nein, sie ist meine Nichte!
마르쿠스는 너의 조카니?
Ist Markus dein Neffe?

거주지에 대해서

어디에 사세요?
Wo wohnen Sie?
서울 교외에 살고 있어요.
Ich wohne in einem Vorort von Seoul.
저는 오펜바흐에서 살아요.
Ich wohne in Offenbach.
오펜바흐는 어디에 있는데요?
Wo liegt Offenbach?
프랑크푸르트 근처에 있어요.
Es liegt bei Frankfurt.
우리는 시내에서 살아요.
Wir wohnen in der Stadtmitte.
우리 시골에 살아요.
Wir wohnen auf dem Land.
여기서 먼 곳에 살아요?
Wohnen Sie weit weg von hier?
지금 어디에서 살고 계세요?
Wo wohnen Sie jetzt?
그곳까지 얼마나 걸립니까?
Wie lange dauert es bis dorthin?
이 근처에 살아요.
Ich wohne in der Nähe von hier.
베를린에서 얼마나 살고 계십니까?
Wie lange wohnen Sie schon in Berlin?
서울에서 얼마나 사셨어요?
Wie lange haben Sie in Seoul gewohnt?

그곳에서 얼마나 사셨어요?
Wie lange haben Sie dort gewohnt?

1년 밖에 안 됐습니다.
Nur ein Jahr.

한 달 밖에 안 됐습니다.
Nur einen Monat.

벌써 3년 됐습니다.
Schon drei Jahre.

언제부터 거기서 사시지요?
Seit wann wohnen Sie dort?

한 달 전부터 살고 있습니다.
Seit einem Monat.

3년 됐습니다.
Seit drei Jahren.

 seit는 3격지배 전치사이므로 Jahr의 복수형 Jahre에 복수 3격명사형어미 –n이 붙는다.

겨우 1주일 됐습니다.
Erst seit einer Woche.

독일에 언제 오셨습니까?
Wann sind Sie nach Deutschland gekommen?

3달 전에 왔어요.
Vor drei Monaten.

주소에 대해서

주소가 어떻게 됩니까?
Wie ist Ihre Adresse?

주소를 알 수 있을까요?
Könnte ich Ihre Adresse haben?

주소를 알려주시겠습니까?
Würden Sie mir Ihre Adresse geben?

저는 당신의 주소를 모릅니다.
Ich kenne Ihre Adresse nicht.

여기다 주소 좀 적어주십시오.
Schreiben Sie hier bitte Ihre Adresse auf!

여기 제 명함이 있습니다. 주소가 적혀있습니다.
Hier ist meine Karte. Sie steht darauf!

 명함 die Karte, 원래 die Visitenkarte의 축약형.

저는 카이저슈트라세 17번지에 살아요.
Ich wohne in der Kaiserstraße 17.

주택에 대해서

아파트에 사세요, 단독에 사세요?
Wohnen Sie in einer Wohnug oder in einem Haus?

조그만 아파트에 살아요.
Ich wohne in einer kleinen Wohnung.

그것은 당신 소유의 집입니까? 세낸 것인가요?
Ist das Ihre Eigentumswohnung oder eine Mietwohnung?

저는 기숙사에 살고 있어요.
Ich wohne im Studentenwohnheim.

저는 그의 집의 방 한 칸을 얻어 살고 있습니다.
Ich wohne in einem Zimmer in seiner Wohnung.

저는 그의 집에서 하숙합니다.
Ich wohne bei Ihm.

새 아파트는 나에게 딱 맞아.
Die neue Wohnung gefällt mir gut!

새 아파트 구했어요?
Haben Sie eine neue Wohnung gefunden?

주거환경은 어때요?
Wie sind Ihre Lebensumstände?

저희 집은 환경이 좋은 곳에 있습니다.
Meine Wohnung liegt in einer guten Gegend.

저희 집 주변은 시끄러워요.
Meine Gegend ist laut.

이 맨션에는 많은 대학생들이 있습니다.
Es gibt viele Studenten in diesem Wohnblock.

저는 단독주택에 살고 있습니다.
Ich wohne im Einfamilienhaus.

저는 연립주택에 살고 있습니다.
Ich wohne im Reihenhaus.

저는 한 달 전에 이곳으로 이사 왔습니다.
Ich bin vor einem Monat hierher umgezogen.

직업에 대해서

직업이 뭡니까?
Was sind Sie von Beruf?

무슨 일을 하시지요?
Was machen Sie beruflich?

저는 스튜어디스입니다.
Ich bin Flugbegleiterin.

저는 회사원입니다.
Ich bin Angestellte.

저는 프로그래머입니다.
Ich bin Programmierer.

저는 아직 대학에 다녀요.
Ich studiere noch.

성격과 태도

상대방에게 자신의 성격을 말해주거나 직접 상대방의 성격을 물어보면서 외향적인지 내성적인지를 파악하고 상대방에 대해 칭찬하거나 태도에 대해서도 대화의 주제로 삼을 수 있다. „Wie ist Ihr Charakter?"(당신의 성격은 어떻습니까?) „Was ist Ihre Schwache?"(당신의 약점은 무엇입니까?) „Ich bin umgänglich."(저는 사교적입니다.) „Ich neige zur Passivität."(저는 내성적인 편이예요.) „Ich mag Menschen wie Sie."(저는 당신 같은 사람이 좋아요.)라고 말하도록 한다.

성격을 물을 때

당신의 성격은 어떻습니까?
Wie ist Ihr Charakter?

그는 성격이 어때요?
Wie ist sein Charakter?

당신은 낙관주의자입니까?
Sind Sie ein Optimist?

당신은 모든 것을 긍정적으로 보십니까?
Sehen Sie alles durch Ihre rosa Brille?

당신은 그가 품위 있는 사람이라고 생각합니까?
Finden Sie, dass er ein vornehmer Mensch ist?

당신은 아주 꼼꼼한 편입니까?
Sind Sie sehr penibel?

당신은 여러 모로 활발하고 긍정적입니까?
Sind Sie in mancher Hinsicht locker und positiv?

Tipp die Hinsicht 관점, 고려, 참작; "여러 점에서"라는 말.

당신의 약점은 무엇입니까?
Was ist Ihre Schwache?

당신은 어떤 성격의 소유자입니까?
Was für eine Persönlichkeit sind Sie?

자신의 성격을 말할 때

저는 다정한 편입니다.
Ich glaube, ich bin freundlich.

저는 늘 활동적입니다.
Ich bin immer aktiv.

저는 사교적입니다.
Ich bin umgänglich.

저는 다른 사람들과 쉽게 친해져요.
Ich bin kontaktfreudig.

저는 내성적이라고 생각합니다.
Ich glaube, ich bin introvertiert.

저는 별로 사교적이지 않습니다.
Ich bin wirklich nicht umgänglich.

저는 섬세하고 대담하다고 생각해요.
Ich glaube, ich bin sensibel und brav.

저는 성미가 급해요.
Ich habe ein hitziges Temperament.

저는 성미가 급해요.
Ich bin hitzig.

저는 곧 잘 성을 내는 편입니다.
Ich habe ein leicht aufbrausendes Temperament.

저는 냉담한 편입니다.
Ich habe ein phlegmatisches Temperament.

저는 소극적인 편입니다.
Ich neige zur Passivität.

저는 성품이 소극적입니다.
Ich bin von zurückhaltender Art.

저는 약간 소극적입니다.
Ich bin etwas zurückhaltend.

다른 사람들은 저를 소극적인 사람이라고 합니다.
Man sagt, dass ich eine zurückhaltende Person bin.

저는 유모 감각이 없습니다.
Ich habe keinen Sinn für Humor!

내 성격은 아부하고는 거리가 멀어요.
Schmeichelei ist weit entfernt von meiner Natur!

우리는 성격이 극과 극입니다.
Wir sind ganz unterschiedlich!
나는 내 친구와 성격이 정반대야.
Der Charakter meines Freundes ist das Gegenteil von meinem!
내 여자 친구는 성격이 나와 비슷해.
Meine Freundin ähnelt mich im Charakter.
나와 내 남자 친구는 성격이 비슷합니다.
Ich und mein Freund ähneln uns im Charakter.
우리는 성격이 비슷해.
Wir haben einen ähnlichen Charakter.
제 성격이 그래요.
Das ist mein Charakter.
내 성격 많이 죽었어.
Ich bin sanft geworden.
나는 우유부단한 성격이야.
Ich habe einen wankelmütigen Charakter.

다른 사람의 성격을 말할 때

그는 아마 그저 말이 없는 성격일 겁니다.
Er ist wohl schweigsam.
그는 자신밖에 모릅니다.
Er ist ganz selbstsüchtig.
그는 보통 성격입니다.
Er hat einen üblen Charakter.
그녀는 내성적인 사람이에요.
Sie ist ein introvertierter Mensch.
그는 유모가 없는 사람입니다.
Er ist ein Mensch ohne Humor.
그는 유모를 몰라 금방 화냅니다.
Er hat keinen Humor.
그들은 서로 반대 성격입니다.
Sie sind einander gegensätzliche Naturen.
그는 성격이 매우 도전적입니다.
Er ist eine kämpferische Natur.

그녀는 성격이 둥글둥글해요.
Sie hat eine unbekümmerte Art.

그녀는 성격이 아주 좋아요.
Sie hat einen guten Charakter.

그 사람은 성격이 아주 좋아요.
Er hat einen sehr guten Charakter.

당신은 느긋한 성격을 지니셨군요.
Sie haben so einen sorgenfreien Charakter.

그는 성격이 아주 급해요.
Er ist ungeduldig.

제 딸은 몹시 수줍어해요.
Meine Tochter ist sehr schüchtern.

성격을 칭찬할 때

그는 재미있는 사람입니다.
Er ist interessant.

너는 정말 좋은 녀석이야.
Du bist wirklich ein lieber Kerl.

저는 당신 같은 사람이 좋아요.
Ich mag Menschen wie Sie.

당신은 정말 너그럽군요.
Sie sind großmütig.

당신은 너그러운 분이시군요.
Sie sind ein warmherziger Mensch.

당신은 참 개성이 있어요.
Sie haben eine ausgeprägte Individualität.

당신은 적극적이군요.
Sie sind sehr aktiv.

당신은 유머 감각이 좋군요.
Sie haben einen guten Sinn für Humor.

정말 친절하십니다.
Es ist sehr nett von Ihnen.

정말 상냥하시군요.
Sie sind sehr lieb!

모든 사람들이 저에게 상냥히 대해줍니다.
Alle sind sehr lieb zu mir.

당신은 모범적인 학생입니다.
Sie sind eine vorbildliche Studentin!

태도에 대해서

당신은 정말 신사이군요.
Sie sind ein wahrer Gentleman.

 영어처럼 「젠틀맨」으로 발음. Sie sind ein Mann mit Anstand.라고도 한다.

그 사람이라면 진저리가 나요.
Ich habe die Nase voll von ihm.

그건 정말 견디기 어려운 일이야.
Es ist unausstehlich!

좋을 대로 해.
Wie du willst.

좋을 대로 하세요.
Wie Sie wollen.

기분을 상하게 하려고 한 말은 아니었어요.
Ich meinte nicht, Sie zu quälen.

내가 바보인 줄 아세요?
Halten Sie mich für einen Dummkopf?

정신 나갔어요?
Sind Sie verrückt?

쓸데없는 일에 참견 말라고!
Kümmere dich um deine eigenen Angelegenheiten!

저는 사람들을 기다리게 하는 게 싫어요.
Ich hasse es, dass ich jemanden warten lasse.

그럴 만한 배짱이 없습니다.
Er hat keinen Mut, es zu versuchen.

그녀는 항상 교양 없는 말을 해요.
Sie spricht immer ungebildete Dinge.

 또는 Sie redet immer viel dummes Zeug.

그들은 나를 교양 없는 사람으로 여겨요.
Sie halten mich für schrecklich ungebildet.

그녀는 항상 조야한 행동만해요.
Sie benimmt sich immer grob.

당신과는 절교입니다.
Ich bin mit Ihnen fertig.

나는 더 이상 당신과 관련 맺고 싶지 않아요.
Ich will nichts mehr mit Ihnen zu tun haben.

그가 나를 바람 맞혔어요.
Er hat mich stehen lassen.

우린 이미 끝났어.
Du und ich sind schon lange fertig.

나는 너와 이제 끝이야.
Ich bin fertig mit dir.

나는 너의 이기적인 태도에 진절머리가 나.
Ich habe die Nase voll von deiner Selbstsüchtigkeit.

나는 그녀를 좋아하는데, 그녀는 나에게 쌀쌀한 태도를 보여.
Ich mag sie, aber sie behandelt mich kühl.

그녀는 내게 쌀쌀맞게 굴어.
Sie zeigt mir die kalte Schulter.

저는 당신의 거만한 태도가 불쾌합니다.
Ich verüble Ihnen Ihr überhebliches Verhalten.

사람들은 그녀가 이기적으로 행동을 해서 불쾌해합니다.
Man verübelt ihr, dass sie so selbstsüchtig gehandelt hat.

저는 당신의 거만한 태도에 화가나요.
Ich ärgere mich über Ihr überhebliches Verhalten.

성격과 태도

외모와 패션

상대방의 외모에 대해 좋은 인상을 갖도록 말할 필요가 있다. „Du siehst sehr nett aus!"(너 참 멋지다.) „Sie sind wunderschön!"(참 아름답습니다.) „Du bist hübsch!"(너 예쁘구나.) „Sie sind sehr stilvoll."(아주 멋쟁이십니다.)처럼 말하고, „Sie sind sehr modisch."(옷 입는 감각이 아주 좋으십니다.) „Das Kleid macht dich schlank."(그 원피스 입으니 너 날씬해 보이는 걸.) 등등 패션에 대해서도 좋게 말해 주면 상대방이 반가워할 것이다.

체격에 대해서

키가 얼마나 됩니까?
Wie groß sind Sie?

1m 80입니다.
Ich bin einen Meter achtzig groß.

키가 아주 크군요.
Sie sind ganz groß.

저는 키가 약간 작습니다.
Ich bin ein wenig klein.

그녀는 키가 크고 날씬합니다.
Sie ist groß und schlank.

그는 체격이 좋습니다.
Er hat einen guten Körperbau.

그 남자 체격이 아주 좋아요.
Der Mann ist gut gebaut.

그녀는 날씬한 체격이에요.
Die Frau ist von schlankem Bau.

그는 보통 체격입니다.
Er hat einen durchschnittlichen Körper.

체중에 대해서

저는 최근에 체중이 좀 늘었습니다.
Ich habe vor kurzem etwas Gewicht zugenommen.

요즘 체중을 좀 줄였어요.
Ich habe in diesen Tagen etwas Gewicht verloren.

체중이 얼마입니까?
Wie viel wiegen Sie?

저는 60Kg입니다.
Ich wiege 60 Kilogramm.

그는 저보다 두 배 더 많이 나가요.
Er wiegt doppelt so viel wie ich.

그녀는 몸무게가 너무 적게 나가요.
Sie wiegt zu wenig.

저는 체중이 일정합니다.
Ich habe ein bestimmtes Gewicht.

키에 비해 몸무게가 많이 나가요.
Für meine Größe bin ich übergewichtig.

그는 5 킬로 과다체중입니다.
Er hat 5 Kilo Übergewicht.

허리가 굵어질까 조심하고 있어요.
Ich bemühe mich, auf meine Taille zu achten.

나는 체중을 유지하려고 노력중이에요.
Ich bemühe mich, mein Gewicht zu halten.

허리 살을 좀 빼려고 합니다.
Ich bemühe mich, eine schlanke Taille zu bekommen.

그는 배에 군살이 있어요.
Er hat Speck um den Bauch herum.

그녀는 몸무게가 많이 늘었어요.
Sie hat ganz schön Speck an den Hüften.

너는 전혀 뚱뚱하지 않아.
Du bist ganz und gar nicht dick.

외모에 대해서

미남이십니다.
Sie sind gut aussehend.

아름다우십니다.
Sie sind wunderschön.

아주 건강해 보이시네요.
Sie sehen ganz fit aus.

너 예쁘구나.
Du bist hübsch.

나이에 비해 아주 젊어 보이십니다.
Für Ihr Alter sind Sie ganz jung.

어떤 타입의 남자를 좋아하니?
Auf was für eine Art Männer stehst du?

몸매가 참 날씬하십니다.
Sie haben eine gute Form.

그 옷을 입으니까 날씬해 보여.
Das Kleid macht dich schlank.

너 참 멋지다.
Du siehst sehr nett aus.

오늘 멋져 보여요.
Sie sehen heute stilvoll aus.

저는 아버지를 닮았어요.
Ich ähnele meinem Vater.

저는 어머니를 닮았어요.
Ich ähnele meiner Mutter.

난 아버지보다 어머니를 더 닮았어.
Ich ähnele meiner Mutter mehr als meinem Vater.

당신은 어머니를 많이 닮았어요.
Sie ähneln sehr viel Ihrer Mutter.

당신의 외모에 대해서 말씀해주시겠어요?
Können Sie Ihr Aussehen beschreiben?

그녀의 외모는 그저 그래.
Ihr Aussehen ist einfach passabel.

난 그의 외모가 마음에 들어요.
Sein Aussehen gefällt mir.

외모에 속지 마세요.
Lassen Sie sich von Aussehen nicht irreführen!

내 외모가 어떻든 난 상관하지 않아.
Ich sorge mich nicht, wie ich aussehe.

그녀는 외모에 관심이 많아.
Sie interessiert sich sehr für ihr Aussehen.

저는 외모를 염려하지 않아요.
Ich bin nicht darum besorgt, wie ich aussehe.

저는 외모에 별로 신경 쓰지 않아요.
Ich achte nicht viel auf das Äußere.

외모로 사람을 평가하지 마세요.
Urteilen Sie über keinen Mann nur nach seinem Äußeren!

패션에 대해서

내 옷 어때요?
Wie finden Sie meine Kleidung?

옷 입는 감각이 아주 좋으시군요.
Sie sind sehr modisch.

너는 늘 유행에 따라 옷을 입는구나.
Du ziehst dich immer nach der Mode an.

저는 늘 이 옷들을 즐겨 입어요.
Ich ziehe mir gern diese Kleidung an.

그 모자를 쓰니까 네 스타일이 엉망이야.
Der Hut hat deine Form verloren.

그 원피스 입으니까 너 날씬해 보인다.
Das Kleid macht dich schlank.

난 원피스 허리춤을 좁게 해달라고 맡겼어.
Ich habe ein Kleid in der Taille enger machen lassen.

이 옷은 정말 마음에 안 들어요.
Diese Kleidung gefällt mir gar nicht.

그게 무슨 말씀이세요. 보기 좋은데요.
Was für ein Unsinn! Sie sehen schön aus.

저는 패션에 매우 민감해요.
Ich bin ziemlich sensibel, was Mode angeht.

저는 복장에 대해 신경을 안 써요.
Ich kümmere mich nicht um Kleidung.

저는 오늘 가벼운 옷차림입니다.
Ich trage heute leichte Kleidung.

패션이 괜찮아 보이는데요.
Sie sehen modisch aus.

그 재킷이 당신한테 정말 잘 어울리는군요.
Die Jacke steht Ihnen sehr gut.

아주 멋쟁이시군요.
Sie sind sehr stilvoll.

그녀는 멋쟁이 옷을 입었어.
Sie kleidet sich stilvoll.

당신은 패션에 안목이 있습니다.
Sie haben ein sicheres Auge für Mode.

저는 캐주얼웨어를 입는 것을 좋아합니다.
Ich ziehe gern Freizeitkleidung an.

그녀는 최신 유행 옷만 입어요.
Sie trägt immer die neueste Mode.

그 옷은 현재 유행이에요.
Die Kleidung ist gerade in Mode.

옷차림이 야한데요.
Die Kleidung ist schick.

좋은 향수를 뿌리셨네요.
Sie haben ein schönes Parfüm!

향수 냄새가 너무 진해.
Du bist übermäßig parfümiert.

화장이 너무 진해.
Du trägst starke Schminke auf.

저는 화장을 안했어요.
Ich trage keine Schminke auf.

저는 화장을 옅게 해요.
Ich schminke mich leicht.

08 건강

건강에 대해 화제는 누구나 관심 있는 부분이다. 건강 상태나 건강관리 등에 대한 표현을 적절히 익혀서 „Sie sehen sehr fit aus."(참 건강해 보이시네요.) „Geben Sie auf Ihre Gesundheit acht!"(건강 조심하세요.) „Treiben Sie viel Sport?"(운동을 많이 하십니까?)라고 말하고, 컨디션에 대해서는 „Wie fühlen Sie sich?"(기분은 어떠세요?) „Was machen Sie, um gesund zu bleiben?"(건강을 유지하기 위해 뭘하십니까?)라고 하면 된다.

건강에 대해서

나는 건강해.
Ich bin gesund.

나는 건강 상태가 좋아.
Ich bin bei guter Gesundheit.

참 건강하시네요.
Sie sind in einer sehr guten Form.

아주 건강해 보이십니다.
Sie sehen sehr fit aus.

나는 요즘 건강하지 못한 것 같아.
Ich glaube, dass ich mich in letzter Zeit nicht ganz wohl fühle.

건강이 걱정이야.
Ich fürchte um meine Gesundheit.

나의 건강이 걱정스러워.
Ich bin besorgt um meine Gesundheit.

난 네 건강이 아주 걱정이야.
Ich bin sehr besorgt um deine Gesundheit.

건강이 예전 같지 않아.
Ich bin nicht so gesund, wie ich früher war.

나는 아무래도 건강상태가 안 좋아.
Meine Gesundheit ist nicht ganz, wie sie sein sollte.

건강 조심하세요.
Geben Sie auf Ihre Gesundheit acht!

건강은 소중한 재산이야.
Die Gesundheit ist ein wertvolles Eigentum.

건강이 제일이에요.
Gesundheit geht über alles!

무엇보다도 건강한 것이 중요해.
Zuerst ist es wichtig, gesund zu werden!

저는 건강상태가 아주 좋아요.
Ich bin in einer ziemlich guten Form.

난 아주 건강해.
Ich bin sehr gesund.

난 건강에는 자신이 있어.
Ich bin von meiner Gesundheit überzeugt.

나이를 먹었나봐.
Ich bin schon alt geworden.

계단을 오르면 숨이 차.
Ich bin außer Atem, wenn ich die Treppe hochgehe.

당신은 나이에 비하면 건강한 거예요.
Sie sind gesund für Ihr Alter.

건강관리에 대해서

당신 건강의 비결이 무엇입니까?
Was ist das Geheimnis Ihrer Gesundheit?

건강 유지를 위해 무엇을 하세요?
Was machen Sie, um gesund zu bleiben?

운동을 많이 하십니까?
Treiben Sie viel Sport?

운동을 하셔야 합니다.
Sie müssen Sport treiben!

저는 건강을 유지하려고 노력하고 있어요.
Ich bemühe mich, gesund zu bleiben.

저는 센터에 다니고 싶어요.
Ich möchte das Fitnesscenter besuchen.

많은 사람들이 정기적으로 다니고 있습니다.
Viele Menschen besuchen regelmäßig Fitnesscenters.

술을 줄이려고 마음먹었어요.
Ich habe mich entschieden, weniger Alkohol zu trinken.

담배를 끊었어요.
Ich habe das Rauchen aufgegeben.

흡연은 건강에 나빠요.
Rauchen schadet der Gesundheit!

제가 당신이라면 담배를 끊을텐데요.
An Ihrer Stelle würde ich das Rauchen aufgeben.

내가 저라면 당장에 체중을 뺄거야.
Ich an deiner Stelle würde ich dringend abnehmen.

몸에 이상이 있는 것 같아요.
Ich fürchte, es geht mir nicht gut.

스트레스를 받으면 이가 나빠져요.
Stress macht die Zähne kaputt.

시금치가 몸에 좋습니다.
Spinat ist gesund.

그게 맞아요. 저도 어렸을 때 시금치를 많이 먹었어요.
Das stimmt sicher, ich habe als Kind viel Spinat bekommen.

컨디션에 대해서

기분이 어떠세요?
Wie fühlen Sie sich?

힘이 없어 보이네요.
Sie sehen nicht sehr gut aus.

괜찮아요?
Sind Sie in Ordnung?

오늘 컨디션은 어떻습니까?
Wie fühlen Sie sich heute?

어제보다는 훨씬 컨디션이 좋아요.
Ich fühle mich viel besser als gestern.

기분은 좀 좋아졌니?
Fühlst du dich besser?

안색이 참 좋습니다.
Ihr Gesicht hat eine gesunde Farbe.

안색이 참 좋아 보이네요.
Sie haben eine gesunde Gesichtsfarbe.

안색이 안 좋아 보인다.
Du siehst blass aus.

안색이 안 좋구나.
Du hast eine blasse Gesichtsfarbe.

잠시 쉬는 게 어떻겠어요?
Wie wäre es, eine kurze Ruhepause einzulegen?

너는 좀 푹 쉬어야해.
Du musst ein wenig ausruhen!

피로를 좀 푸세요.
Ruhen Sie sich mal aus!

약은 먹었니?
Hast du Medikamente eingenommen?

요즘은 쉽게 피로해져요.
Ich werde heutzutage leicht müde.

나는 자주 피곤해.
Ich fühle mich oft müde.

자주 피곤을 느끼면, 건강식을 섭취해야해.
Wenn du dich oft müde fühlst, musst du dich gesund ernähren.

최고의 컨디션입니다.
Ich erfreue mich bester Gesundheit.

스테레스를 느끼시죠?
Sie fühlen sich gestresst?

오이팩을 해보세요.
Machen Sie eine Gurkenmaske!

그것은 얼굴의 긴장을 푸는데 좋아요.
Das ist gut für die Entspannung des Gesichts.

다이어트에 대해서

저는 다이어트 중입니다.
Ich mache eine Schlankheitskur.

저는 다이어트 처방을 받았어요.
Mir wurde eine Diät verordnet.

다이어트를 할까 해요.
Ich habe vor, Diät zu halten.

다이어트를 하기로 결심했어요.
Ich habe mich entschieden, eine Diät zu halten.

난 즉시 살을 빼야만 해요.
Ich muss dringend abnehmen.

그 사이에 3킬로가 늘었어요.
Ich habe dazwischen drei Kilo zugenommen.

제대로 된 다이어트 방법을 찾는 것은 늘 간단하지 않아요.
Die richtige Diät zu finden, ist nicht immer einfach.

나는 어떤 다이어트가 제게 맞는지 몰라요.
Ich weiß nicht, welche Diät für mich die Richtige ist?

나는 체중이 많이 나가서 줄이고 싶어요.
Ich wiege zu viel und möchte abnehmen.

나는 체중을 계속 유지하고 싶어요.
Ich möchte mein Wunschgewicht dauerhaft halten.

당신은 엄격하게 다이어트식을 해야 합니다.
Sie müssen streng Diät essen!

어떻게 성공적으로 체중을 줄일 수 있는지 아니?
Weißt du, wie man erfolgreich Gewicht verlieren kann?

체중 조절을 할 때는 목표로 삼은 근육훈련이 도움이 되요.
Ein gezieltes Muskeltraining hilft Ihnen beim Gewichtaufbau.

운동을 할 때 충분히 물을 마시는 것을 잊지 마세요.
Vergessen Sie bei sportlichen Aktivitäten nicht, ausreichend zu trinken.

저는 자전거를 타고 출근해요.
Ich fahre mit dem Fahrrad zur Arbeit.

저는 계단을 자주 이용합니다.
Ich nehme häufiger die Treppe.

저는 엘리베이터를 절대로 이용하지 않고, 항상 계단을 걸어서 올라갑니다.
Ich nehme nie den Lift, sondern ich gehe immer die Treppe rauf.

정원에서 일을 하면서 또는 힘차게 단거리 산책을 하면서 열심히 땀을 내세요.
Bringen Sie sich mit Gartenarbeit oder zügigen kleinen Spaziergängen tüchtig ins Schwitzen!

좀 더 엄격한 다이어트를 할 거야.
Ich will eine strengere Diät einhalten.

다이어트 좀 해야겠어.
Ich finde, ich sollte Diät leben.

무리한 다이어트는 건강에 좋지 않아.
Zwangsmäßige Diät ist schädlich für die Gesundheit.

규칙적인 운동은 살을 빼기 위한 좋은 방법이야.
Regelmäßige Bewegung ist eine gute Methode, damit man Gewicht abnehmen kann.

다이어트를 계속하고 운동을 많이 해요.
Ich halte dauerhaft Diät und treibe viel Sport.

당신은 참 날씬하세요.
Sie sind sehr schlank.

나는 너무 많이 먹고 너무 조금 밖에 움직이질 않아.
Du isst zu viel und bewegst dich zu wenig.

09 음주와 흡연

사교를 위해 술을 마실 때 주량에 대해서 또는 술 습관이나 흡연에 대해 언급하는 표현을 익혀두면 유용하게 일상독일어를 구사하는데 유익할 것이다. „Wie viel trinken Sie normalerweise?"(보통 어느 정도 마십니까?), „Wie oft trinken Sie in der Woche?"(일주일에 얼마나 자주 술을 마시나요?) „Ich trinke nicht so viel."(저는 술을 그다지 많이 하지는 않아요.) „Ich kann nicht trinken."(저는 술 마실 줄 몰라요.) „Hier darf man nicht rauchen."(여기는 금연입니다.)

주량에 대해서

평소에 어느 정도 마십니까?
Wie viel trinken Sie normalerweise?

저는 술고래입니다.
Ich bin starker Trinker.

저는 술 잘 못해요.
Ich trinke nicht so viel.

저는 술을 전혀 못합니다.
Ich trinke gar nicht.

 Ich trinke keinen Alkohol.

저는 술 마실 줄 모릅니다.
Ich kann nicht trinken.

저는 와인 한 잔만 마셔도 얼굴이 빨개져요.
Ein Glas Wein lässt mich erröten.

저는 술 한 잔만 마셔도 얼굴이 빨개지는걸요.
Ein Glas Alkohol lässt mich erröten.

나는 술을 천천히 마시는 편입니다.
Ich trinke Alkohol immer langsam.

 같은 표현 : Ich genieße meinen Alkohol in Maßen.

얼마나 자주 술을 마시러 가십니까?
Wie oft gehen Sie trinken?

일주일에 두 번 정도요.
Zwei mal in der Woche.

거의 매일 저녁에 술을 마시러 갑니다.
Fast jeden Abend gehe ich trinken.

우리는 하루 밤을 술로 지새우죠.
Wir trinken die ganze Nacht hindurch.

그는 술이라면 무엇이든 가리지 않아요.
Er trinkt alle Arten von Alkohol.

숙취는 없습니까?
Haben Sie keinen Kater?

 einen Kater haben 숙취가 있다. einen üblen Kater loswerden 숙취를 풀다

술이 셉니까?
Können Sie viel vertragen?

저는 술이 약합니다.
Ich bin ein schlechter Trinker.

저는 술에 약해요.
Ich bin im Trinken schlecht.

나는 독한 술을 좋아해.
Ich mag starken Schnaps.

그에게 음주문제가 있었습니까?
Hatte er ein Trinkproblem?

그 사람 음주벽이 있나요?
Ist er Alkoholiker?

그 사람 오래전부터 음주에 빠져들었어요.
Er hat seit langem dauerhaft getrunken.

카이는 음주운전으로 경찰서에 잡혀 있어.
Kai ist wegen Trunkenheit am Steuer von der Polizei geschnappt worden.

이 와인 마실만한데요.
Der Wein lässt sich gut trinken!

그것은 술김에 한 소리였어요.
Ich sagte es nur unter dem Einfluss des Alkohols.

그는 술을 밑 빠진 독처럼 마셔요.
Er säuft wie ein Loch.

나는 그가 술 취하지 않은 모습을 본 적이 없어.
Ich habe ihn nie gesehen, ohne dass er nicht betrunken war.

음주 운전하지 마.
Sezt dich nicht betrunken an das Steuer!

금주에 대해서

알콜은 입에 대지 않기로 했습니다.
Ich habe mich entschlossen, keinen Alkohol zu trinken.

의사가 술을 마시면 안 된다고 했어요.
Der Arzt hat gesagt, ich soll keinen Alkohol trinken.

술을 끊는 것이 좋겠습니다.
Ich rate Ihnen, das Trinken aufzugeben.

술을 끊었습니다.
Ich habe das Trinken aufgegeben.

내가 술을 입에 한 번만 더 댄다면 성을 간다.
Wenn ich noch weiter Alkohol trinken würde, würde ich ....

저는 지금 금주 중입니다.
Ich trinke jetzt keinen Alkohol.

저는 요즘 술을 금하고 있습니다.
In letzter Zeit enthalte ich mich des Trinkens.

> **Tipp** sich enthalten 2격 명사. …을 그만두다 / 억제하다

나는 금주론자야.
Ich bin Antialkoholiker.

당신은 음주를 금해야 합니다.
Sie sollten sich das Trinken abgewöhnen!

흡연에 대해서

담배를 피우고 싶어 죽겠어요.
Ich sterbe fast vor Lust nach einer Zigarette.

vor Hunger sterben 배고파 죽을 것 같다; vor Durst sterben 목말라 죽을 것 같다; fast sterben vor Lachen 하마터면 웃겨 죽을 뻔하다.

저는 애연가입니다.
Ich bin starker Raucher.

하루에 어느 정도 피웁니까?
Wie oft rauchen Sie täglich?

식후에 피우는 담배는 정말 맛있습니다.
Nach dem Essen zu rauchen ist wirklich ein Genuss.

담배 없이는 하루도 못 살 것 같아요.
Ich denke, ich kann keinen Tag ohne Zigaretten leben.

흡연은 건강에 나빠요.
Rauchen ist schlecht für Ihre Gesundheit!

흡연은 당신에게 해롭습니다.
Rauchen schadet Ihrer Gesundheit!

지나친 흡연은 몸에 해로워요.
Starkes Rauchen schadet Ihrer Gesundheit!

담배를 피울 때

혹시 담뱃불 좀 빌릴수 있을까요?
Haben Sie vielleicht Feuer?

불 있습니까?
Haben Sie Feuer?

담배 좀 한 대 빌릴까요?
Darf ich Sie um eine Zigarette bitten?

담배 좀 한 대 빌릴까요?
Darf ich eine Zigarette schnorren?

담배 한 대 피우시겠습니까?
Wollen Sie eine Zigarette rauchen?

재떨이를 집어 주시겠습니까?
Würden Sie mir den Aschenbecher reichen?

담배를 피워도 되겠습니까?
Darf ich rauchen?

여기서 담배를 피울 수 있습니까?
Kann ich hier rauchen?

어디서 담배를 피워야 됩니까?
Wo kann ich rauchen?

담배 좀 있어?
Hast du was zu rauchen?

담배 피울래?
Willst du rauchen?

나가서 한 대 피울까?
Kommst du mit raus eine rauchen?

담배 피워도 됩니까?
Darf ich rauchen?

이곳은 금연석입니까?
Ist das ein Nichtrauchersitz?

이곳은 금연실입니까?
Ist das ein Nichtraucherzimmer?

 금연구역 ein Nichtraucherbereich, eine Nichtraucherzone, ein Nichtraucherabteil

흡연석 있습니까?
Haben Sie einen Rauchersitz?

흡연석을 원하십니까? 아니면 금연석을 원하십니까?
Möchten Sie einen Raucher- oder ein Nichtrauchersitz?

금연석으로 바꿀 수 있습니까?
Kann ich ihn gegen einen Nichtrauchersitz wechseln?

담뱃불 좀 꺼주세요.
Rauchen ist verboten!

이곳에서 담배 피우면 안 돼요.
Hier darf man nicht rauchen!

담배꽁초를 함부로 버리지 마세요.
Werfen Sie bitte keine Zigarettenstummel weg!

너 너구리 잡는 것 같다.
Du qualmst wie ein Schlot!

넌 연달아 담배를 피우는구나.
Du rauchst eine Zigarette nach der anderen.

 der Schlot 굴뚝, qualmen 연기를 내뿜다

금연에 대해서

담배 끊었나요?
Haben Sie das Rauchen aufgegeben?

담배 끊었나요?
Haben Sie mit dem Rauchen aufgehört?

여전히 담배를 피우십니까?
Rauchen Sie noch?

담배를 끊으셔야 해요.
Sie müssen das Rauchen aufgeben!

담배를 줄여야 해요.
Sie müssen das Rauchen einschränken!

1년 전에 담배를 끊었어요.
Ich habe vor einem Jahr das Rauchen aufgegeben.

당신이 담배를 끊으면 좋겠어요.
Es wäre schön, wenn Sie mit dem Rauchen aufhören würden!

담배를 끊었어.
Ich habe mit dem Rauchen aufgehört.

난 네가 담배 피우는 걸 허용할 수 없어.
Ich kann dich nicht rauchen lassen.

담배를 끊는다면 그게 제일이야.
Es wäre am besten, wenn du das Rauchen aufgeben würdest.

⑩ 취미와 여가

취미가 무엇인지 물을 때 „Was ist Ihr Hobby?"(취미가 무엇입니까?) 또는 „Haben Sie ein besonderes Hobby?"(특별한 취미가 있습니까?)라고 하면 되고, „Meine Interessen sind verschieden."(제 취미는 다양합니다.) „Mein Hobby ist Musik hören."(제 취미는 음악감상입니다.)라고 말하면 된다. 여가에 대해서는 „Wie verbringen Sie Ihre Freizeit?"(여가를 어떻게 보내십니까?) 또는 „Was wollen Sie am Feiertag machen?"(휴일에는 무엇을 할 겁니까?) 등으로 물어보면 된다.

취미에 대해서

취미가 무엇입니까?
Was ist Ihr Hobby?

무엇에 흥미가 있습니까?
Wofür interessieren Sie sich denn?

특별한 취미가 있습니까?
Haben Sie ein besonderes Hobby?

취미삼아 하는 겁니까? 먹고 살기 위해 하는 겁니까?
Ist das ein Hobby oder machen Sie das zum Leben?

제 취미는 음악 감상입니다.
Mein Hobby ist Musik hören.

우리는 취미가 같군요.
Wir haben die gleichen Interessen.

우리는 취미가 달라요.
Wir haben verschiedene Geschmäcker.

당신은 영화에 취미가 없는 것 같군요.
Sie scheinen keinen Sinn für Filme zu haben.

저는 취미로 우표를 수집합니다.
Ich sammele als Hobby Briefmarken.

제 취미는 등산입니다.
Mein Hobby ist Bergsteigen.

사진은 그냥 제 취미일 뿐입니다.
Fotografieren ist nur mein Hobby.

독서가 나의 유일한 취미야.
Bücher lesen ist mein einziges Hobby.

그림은 내가 가장 좋아하는 취미 중 하나야.
Malen ist eins meiner Lieblingshobbys.

저의 취미는 다양합니다.
Meine Interessen sind verschieden.

저는 그런 일에는 별로 취미가 없습니다.
An jenen Sachen habe ich wenig Interesse.

나는 이렇다할만한 취미가 없어.
Ich habe keine Hobbys, die der Erwähnung wert sind.

나는 특별한 취미가 없어.
Ich habe kein besonderes Hobby.

제 취향에 맞지 않습니다.
Das passt mir nicht in den Geschmack.

그것은 제 취향에 안 맞아요.
Das entspricht nicht meinem Geschmack.

취미도 가지가지야.
Über den Geschmack lässt sich nicht streiten.

우리 두 사람은 취미에 있어 공통점이 많아요.
Wir beide haben unter unseren Hobbys viele gemeinsame Interessen.

여가 활동에 대해서

여가 시간에 어떤 일을 하는 것을 좋아합니까?
Was möchten Sie gern in Ihrer Freizeit machen?

여가를 어떻게 보내십니까?
Wie verbringen Sie Ihre Freizeit?

주말에는 주로 무엇을 하십니까?
Was machen Sie meistens am Wochenende?

여가시간에 무엇을 하십니까?
Was machen Sie in Ihrer Freizeit?

기분전환으로 무엇을 하십니까?
Was machen Sie zur Entspannung?

주말에 무슨 계획이 있으세요?
Haben Sie am Wochenende etwas vor?

일과 후에 무엇을 하세요?
Was machen Sie außerhalb der Arbeitszeit?

퇴근 후에 무엇을 하십니까?
Was machen Sie nach Feierabend?

휴일에는 무엇을 하실 겁니까?
Was wollen Sie am Feiertag machen?

이제 난 여가 활동을 할 시간이 훨씬 더 많아졌어요.
Jetzt habe ich viel Zeit für Freizeitaktivitäten.

여행에 대해서

나는 여행을 좋아합니다.
Ich mag reisen.

우리는 여행을 좋아합니다.
Wir machen gern eine Reise.

여행은 즐거우셨어요?
Haben Sie eine gute Reise gehabt?

어디로 휴가를 다녀오셨어요?
Wohin sind Sie im Urlaub gefahren?

휴가를 어디서 보내셨어요?
Wo haben Sie Ihren Urlaub gemacht?

우리는 해변으로 휴가를 다녀왔어요.
Wir haben einen Badeurlaub gemacht.

나는 이번 겨울에 스키 휴가를 갈 거야.
In diesem Winter fahre ich in den Skiurlaub.

해외여행을 가신 적이 있습니까?
Haben Sie schon eine Auslandsreise gemacht?

당신은 오랫동안 여행을 해본 적이 있나요?
Haben Sie schon eine lange Reise gemacht?

미국에 가본 적이 있어요?
Waren Sie in Amerika?

그곳에서 얼마나 머무셨나요?
Wie lange sind Sie da geblieben?

언제가 세계 일주를 하고 싶어요.
Irgendwann möchte ich um die Welt reisen.
여행은 어땠어요?
Wie war Ihre Reise?
스위스에서의 휴가는 어땠습니까?
Wie war Ihr Urlaub in der Schweiz?
거기 어디에 가보셨나요?
Wo waren Sie da?
저는 산에 가보았습니다.
Ich war in den Bergen.
우리는 나폴리에서 바닷가에 갔었어요.
Wir waren in Neapel am Meer.
우리는 호수에서 목욕했어요.
Wir haben im See gebadet.

오락과 유흥

오락과 유흥에는 여러 가지가 있겠지만, 그러한 것에 대해서 아래와 같이 물어보거나 대답하는 일상 독일어 표현을 익혀두는 것이 좋다. „Ich gehe gerne in die Spielhallen."(나는 오락실에 가는 걸 좋아해요.) „Was für eine Show ist das?"(이것은 무슨 쇼입니까?), „Wollen Sie mit mir tanzen?"(같이 춤을 출까요?) 처럼 말이다.

오락에 대해서

나는 오락실에 가는 것을 좋아해.
Ich gehe gern in die Spielhallen.

이 호텔에는 카지노가 있습니까?
Gibt es in diesem Hotel ein Kasino?

갬블을 하고 싶습니다.
Ich möchte ein Glücksspiel machen.

쉬운 게임 있습니까?
Gibt es ein leichtes Spiel?

좋은 카지노를 소개해주시겠어요?
Würden Sie uns ein gutes Kasino empfehlen?

카지노는 아무나 들어갈 수 있습니까?
Darf jeder Spielkasinos betreten?

와, 잭팟이 터졌네요.
Oh, ich habe den Jackpot gewonnen.

카드놀이 합시다.
Machen wir bitte ein Kartenspiel!

넌 패가 좋구나.
Du hast gute Karten auf der Hand.

나는 도박에 관심이 없어요.
Ich interessiere mich nicht fürs Glücksspiel.

나는 도박꾼이 아니에요.
Ich habe keine Spielsucht.

유흥에 대해서

이 근처에 클럽이나 바가 있습니까?
Gibt es Klubs oder Bars in der Nähe von hier?

근처에 유흥업소가 있습니까?
Gibt es Vergnügungsgewerbe in der Nähe?

좋은 나이트클럽을 알고 있나요?
Kennen Sie einen guten Nachtklub?

저는 나이트클럽에 가는 걸 꺼리는 편입니다.
Ich schäme mich, in einen Nachtklub zu gehen.

저는 나이트클럽에 가는 걸 부끄럼으로 압니다.
Ich halte den Nachtklub für eine Schande.

쇼를 보고 싶습니다.
Ich möchte mir eine Show ansehen.

 die Show, die Schau, die Vorstellung 쇼

이건 무슨 쇼입니까?
Was für eine Show ist das?

함께 춤추시겠어요?
Wollen Sie mit mir tanzen?

인기가 있는 디스코텍은 어디입니까?
Wo ist eine beliebte Discothek?

네가 괜찮다면 디스코텍에 가고 싶어.
Ich möchte in die Disco gehen, wenn du nichts dagegen hast.

이것이 최신 유행의 디스코야.
Diese Disco ist gerade angesagt.

 angesagt는 "유행 중인"이란 뜻의 입말(구어)이다. 대신 in Mode라고도 한다.

정말로 나이트클럽에서 일하고 있어요?
Arbeiten Sie wirklich im Nachtklub?

내일 댄스파티에 오시겠어요?
Wollen Sie morgen zur Tanzparty kommen?

⑫ 문화생활

독일어권에서 문화생활의 범위는 연극이나 오페라 관람에만 국한 되지 않는다. 우리나라처럼 책, 신문, 잡지, 텔레비전, 라디오, 음악, 영화 등 다양한 분야에 걸쳐 즐기고 있다. „Lesen Sie gern?"(독서를 좋아하십니까?), „Was für Bücher lesen Sie gern?"(무슨 책을 즐겨 읽으십니까?) „Welche Zeitung lesen Sie?"(어떤 신문을 읽습니까?) „Ich mag Musik sehr gern."(저는 음악을 매우 좋아합니다.) „Interessieren Sie sich für Malerei?"(그림에 관심이 있습니까?) „Welches Programm mögen Sie?"(어떤 프로그램을 좋아하세요?) 같은 표현을 익힌다.

책에 대해서

어떤 책을 즐겨 읽으십니까?
Was für Bücher lesen Sie gern?

어떤 책을 가장 즐겨 읽으십니까?
Was für Bücher lesen Sie am liebsten?

> '즐겨' 대신에 '주로' 란 말을 넣으려면 am meisten.

저는 손에 잡히는 대로 다 읽습니다.
Ich lese alles, was mir unter die Hände kommt.

한 달에 책을 몇 권정도 읽습니까?
Wie viele Bücher lesen Sie im Monat?

책을 많이 읽으십니까?
Lesen Sie viel?

나는 독서를 좋아합니다.
Ich lese Bücher sehr gern.

저는 독서를 아주 좋아해요.
Ich lese sehr gern.

이 책은 재미있어요.
Dieses Buch ist spannend.

저는 이 책에 깊은 감명을 받았습니다.
Dieses Buch hat mich tief beeindruckt.

이 책은 지루해요.
Dieses Buch ist langweilig.

한 번 훑어 봤어요.
Ich habe es duchgelesen.

그 책은 처음부터 끝까지 다 읽었어요.
Ich habe das Buch von vorne bis hinten gelesen.

그 작가의 작품은 거의 다 읽었습니다.
Ich habe fast alle Werke des Dichters gelesen.

그녀는 책벌레입니다.
Sie ist eine Leseratte.

그는 책벌레예요.
Er ist ein Bücherwurm.

저는 항상 책을 가지고 다닙니다.
Ich habe immer ein Buch dabei.

좋아하는 작가는 누구입니까?
Wer ist Ihr Lieblingsdichter?

베스트셀러 작가는 누구입니까?
Wer ist der Bestsellerautor?

요즘 베스트셀러는 무엇입니까?
Wie heißt der derzeitige Bestseller?

요즘 좋은 책 읽는 게 있습니까?
Lesen Sie zurzeit ein lesenswertes Buch?

요즘 읽을 만한 책을 갖고 있습니까?
Haben Sie Bücher, die zurzeit lesenswert sind.

나는 수필보다 소설을 좋아해요.
Ich ziehe den Essays die Romane vor.

이 책은 잘 읽히는 책이야.
Dieses Buch liest sich gut.

한국에서 가을은 독서의 계절입니다.
Der Herbst ist die Lesesaison in Korea.

독서는 마음의 양식입니다.
Lesen ist Nahrung für die Seele.

신문과 잡지에 대해서

무슨 신문을 읽으십니까?
Welche Zeitung lesen Sie?

오늘 신문 보셨어요?
Haben Sie die heutige Zeitung gelesen?

신문 다 읽으셨어요?
Haben Sie die Zeitung fertig gelesen?

어제 신문 보셨어요?
Haben Sie gestern die Zeitung gelesen?

그 사건은 일면에 났어요.
Das Ereignis stand auf der Titelseite.

그 사람 신문에 났더군요.
Er stand in der Zeitung.

오늘 아침 신문기사 제목이 내 눈을 사로잡았습니다.
Die Schlagzeile von heute Morgen fiel mir auf.

저는 기사제목만 봐요.
Ich lese nur die Schlagzeilen.

저는 스포츠 면을 먼저 봅니다.
Ich lese zuerst den Sportabschnitt.

저는 아르바이트로 신문배달을 하고 있습니다.
Als Teilzeitarbeit trage ich Zeitungen aus.

오늘 신문 배달이 안 왔습니다.
Die Zeitung ist heute nicht ausgetragen worden.

어떤 잡지를 좋아하십니까?
Was für eine Zeitschrift mögen Sie?

자동차 잡지를 구독합니다.
Ich abonniere eine Automobilzeitschrift.

저는 쥐트도이췌 차이퉁을 구독합니다.
Ich erhalte die Süddeutsche Zeitung.

이 잡지는 날개 돋친 듯 팔려요.
Diese Zeitschrift findet reißenden Absatz.

이 잡지는 날개 돋친 듯 팔려요.
Diese Zeitschrift verkauft sich reißend.

잡지 같은 것 좀 있을까요?
Könnte ich mal eine Zeitschrift oder sowas haben?

읽을거리를 좀 주시겠어요?
Würden Sie mir etwas zu lesen geben?
스포츠 잡지 좀 볼 수 있을까요?
Darf ich eine Sportzeitschrift haben?
스포츠 잡지 좀 빌려주시겠어요?
Könnten Sie mir eine Sportzeitschrift leihen?

음악에 대해서

저는 음악을 매우 좋아합니다.
Ich mag Musik sehr gern.
어떤 음악을 좋아하세요?
Was für eine Musik mögen Sie?
어떤 음악을 가장 좋아하세요?
Was für eine Musik mögen Sie am liebsten?
음악을 즐겨 들으십니까?
Hören Sie gern Musik?
어떤 종류의 음악을 즐겨 들으세요?
Was für eine Musik hören Sie gern?
제 취미는 음악 감상입니다.
Mein Hobby ist Musik hören.
음악 듣는 것을 즐깁니다.
Ich höre gern Musik.
저는 클래식을 즐겨 듣습니다.
Ich höre gern klassische Musik.
저는 음악을 잘 몰라요.
Ich habe ein schlechtes musikalisches Gehör.
그녀는 음악에 조예가 깊습니다.
Sie hat gute Kenntnisse in Musik.
나는 기분이 우울할 때 모차르트 음악을 종종 들어요.
Ich höre oft Mozart, wenn ich betrübt bin?
나는 기분이 우울할 때면 언제나 모차르트 음악을 들어요.
Ich höre immer Mozart, wenn ich mich sehr trostlos fühle?
베토벤 음악을 좋아합니까?
Mögen Sie die Musik von Beethoven?

> Hören Sie gern Beethoven? "베토벤 음악을 즐겨 듣습니까?"

나는 음악에 별 소질이 없는 것 같아.
Ich glaube, ich habe keine guten Anlagen zur Musik.
나는 음악 듣는 것보다 노래하는 것을 더 좋아해.
Ich singe viel lieber, als ich Musik höre.
전 음악 없이는 못 살아요.
Ich lebe von Musik.

> leben von 3격 "…으로 살아가다"

대중음악과 클래식 중 어느 것을 더 좋아합니까?
Was mögen Sie lieber, Schlager oder Klassik?
고전 음악을 좋아해요.
Ich mag Klassik.
좋아하는 가수가 누구입니까?
Wer ist Ihr Lieblingssänger?
가장 좋아하는 노래는 무엇입니까?
Welches Lied mögen Sie am liebsten?
그 음악은 내 취향이 아니야.
Diese Musik ist nicht mein Geschmack.
어떤 악기를 연주하세요?
Welches Instrument spielen Sie?
저는 음치입니다.
Ich bin unmusikalisch.
그는 음치입니다.
Er ist ohne musikalisches Gehör.
노래 한 곡 불러주시겠어요?
Könnten Sie ein Lied singen?
노래 부르는 것을 좋아하세요?
Macht es Ihnen Spaß, Lieder zu singen?
저는 노래를 못해요.
Ich kann nicht singen.

그림에 대해서

그림에 관심이 있습니까?
Interessieren Sie sich für Malerei?

저 그림들이 마음에 들어요.
Die Bilder gefallen mir gut.

저는 정말 그림을 그릴 줄 몰라요.
Ich kann ja wirklich nicht malen.

이 그림들을 어떻게 생각하세요?
Wie finden Sie die Bilder?

먼저 그것들을 자세히 봐야만 합니다.
Ich muss sie mir erst mal genauer ansehen.

저는 그림 그리기를 좋아합니다.
Ich male gern.

저는 미술품 감상을 좋아합니다.
Es macht mir Spaß, Kunstsammlungen anzusehen.

그것은 누구 작품이지요?
Wessen Gemälde ist das?

그것은 누가 그린 것인가요?
Von wem ist das gemalt worden?

저는 추상화에 흥미가 없습니다.
Ich habe kein Interesse an abstrakter Malerei.

저는 풍경화를 아주 좋아합니다.
Ich mag Landschaftsmalerei sehr gern.

저는 수채화를 즐깁니다.
Ich genieße Aquarelle.

저는 수채화를 즐깁니다.
Ich finde Freude an der Aquarellmalerei.

유화를 그리십니까?
Malen Sie in Öl?

미술관에 자주 갑니다.
Ich gehe oft in die Galerien.

어떻게 그림을 그리게 되셨나요?
Wie haben Sie angefangen, zu malen?

정말 아름다운 작품입니다.
Das ist ja ein schönes Stück.

저는 미술품 수집을 좋아합니다.
Ich sammele gern Kunstwerke.

좋아하는 화가는 누구입니까?
Wer ist Ihr Lieblingsmaler?

그림을 아주 잘 그리시는군요.
Sie malen ziemlich gut.

나는 그림에 소질이 있어.
Ich habe gute Anlagen zum Malen.

그녀는 그림에 안목이 있어요.
Sie hat ein Auge für Malerei.

그 그림을 보고 있으면 나는 기분이 좋아져요.
Dieses Bild törnt mich an.

나는 그림이 더 이상 마음에 들지 않아서 그것을 팔았어요.
Ich verkaufte das Bild, weil es mir nicht mehr gefiel.

그림의 떡이야.
Das sind nur verrückte Ideen.

> Das ist eine unrealistische Hoffnung 이라고도 하고 Das sind leere Versprechungen 이라고도 한다.

라디오에 대해서

라디오 켜도 괜찮지?
Macht es Ihnen etwas aus, wenn ich das Radio anstelle?

라디오 있습니까?
Haben Sie ein Radio?

저는 라디오가 없습니다.
Ich habe kein Radio.

라디오 수신료가 얼마입니까?
Wie hoch ist die Rundfunkgebühr?

대학생이면 무료입니다.
Wenn Sie Student sind, ist sie kostenlos.

저는 라디오 방송국에 전화를 걸었어요.
Ich habe den Radiosender angerufen.

그 음악회는 라디오 방송으로 직접 중계됩니다.
Das Konzert wird vom Radiosender direkt übertragen.

그 노래는 라디오에서 자주 나왔던 겁니다.
Das Lied ist im Radio oft gespielt worden.

나는 라디오에 나왔습니다.
Ich war im Radio zu hören.

그는 라디오에 자주 나오는 사람입니다.
Er ist im Radio oft zu hören.

그녀는 국영 라디오 방송국에 근무합니다.
Sie arbeitet beim staatlichen Radiosender.

라디오에서 그것을 들었어요.
Ich habe es im Radio gehört.

라디오를 듣고 그것을 알았어요.
Ich habe es im Radio erfahren.

라디오 소리 좀 줄여줄래요?
Könnten Sie das Radio bitte leiser stellen?

라디오 소리 좀 줄여주세요.
Stellen Sie das Radio etwa leiser!

저 라디오 소리를 즉시 줄여주세요.
Stellen Sie das Radio sofort leiser!

라디오 소리를 더 줄여주세요.
Stellen Sie das Radio noch leiser bitte!

라디오 좀 꺼.
Stell doch das Radio ab!

라디오 소리 좀 크게 해줄래요?
Würden Sie das Radio lauter stellen?

당신은 어떤 라디오 프로그램을 가장 좋아하세요?
Welches Radioprogramm mögen Sie am liebsten?

좋아하는 라디오 프로그램은 무엇입니까?
Was ist Ihr Lieblingsradioprogramm?

이게 내가 가장 좋아하는 라디오 채널이야.
Das ist meine Lieblingsradiostation.

이 라디오는 고장 났습니다.
Das Radio ist kaputt.

이 라디오를 고치는데 얼마나 걸립니까?
Wie lange dauert es, bis das Radio repariert wird?

텔레비전에 대해서

텔레비전을 자주 보세요?
Sehen Sie oft fern?

> Tipp Sitzen Sie oft vor dem Fernseher?라고 해도 된다.

텔레비전을 얼마나 자주 보십니까?
Wie oft sehen Sie fern?

어떤 텔레비전 프로그램을 좋아하십니까?
Welches Programm mögen Sie?

어떤 프로그램을 가장 즐겨보십니까?
Was sehen Sie am liebsten im Fernsehen?

그 게임은 텔레비전으로 나옵니다.
Das Spiel wird vom Fernsehen aufgezeichnet.

그게 언제 방송되죠?
Wann läuft es denn?

그것을 텔레비전으로 중계하나요?
Wird es im Fernsehen übertragen?

몇 게임이나 텔레비전으로 중계됩니까?
Wie viele Spiele werden im Fernsehen übertragen?

지금 텔레비전에서 무엇을 하지요?
Was gibt es im Fernsehen?

> Tipp Was läuft jetzt im Fernsehen?

다음 프로가 무엇입니까?
Was ist das nächste Programm?

텔레비전을 끌까요?
Soll ich den Fernseher ausschalten?

리모컨이 어디 있지?
Wo ist die Fernbedienung?

텔레비전을 꺼주면 고맙겠어.
Ich wäre dir dankbar, wenn du den Fernseher ausschalten würdest.

저는 텔레비전을 많이 보지 않습니다.
Ich sehe nicht viel fern.

제가 텔레비전에 나왔어요.
Ich bin im Fernsehen aufgetreten.

나는 저녁 내내 텔레비전만 봤어요.
Ich habe den ganzen Abend ferngesehen.

저는 뉴스를 즐겨봅니다.
Ich sehe gern die Tagesschau.

우리 집에서 축구시합을 함께 시청하지요.
Sehen wir uns das Fußballspiel bei mir im Fernsehen an!

비디오에 대해서

비디오 테이프를 얼마나 자주 빌려보세요.
Wie oft leihen Sie sich Videofilme?

내가 비디오가게에서 빌려온 DVD를 돌려줄 수 있니?
Kannst du die DVD zurückbringen, die ich in der Videothek ausgeliehen habe?

비디오기가 고장 났어요.
Mein Videorekorder ist kaputt!

비디오기 작동을 하지 않아요.
Mein Videorekorder funktioniert nicht!

어제 내가 비디오가게에 주문한 영화 좀 찾아올래?
Holst du bitte den Film ab, den ich gestern in der Videothek bestellt habe?

내가 가장 좋아하는 여가활동은 집에서 비디오 보는 거야.
Mein Lieblingszeitvertreib ist Videos zu Hause zu sehen.

나는 집에서 DVD를 즐겨 봅니다.
Ich sehe mir zu Hause eine DVD an.

이게 바로 모두들 좋다고 하는 그 DVD입니다.
Das ist die DVD, die alle gut finden.

공연관람에 대해서

극장 이름이 뭡니까?
Wie heißt das Theater?

오늘 밤에는 무엇을 공연합니까?
Was ist heute Abend los?

8시부터 뮤지컬을 공연합니다.
Von 20 Uhr an wird ein Musical aufgeführt.

재미있습니까?
Ist es spannend?

누가 뮤지컬에 출연합니까?
Wer tritt im Musical auf?

오늘 표는 아직 있습니까?
Gibt es noch Eintrittskarten für heute?

좋은 좌석 있습니까?
Gibt es noch gute Plätze?

입장권을 어디서 살 수 있나요?
Wo kann ich Karten bekommen?

몇 시에 시작됩니까?
Um wie viel Uhr fängt es an?

뮤지컬을 보고 싶은데요.
Ich möchte mir ein Musical ansehen.

그 콘서트는 라이브 공연이었어.
Das Konzert war eine live Aufführung.

> live의 발음은 [laif]〈라이프〉이다.

수요일 저녁에 나는 콘서트에 가요.
Am Mittwoch Abend gehe ich ins Konzert.

연극 관람에 대해서

연극을 좋아합니까?
Mögen Sie Theater?

저는 연극을 아주 좋아해요.
Ich mag Theater sehr gern.

오늘 저녁에 무엇이 공연됩니까?
Was wird heute Abend gespielt?

> Was gibt es denn heute Abend?라고 해도 된다.

오늘 공연 프로그램에 무엇이 있죠?
Was steht heute auf dem Spielplan?

연극이 언제 시작됩니까?
Wann beginnt die Theatervorstellung?

내일 저녁 표를 예약할 수 있습니까?
Kann ich für morgen Abend Karten reservieren?

저는 어제 연극이 마음에 들었어요.
Das Theaterstück gestern hat mir gefallen.

그 연극작품이 괜찮았어?
Hat dir das Theaterstück gefallen?

너희들 극장에 가려고?
Wollt ihr ins Theater gehen?

어떻게 그런 생각을 했지?
Wie stellt ihr euch das vor?

오늘 극장에 가실 거죠?
Sie gehen heute Abend ins Theater?

예, 저는 오랫동안 영화관에 가지 못했습니다.
Ja, ich bin lange nicht mehr ins Theater gegangen.

분명히 표가 더 이상 없을 텐데.
Es gibt doch sicher keine Karten mehr.

공연표가 매진됐어요.
Die Vorstellung ist ausverkauft.

난 1주일 전에 극장에 갔다 왔어.
Vor einer Woche war ich im Theater.

그 극장에서는 무엇이 공연되고 있습니까?
Was wird im Theater gespielt?

괴테의 파우스트요.
Goethes Faust.

매일 연극이 공연되나요?
Wird jeden Tag ein Theaterstück aufgeführt?

다음 공연은 몇 시에 시작됩니까?
Um wie viel Uhr beginnt die nächste Aufführung?

7시 반에 시작됩니다.
Sie beginnt um halb acht.

오늘 밤 공연 티켓 2장 주세요.
Zwei Tickets für heute Abend, bitte.

상영시간은 얼마나 걸립니까?
Wie lange dauert die Vorstellung?

영화 관람에 대해서

오늘 저녁 영화관에서 무엇을 합니까?
Was gibt es heute Abend im Kino?

예매는 언제 시작합니까?
Wann beginnt der Vorverkauf?

저는 영화광입니다.
Ich bin Filmfan.

> Ich bin ein großer Liebhaber vom Film.이라는 말과 같다. 여성은 eine große Liebhaberin.

어떤 영화를 좋아하세요?
Was für Filme mögen Sie?

어떤 종류의 영화를 즐겨봅니까?
Was für einen Film sehen Sie sich gern an?

저는 영화관에 자주 갑니다.
Ich gehe oft ins Kino.

오늘 아들러 영화관에서 어떤 작품이 상영되나요?
Was wird heute im Kino "Adler" gespielt?

이 영화는 지금 영화관에서 상영 중입니다.
Dieser Film läuft jetzt in den Kinos.

티켓을 예약할 수 있습니까?
Kann ich Karten reservieren lassen?

중간에 있는 자리를 맡고 싶은데요.
Ich hätte gern einen Platz in der Mitte.

이 영화를 전부터 한 번 꼭 보고 싶었습니다.
Diesen Film wollte ich immer schon einmal sehen.

상영 시간이 얼마나 걸립니까?
Wie lange dauert die Vorstellung?

영화배우 중에서 누구를 가장 좋아합니까?
Wen von den Filmschauspielern mögen Sie am liebsten?

영화를 자주 보러갑니까?
Gehen Sie oft ins Kino?

나는 영화관에 갔었어.
Ich war im Kino.

그 영화의 주연은 누구입니까?
Wer spielt die Hauptrolle in dem Film?

배우들이 연기를 참 잘했어요.
Die Schauspieler haben sehr gut gespielt.

최근에 본 영화는 무엇입니까?
Welchen Film haben Sie sich in letzter Zeit angesehen?

영화 보러 가실래요?
Wollen Sie ins Kino gehen?

영화 보러 함께 갈래요?
Kommen Sie mit ins Kino?

오늘 저녁 영화 보러 갑시다.
Gehen wir heute Abend ins Kino!

난 더 이상 영화관에 안 갈 거야.
Ich will nicht mehr ins Kino gehen.

한 달 전에 나는 마지막으로 영화관에 갔다 왔어.
Vor einem Monat war ich zuletzt im Kino.

영화관에 가는 게 더 좋은가요, 아니면 극장에 가는 게 더 좋으신가요?
Gehen Sie lieber ins Kino oder ins Theater?

나는 극장에 가는 것을 좋아하지만, 영화관에 가는 걸 더 좋아합니다.
Ich gehe gern ins Theater, aber noch lieber gehe ich ins Kino.

"춤 슐로쓰" 영화관에서 내가 보고 싶어 하는 영화가 상영 중입니다.
Im Kino "Zum Schloss" gibt es einen Film, den ich mir gern ansehen möchte.

영화가 너무 슬펐어요.
Der Film war ziemlich traurig.

난 그 영화가 너무 지루한 것 같아.
Den Film finde ich ziemlich langweilig.

어떻게 그런 영화만 만들 수 있는 거죠?
Wie kann man nur so einen Film machen?

지루하다고요? 그 반대죠. 그것은 진짜 흥미진진하고 실제로 멋져요.
Langweilig? Im Gegenteil, er ist echt spannend und wirklich super.

슐롯스-영화관에서 상영하는 영화 봤니?
Hast du den Film im Schloss-Kino noch gesehen?

아니, 유감스럽게도 그 영화를 놓쳤어.
Nein, den habe ich leider verpasst.

저는 집에 있는 게 편해도 영화 보러 가는 걸 더 좋아해요.
Obwohl es zu Hause gemütlich ist, gehe ich lieber ins Kino.

저는 영화관에 자주 가지는 않아요.
Ich gehe nicht oft ins Kino.

저는 집에서 DVD 보는 것을 더 좋아해요. 집이 쾌적하니까요.
Ich sehe mir zu Hause gern eine DVD an, weil es zu Hause gemütlich ist.

모두들 그 영화가 좋다고 합니다.
Alle finden den Film gut.

이게 바로 모두들 좋다고 하는 그 영화입니다.
Das ist der Film, den alle gut finden.

 den은 관계대명사 남성 4격. 관계문에서 동사는 문장 맨 뒤에 위치한다.

이 영화는 페스티벌에서 대부분의 상을 탔습니다.
Der Film hat auf dem Festival die meisten Preise gewonnen.

오스카상을 받은 그 여배우 알아요?
Kennen Sie die Schauspielerin, die einen Oscar bekommen hat.

 die einen Oscar...에서 die는 관계대명사 여성 1격이다.

요리

상대방과 대화하면서 요리에 대해 말하거나 식성이나 음식의 맛 등에 대해 말하는 것은 매우 즐거운 대화법이다. 이럴 때 „Ich koche gern."(나는 요리하는 것을 좋아해.) „Was kochst du denn?"(무슨 요리를 하는 거니?) „Ich esse fast alles."(난 식욕이 좋아요.) „Wie schmeckt es?"(맛이 어때?) „Es schmeckt sehr gut."(아주 맛있어.) 식으로 말한다.

요리에 대해서

나는 요리하는 것을 좋아해.
Ich koche gerne.

나는 요리하는 게 재미있어요.
Kochen macht mir Spaß.

나는 요리를 잘 해.
Ich koche vorzüglich.

저는 어머니한테 요리하는 걸 배웠어요.
Ich habe bei meiner Mutter kochen gelernt.

저의 어머니는 요리를 아주 잘 하세요.
Meine Mutter versteht sich aufs Kochen.

저의 어머니는 요리솜씨가 뛰어납니다.
Meine Mutter versteht, gut zu kochen.

넌 너무 기름지게 요리했어.
Du hast zu fett gekocht.

나는 요리를 할 줄 몰라.
Ich kann nicht kochen.

나는 요리를 못 해.
Ich koche schlecht.

나는 모든 종류의 음식을 요리할 수 있어.
Ich kann alle Arten von Speisen kochen.

나는 그것을 요리하는 방법을 잘 알고 있어.
Ich weiß, wie man es kocht.

나는 생선 요리를 잘 해.
Ich koche gut Fischgerichte.

무슨 요리를 하고 있니?
Was kochst du denn?

나는 요리강습을 받았어.
Ich habe an einem Kochkurs teilgenommen.

식성과 식욕에 대해서

저는 뭐든지 잘 먹어요.
Ich esse fast alles.

저는 먹는 걸 안 가려요.
Ich bin beim Essen nicht wählerisch.

나는 식성이 좀 까다로워.
Ich habe meinen eigenen Geschmack.

나는 음식을 가려먹어.
Ich bin im Essen wählerisch.

저는 돼지고기를 못 먹어요.
Schweinefleisch bekommt mir nicht.

그녀는 커피를 못 마셔요.
Kaffee bekommt ihr nicht.

이걸 먹으면 속이 좋지 않습니다.
Es kotzt mich an!

그것을 먹으면 식욕을 돋웁니다.
Das regt den Appetit an!

저는 매운 음식을 좋아하지 않습니다.
Ich mag kein scharfes Essen.

저는 단 것을 잘 먹습니다.
Ich bin eine Naschkatze.

이것은 별로 좋아하지 않아요.
Das mag ich ganz einfach nicht.

저는 기름기 있는 음식을 안 좋아해요.
Ich mag kein fettiges Essen.

저는 찬 음식을 싫어해요.
Ich hasse es, kalt zu essen.

저는 찬 음식을 안 좋아해요.
Ich mag keine kalten Speisen.
배가 고파요.
Ich habe Hunger.
배고파 죽겠어.
Ich sterbe vor Hunger.
배가 불러요.
Ich bin satt.
저는 식욕이 왕성해요.
Ich habe einen großen Appetit.
먹고 싶은 생각이 없어요.
Ich habe keine Lust, etwas zu essen.
저는 그 음식을 먹지 못했어요.
Das Essen ist mir nicht bekommen.
저는 그 음식이 맞지 않았어요.
Das Essen ist mir schlecht bekommen.
항상 그렇게 빨리 먹으세요?
Essen Sie immer so schnell?
당신은 대식가군요.
Sie sind ein guter Esser.
제가 과식을 했나 봐요.
Ich fürchte, ich habe zu viel gegessen.
과일 먹는 것은 건강에 좋습니다.
Obst essen ist gesund.
저는 다이어트 중이예요.
Ich halte Diät.
저는 별로 식욕이 없어요.
Ich habe keinen Appetit.
이걸 먹으면 식욕이 없어져요.
Das wird Ihnen den Appetit verderben.
저는 조금 밖에 안 먹어요.
Ich esse nur so wenig.
식욕이 사라졌어요.
Der Appetit ist mir vergangen.

맛에 대해서

맛이 어떻습니까?
Wie schmeckt es?

맛있어요?
Schmeckt es Ihnen?

아주 맛있어요.
Es schmeckt sehr gut.

음식이 아주 맛있었습니다.
Es hat mir sehr gut geschmeckt.

이 수프가 오늘 아주 맛있습니다.
Die Suppe schmeckt mir heute sehr gut.

이 수프가 오늘 아무 맛이 안 나는군요.
Die Suppe schmeckt heute nach gar nichts.

이 음식은 향이 강해요.
Dieses Essen ist zu würzig.

음식이 아주 맛있어 보이네요.
Das Essen sieht sehr appetitanregend aus.

군침이 도는군요.
Das Wasser läuft in meinem Mund zusammen.

생각보다 맛있네요.
Es schmeckt mir viel besser, als ich erwartet habe.

이건 별로 맛이 없네요.
Das schmeckt mir nicht.

이건 제 입맛에 안 맞아요.
Dieses Essen schmeckt mir nicht.

아주 맛있어요.
Es ist köstlich.

음식이 아주 맛있었습니다.
Das Essen war einfach köstlich.

고기는 탄 맛이 나네요.
Das Fleisch schmeckt angebrannt.

이 초콜릿은 맛있어요.
Die Schokolade ist lecker.

달콤해요.
Es ist süß.

그녀는 단 것을 잘 먹어요.
Sie isst gern Süßes.

맛이 별로 없어요.
Es ist geschmacklos.

싱거워요.
Es schmeckt nach nichts.

이 수프는 싱거워요.
Diese Suppe braucht ein bisschen Salz.

순해요.
Es ist sanft.

순한 커피를 마시고 싶어요.
Ich möchte einen milden Kaffee.

이 음식은 비린내가 나요.
Diese Speise riecht nach Fisch.

이 음식은 약간 짭니다.
Dieses Essen ist leicht gesalzen.

짜요.
Es ist salzig.

짠맛이 도는데요.
Ich habe einen salzigen Geschmack auf der Zunge.

수프에 소금 간이 너무 됐어요.
Die Suppe ist stark gesalzen.

매워요.
Es ist heiß.

시큼해요.
Es ist sauer.

음식이 시큼해졌어요.
Das Essen ist sauer geworden.

이 야채는 신선하지 않아요.
Das Gemüse ist alt.

연해요.
Es ist zart.

스테이크는 아주 연했어요.
Das Steak war sehr schön zart.

질겨요.
Es ist zäh.

스테이크가 가죽처럼 너무 질겨요.
Das Steak ist ja zäh wie Leder.

끈적끈적해요.
Es ist klebrig.

사탕이 끈적끈적합니다.
Bonbons sind klebrig.

기름기가 많아요.
Es ist fettig.

여기 이 버터는 지방이 적어요.
Die Butter hier ist fettarm.

기름기가 없어요.
Es ist mager.

나는 기름기가 없는 음식을 즐겨먹어요.
Ich esse gern mager.

> mager대신에 fettfrei라고도 말한다.

스포츠와 레저

상대방과 친해질수록 스포츠나 레저를 함께 즐기기 마련이다. 독일에서는 교제를 할 때 흔히 관심이 비슷해야 친해지기가 쉽다. 이럴 때 „Was ist Ihr Lieblingssport?"(좋아하는 스포츠가 무엇인가요?) „Was für einen Sport treiben Sie?"(어떤 운동을 하시나요?) „Fahren Sie gern Ski?"(스키를 즐겨 타십니까?) „Gehen Sie regelmäßig spazieren?"(산책을 규칙적으로 하세요?)라고 말한다.

스포츠에 대해서

여기에는 어떤 스포츠 시설들이 있습니까?
Welche Sportmöglichkeiten gibt es hier?

좋아하는 스포츠가 무엇인가요?
Was ist Ihr Lieblingssport?

운동하는 것을 좋아하세요?
Trainieren Sie gern?

무슨 스포츠를 잘하세요?
In welchem Sport sind Sie gut?

저는 스포츠 광입니다.
Ich bin Sportfreund.

그는 스포츠에 미쳤어요.
Er ist verrückt nach Sport.

저는 움직이는 것을 싫어합니다.
Ich hasse, mich zu bewegen.

얼마나 자주 운동을 하세요?
Wie oft treiben Sie Sport?

좋아하는 스포츠를 여쭤 봐도 되나요?
Darf ich mal fragen, was Ihr Lieblingssport ist?

무엇에 가장 관심이 있는지 말씀 좀 해주시겠습니까?
Würden Sie mir sagen, wofür Sie sich am meisten interessieren?

스포츠에 관심이 있나요?
Interessieren Sie sich für Sport?

나는 스포츠에 관심이 없어요.
Ich interessiere mich nicht für Sport.
나는 그것에 관심이 없어요.
Dafür interessiere ich mich nicht.
스포츠 뉴스에 관심 있어요?
Interessieren Sie sich für die Sportnachrichten?
예, 그럼요. 특히 축구결과에 관심이 있어요.
Ja, eigentlich schon, besonders für die Fußballergebnisse.
아니요, 전혀 없습니다.
Nein, überhaupt nicht.
겨울 스포츠를 좋아합니다.
Ich mag Wintersport.
저는 겨울에 자주 스키를 탑니다.
Ich fahre oft Ski im Winter.
스포츠를 좋아하세요?
Mögen Sie Sport?
예, 그렇지만 저는 초보자입니다.
Ja, aber ich bin Anfänger.
저는 중급자입니다.
Ich bin Fortgeschrittene.

> **Tipp** Fortgeschrittener 중급자(남성), Fortgeschrittene 중급자(여성).

어떤 스포츠를 하십니까?
Was für einen Sport treiben Sie?
운동하세요?
Treiben Sie Sport?
저는 매일 조깅을 합니다.
Ich jogge jeden Tag.
저는 일주일에 한두 번 조깅을 해요.
Ich jogge ein- oder zweimal in der Woche.
스포츠라면 뭐든지 좋아합니다.
Ich mag alle Sportarten.
여기 실내수영장이 있습니까?
Gibt es ein Hallenbad?

여기 야외수영장이 있습니까?
Gibt es ein Freibad?

스포츠를 관전할 때

저는 운동을 잘 못하지만, 보는 것은 좋아합니다.
Ich bin nicht gut im Sport, aber ich sehe ihn mir gern an.

경기장에서 직접 관람하는 것이 더 흥미진진한 것 같아요.
Ich glaube, ein Livespiel zu beobachten ist viel aufregender.

시합이 언제 열리지요?
Wann beginnt der Wettkampf?

언제 시합이 열립니까?
Wann findet das Spiel statt?

어느 팀이 이길 것 같습니까?
Welche Mannschaft wird wahrscheinlich gewinnen?

경기 상황이 어떻죠?
Wie steht das Spiel?

점수가 어떻게 되었어요?
Was ist das Spielergebnis?

누가 이기고 있죠?
Wer gewinnt denn?

현재 1:0 입니다.
Das Spiel steht eins zu null.

그 경기 누가 이겼죠?
Wer hat das Spiel gewonnen?

그 경기는 무승부로 끝났어요.
Das Spiel endet unentschieden.

그 축구경기 보셨어요?
Haben Sie sich das Fußballspiel angesehen?

그 시합 볼만 하던가요?
War das Spiel sehenswert?

시합결과는 어떻게 되었나요?
Wie war das Ergebnis des Spiels?

우리는 1:2로 패했어요.
Wir haben es eins zu zwei verloren.

스코어는 3:3으로 비겼어요.
Das Spielergebnis war unentschieden, drei zu drei.
막상막하의 경기였어요.
Das war ein ausgeglichener Wettkampf.
오늘 경기는 참패였어요.
Das heutige Spiel war eine schwere Niederlage.
손에 땀을 쥐게 하는 경기야.
Das ist ein Spiel mit voller Spannung.
숨이 막힐 듯이 긴장되는 경기야.
Das ist ein Spiel mit atemberaubender Spannung.
우리 팀이 역전승을 거뒀어요.
Wir entrissen dem Gegner den Sieg.

스포츠 중계를 볼 때

텔레비전 경기 중계를 보러 집에 일찍 왔어.
Ich bin früh nach Hause gekommen, um das Spiel im Fernsehen anzuschauen.
나는 텔레비전으로 프로야구 경기를 보는 걸 좋아해요.
Ich sehe mir gern Profi-Baseball im Fernsehen an.
오늘 밤 그 경기가 텔레비전으로 중계됩니까?
Wird das Spiel heute Nacht im Fernsehen übertragen?
언제 중계됩니까?
Wann wird das Spiel übertragen?
이 게임은 생중계입니까?
Ist das Spiel live?
당신은 어느 팀을 응원하고 있나요?
Welche Mannschaft feuern Sie an?

여러 가지 경기에 대해서

저는 축구를 합니다.
Ich spiele Fußball.
축구하는 거 좋아합니까?
Spielen Sie gern Fußball?

축구 좋아합니까?
Mögen Sie Fußball?

그 축구 경기를 보셨나요?
Haben Sie sich das Fußballspiel angesehen?

저는 학창시절에 축구선수였어요.
Ich war in meiner Schulzeit Fußballspieler.

난 축구에 관심 없어.
Ich interessiere mich nicht für Fußball.

모든 핸드볼을 가장 좋아해.
Ich mag am liebsten Handball.

나는 골프 치는 것을 좋아해요.
Ich spiele gern Golf.

테니스 칠 줄 아세요?
Können Sie Tennis spielen?

농구할까?
Spielen wir Basketball?

우리 함께 조깅할까?
Joggen wir zusammen?

흥미 있는 소리야.
Das klingt interessant.

기타 운동에 대해서

수영하러 가자.
Gehen wir schwimmen!

너는 수영을 배워야 해.
Du solltest schwimmen lernen!

어떤 형의 수영을 좋아하세요?
Welchen Schwimmstil mögen Sie?

난 배영을 가장 좋아해.
Ich schwimme am liebsten auf dem Rücken.

얼마나 멀리 수영할 수 있습니까?
Wie weit können Sie schwimmen?

저는 수영을 잘 못합니다.
Ich schwimme nur schlecht.

저는 수영이 아주 서툴러요.
Ich schwimme wie eine bleierne Ente.

스키를 즐겨 타십니까?
Fahren Sie gern Ski?

저는 스키를 잘 탑니다.
Ich laufe Ski gut.

조깅은 건강에 좋아요.
Das Jogging ist gut für Ihre Gesundheit.

저는 매일 아침 5 킬로미터를 조깅합니다.
Ich jogge jeden Morgen fünf Kilometer.

저는 헬스클럽에서 1주일에 3번 운동해요.
Im Fitnesscenter treibe ich drei mal in der Woche Sport.

저는 체조에 흥미가 없습니다.
Ich habe keine Lust auf Gymnastik.

그것을 할 마음이 내키지 않아요.
Ich habe keine Lust darauf.

체조요? 저는 그것을 할 마음이 내키지 않아요.
Gymnastik? Darauf habe ich keine Lust!

그러면 당신은 무엇을 하고 싶은데요? 테니스 하고 싶어요?
Worauf haben Sie denn Lust? Auf Tennis?

그것도 할 마음이 내키지 않아.
Darauf habe ich auch keine Lust!

산책을 규칙적으로 하십니까?
Gehen Sie regelmäßig spazieren?

솔직히 말해서 저는 그것에 관심이 없습니다.
Ehrlich gesagt, dafür interessiere ich mich nicht.

저는 주중에 출퇴근할 때 많이 걷습니다.
Wochentags gehe ich viel zu Fuß an die Arbeit und wieder nach Hause.

사무실에서 저는 엘리베이터를 이용하지 않습니다.
Im Büro benutze ich nie den Aufzug.

저는 항상 계단을 걸어서 올라갑니다.
Ich gehe immer die Treppe zu Fuß hoch.

주말에는 보통 멀리 산책을 합니다.
Am Wochenende mache ich normalerweise lange Spaziergänge.

엘리베이터가 고장 나면, 계단을 단순히 그냥 걸어 올라가는 가기만 하지는 마십시오.
Gehen Sie die Treppen nicht nur zu Fuß hoch, wenn der Aufzug außer Betrieb ist.

아침마다 일어난 후에 체조를 하세요.
Machen Sie morgens nach dem Aufstehen Gymnastik!

팔굽혀펴기 열 번과 쪼그려 앉기 자세 다섯 번이면 충분해요.
10 Liegestützen und fünf Kniebeugen reichen schon.

여기 테니스장이 있습니까?
Gibt es hier einen Tennisplatz?

라켓 있습니까?
Haben Sie Schläger?

우정과 이성교제

남자에게 애인 있어요?라고 말할 때 „Haben Sie eine Freundin?"이라고 하고, 사귀는 사람이 있습니까? 라고 할 때는 „Haben Sie eine Partnerin?" 또는 „Haben Sie einen Partner?"라고 한다. 데이트를 신청할 때는 „Darf ich mich mit Ihnen verabreden?"(데이트를 청해도 될까요?)라고 한다. 우정에 대해서는 „Wir sind alte Freunde."(우리는 죽마고우입니다.) „Wir sind Freunde von Kindheit an."(우리는 어릴 때부터 친구입니다.) 라고 한다.

친구에 대해서

우리는 오래 전부터 친구랍니다.
Wir kennen uns seit langem.

그는 나의 가장 좋은 친구입니다.
Er ist mein bester Freund.

그녀는 나의 가장 친한 친구입니다.
Sie ist meine befreundeteste Freundin.

우리는 아주 친해요.
Wir sind eng befreundet.

우리는 죽마고우입니다.
Wir sind alte Feunde.

우리는 어릴 적부터 친구입니다.
Wir sind Freunde von Kindheit an.

나는 펜팔친구가 있어.
Ich habe eine Brieffreundin.

어려울 때 도와주는 친구가 진정한 친구야.
In der Not erkennt man seinen Freund.

너만큼 좋은 친구도 없어.
Es gibt keinen besseren Freund als dich.

친구들이 저에게 술꾼이라고 합니다.
Meine Freunde sagen, dass ich Alkoholiker bin.

그는 저의 술친구입니다.
Er ist mein Zechbruder.

그는 내 친구의 친구입니다.
Ich habe ihn durch einen Freund kennen gelernt.

친구 좋다는 게 뭐야.
Das ist es, was gute Freunde ausmacht.

우리의 우정은 평생 지속될 것입니다.
Unsere Freundschaft wird ein Leben lang andauern.

우리의 우정 변치 맙시다.
Lassen wir unsere Frundschaft ewig aufrechterhalten!

당신의 호의와 우정에 깊은 감사를 드립니다.
Ich bedanke mich für Ihre Gastfreundschaft und weiß Ihre Freundschaft zu schätzen.

이성교제에 대해

사귀는 사람 있나요?
Haben Sie einen Partner? / eine Partnerin?

여자친구 있으세요?
Haben Sie eine feste Freundin?

남자친구 있니?
Hast du einen festen Freund?

누구 생각해둔 사람 있어요?
Tragen Sie jemanden mit sich im Herzen?

어떤 타입의 여자가 좋습니까?
Auf welchen Typ Frau stehen Sie?

어떤 타입의 여자가 좋습니까?
Auf was für eine Art Frauen stehst du?

어떤 여자가 당신 타입입니까?
Was für eine Frau ist Ihr Typ?

그는 내 타입이 아니야.
Er ist nicht mein Typ.

저는 성실한 사람이 좋습니다.
Ich mag jemanden, der aufrichtig ist.

남자 친구가 어떤 사람인지 말해줘.
Sag mir doch bitte, wie dein Freund ist.

그녀는 제 애인입니다.
Sie ist meine Geliebte.

여자 친구와 잘 되어 가고 있니?
Kommst du mit deiner Freundin zurecht?

여자친구와 의견이 잘 통하니?
Verstehst du dich gut mit deiner Freundin?

우리는 단지 친구사이입니다.
Wir sind nur Freunde.

나 여자 친구 생겼어.
Ich habe eine feste Freundin.

우리는 서로 사귀는 중이예요.
Wir gehen miteinander um.

그 여자를 알게 된 지는 얼마나 되었지요?
Wie lange kennen Sie sie schon?

그 여자를 어떻게 알게 되었나요?
Wie haben Sie sie kennen gelernt?

그 여자가 마음에 드세요?
Gefällt sie Ihnen gut?

저 여자는 저에게 정말 의미 있는 여자예요.
Diese Frau bedeutet mir sehr viel.

우리는 서로에게 미쳐있어요.
Wir sind ganz verrückt aufeinander.

그 여자를 차버렸어요.
Ich ließ sie fallen.

저는 그 여자에게 차였어요.
Sie hat mich fallen lassen.

우리는 작년 겨울에 헤어졌어요.
Wir haben uns im letzten Winter getrennt.

데이트를 신청할 때

데이트를 청해도 될까요?
Darf ich mich mit Ihnen verabreden?

이번 토요일에 데이트할까요?
Wollen Sie sich am Samstag mit mir verabreden?

저와 데이트해주시겠어요?
Möchten Sie sich mit mir verabreden?

저와 함께 저녁식사를 하시겠어요?
Wollen Sie mit mir zu Abend essen?

파티에 함께 갈 파트너가 없어요.
Ich habe keine Begleitung für die Party.

파티에 함께 갈 파트너가 없어요.
Ich habe keine Partnerin, mit der ich zur Party gehen kann.

다음에 하지요.
Vielleicht ein andermal!

바람맞히지 마세요.
Versetzen Sie mich nicht!

바람맞히지 마.
Versetze mich bitte nicht!

데이트를 즐길 때

왜 이렇게 가슴이 두근거리지?
Warum bin ich so aufgeregt?

당신과 함께 있어서 기뻐요.
Ich freue mich, dass Sie hier sind.

다음에는 뭘 하지요?
Was sollen wir als nächstes tun?

집까지 바래다줄게요.
Ich begleite Sie nach Hause.

집까지 태워다드려도 될까요?
Darf ich Sie nach Hause begleiten?

> Tipp 이때 동사 bringen을 쓸 수도 있다.

또 만나주시겠어요?
Wollen Sie mich wieder sehen?

우리 다시 만날 수 있을까요?
Können wir uns wieder sehen?

언제 우리 다시 만날 수 있을까요?
Wann können wir uns wieder treffen?

어머, 늦었어요. 집에 가야해요.
Oh, es ist schon spät. Ich muss nach Hause.

 이 말은 Ich muss nach Hause gehen.과 같은 말이다.

오늘 아주 재미있었습니다.
Ich habe mich heute sehr amüsiert.
오늘 아주 즐거웠어요.
Das war ein schöner Tag mit Ihnen.
저는 오늘 만남이 즐거웠어요.
Unser Treffen hat mir heute große Freude bereitet.

애정을 표현할 때

 애정을 표현할 정도의 사이는 '친숙한 사이'이다. 따라서 상대방을 Sie라고 하기 보다는 du라고 부르는 게 바른 표현이다.

당신은 나에게 무척 소중해요.
Du bist sehr wichtig für mich!
당신은 나에게 무척 소중해요.
Du bist mein Schatz!

 der Schatz 보물, 여기서는 '소중한 사람' ; Schatz! 여보.

당신은 아름다워요.
Du bist wunderschön!
당신 정말 예뻐요.
Du bist wirklich wunderschön!
당신이 최고예요.
Du bist Spitze!
난 네가 너무 좋아.
Ich mag dich sehr gerne.
나는 당신이 너무 보고 싶어요.
Ich vermisse dich sehr.
언제나 당신을 생각하고 있어요.
Ich denke immer an dich.

나는 내내 당신을 생각하고 있어요.
Ich denke die ganze Zeit an dich.

당신이 곁에 없으면 불안해요.
Ich fühle mich nicht wohl, wenn du nicht an meiner Seite bist.

나는 당신에게 빠진 것 같아요.
Ich glaube, ich habe mich in dich verliebt.

나는 그녀와 사랑에 빠졌어요.
Ich bin in sie verliebt.

나는 그 남자와 사랑에 빠졌어요.
Ich bin in ihn verliebt.

난 너에게 반했어.
Ich habe mich in dich verknallt.

첫눈에 그녀에게 반했어요.
Auf den ersten Blick habe ich mich in sie verliebt.

나는 그 여자를 짝사랑하고 있어요.
Meine Liebe zu ihr bleibt unerwidert.

 Ich liebe sie vergeblich.

당신을 알게 되어 정말 행운이에요.
Ich bin sehr glücklich, dass ich Sie kennen gelernt habe.

사랑을 고백할 때

당신에게 아주 반했습니다.
Du bist mir sehr sympathisch.

 Ich habe ein Faible für dich.라고 할 수 있지만 이것보다는 위 표현이 더 정확하다.

난 너에게 미쳤어.
Ich bin verrückt nach dir.

당신과 사귀고 싶어요.
Ich möchte Sie gerne kennen lernen.

당신과 만날 약속을 하고 싶어요.
Ich möchte mich mit Ihnen verabreden.

당신의 모든 걸 사랑해요.
Ich liebe dich über alles.

당신을 진심으로 사랑합니다.
Ich liebe dich von ganzem Herzen.

당신을 사랑해.
Ich liebe dich!

당신을 누구보다 사랑합니다.
Ich liebe nur dich.

당신과 함께 있고 싶어요.
Ich möchte mit dir zusammen sein.

영원히 당신을 사랑할거예요.
Ich werde dich ewig lieben.

절교를 표현할 때

이제 네가 싫증이 나.
Du langweilst mich!

네가 미워.
Ich hasse dich!

깨끗이 헤어지자.
Trennen wir uns!

너와 끝이야.
Ich bin mit dir fertig!

이것으로 끝이야.
Es ist aus!

우리 헤어져야겠어.
Wir sollten uns trennen.

언젠가 이렇게 될 줄 알았어.
Ich wusste schon, dass so etwas kommen würde.

이제 쫓아다니지 마.
Lauf mir nicht nach!

너와 헤어지고 싶지 않아.
Ich möchte mich nicht von dir trennen.

처음부터 다시 시작해.
Fangen wir wieder von vorne an!

그냥 친구로 있는 게 더 좋겠어.
Es wäre viel besser, wenn wir nur Freunde wären.

나를 제발 포기하지 마.
Gib mich doch nicht auf!

16 결혼과 출산

교제를 하다가 상대방에게 청혼을 할 때 „Willst du mich heiraten?"(나와 결혼해 줄래요?)라고 하고, 청혼을 받아들일 때는 „Ich nehme deinen Heiratsantrag an."(당신의 청혼을 받아들일게요.)라고 한다. 그 외에 „Sind Sie verheiratet?"(결혼하셨어요?) „Ich bin verheiratet."(결혼했습니다.) „Ich bin ledig."(저는 미혼입니다.)라고 말한다.

청혼할 때

안드레아스가 나에게 청혼했어.
Andreas hat mir einen Heiratsantrag gemacht.

저와 결혼해주시겠어요?
Willst du mich heiraten?

우리 결혼할까요?
Lass uns heiraten!

당신과 결혼하고 싶습니다.
Ich möchte dich heiraten.

내 아내가 되어 줄래요?
Willst du meine Frau werden?

당신과 인생을 함께 하고 싶어요.
Ich möchte mit dir mein Leben teilen.

저에게 지금 청혼하는 거예요?
Machen Sie mir jetzt einen Heiratsantrag?

당신의 청혼을 받아들일게요.
Ich nehme deinen Heiratsantrag an.

저도 당신을 영원히 사랑할게요.
Ich will mit dir für immer zusammen bleiben.

약혼에 대해서

우리는 이번 달에 약혼합니다.
Wir verloben uns in diesem Monat.

우리는 이번 달에 약혼했습니다.
Wir haben uns in diesem Monat verlobt.

저는 레나테와 약혼한 사이입니다.
Ich bin mit Renate verlobt.

저는 그와 약혼한 사이입니다.
Ich bin mit ihm verlobt.

저 여자는 임자가 있어요?
Ist sie schon vergeben?

그럼요, 벌써 약혼했어요.
Ja, sie ist schon verlobt.

그는 내가 약혼한 줄 알아요.
Er glaubt, dass ich schon verlobt.

그는 로만 양의 약혼자입니다.
Er ist der Verlobte von Frau Lohmann.

결혼에 대해서

결혼하셨어요?
Sind Sie verheiratet?

언제 결혼하셨습니까?
Seit wann sind Sie verheiratet?

결혼한 지 얼마나 됐습니까?
Wie lange sind Sie schon verheiratet?

신혼부부시군요.
Sie sind ein frischvermähltes Ehepaar.

우리는 중매 결혼했어요.
Wir haben uns durch eine Ehevermittlung geheiratet.

당신은 기혼입니까? 아니면 미혼입니까?
Sind Sie verheiratet oder ledig?

저는 아직 결혼하지 않았습니다.
Ich bin noch nicht verheiratet.

독신입니다.
Ich bin ledig.

결혼했습니다.
Ich bin verheiratet.

저는 결혼했습니다.
Ich habe geheiratet.

결혼은 안했지만, 행복합니다.
Ich bin nicht verheiratet, aber glücklich.

저는 결혼은 안했어도 불만은 없어요.
Ich bin ledig und glücklich damit.

이 사람이 제 아내입니다.
Das ist meine Ehefrau.

이 사람은 제 남편입니다.
Das ist mein Ehemann.

아직 결정하지 않았습니다.
Ich habe mich noch nicht entschieden.

언제 결혼할 예정입니까?
Wann wollen Sie heiraten?

우리는 다음 달에 결혼할 겁니다.
Wir werden nächsten Monat die Ehe schließen.

내년에 결혼하려고 합니다.
Wir haben vor, uns nächstes Jahr zu vermählen.

누구 생각해둔 사람 있어요?
Haben Sie jemanden ins Herz geschlossen?

나는 그와 결혼하기로 결심했어.
Ich habe mich entschieden, ihn zu heiraten.

그녀는 연하의 사람과 결혼했어요.
Sie hat einen jüngeren Mann geheiratet.

크리스티나는 그의 신부입니다.
Christina ist seine Braut.

> **tipp** 신랑 der Bräutigam; 처남, 동서 der Schwager; 처제, 시누이, 올케 die Schwägerin; 사위 der Schwiegersohn; 며느리 die Schwiegertochter; 시아버지, 장인 der Schwiegervater; 시어머니, 장모 die Schwiegermutter

결혼식에 대해서

그들은 결혼식 날짜를 정했나요?

Haben sie den Hochzeitstag schon anberaumt?

 anberaumen, festsetzen 어떤 날짜를 정하다, 날을 잡다.

미스터 박의 결혼날짜가 언제지요?

Wann ist der Hochzeitstag von Herrn Park?

당신은 언제 결혼식을 올리지요?

Wann feiern Sie Ihre Hochzeit?

그녀는 결혼하고 독일에 갔어요?

Sie hat nach Deutschland geheiratet.

그들은 수백 장의 결혼식 초대장을 보냈어요.

Sie haben Hunderte von Einladungskarten zu ihrer Hochzeitsfeier geschickt.

우리는 결혼식에 모든 친척들을 초대했어요.

Wir haben alle unsere Verwandten zur Hochzeit eingeladen.

행복한 결혼생활을 하시길 바래요.

Ich wünsche Ihnen, dass Sie in glücklicher Ehe leben.

행복하길 바랍니다.

Wir hoffen, dass Sie glücklich leben werden.

두 분 정말 멋있네요.

Sie beide passen wirklich gut zueinander.

이 부부는 잘 어울리는군요.

Diese Eheleute passen gut zueinander.

신부가 정말 아름답습니다.

Die Braut ist wirklich wunderschön.

신혼여행은 어디로 가실 겁니까?

Wohin wollen Sie Ihre Hochzeitsreise machen?

대단한 결혼식이었습니다.

Es war eine herrliche Hochzeitszeremonie.

임신과 출산에 대해서

나 임신했어.

Ich bin schwanger.

그녀는 임신 중이야.
Sie ist in anderen Umständen.

그녀가 벌써 임신했어?
Ist sie schon schwanger?

당신 임신하셨군요.
Sie sind schwanger.

 Sie bekommen ein Kind; Sie erwarten ein Baby; Sie sind guter Hoffnung도 같은 뜻이다.

제 아내가 임신 중이라는 사실을 여의사가 제게 넌지시 알려주었어요.
Die Ärztin hatte mir anvertraut, dass meine Frau guter Hoffnung sei.

 guter Hoffnung sein, in der Hoffnung sein "임신 중이다." sei는 간접화법일 때 사용되는 sein동사. 단수1인칭과 3인칭의 sein동사는 sei이다.

그녀는 임신 6개월입니다.
Sie ist im sechsten Monat.

출산 예정일이 언제입니까?
Wann ist der erwartete Tag der Geburt?

축하합니다. 임신했다고 들었습니다.
Gratuliere! Ich habe gehört, dass Sie ein Kind erwarten.

그녀는 아이를 분만하러 병원으로 갔어요.
Sie ist ins Krankenhaus gegangen, um ein Kind zu gebären.

남자아이입니까, 여자아이입니까?
Ist Ihr Baby ein Junge oder ein Mädchen?

아기가 누구를 닮았나요?
Wem sieht das Kind ähnlich?

별거와 이혼에 대해서

별거중입니다.
Ich lebe getrennt.

우리 부모는 별거중이야.
Meine Eltern leben von einander getrennt.

우리 부모님은 이혼하셨어.
Meine Eltern haben sich scheiden lassen.

이혼합시다.
Lassen wir uns scheiden!

당신이 싫은 건 아니지만, …
Ich habe das Interesse für dich nicht verloren, aber …

우리 관계는 어디서 잘 못 되었나요?
Wo ist unsere Beziehung in die Brüche gegangen?

이혼했습니다.
Ich bin geschieden.

우리 결혼생활은 재미가 없어요.
Unser Eheleben ist langweilig.

우리는 곧 이혼할 예정입니다.
Wir haben vor, uns bald scheiden zu lassen.

저는 지난겨울에 그녀와 헤어졌어요.
Ich habe mich im letzten Winter von ihr scheiden lassen.

그들은 결국 서로 이혼했어요.
Sie haben sich endlich scheiden lassen.

그는 최근에 재혼했습니다.
Neulich hat er zum zweiten Mal geheiratet.

직업과 직장생활

상대방과 친할 때 직업에 대해 직접 물어볼 수 있다. „Was sind Sie von Beruf?"(직업이 무엇입니까?) „Wo arbeiten Sie?"(어디서 근무하세요?)라고 물으며, „Ich bin Angestellte."(저는 회사원입니다.) „Ich bin Geschäftsmann."(저는 사업가입니다.)라고 대답한다. 사업에 대해서는 „Wie läuft Ihr Geschäft?"(사업은 잘 되어갑니까?) „In welcher Firma arbeiten Sie?"(어느 회사에서 근무하십니까?)라고 한다.

직업을 물을 때

직업이 무엇인지 여쭈어 봐도 될까요?

Was machen Sie beruflich, wenn man fragen darf?

직업이 무엇입니까?

Was sind Sie von Beruf?

어떤 일에 종사하십니까?

Womit beschäftigen Sie sich?

어떤 업종에 종사하십니까?

In welcher Branche sind Sie tätig?

어떤 일을 하고 계십니까?

Was für eine Arbeit haben Sie?

실례지만, 지금 어떤 일을 하고 계십니까?

Entschuldigen Sie, was machen Sie beruflich?

당신 직업은 무엇입니까?

Was ist Ihr Beruf, wenn man fragen darf?

직업을 알려주시겠습니까?

Könnten Sie mir mitteilen, was Sie von Beruf sind?

어떤 직업을 갖고 계십니까?

Was ist Ihr Beruf?

거기서 무슨 일을 하십니까?

Was machen Sie da?

직업이 뭐라고 하셨지요?

Was sind Sie von Beruf?

어디서 근무하십니까?
Wo arbeiten Sie?
하시는 일은 마음에 듭니까?
Gefällt Ihnen Ihr Beruf?

직업을 말할 때

출판업에 종사하고 있습니다.
Ich beschäftige mich mit dem Verlagsgeschäft.
증권 분석가입니다.
Ich bin Börsenanalytiker.
저는 증권중개인으로 일하고 있습니다.
Ich bin als Börsenmakler tätig.
저는 프로그래머로 일하고 있습니다.
Ich arbeite als Programmiererin.
저는 회사원입니다.
Ich bin Angestellte.
저는 기자입니다.
Ich bin Reporter.
저의 어머니는 주부입니다.
Meine Mutter ist Hausfrau.
언니는 교사예요.
Meine Schwester ist Lehrerin.
누나는 유치원 선생님입니다.
Meine Schwester ist Kindergärtnerin.
저는 스튜어디스입니다.
Ich bin Flugbegleiterin.
저의 아버지는 자영업자입니다.
Mein Vater ist Selbständiger.

 selbständig 라고도 한다.

저는 봉급생활자입니다.
Ich bin Gehaltsempfänger.
그는 지금 실업자입니다.
Er ist im Moment Arbeitsloser.

저는 보험사에 다니고 있습니다.
Ich bin in der Versicherungsbranche.

부업으로 보험 영업을 하고 있습니다.
Ich mache das Versicherungsgeschäft als Nebenbeschäftigung.

저는 부업으로 자동차 영업을 하고 있습니다.
Ich bin Autoverkäufer im Nebenjob.

저는 사업가입니다.
Ich bin Geschäftsmann.

저의 형은 공무원입니다.
Mein Bruder ist Beamter.

그녀는 공무원입니다.
Sie ist Beamtin.

저는 기술자입니다.
Ich bin Ingenieur.

그는 정비사입니다.
Er ist Mechaniker.

저는 프리랜서입니다.
Ich bin Freiberufler.

저는 요리사입니다.
Ich bin Koch.

> der Koch 요리사, die Köchin 여자 요리사

저는 회사 소장입니다.
Ich bin Direktor bei einer Firma.

저는 대학생입니다.
Ich bin Student.

제 오빠는 통역사입니다.
Mein Bruder ist Dolmetscher.

저의 아버지는 은행에서 근무하십니다.
Mein Vater arbeitet bei einer Bank.

저의 아버지는 작은 사업체를 운영하십니다.
Er führt einen kleinen Betrieb.

저의 누나는 대기업에서 일하고 싶습니다.
Ich möchte bei einem großen Unternehmen arbeiten.

어느 회사에서 근무하는데요?
Bei welcher Firma arbeitet sie?

벤츠에서 다녀요.
Bei Mercedes-Benz.

저는 약국에서 시간제로 일합니다.
Ich arbeite Teilzeit in einer Apotheke.

저는 방학 중에 시간제로 일하고 싶습니다.
Ich möchte in den Ferien stundenweise arbeiten.

사업을 물을 때

당신은 직업에 만족하십니까?
Sind Sie mit Ihrem Beruf zufrieden?

사업이 어떻습니까?
Wie geht Ihr Geschäft?

컴퓨터 업계는 어떻습니까?
Wie läuft das Computergeschäft?

사업은 잘 되어갑니까?
Wie läuft Ihr Geschäft?

사업은 잘 되어갑니까?
Was macht Ihr Geschäft?

새로 시작한 사업은 어떻습니까?
Wie geht Ihr neues Geschäft?

당신의 회사에 대해 말씀해 주십시오.
Erzählen Sie mir bitte von Ihrer Firma!

사업에 대해 말할 때

당신은 마치 이 사업을 위해 태어난 사람 같습니다.
Sie sind wie geschaffen für dieses Geschäft.

 geschaffen은 schaffen의 완료분사형. 원래 "만들어진"이란 뜻이다.

그리 나쁘지 않습니다.
Das Geschäft ist nicht so schlecht.

그렇게 좋지 않습니다.
Das Geschäft ist sehr flau.

사업이 잘 됩니다.
Mein Geschäft ist lebhaft.

사업이 호황입니다.
Mein Geschäft ist im Hochbetrieb.

사업이 잘 안됩니다.
Mein Geschäft läuft nicht gut.

최근에 적자를 보고 있습니다.
Wir schreiben in letzter Zeit rote Zahlen.

늘 어렵습니다.
Das Geschäft ist in der Klemme.

그의 회사는 위험에 처했습니다.
Seine Firma ist in Schwierigkeiten geraten.

그럭저럭 버텨 나가고 있습니다.
Ich komme über die Runden.

그럭저럭요.
So leidlich.

그는 재정적인 곤란을 겪고 있습니다.
Er ist in finanzielle Schwierigkeiten geraten.

그의 사업은 파산상태입니다.
Sein Geschäft steht vor dem Bankrott.

장사가 안 되어서 큰일입니다.
Mein Geschäft ist in der Klemme.

제 사업은 활황입니다.
Mein Geschäft ist rege.

직장에 대해

어디서 근무합니까?
Wo arbeiten Sie?

어느 회사에 근무하십니까?
In welcher Firma arbeiten Sie?

회사는 어디 있습니까?
Wo liegt Ihre Firma?

사무실은 어디죠?
Wo liegt Ihr Büro?

직책이 무엇입니까?
Welche Position haben Sie?

그 회사에서 어떤 일을 하십니까?
Was machen Sie in der Firma?

무슨 일을 담당하시지요?
Wofür sind Sie zuständig?

저는 수출부 담당입니다.
Ich bin für die Exportabteilung zuständig.

저는 기획부에서 근무합니다.
Ich arbeite in der Planungsabteilung.

저는 무역회사에 근무하고 있습니다.
Ich arbeite in einer Handelsfirma.

영업부에서 근무 중입니다.
Ich bin in der Verkaufsabteilung tätig.

하시는 일 중에 무엇이 마음에 드세요?
Was gefällt Ihnen an Ihrer Arbeit?

출퇴근에 대해서

무엇을 이용해서 출근하십니까?
Womit fahren Sie zur Arbeit?

대개 지하철을 이용해서 출근합니다.
Ich fahre meistens mit der U-Bahn zur Arbeit.

몇 시에 출근합니까
Um wie viel Uhr gehen Sie in die Firma?

7시 반에 출근합니다.
Um halb acht gehe ich zur Arbeit.

몇 시까지 출근입니까?
Um wie viel Uhr müssen Sie anwesend sein?

9시까지 회사에 도착해야만 합니다.
Bis 9 Uhr muss man in der Firma sein.

몇 시에 직장 일이 시작되나요?
Um wie viel Uhr beginnt Ihre Arbeit?

아파서 직장에 지각했어요.
Ich bin spät zum Dienst gekommen, weil ich krank bin.
사무실이 집에서 가깝습니다.
Das Büro liegt in der Nähe von meiner Wohnung.
지각한 적은 없습니까?
Sind Sie nie zu spät zur Arbeit gekommen?
몇 시에 퇴근하십니까?
Um wie viel Uhr haben Sie Feierabend?

근무에 대해서

거기서 근무하신 지는 얼마나 됐습니까?
Wie lange haben Sie da gearbeitet?
회사는 언제 입사했습니까?
Wann sind Sie in die Firma eingetreten?
근무시간이 어떻게 됩니까?
Wie sind Ihre Geschäftszeiten?
9시부터 5시까지 근무합니다.
Ich arbeite von 9 Uhr vormittags bis 5 Uhr nachmittags.
우리는 3교대로 근무합니다.
Wir arbeiten in drei Schichten.
다음 달부터 격주제로 근무합니다.
Ich arbeite ab dem nächsten Monat alle 14 Tage.
토요일에는 쉽니다.
Am Samstag ruhe ich mich von der Arbeit aus.
주말에는 쉽니다.
Am Wochenende haben wir keine Arbeit.
저는 오늘 야근입니다.
Ich habe heute Nachtdienst.

상사와 부하 직원에 대해

상사가 누구입니까?
Wer ist Ihr Vorgesetzter?
당신은 상사와의 사이가 어떠세요?
Wie treten Sie mit Ihrem Vorgesetzten in Verbindung?

저는 제 상사를 존경합니다.
Ich respektiere meinen Chef.

그분은 매우 관대합니다.
Er ist sehr großzügig.

그는 잔소리가 심해요.
Er nörgelt stets.

그는 변덕이 심한 사람입니다.
Er ist ein wahres Chamäleon.

 ein wahres Chamäleon '진짜 카멜레온'이란 말은 "변덕이 심한 사람"이란 의미다.

그는 정말 괜찮은 분입니다.
Er ist sehr nett.

이 문제는 상사와 상의해봐야 합니다.
Darüber muss ich mich mit dem Chef besprechen.

제가 보증하건데 저의 사장님은 믿을만한 분입니다.
Mein Chef ist zuverlässig, für ihn lege ich meine Hand ins Feuer.

 für jn. die Hand/seine Hand ins Feuer legen 보증하다, 맹세하다. 원뜻: …를 위하여 자기의 손을 불에 넣다.

새 지점장은 매우 활동적이어서 모든 일에 간섭합니다.
Der neue Filialleiter ist äußerst bedeutend und hat überall seine Hand im Spiel.

 überall die Hand/seine Hand im Spiel haben 만사에 간섭하다.

그 팀장과는 도저히 지내기 어려워서 저는 그 프로젝트에서 빠지겠습니다.
Ich springe von dem Projekt ab, denn mit dem Leiter ist einfach kein Auskommen.

 mit jm. ist kein Auskommen "…와 사귀기 어렵다"

나도 그와 사이가 나빠져서 다른 사람과 상의해야 해요.
Ich muss mich an jemanden anderen wenden, denn bei ihm habe ich auch ausgespielt.

 bei jm. ausgespielt haben "…와 사이가 벌어지다"

모두들 빠짐없이 다 협조해야 합니다.
Alle durch die Bank müssen mithelfen.

> durch die Bank "빠짐없이"라는 뜻의 구어(口語)이다.

우리는 이 프로젝트를 9월 30일까지 마무리해야 합니다.
Wir müssen das Projekt bis zum dreißigsten September unter Dach und Fach bringen.

> etwas unter Dach und Fach bringen "…을 마무리하다"/"완결 짓다"

승진에 대해서

내년에는 승진하시길 바랍니다.
Ich hoffe, dass Sie im nächsten Jahr befördert werden.

저는 과장으로 승진했습니다.
Ich bin zum Abteilungsleiter befördert worden.

저는 부장으로 승진했어요.
Ich bin zum Leiter befördert worden.

저희 회사에서는 승진하기가 어려워요.
In meiner Firma ist es schwer, befördert zu werden.

저에게는 강력한 후원자가 있습니다.
Ich habe einen tatkräftigen Unterstützer.

그의 승진은 이례적이었습니다.
Seine Beförderung war unüblich.

승진은 성적에 달렸어요.
Die Beförderung ist von der Leistung abhängig.

당신이 다음 승진대상자입니다.
Sie sind der Nächste in der Reihe.

그는 승진을 위해서는 노력을 아끼지 않는 여자입니다.
Sie scheut keine Mühe, befördert zu werden.

그는 목표를 달성하기 위해 노력을 아끼지 않았습니다.
Er scheute keine Mühe, sein Ziel zu erreichen.

승진을 축하드립니다.
Ich gratuliere Ihnen zur Beförderung!

휴가에 대해서

휴가를 어디로 가실 겁니까?
Wohin wollen Sie in Urlaub fahren?

휴가 때 이탈리아에 가실 겁니까?
Würden Sie nach Italien in den Urlaub fahren?

어디로 휴가를 다녀오셨어요?
Wohin sind Sie in den Urlaub gefahren?

휴가는 며칠이나 됩니까?
Wie lange ist Ihr Urlaub?

휴가 기간은 얼마나 됩니까?
Wie lange dauert Ihr Urlaub?

실제로 일 년에 휴가를 몇 번이나 받습니까?
Wie viel Urlaub im Jahr bekommt man eigentlich?

휴가를 신청하였습니까?
Haben Sie Ihren Urlaubsantrag gestellt?

 einen Antrag stellen 신청서를 제출하다.

휴가를 신청하고 싶습니다.
Ich möchte um Urlaub bitten.

당신의 휴가는 언제 시작됩니까?
Wann beginnt Ihr Urlaub?

저는 할 일이 너무 많아서 휴가를 못갑니다.
Ich fahre nicht in den Urlaub, denn ich habe zu viel zu tun.

너무 바빠서 휴가를 가질 여유가 없어요.
Ich habe zu viel zu tun, um mir freizunehmen.

너무 바빠서 휴가를 갈 여유가 없어요.
Ich habe zu viel zu tun, um in den Urlaub zu fahren.

휴가 계획을 세우셨습니까?
Haben Sie Ihren Urlaub geplant?

휴가 중에 무엇을 할 것인지 생각해보셨습니까?
Haben Sie sich schon überlegt, was Sie im Urlaub machen wollen?

휴가 때요? 아니오, 저는 아직 생각해보지 않았습니다.
Im Urlaub? Nein, das habe ich mir noch nicht überlegt.

저는 제대로 휴식을 취하고 싶습니다.
Ich möchte mich richtig erholen.

저는 오랫동안 휴가를 더 이상 얻지 못했습니다.
Ich habe lange keinen Urlaub mehr gehabt.

그녀는 지금 병가 중입니다.
Sie ist im Krankenurlaub.

그녀는 지금 출산 휴가 중입니다.
Sie ist im Mutterschaftsurlaub.

휴가 재미있게 보내세요.
Ich wünsche Ihnen einen guten Urlaub.

> 그 외에 Viel Vergnügen im Urlaub! Gute Fahrt! Gute Reise!

휴가를 어디서 보낼 겁니까?
Wo wollen Sie Ihren Urlaub verbrigen?

휴가를 어디로 가고 싶으세요?
Wohin wollen Sie in den Urlaub fahren?

저는 벌써 휴가가 기대됩니다.
Ich freue mich schon auf die Ferien.

사직과 퇴직에 대해서

도대체 왜 사직했어요?
Warum sind Sie abgetreten?

나는 사표를 내겠습니다.
Ich will die Kündigung einreichen.

당신 회사는 정년이 몇 살입니까?
Was ist das Pensionsalter in Ihrer Firma?

그만두기로 결심했어요.
Ich habe mich entschieden, meine Stelle aufzugeben.

이 일에는 안 맞는 것 같아요.
Ich glaube, ich bin nicht geeignet für diese Art von Arbeit.

언제 퇴직하십니까?
Wann treten Sie in den Ruhestand?

저는 지금 놀고 있습니다.
Ich bin zurzeit arbeitslos.

그는 해고됐어요.
Er wurde entlassen.

그 사람 해고 됐어요?
Ist er entlassen?

많은 사람들이 작년에 면직되었습니다.
Viele Angestellte wurden im letzten Jahr entlassen.

18 구직과 취업

일자리를 구할 때는 „Ich suche eine Arbeit."(저는 일을 찾고 있습니다.) „Ich suche eine Stelle."(저는 일자리를 찾고 있는 중입니다.) „Haben Sie eine freie Stelle?"(일자리가 있습니까?)라고 말하자. 인터뷰에서도 „Was wissen Sie über uns?"(우리 회사에 대해 무엇을 알고 있습니까?) „Was haben Sie denn bisher gemacht?"(지금까지 무슨 일을 하셨습니까?)라고 물어보니까, 아래에 있는 표현들을 응용해서 대답할 수 있어야 한다.

일자리를 구할 때

저는 일을 찾고 있습니다.
Ich suche eine Arbeit.

일자리를 찾고 계세요?
Suchen Sie eine Stelle?

저는 일자리를 찾고 있습니다.
Ich suche eine Stelle.

요즘 일자리 구하기가 너무 힘들어요.
Es ist zurzeit schwer, eine Arbeitsstelle zu finden.

아르바이트 일자리 찾기가 쉽지 않아요.
Es ist nicht so leicht, eine Teilzeitstelle zu finden.

나는 도서관에 아르바이트 자리 하나 구했어.
Ich habe eine Halbtagsarbeit in der Bibliothek gefunden.

그는 드디어 회사에 일자리를 구했습니다.
Endlich hat er eine Stelle in einer Firma bekommen.

그는 종종 일자리를 바꾸었습니다.
Er hat häufig seine Anstellung gewechselt.

당신이 일자리를 얻게 될 가능성은 충분합니다.
Ihre Chancen stehen gut.

저는 취직면접을 준비하고 있습니다.
Ich vorbereite mich auf das Bewerbungsgespräch vor.

그녀는 일자리를 잃었어요.
Sie ist arbeitslos.

일자리를 잡도록 노력하십시오.
Versuchen Sie eine Stelle zu finden!

취직만 되면 좋겠습니다.
Ich wünschte, ich hätte einen Job bekommen.

올해는 취직을 할 겁니다.
Dieses Jahr will ich eine Stellung antreten.

제가 운전을 할 줄 알아야 합니까?
Muss ich fahren können?

예, 우리는 운전을 할 줄 아는 사람이 하나 필요합니다.
Ja, wir brauchen einen, der fahren kann.

> einen은 불특정대명사 남성4격이고, der는 관계대명사 남성1격이다. 관계문에서는 동사가 문장의 맨 뒤에 위치한다.

당신은 무엇으로써 일하고 싶습니까?
Als was möchten Sie arbeiten?

저는 운전사로 일하고 싶습니다.
Ich möchte als Fahrer arbeiten.

제가 조립공 일자리를 얻을 수 있는지 알고 싶습니다.
Ich möchte wissen, ob ich die Stelle als Montagearbeiter bekommen kann?

면접에 응할 때

귀사에 일자리가 있습니까?
Haben Sie eine freie Stelle?

귀사에 지원하고 싶습니다.
Ich möchte mich um eine Stelle in Ihrer Firma bewerben.

어떻게 지원하면 되지요?
Wie kann ich mich um eine Stelle bei Ihnen bewerben?

우리 회사를 어떻게 아셨습니까?
Woher haben Sie von uns gehört?

신문에 난 구인광고를 보았습니다.
Ich habe Ihr Stellenangebot in der Zeitung gelesen.

내일 면접 보러 올 수 있습니까?
Können Sie morgen zum Vorstellungsgespräch kommen?

나는 회사에서 내일 면접이 있습니다.
Ich habe morgen ein Vorstellungsgespräch bei einer Firma.

어떻게 하면 제가 면접을 볼 수 있습니까?
Wie kann ich das Vorstellungsgespräch führen?

이력서를 보내주십시오.
Schicken Sie uns Ihren Lebenslauf!

오늘 오셔서 면접을 받을 수 있습니까?
Könnten Sie heute zu uns kommen und an dem Vorstellungsgespräch teilnehmen?

면접 날짜와 시간이 정해졌나요?
Haben Sie schon einen Vorstellungstermin?

면접 때문에 아주 초조해요.
Ich bin so nervös beim Vorstellungsgespräch.

면접할 때 손을 어디 두어야 할지 모르겠어요.
Ich weiß nicht wohin mit meinen Händen beim Gespräch.

오늘 아침에 면접이 있었어요.
Ich hatte heute morgen ein Vorstellungsgespräch.

저는 면접을 잘 보았어요.
Mein Vorstellungsgespräch ist gut gelaufen.

지금 집에 오니까 제가 회사에 물어봤어야할 한 가지 중요한 질문을 빼먹은 게 생각났습니다.
Leider ist mir erst zu Hause eine wichtige Frage eingefallen, die ich die Firma gerne gefragt hätte.

언제 쯤 저에 대한 면접결과를 알 수 있을까요?
Wann kann ich erfahren, wie die Entscheidung gefallen ist?

면접을 할 때

왜 우리 회사에 지원했습니까?
Warum haben Sie sich bei uns beworben?

왜 이 직장에 관심을 가지시는지 먼저 물어봐도 될까요?
Darf ich Sie zu Beginn fragen, warum Sie sich für diese Stelle interessieren?

어떤 자격증을 가지고 계십니까?
Was sind Ihre Qualifikationen?

어떤 경력을 가지고 계십니까?
Welche Erfahrungen haben Sie?

이 직종에 경력이 좀 있습니까?
Haben Sie Erfahrungen in diesem Geschäft?

직업경력이나 실습 경험이 있습니까?
Haben Sie Berufserfahrungen gesammelt oder Praktika gemacht?

 das Praktikum의 복수형 die Praktika "실습"

다른 지식이 또 있습니까? 예를 들면 컴퓨터나 어학실력 같은 거 있습니까?
Haben Sie noch andere Kenntnisse? Zum Beispiel: Computer-oder Sprachkenntnisse?

다른 회사에 지원해본 적 있습니까?
Haben Sie sich schon irgendwo beworben?

지금까지 무슨 일을 하셨습니까?
Was haben Sie denn bisher gemacht?

노동허가서는 있습니까?
Haben Sie eine Arbeitsgenehmigung?

우리 회사에 대해 무엇을 알고 계십니까?
Was wissen Sie über uns?

직장을 옮길 생각을 한 번도 해본 적이 없습니까?
Haben Sie nie daran gedacht, die Stelle zu wechseln?

본인에 대해 설명해보십시오.
Erzählen Sie bitte etwas über sich selbst!

당신의 강점들과 약점들 중 어떤 것을 당신의 아버지께서는 언급하실까요?
Welche Ihrer Stärken und Schwächen würde Ihr Vater benennen?

어떤 일을 하고 싶습니까?
Welche Tätigkeit möchten Sie machen?

어떤 활동을 좋아하지 않습니까?
Welche Tätigkeiten mögen Sie nicht?

어떤 종류의 활동분야에서 일을 시작하고 싶습니까?
In welche Tätigkeit möchten Sie sich einarbeiten?

왜 직장을 바꾸시려고 합니까?
Warum wollen Sie Ihren Arbeitsplatz wechseln?

왜 직장을 바꾸기로 생각하셨습니까?
Warum haben Sie daran gedacht, die Stelle zu wechseln?

왜 현재의 회사를 떠나려고 합니까?
Warum wollen Sie Ihre derzeitige Firma verlassen?

지금껏 결정해야만 했던 가장 어려운 결정은 무엇이었습니까?
Was war die schwierigste Entscheidung, die Sie je treffen mussten?

시간 압박을 받으면서 일할 수 있습니까?
Können Sie unter Termindruck arbeiten?

계속 교육을 받기 위해 무엇을 읽고 있습니까?
Was lesen Sie, um sich weiterzubilden?

여가시간을 어떻게 보내십니까?
Wie verbringen Sie Ihre Freizeit?

팀에서 일하고 싶습니까?
Möchten Sie im Team arbeiten?

팀에서 생긴 갈등을 어떻게 해결합니까?
Wie lösen Sie Konflikte im Team?

파트타임으로 일할 수 있습니까?
Können Sie Teilzeit arbeiten?

수작업 하는 일을 할 수 있나요?
Können Sie etwas mit den Händen machen?

주말에도 일할 수 있습니까?
Können Sie auch am Wochenende arbeiten?

월급을 얼마나 받고 싶으십니까?
Was würden Sie gerne verdienen?

급료를 어느 정도 생각하고 계십니까?
Wie viel Gehalt wollen Sie?

5년 후, 10년 후 또는 15년 후에는 무엇이 되고자 합니까?
Was wollen Sie in fünf, zehn oder fünfzehn Jahren sein?

당신의 강점들 중 3가지와 약점 중 3가지를 말씀해보십시오.
Sagen Sie mir drei Ihrer Stärken und sagen Sie mir drei Ihrer Schwächen!

제가 당신을 왜 채용해야하죠? 세 가지 근거를 대보십시오.
Warum soll ich Sie einstellen! Sagen Sie mir drei Gründe!

우리 회사에서 직장생활을 시작한다면, 먼저 무엇을 할 겁니까?
Was tun Sie zuerst, wenn Sie bei uns anfangen?

그럼 근무 조건을 말씀드리겠습니다.
Dann sage ich Ihnen die Arbeitsbedingungen.

언제 시작할 수 있습니까?
Wann können Sie anfangen?

괜찮으시다면 오늘 즉시 할 수 있습니다.
Gleich heute, wenn es Ihnen recht ist.

면접장에서 대답하거나 질문할 때

저는 현재 작은 회사에 다니고 있는데, 그곳에서는 승진기회가 상당히 제한되어 있습니다.
Ich bin zurzeit bei einer kleinen Firma beschäftigt und da sind die Aufstiegsmöglichkeiten ziemlich begrenzt.

저는 이 회사에 다닌 지 5년 되었습니다.
Ich bin bei dieser Firma jetzt schon fünf Jahre.

제가 비록 처음에 일이 재미있다고 생각했지만, 이제는 저를 더 강력히 요구하고 더 많은 변화를 제공해주는 직장을 원합니다.
Obwohl ich die Arbeit anfangs interessant gefunden habe, möchte ich nun eine Stelle, in der ich stärker gefordert werde und die mehr Abwechslung bietet.

귀 회사는 큰 회사이고 확장 중에 있습니다.
Ihre Firma ist groß und befindet sich in der Expansion.

> 또는 in Begriffen sein zu expandieren …확장 중에 있다

제가 근무하고자하는 부서는 저에게 더 많은 활동여지를 제공할 것 같습니다.
Die Abteilung, in der ich arbeiten würde, gäbe mir viel mehr Spielraum.

취업비자 없이 일할 수 있습니까?
Kann ich ohne Arbeitsvisum arbeiten?

1주일에 몇 시간 일합니까?
Wie viele Stunden arbeiten Sie pro Woche?

일을 많이 해야 합니까?
Muss ich so viel arbeiten?

초과 근무를 많이 해야 합니까?
Muss ich so viele Überstunden machen?

초과근무 수당은 있습니까?
Bezahlen Sie die Überstunden?

보수는 얼마나 됩니까?
Wie hoch ist das Gehalt?

유급휴가는 몇 번 있습니까?
Wie viel bezahlten Urlaub kann ich machen?

직원 복지제도가 있습니까?
Haben Sie Sozialleistungen für Ihre Mitarbeiter?

연수교육을 받을 프로그램이 있습니까?
Haben Sie ein Fortbildungsprogramm?

제 선임자가 여기서 얼마동안 일을 했습니까?
Wie lange hat mein Vorgänger hier gearbeitet?

직급제도는 어떻게 되어 있습니까?
Was für ein Führungssystem haben Sie?

취직을 했을 때

저는 1년 동안 취업 준비를 했습니다.
Ich habe mich ein Jahr lang darauf vorbereitet, um eine Stelle zu finden.

그녀는 비서로 취직했습니다.
Sie hat eine Stelle als Sekretärin erhalten.

저는 취업했습니다.
Ich bin angestellt.

저는 인턴으로 취업했어요.
Ich bin zur Probe angestellt.

저는 병원에 정규직으로 취직됐습니다.
Ich bin fest im Krankenhaus angestellt.

Teil VII

전화와 메일 그리고 팩스에 대한 표현

01 전화통화
02 이메일과 팩스 사용
03 복사와 컴퓨터 사용

01 전화통화

음식점이나 공공장소에서 전화를 사용할 때는 정해진 공간에서만 사용해야 한다. 통화를 할 때는 간단하고 명확하게 발음을 하여야 의사전달이 잘 된다. 전화를 사용할 때 말할 수 있는 상황들과 표현들을 아래에 나열하였으니 충분히 연습해서 사용하면 된다.

전화를 걸기 전에

전화를 사용해도 되나요?
Darf ich Ihr Telefon benutzen?

여기서 핸드폰 좀 사용해도 되나요?
Darf ich hier mal mein Handy benutzen?

제가 핸드폰을 사용하면 방해가 될까요?
Störe ich Sie, wenn ich hier mein Handy benutze?

당신의 전화 좀 써도 될까요?
Könnte ich mal Ihr Telefon benutzen?

이 전화 좀 써도 될까요?
Könnte ich mal dieses Telefon benutzen?

이 전화 좀 써도 될까요?
Darf ich dieses Telefon benutzen?

제 핸드폰을 한 번 써 보세요!
Benutzen Sie bitte mein Handy!

공중전화 박스는 어디 있습니까?
Wo liegt die Telefonzelle?

공중전화는 어디 있는지 말씀 좀 해주실래요?
Können Sie mir sagen, wo die Telefonzelle liegt?

이 근처에 공중전화가 있습니까?
Gibt es eine Telefonzelle in der Nähe?

실례합니다. 저것이 공중전화입니까?
Entschuldigen Sie. Ist das eine Telefonzelle?

가까운 공중전화 박스는 어디 있습니까?
Wo ist die nächste Telefonzelle?

전화카드를 어디서 구입하지요?
Wo bekomme ich die Telefonkarte?

전화번호부가 있습니까?
Haben Sie ein Telefonbuch?

베를린의 지역번호는 몇 번 입니까?
Wie ist die Vorwahl von Berlin?

장거리 전화 부탁합니다.
Ein Ferngespräch, bitte.

어디서 전화를 걸 수 있습니까?
Wo kann man telefonieren?

저 앞 길 모퉁이에 있어요.
Davorn um die Ecke.

전화박스는 저 뒤 길모퉁이에 있어요.
Die ist dahinten links um die Ecke.

전화박스는 바로 저기 오른쪽에 있어요.
Die ist gleich dadrüben rechts.

전화를 걸 때

거기가 2017638입니까?
Ist da 2017638?(zwei null eins sieben sechs drei acht)?

여보세요. 저는 박입니다.
Hallo! Hier spricht Park.

저는 파울젠입니다.
Hier ist Paulsen.

저는 호른입니다.
Hier Horn.

서울에서 온 이 라고 입니다.
Hier Lee aus Seoul.

서울에서 온 김입니다.
Hier spricht Kim aus Seoul.

교환 47번 부탁합니다.
Ich möchte bitte Apparat 47.

켐퍼씨는 방에 계신가요?
Ist Herr Kemper in seinem Zimmer?

켐퍼씨 자리에 계십니까?
Ist Herr Kemper an seinem Platz?

마이어 씨 좀 바꿔주시겠습니까?
Ist Herr Meyer zu sprechen?

마이어 씨 좀 바꿔주시겠습니까?
Würden Sie mich bitte mit Herrn Wolf verbinden?

슈타이너 씨를 좀 바꿔주십시오.
Verbinden Sie mich bitte mit Herrn Steiner!

멜라니 좀 바꿔주세요.
Ist Melanie zu sprechen?

멜라니와 통화를 하고 싶습니다.
Ich möchte gerne Monika sprechen.

멜라니와 통화를 하고 싶습니다.
Ich möchte mit Monika sprechen.

파울젠 씨와 통화를 하고 싶습니다.
Ich hätte gern mit Herrn Paulsen gesprochen.

쾨르너 씨와 통화하고 싶은데 가능할까요?
Ich möchte gerne Herrn Körner sprechen. Geht das wohl?

볼프 부인이십니까?
Spreche ich mit Frau Wolf?

여보세요, 미스 강?
Hallo, Frau Kang?

슈나이더 씨 거기 계십니까?
Ist Herr Schneider da?

전화가 걸려왔을 때

전화 왔어요.
Telefon!

당신 찾는 전화 왔어요.
Telefon für Sie!

전화 왔어.
Telefon für dich!

내가 전화 받을게.
Ich gehe ans Telefon.

전화 좀 받아주세요.
Gehen Sie bitte ans Telefon!

전화 좀 받아주실래요?
Würden Sie den Anruf annehmen?

전화한 사람은 누구십니까?
Wer ist am Apparat?

누구십니까?
Wer spricht, bitte?

누구십니까?
Wer ist am Apparat bitte?

전화하신 분 누구시지요?
Mit wem spreche ich, bitte?

전화를 받을 때

내가 전화를 받을게.
Ich nehme den Hörer ab.

내가 전화를 받을게.
Ich komme ans Telefon.

여보세요.
Hallo.

김입니다.
Kim.

김입니다. 뭘 도와드릴까요?
Kim am Apparat. Wie kann ich Ihnen helfen?

전데요.
Am Apparat.

전데요.
Selbst am Apparat.

전데요.
Ja, bitte?

전화 주셔서 감사합니다.
Vielen Dank für den Anruf.

전화하시는 분은 누구시지요?
Mit wem spreche ich bitte?

전화하시는 분은 누구시지요?
Wer ist am Apparat?

마이어입니다. 전화하시는 분은 누구시지요?
Meier, wer spricht da bitte?

실례합니다만, 누구시지요?
Entschuldigung, wer spricht?

성함이 어떻게 되십니까?
Darf ich um Ihren Namen bitten?

성함이 어떻게 되시지요?
Wie ist Ihr Name, bitte?

죄송합니다. 성함이 뭐라고 하셨지요?
Entschuldigung, wie war der Name, bitte?

당신의 성함이 뭐라고 하셨지요?
Wie war Ihr Name, bitte?

성함을 알려주시겠습니까?
Wie heißen Sie, bitte?

죄송합니다만 성함을 잘 못 들었습니다.
Tut mir Leid, ich habe Ihren Namen nicht verstanden.

성함의 철자를 불러주시겠습니까?
Würden Sie Ihren Namen buchstabieren?

누구에게 전화를 하셨습니까?
Wen haben Sie angerufen?

누구에게 전화를 하셨습니까?
Mit wem möchten Sie sprechen?

무슨 용건인지 여쭤 봐도 될까요?
In welcher Angelegenheit, wenn man fragen darf?

무슨 용건입니까?
Worum handelt es sich, bitte?

문의하신 일에 관한 것입니다.
Es geht um eine Anfrage.

아주 급합니다.
Es ist dringend.

무엇을 도와드릴까요?
Was kann ich für Sie tun?

무엇을 도와드릴까요?
Wie kann ich Ihnen helfen?

무엇을 도와드릴까요?
Kann ich Ihnen behilflich sein?

제 전화번호를 드리겠습니다.
Ich gebe Ihnen mal meine Nummer.

그는 어느 부서에 근무합니까?
In welcher Abteilung arbeitet er?

어느 부서로 전화를 하셨습니까?
Welche Abteilung haben Sie denn angerufen?

다시 한 번 말씀해주시겠어요?
Ich muss doch sehr bitten!

다시 한 번 말씀해주시겠어요?
Erlauben Sie mal!

뭐라고 말씀하셨지요?
Wie bitte?

죄송합니다. 다시 한 번 말씀해주시겠어요?
Entschuldigung. Könnten Sie das bitte wiederholen?

죄송합니다. 좀 더 크게 말씀해주시겠어요?
Entschuldigung. Könnten Sie bitte lauter sprechen?

잘 안 들리는 데 좀 더 크게 말씀해주시겠어요?
Ich kann Sie nicht gut hören. Könnten Sie bitte lauter sprechen?

조금만 더 천천히 말씀해주십시오.
Könnten Sie bitte langsamer sprechen?

그렇게 빨리 말씀하시면 알아듣기가 좀 어렵습니다.
Es ist für mich schwer, Sie zu verstehen. wenn Sie so schnell sprechen.

죄송합니다. 제가 마지막 부분을 잘 듣지 못했습니다.
Entschuldigung. Was sagten Sie? Ich habe den letzten Teil nicht verstanden.

전화를 바꿔줄 때

누구를 바꿔드릴까요?
Wen soll ich melden, bitte?

누구를 바꿔드릴까요?
Wen möchten Sie sprechen?

잠깐만요.
Einen Moment.

잠깐만요.
Kleinen Moment, bitte.

연결해 드리겠습니다.
Ich verbinde Sie.

잠깐만요. 바꿔드리겠습니다.
Moment, ich verbinde!

잠깐만요. 바꿔드리겠습니다.
Kleinen Moment, ich verbinde Sie!

그에게 돌려드리겠습니다.
Ich stelle Sie zu ihm durch.

잠깐만요, 제 동료를 대 드릴게요.
Moment, ich gebe Ihnen meinen Kollegen.

제 여자 동료를 대 드릴게요.
Ich gebe Ihnen meine Kollegin.

봐이글 씨에게 전화를 돌려드리겠습니다.
Ich stelle Sie zu Herrn Waigl durch.

봐이글 씨, 전화입니다.
Herr Waigl, Telefon für Sie!

당신에게 전화 왔습니다.
Hier ist ein Anruf für Sie.

바꿔달라는데요?
Sie werden am Telefon verlangt.

쾨르너씨 전화입니다.
Frau Körner ist am Telefon.

쾨르너씨 전화입니다.
Ein Anruf von Frau Körner für Sie.

그대로 기다려주시겠어요?
Bleiben Sie bitte am Apparat!

그분에게 전화 받으라고 할게요.
Ich rufe ihn ans Telefon.

이쪽에서 전화할 때까지 끊고 기다려주십시오.
Legen Sie bitte auf und warten Sie, bis ich Sie zurückrufe.

기다리게 해서 죄송해요.
Es tut mir Leid, Sie warten zu lassen.

기다려주셔서 감사합니다.
Vielen Dank für Ihre Geduld.

그녀에게 전화 좀 받으라고 해주세요.
Sie soll mal eben ans Telefon kommen.

전화를 받을 수 없을 때

통화중입니다.
Die Leitung ist besetzt.

통화중입니다.
Die Leitung ist leider nicht frei.

통화중입니다.
Der Apparat ist belegt.

그는 통화중입니다.
Seine Nummer ist besetzt.

그는 여전히 통화중입니다.
Seine Nummer ist immer noch belegt.

미안합니다. 그녀는 아직 통화중입니다
Es tut mir Leid. Sie hängt noch am Telefon.

나중에 그에게 다시 전화를 주시겠어요?
Könnten Sie ihn später noch einmal anrufen?

누군가 다른 사람에게 돌려드릴까요?
Soll ich Sie zu jemandem durchstellen?

그는 바빠서 전화를 받을 수 없어요.
Er ist nicht zu sprechen.

지금 자리에 안 계세요.
Er ist momentan / im Moment nicht an seinem Platz.

그녀는 지금 연락이 안 됩니다.
Sie ist im Moment nicht zu erreichen.

볼프씨는 출장 가셨는데요.
Herr Wolf ist leider verreist.

문제 있으면 전화 드리겠습니다.
Ich rufe Sie an, wenn es Probleme gibt.

미안합니다. 슈바르츠씨는 지금 식사하러 가셨어요.
Es tut mir Leid. Herr Schwarz ist gerade zu Tisch.

30분 후에 그분이 돌아옵니다.
In einer halben Stunde kommt er zurück.
30분 후에 그분하고 다시 연락할 수 있습니다.
In einer halben Stunde ist er wieder zu erreichen.
그분은 지금 연락이 안 됩니다.
Er ist zurzeit nicht erreichbar.
그분이 전화를 받지 않습니다.
Er meldet sich nicht.
아무도 전화를 안 받아요.
Da meldet sich niemand.
아무도 전화를 안 받아요.
Der Teilnehmer meldet sich nicht.
지금 그는 전화를 받을 수 없을 것 같은 데요.
Ich fürchte, er kann sich jetzt nicht melden.
미안합니다. 그는 지금 몹시 바빠요.
Tut mir Leid. Er ist im Moment sehr beschäftigt.
그녀는 지금 외출중입니다. 곧 돌아올 겁니다.
Sie ist jetzt draußen. Sie kommt bald zurück.
그녀는 점심 식사하러 나갔습니다.
Sie ist zum Mittag essen gegangen.
그분은 내일 오후에야 돌아옵니다.
Er kommt erst morgen Nachmittag zurück.
그녀가 지금 잠시 자리를 비웠습니다.
Sie ist leider im Moment nicht hier.
그녀는 지금 집에 없어요.
Sie ist jetzt nicht zu Hause.
그녀는 아직도 자리에 없습니다.
Sie ist noch nicht da.
그는 지금 회사 내에 없습니다.
Sie ist jetzt nicht im Hause.
지금 회의 중입니다.
Er ist im Gespräch.
그는 상담(商談) 중입니다.
Er ist in einer Besprechung.
그는 휴가 중입니다.
Er ist in Urlaub.

그는 지금 외출 중입니다.
Er ist im Moment draußen.

그는 여기 없습니다.
Er ist nicht da.

그는 지금 사무실에 없습니다.
Er ist im Moment nicht im Büro.

그는 오늘 쉽니다.
Er macht heute einen Ruhetag.

죄송합니다만, 그는 지금 쾰른으로 출장 중입니다.
Es tut mir Leid. Er ist gerade auf Geschäftsreise nach Köln.

그는 퇴근했습니다.
Er hat Feierabend gemacht.

그는 출장 중입니다.
Er ist auf Geschäftsreise.

그는 출장 갔습니다.
Er ist verreist.

그는 지금 다른 전화를 받고 있습니다.
Er telefoniert gerade an einem arderen Apparat.

그분은 이제 여기서 일하지 않습니다.
Er arbeitet hier nicht mehr.

아주 급한 문제인데요, 그분 혹시 핸드폰 있나요?
Es geht um ein dringendes Problem, hat er vielleicht ein Handy?

어떻게 해야 그분과 전화 연결이 됩니까?
Wie kann ich ihn telefonisch erreichen.

당신과 통화하려면 어떻게 해야지요?
Wie kann ich Sie telefonisch erreichen?

나중에 제게 한 번 더 전화해 주시겠습니까?
Können Sie mich später noch einmal anrufen?

나중에 다시 전화해 주실 수 있습니까?
Können Sie später zurückrufen?

나중에 다시 전화해 주실 수 있습니까?
Könnten Sie später noch einmal anrufen?

나중에 한 번 더 전화 주십시오.
Rufen Sie später noch einmal an!

내일 아침에 다시 전화해 보세요.
Rufen Sie bitte morgen früh wieder an!

10분 후에 다시 전화해 보십시오.
Rufen Sie bitte in 10 Minuten wieder an.

9시 이후에 다시 전화해 주시겠습니까?
Können Sie nach 9 Uhr noch einmal anrufen?

나중에 한 번 더 전화해 주시겠습니까?
Können Sie später noch einmal anrufen?

언제 그녀와 통화할 수 있습니까?
Wann kann ich ihn anrufen?

언제 당신의 동료와 통화할 수 있습니까?
Wann kann ich mit Ihrem Kollegen sprechen?

언제쯤 그와 통화할 수 있겠습니까?
Wann kann ich ihn wohl sprechen?

다시 전화할 때

다시 전화하겠습니다.
Ich rufe Sie zurück.

나중에 다시 전화하겠습니다.
Ich rufe Sie später wieder zurück.

예, 나중에 한 번 더 전화하겠습니다.
Ja, ich probiere es später nochmal.

알았어요. 20분 후에 다시 전화하겠습니다. 고맙습니다.
O.K. Ich will es in 20 Minuten nochmal versuchen. Danke!

3시간 후에 다시 전화하겠어요.
Ich rufe Sie in 3 Stunden zurück.

로만씨께서 전화해 달라는 부탁을 받았습니다.
Ich sollte Herrn Lohmann anrufen.

그분과 직접 통화하고 싶습니다.
Ich möchte ihn persönlich sprechen.

Mrs. 폴만과 통화하려고 제가 이미 전화를 드렸었습니다.
Ich hatte vorhin schon mal vergeblich angerufen, um mit Frau Pohlmann zu sprechen.

이제 그녀와 통화할 수 있나요?
Kann ich sie jetzt wohl sprechen?

급합니다. 언제 돌아옵니까?
Es ist aber sehr dringend. Wann ist sie denn zu sprechen?

죄송합니다만, 모르겠습니다.
Das weiß ich leider nicht.

당신께 전화를 드리라고 폴만 씨께 전할까요?
Soll Frau Polmann Sie zurückrufen?

그러십시오. 그렇다면 제 번호를 알려드리죠.
Ja, bitte. Ich gebe Ihnen meine Nummer.

메시지를 받을 때

전할 말씀이 있습니까?
Haben Sie eine Nachricht?

그렇다면 제가 그것을 기록해 놓겠습니다.
Dann schreibe ich sie auf.

제가 전해드릴 말씀이 있습니까?
Kann ich etwas ausrichten?

그에게 메시지를 전달해 드릴까요?
Kann ich ihm Ihre Nachricht ausrichten?

그에게 뭐 좀 전달해 드릴까요?
Kann ich ihm etwas ausrichten?

그녀에게 뭔가 전해주어야 합니까?
Soll ich ihr etwas ausrichten?

제가 그들에게 뭐 좀 말해줘야 하나요?
Soll ich ihm etwas sagen?

제가 그녀에게 뭐라고 전할까요?
Was kann ich ihr ausrichten?

제가 그에게 뭐라고 전할까요?
Was kann ich ihm ausrichten?

제가 저의 사장님께 뭐라고 전할까요?
Was kann ich meinem Chef ausrichten?

그녀에게 당신의 메시지를 전해드릴까요?
Soll ich ihr etwas von Ihnen ausrichten?

그에게 전할 말씀이 있습니까?
Soll ich ihm etwas ausrichten?

그녀에게 전할 말씀이 있습니까?
Soll ich ihr etwas ausrichten?

그녀에게 메시지를 전해드릴까요?
Soll ich ihr eine Nachricht ausrichten?

메시지를 남기시겠습니까?
Möchten Sie eine Nachricht hinterlassen?

그에게 메시지를 남겨도 될까요?
Kann ich ihm eine Nachricht hinterlassen?

메시지를 받아둘까요?
Werde ich eine Nachricht von Ihnen erhalten?

당신이 다시 전화할 거라고 그에게 말할까요?
Soll ich ihm sagen, dass Sie zurückrufen?

그녀에게 전화 하라고 할까요?
Soll ich ihr sagen, dass sie zurückrufen soll?

댁의 전화번호를 가르쳐주실래요?
Darf ich Ihre Telefonnummer haben?

전화번호는 어떻게 됩니까?
Wie ist Ihre Telefonnummer?

메시지를 부탁할 때

그에게 메시지를 남기고 싶은데요.
Ich möchte ihm gerne eine Nachricht hinterlassen.

그에게 메시지를 전해주시겠습니까?
Können Sie ihm etwas ausrichten?

저에게 전화 달라고 그녀에게 전해주시겠습니까?
Könnten Sie ihr sagen, dass sie mich zurückrufen soll.

저에게 전화 달라고 그녀에게 전해주십시오.
Richten Sie ihr aus, dass sie mich heute noch anrufen soll.

제가 전화했다고 그에게 좀 전해주십시오.
Sagen Sie ihm bitte, dass ich ihn angerufen habe.

그가 저의 전화번호를 알고 있습니다.
Er hat meine Nummer.

그에게 제가 다시 전화하겠다고 좀 전해주십시오.
Richten Sie ihm aus, dass ich ihn zurückrufen möchte.

그냥 전화했다고 전해주십시오.
Sagen Sie ihm nur, dass ich angerufen habe.

메시지를 전해주겠다고 할 때

예, 그러지요.
Ja, gern.

좋습니다. 그렇게 하겠습니다.
Gut, mache ich.

그에게 직접 전하겠습니다.
Gut, das werde ich ihm ausrichten.

그럼요. 그녀에게 직접 말하겠습니다.
In Ordnung. Das werde ich ihr sagen.

알았습니다. 말씀 전해드리겠습니다.
In Ordnung. Das werde ich ausrichten.

좋습니다. 파첵씨께 그것을 알려드리겠습니다.
Gut, ich werde es Herrn Patzeck ausrichten.

전화 왔었다고 그에게 말씀드리겠습니다.
Ich sage ihm, dass Sie angerufen haben.

그에게 당신의 메시지를 전하겠습니다.
Ja, ich richte ihm Ihre Nachricht aus.

제가 그에게 곧 알려드리겠습니다.
Ich werde ihn gleich benachrichtigen.

제가 그녀에게 곧 알려드리겠습니다.
Ich werde sie gleich informieren.

제가 동료에게 나중에 알려주겠습니다.
Ich werde meinen Kollegen später verständigen.

전화를 잘 못 걸었을 때

죄송합니다. 전화를 잘 못 거셨습니다.
Es tut mir Leid. Sie haben die falsche Nummer gewählt.

죄송합니다. 전화 잘못 거셨습니다.
Tut mir Leid, Sie sind falsch verbunden.

전화 잘 못 거셨습니다.
Sie sind falsch verbunden.

전화번호가 틀립니다.
Sie haben die falsche Nummer.

전화 잘못 거셨습니다.
Falsch verbunden!

죄송합니다. 제가 잘못 걸었습니다.
Entschuldigen Sie, ich bin falsch verbunden.

제가 번호를 잘못 돌렸습니다.
Entschuldigung, ich habe mich verwählt.

몇 번에 거셨습니까?
Welche Nummer haben Sie gewählt?

전화번호를 다시 확인해보세요.
Überprüfen Sie die Nummer!

미안합니다. 여기는 로만이라는 사람이 없는데요.
Tut mir Leid. Hier gibt es niemanden namens Lohmann.

여기 그런 이름 가진 사람 없는데요.
Es gibt hier niemanden mit diesem Namen.

교환을 이용할 때

교환에게 걸려면 어떻게 해야 합니까?
Wie kann ich die Telefonauskunft erreichen?

교환입니다. 무얼 도와드릴까요?
Telefonauskunft. Wie kann ich Ihnen helfen?

수화기를 놓고 기다리십시오.
Legen Sie den Hörer auf und warten Sie, bitte!

끊지 말고 그대로 계십시오.
Bleiben Sie am Apparat, bitte!

교환, 잘못 연결되었습니다.
Auskunft, ich bin falsch verbunden worden.

기다려주시겠습니까?
Wollen Sie am Apparat bleiben?

상대방이 연결되었습니다. 통화하십시오.
Sie sind verbunden. Sprechen Sie bitte!

한국에서 수신인 지불통화 요청이 들어왔는데요.
Wir haben ein R-Gespräch aus Korea.

수화기를 받으시겠습니까?
Würden Sie den Hörer abnehmen?

요금을 부담하시겠습니까?
Wollen Sie die Gebühr übernehmen?

통화에 문제가 있을 때

잘 안 들립니다.
Ich höre Sie nicht gut.

거의 들리지 않습니다.
Ich kann Sie kaum hören.

회선상태가 안 좋습니다.
Wir haben eine schlechte Verbindung.

회선 장해가 있는데요.
Die Leitung ist gestört.

혼선입니다.
Jemand spricht dazwischen.

잘못된 번호를 주셨습니다.
Sie haben mir die falsche Nummer gegeben.

잘못된 번호로 연결되었습니다.
Sie haben mich falsch verbunden.

연결이 잘못된 것같습니다.
Ich glaube, die Verbindung ist gestört.

국제전화를 이용할 때

이 전화로 한국에 걸 수 있습니까?
Kann ich mit diesem Telefon nach Korea anrufen?

한국에 전화하고 싶은데요.
Ich möchte nach Korea telefonieren.

프랑스로 전화를 걸고 싶습니다.
Ich möchte nach Frankreich anrufen.

나는 스위스로 전화를 걸고 싶습니다.
Ich möchte in die Schweiz telefonieren.

미국으로 전화를 걸고 싶습니다.
Ich möchte in die USA telefonieren.

콜렉트 콜로 부탁합니다.
Ein R-Gespräch, bitte!

수신자 부담 통화를 하고 싶은데요.
Ich möchte ein R-Gespräch führen.

직접 걸 수 있습니까?
Kann ich die Telefonnummer direkt wählen?

신용카드로 전화 걸고 싶습니다.
Ich möchte gern mit der Telefonkarte anrufen.

제가 한국으로 직접 전화를 할 수 있습니까?
Kann ich ein Telefongespräch mit Durchwahl nach Korea führen?

통화 후 요금을 알려주십시오.
Teilen Sie mir die Gebühr nach dem Telefongespräch mit!

통화 후 요금을 알려주십시오.
Teilen Sie mir die Gebühr später mit!

통화가 안 됩니다. 한국 가는 전화선이 계속 통화중입니다.
Ich komme nicht durch. Die Leitung nach Korea ist dauernd belegt.

전화요금은 얼마입니까?
Wie hoch ist die Telefongebühr?

통화료가 얼마였지요?
Wie hoch war die Gebühr für den Anruf?

통화료가 얼마입니까?
Wie hoch ist die Gebühreneinheit?

한국으로 5분간 전화를 하면 얼마입니까?
Wie hoch ist die Gebühr, wenn ich fünf Minuten nach Korea telefoniere?

전화를 끊을 때

이만 전화를 끊어야겠어요.
Ich muss den Hörer auflegen.

통화를 마쳐야겠습니다.
Ich muss das Telefongespräch beenden.

다른 전화가 왔어요.
Ich werde am anderen Apparat verlangt.

전화 주셔서 감사합니다.
Vielen Dank für Ihren Anruf.

너무 많은 시간 빼앗아서 죄송해요.
Tut mir Leid. Ich habe viel Zeit in Anspruch genommen.

미안합니다. 긴 이야기는 못하겠습니다.
Es tut mir Leid. Ich kann nicht so lange sprechen.

빨리 얘기해.
Mach fix!

그가 전화를 끊었어요.
Er legte den Telefonhörer einfach auf.

안녕히 계십시오.
Auf Wiederhören!

02 이메일과 팩스 사용

이메일이나 팩스를 사용할 때 나올 수 있는 표현들을 익히도록 하자. 용어들을 암기하거나 즉시 사용할 수 있으면 일상 독일어를 구사하는데 많은 도움이 된다. „Kann ich hier mal eine E-Mail abrufen?"(여기서 이메일을 확인할 수 있나요?) „Haben Sie ein Faxgerät?"(팩스가 있습니까?) „Darf ich bitte Ihr Faxgerät benutzen?"(팩스를 사용해도 됩니까?) 등을 구사하면 된다.

E-Mail 주소나 팩스번호를 물을 때

E-Mail 주소를 가지고 있습니까?
Haben Sie eine E-Mailadresse?

이 메일 주소가 어떻게 됩니까?
Wie ist Ihre E-Mail-Adresse?

리멕스 사의 이 메일 주소를 알고 계십니까?
Kennen Sie die E-Mailadresse der Firma LIMEX?

팩스 있습니까?
Haben Sie ein Faxgerät?

팩스 좀 사용할 있습니까?
Darf ich bitte Ihr Faxgerät benutzen?

팩스번호가 몇 번 입니까?
Wie ist Ihre Faxnummer?

그 회사의 팩스번호를 갖고 계세요?
Haben Sie die Faxnummer der Firma?

이메일이나 팩스를 발송할 때

지금 인터넷에 접속되어 있습니까?
Sind Sie jetzt am Internet angeschlossen?

당신은 인터넷을 할 수 있습니까?
Können Sie im Internet surfen?

인터넷에 접속하는 데 시간이 많이 걸립니다.
Es dauert zu lang, ans Internet angeschlossen zu werden.

요즘의 일상은 인터넷-접속 없이는 거의 생각할 수가 없습니다.
Der Alltag ist heutzutage ohne Internet-Zugang kaum noch denkbar.

이메일 주소가 어떻게 됩니까?
Wie ist Ihre E-Mailadresse?

이메일 글씨가 깨졌어요.
Ihre E-Mail war unleserlich.

보내 주신 이메일에 감사드립니다.
Ich danke Ihnen für Ihre neueste E-Mail.

정보자료를 제게 좀 메일로 보내주실 수 있습니까?
Könnten Sie mir bitte Informationsmaterial zumailen?

정보자료를 제게 좀 메일로 보내주실 수 있습니까?
Könnten Sie mir bitte Informationsmaterial zumailen?

이 메일을 좀 보내주시겠습니까?
Können Sie mir eine E-Mail schicken?

그 정보를 이 메일로 보내시겠습니까?
Würden Sie mir die Information per E-Mail schicken?

팩스를 사용해도 됩니까?
Darf ich bitte Ihr Faxgerät benutzen?

예, 물론입니다.
Ja, selbstverständlich.

이 복사본을 팩스로 보내줄 수 있습니까?
Können Sie diese Kopie per Fax senden?

이 서류를 팩스로 보내줄 수 있습니까?
Können Sie dieses Papier per Fax senden?

팩스가 깨끗하게 잘 나왔습니까?
Haben Sie meine Faxkopie erhalten?

팩스로 받아보고 있는 중입니다.
Ich bekomme gerade Ihr Fax.

저의 주문 건을 팩스로 확인해주십시오.
Bestätigen Sie meine Bestellung per Fax!

제게 지금 즉시 팩스를 보내주십시오.
Faxen Sie mich gleich an!

가능한 한 빨리 저에게 팩스를 보내주십시오.
Faxen Sie es mir so schnell wie möglich zu!

전화 스위치를 팩스로 바꾸세요.
Schalten Sie das Telefon auf das Fax um!

지금 그 서류를 팩스로 보내드리겠습니다.
Ich will Ihnen gerade das Dokument zufaxen.

저희에게 신청서를 팩스로도 보내실 수 있습니다.
Sie können uns Ihre Anmeldung auch zufaxen.

저에게 팩스 번호를 메일로 보내주세요. 그러면 관련 서류들을 팩스로 보내드리죠.
Mailen Sie mir Ihre Fax-Nummer, dann würde ich Ihnen die Unterlagen zufaxen.

여기서 이메일을 확인할 있나요?
Kann ich hier mal eine E-Mail abrufen?

이메일로 당신에게 초대장을 보내드리겠습니다.
Ich will Ihnen eine Einladungskarte per E-Mail schicken.

저희가 이사를 했기 때문에 팩스 번호가 바뀌었습니다.
Die Faxnummer hat sich geändert, weil wir umgezogen sind.

저는 그쪽 팩스 번호가 바뀐 것을 전혀 몰랐습니다.
Ich wusste nicht, dass sich die Rufnummer Ihres Faxes geändert hat.

더 일찍 메일에 대한 답장을 못 드려 죄송합니다.
Entschuldigen Sie, dass ich keine Zeit gehabt habe, Ihnen auf die E-Mail zu antworten.

팩스 수신 상태가 나쁠 때

보내신 팩스를 읽을 수가 없습니다.
Ihr Fax ist unlesbar.

보내신 팩스를 읽기가 힘듭니다.
Ihr Fax ist schwer zu lesen.

팩스 인쇄상태가 흐립니다.
Ihr Fax ist schlecht gedruckt.

팩스가 선명하지 않습니다.
Das Fax ist undeutlich.

다시 보내주시겠습니까?
Könnten Sie mich noch einmal anfaxen?

이메일이나 팩스가 도착하지 않았을 때

팩스를 받지 못했습니다.
Ich habe Ihr Fax nicht bekommen.

보내신 팩스를 일부만 받았습니다.
Ich habe nur einen Teil Ihres Faxes bekommen.

한 페이지가 빠졌습니다.
Eine Seite davon ist verloren gegangen.

어느 페이지가 빠졌나요?
Welche Seite ist verloren gegangen.

보내신 팩스의 첫 페이지를 읽을 수가 없습니다.
Die erste Seite Ihres Faxes ist unlesbar.

이쪽 팩스가 고장 났습니다.
Das Faxgerät hier ist leider kaputt.

이메일이나 팩스 내용에 대해 말할 때

팩스를 받은 후에 즉시 전화 드리겠습니다.
Nach Eingang Ihres Faxes rufe ich Sie gleich an.

보내주신 팩스 내용에 대해 말씀 드리고 싶습니다.
Ich möchte über den Inhalt Ihres Faxes sprechen.

보내주신 팩스와 관련하여 질문을 드리고 싶습니다.
Ich möchte Sie nach Ihrem Fax fragen.

지원서를 3월 31일까지 이메일 eurocity@euro.de.로 보내주세요.
Schicken Sie bitte Ihre Bewerbung bis zum einunddreißigsten März an eurocity@euro.de.

 독일어로 @를 [et](에트)로 읽는다. 또는 At-Zeichen (영어. at sign)이나 간단히 At, 또는 Affenschwanz(원숭이 꼬리), Affenohr(원숭이 귀), Affenschaukel(원숭이 그네), Klammeraffe(괄호속의 원숭이)라는 이름으로 부르기도 한다.

어제 받은 이메일에 대해 말씀 드리고 싶습니다.
Ich möchte über die E-Mail, die ich gestern von Ihnen bekommen habe, sprechen.

제가 보내드린 이메일을 확인해보셨습니까?
Haben Sie schon meine E-Mail abgerufen?

03 복사와 컴퓨터 사용

사무실을 이용할 때는 복사를 하거나 컴퓨터를 사용해야 할 경우가 생긴다. „Ich muss ein paar Fotokopien machen."(복사를 몇 장해야 하는데요.)처럼 아래의 표현들을 연습하여 구사할 수 있도록 하자.

복사

저는 복사를 몇 장 좀 해야 합니다.
Ich muss ein paar Photokopien machen.

여기서도 그것을 하실 수 있습니다.
Das können Sie auch bei uns.

이 자료를 복사 좀 해주시겠습니까?
Könnten Sie bitte dieses Material für mich kopieren?

이 서류 좀 복사해주시겠습니까?
Würden Sie bitte eine Kopie dieser Urkunde anfertigen?

복사가 흐리게 나왔어요.
Die Kopie ist nicht gut.

종이가 복사기에 끼었습니다.
Das Kopiergerät hat einen Papierstau.

40 부를 복사해 주겠습니까?.
Würden Sie bitte 40 Exemplare für mich kopieren?

이것을 20장만 복사해주십시오.
Können Sie bitte 20 Kopien von diesem Papier machen?

정말 친절하십니다. 그러면 1시간 후에 들리겠습니다.
Das ist nett. Dann komme ich in einer Stunde vorbei.

컴퓨터

이 자료를 컴퓨터에 입력해주세요.
Geben Sie diese Daten in den Computer ein!

데이터를 어떻게 불러옵니까?
Wie kann ich die Daten abrufen?

파일 이름을 뭐라고 지정했습니까?
Wie haben Sie die Datei bezeichnet?

데이터가 다 없어졌어요.
Alle Daten sind verschwunden.

제 컴퓨터가 고장 났습니다.
Mein Computer ist kaputt.

저는 컴퓨터를 어떻게 작동시키는지 모릅니다.
Ich weiß nicht, wie ich den Computer verwenden soll.

컴퓨터에 대해서 좀 아십니까?
Kennen Sie sich mit Computern aus?

제 컴퓨터는 CIH 바이러스에 감염되었습니다.
Mein Computer ist mit CIH infiziert.

만약 당신의 컴퓨터가 이미 트로얀 바이러스에 감염되었다면, 제거 프로그램을 실행하십시오.
Wenn Ihr Computer bereits mit dem Trojaner infiziert ist, führen Sie das Antivirenprogramm aus!

MP3 파일을 어떻게 다운로드 하지요?
Wie kann man mp3-Daten herunterladen?

Teil VIII

비즈니스를 위한 표현

01 업무의 위임과 진행
02 회사 방문
03 회의
04 상담
05 납품과 클레임

01 업무의 위임과 진행

비즈니스나 직장생활을 할 때 업무를 타인에게 위임하거나 자신이 처리해야 할 경우가 생긴다. „Können Sie meine Tätigkeit übernehmen?"(제 업무를 맡아줄 수 있습니까?) „Ich möchte Ihnen diese Arbeit überlassen."(당신에게 이 일을 맡기고 싶습니다.) „Wie läuft die Angelegenheit?"(그 건은 어떻게 진행되고 있습니까?) 등의 표현을 사용하면 된다.

업무를 맡길 때

제 업무를 맡아주시겠어요?
Können Sie meine Tätigkeit übernehmen?

당신이 해야 할 일이 좀 있습니다.
Ich habe etwas, was Sie zu erledigen haben.

지금 무슨 일을 하고 계세요?
Was bearbeiten Sie jetzt?

오늘은 아주 바빠요.
Heute bin ich sehr beschäftigt.

밀린 일이 많습니다.
Ich habe viel Arbeit, die sich angehäuft hat.

너무 바빠서 그것을 할 시간이 없습니다.
Ich bin so beschäftigt, dass ich keine Zeit habe, es zu erledigen.

할 일이 많습니다.
Ich habe viel zu tun.

왜 그렇게 일이 밀렸습니까?
Warum sind Sie mit der Arbeit im Rückstand?

당신께 이 일을 맡기고 싶습니다.
Ich möchte Ihnen diese Arbeit überlassen.

업무 진행과 확인

그 건은 어떻게 되고 있습니까?
Wie läuft die Angelegenheit?

그게 얼마나 있으면 끝날까요?
Wann werden Sie mit der Arbeit fertig sein?

그 일은 이미 처리했습니다.
Die Arbeit habe ich schon erledigt.

 die는 die Arbeit를 가리키는 지시대명사이다. 4격

아직 반도 안 끝났어요.
Sie ist erst halbfertig.

 sie는 die Arbeit를 나타내는 인칭대명사

그 일을 어서 끝냅시다.
Schauen wir, dass wir's hinter uns kriegen!

마감시간에 맞춰해야 해요.
Sie müssen den Termin einhalten.

내일까지 이 보고서를 끝내십시오.
Fertigen Sie diesen Bericht bis morgen an!

내일까지 이 서류를 제출하십시오.
Legen Sie mir das Papier bis morgen vor!

당장 이 서류를 작성하세요.
Setzen Sie doch gleich das Schriftstück auf!

마감일이 얼마 남지 않았습니다.
Es ist nicht mehr lang bis zur Fälligkeit.

그 일은 당신이 맡으십시오.
Erledigen Sie diese Angelegenheit!.

제가 알아서 하겠습니다.
Lassen Sie mich die Arbeit allein machen.

할 수 있는 사람이 하도록 합시다.
Mag es tun, wer will.

점심 먹고 합시다.
Machen wir es nach dem Essen weiter!

한숨 돌립시다.
Machen wir eine Ruhepause!

> Tipp Machen wir eine Verschnaufpause!

이제 퇴근합시다.
Machen wir Feierabend!

드디어 끝냈어요.
Die Klappe fällt endlich.

이제 모두 끝났습니다.
Die Sache ist gelaufen.

우선 그 서류 좀 봐도 될까요?
Darf ich mir mal zuerst das Dokument ansehen?

이것 좀 서명해주십시오.
Würden Sie das bitte unterschreiben?

이제 할 일이 무엇입니까?
Was soll ich nun tun?

그 외에 할 수 있는 말들

저녁에 집에 가실 때, 컴퓨터를 끄십시오.
Wenn Sie abends nach Hause gehen, schalten Sie bitte Ihren Computer aus!

사무실 문 닫는 것 잊지 마세요.
Vergessen Sie bitte nicht, das Büro abzuschließen!

사무실에서는 담배를 피우면 안 됩니다.
Sie sollten im Büro nicht so viel rauchen!

컴퓨터 사용에 도움이 필요하시면, 저에게 물어보십시오.
Fragen Sie mich, wenn Sie Hilfe am Computer brauchen!

사무실에 뭐가 고장 나면, 관리인과 말하세요.
Sprechen Sie bitte mit dem Hausmeister, wenn im Büro etwas kaputt ist!

제가 오늘은 오후 3시에 집에 좀 가도 될까요?
Kann ich heute schon um 15 Uhr nach Hause gehen?

예, 일을 마치셨으면 가도 됩니다.
Ja, Sie dürfen gehen, wenn Sie mit Ihrer Arbeit fertig sind.

제가 내일 10시에 의원에 가야하는데, 그래도 괜찮을까요?
Ich muss morgen um 10 Uhr zum Arzt gehen. Geht das?

10분 전에 어떤 분이 당신을 바꿔달라는 전화를 했습니다.
Vor zehn Minuten hat jemand für Sie angerufen.

Wohlfahrt 씨라는 분이던가 그와 비슷한 이름이었던 것 같아요.
Ein Herr Wohlfahrt oder so ähnlich.

볼파르트요? 그런 이름 가진 사람을 저는 모르는데요.
Wohlfahrt? Ich kenne niemanden mit dem Namen.

제가 누구에게 문의할 수 있습니까?
An wen kann ich mich wenden?

02 회사 방문

거래처를 방문할 때는 미리 전화나 이메일로 예약을 한다. „Haben Sie morgen Nachmittag Zeit?"(내일 오후에 시간이 있습니까?) „Kennen Sie unsere Firma?"(저희 회사를 아십니까?). 이제 회사를 방문하면 인사말이 끝난 후 용건을 물어본다. „Was kann ich für Sie tun?"(무슨 용건입니까?) „Haben Sie einen Termin?"(약속은 하셨습니까?) „Kommen Sie hierher bitte!"(이쪽으로 오십시오.) 등등의 표현을 흔히 쓰게 된다.

전화로 방문을 예약할 때

저는 서울 하나 멀티테크사에서 온 김입니다.
Hier spricht Kim von der Firma Hana Multitech in Seoul, Korea.

질문이 있는데요. 볼프씨가 모레 오후에 시간이 있습니까?
Ich habe eine Frage. Hat Herr Wolf übermorgen Nachmittag Zeit?

잠시만 기다리세요. 한 번 보고요.
Moment, ich schaue mal nach.

아니오, 미안합니다만 그분 그 때 시간이 비지 않습니다.
Nein, das tut mir Leid, er hat da keine Zeit.

시간약속이 언제 필요하신데요?
Wann brauchen Sie denn einen Termin?

모레요. 그분이 언제 시간이 납니까?
Übermorgen, wann ist er denn frei?

모레 오전은 어떻습니까?
Wie ist es übermorgen am Vormittag?

좋습니다. 그러면 제가 모레 오전에 귀사에 방문하겠습니다.
Gut, dann besuche ich Ihre Firma übermorgen vormittags.

자, 손님 상담시간은 10시입니다.
Also dann, Ihr Termin ist um 10 Uhr.

저희 회사를 아십니까?
Kennen Sie unsere Firma?

문제없습니다. 택시를 타고 갈 겁니다.
Das ist kein Problem, ich fahre mit einem Taxi.

지금 어디에 머물고 계십니까?
Wo bleiben Sie jetzt, bitte?

저는 플라자 호텔에 있습니다. 왜 그러시죠?
Ich bleibe im Hotel Plaza. Warum?

그러면 제 동료에게 선생님을 모셔오라고 부탁하겠습니다.
Dann bitte ich meinen Kollegen darum, Sie abzuholen.

제 동료가 모레 9시 15분에 안내 데스크 앞에 기다릴 겁니다.
Üermorgen um Viertel nach Neun wird mein Kollege vor der Rezeption auf Sie warten!

방문객을 접수할 때

안녕하십니까?
Guten Morgen?

누구십니까?
Darf ich fragen, wie Sie heißen?

어느 회사에서 오셨습니까?
Von welcher Firman sind Sie?

무슨 용건입니까?
Was kann ich für Sie tun?

무슨 용건입니까?
Kann ich Ihnen helfen?

무슨 용건입니까?
Wegen welcher Angelegenheit wollen Sie mich sprechen?

 Aus welchem Grund?라고도 한다.

약속은 하셨습니까?
Haben Sie einen Termin?

우리 오늘 약속이 있었어요. 어서 들어오십시오.
Wir hatten heute einen Termin. Bitte kommen Sie rein!

제가 금방 전화해 보겠습니다. 잠시 만요.
Ich rufe mal eben an. Einen Moment, bitte!

제가 잠간 전화로 한 번 여쭤볼게요.
Ich rufe nur kurz durch.

안녕하세요, 여기 안내데스크입니다.
Rezeption, guten Morgen.

한국 CYN 사에서 오신 류 씨라는 분이 계신데요.
Hier ist ein Herr Ryu von der Firma CYN.

그분이 10시로 당신과 약속이 있답니다. 맞습니까?
Er hat für zehn Uhr einen Termin mit Ihnen. Geht das klar?

그러시군요. 제가 그분을 올려 보내드리겠습니다.
Ja, gut. Ich schicke ihn rauf.

침머만 씨께서 당신을 기다리고 계십니다.
Herr Zimmermann erwartet Sie.

잠시 기다리십시오.
Bitte warten Sie einen Moment!

잠시 기다리시겠습니까?
Würden Sie bitte einen Moment warten?

앉으십시오.
Nehmen Sie Platz, bitte!

자리에 앉아 계시겠습니까?
Darf ich Sie bitten, Platz zu nehmen?

잠시만 자리에 앉아계시겠습니까?
Könnten Sie noch einen kleinen Moment Platz nehmen?

여비서가 곧 모시러 올겁니다.
Sie werden gleich von der Sekretärin abgeholt.

예, 제가 그분께 알려드리지요.
Ja, ich gebe ihm Bescheid.

기다려주셔서 감사합니다. 그분은 곧 나오십니다.
Vielen Dank für Ihre Wartung. Er kommt gleich.

그분은 곧 이리 오실 겁니다.
Er wird bald hierher kommen.

예, 김씨, 방문하실 거라는 연락을 받았습니다.
Ja, Herr Kim. Ich wurde schon informiert, dass Sie zu Besuch kommen.

그와 약속을 하셨습니까?
Haben Sie sich mit ihm verabredet?

그분의 사무실로 안내해드리겠습니다.
Ich will Sie in sein Büro begleiten.

이쪽으로 오십시오.
Kommen Sie hierher, bitte!

죄송합니다. 외출중입니다.
Tut mir Leid. Er ist im Moment nicht da.

10분 정도면 오십니다.
Er kommt etwa in zehn Minuten.

정확히 오셨군요.
Sie sind aber pünktlich!

그는 지금 회의 중입니다.
Er ist im Moment in einer Besprechung.

죄송합니다. Rupp 씨는 지금 회의 중입니다.
Es tut mir leid. Herr Rupp ist gerade in einer Besprechung.

잠시 기다리시겠습니까?
Möchten Sie einen Moment warten?

그러죠.
Ja, bitte.

아, 저기 침머만씨란 분이 지금 오십니다.
Oh, da kommt gerade der Herr Zimmermann.

그분에게 (손님께서 오셨다고) 즉시 알려드리겠습니다.
Ich sage ihm gleich Bescheid.

바쁘시면, 내일 오십시오.
Wenn Sie beschäftigt sind, kommen Sie morgen wieder!

거래처를 방문했을 때

저는 M 사의 박입니다.
Ich heiße Park von der Firma M.

저는 M 사의 박입니다. 저는 서울의 IK 은행에서 왔습니다.
Mein Name ist Lee. Ich komme von der IK Bank in Seoul.

저는 서울에서 온 CYN 사의 류입니다.
Ich bin Herr Ryu von der Firma CYN aus Seoul.

바이골트씨 계십니까?
Ist Herr Weihgold da?

저는 Rupp 씨를 좀 뵈었으면 합니다.
Ich würde gern Herrn Rupp sprechen.

3시에 그분과 만나기로 약속했습니다.
Ich habe eine Verabredung mit ihm um 15 Uhr.

저는 오늘 아침 10시 Sieg씨와 약속이 있는데요.
Ich habe für heute Morgen, zehn Uhr, einen Termin mit Herrn Berger.

그분 좀 뵐 수 있나요?
Kann ich ihn sprechen?

미스 Berger씨와 약속이 있습니다.
Ich habe einen Termin bei Frau Berger.

혹시 그분을 뵐 수 있나요?
Kann ich sie vielleicht sprechen?

침머만 씨를 뵙고 싶은데요.
Ich möchte zu Herrn Zimmermann.

그분 방 번호 좀 알려주시겠습니까?
Können Sie mir seine Zimmernummer sagen?

302호입니다.
Zimmer 302.

몇 층입니까?
Das ist der dritte Stock.

그런 다음 오른쪽 두 번째 문까지 가십시오.
Und dann gehen Sie zur zweiten Tür auf der rechten Seite.

그러시면 엘리베이터를 이용하십시오.
Wenn das so ist, würden Sie dann bitte den Aufzug benutzen?

엘리베이터를 이용하시는 게 제일 좋습니다.
Sie benutzen am besten den Aufzug!

알았습니다. 3층, 302호라고요?
O.K. Dritter Stock. Zimmer 302?

거기 2층으로 가셔서 복도 왼쪽을 따라 가십시오.
Fahren Sie in die zweite Etage und gehen Sie dann links den Korridor entlang!

그러면 네 번째 문입니다.
Es ist dann die vierte Tür.

아, 그러니까 지금 엘리베이터를 타고 3층으로…?
Aha, also jetzt mit dem Aufzug und dann in die dritte Etage …?

아니오, 2층으로요.
Nein, in die zweite.

고맙습니다.
Danke.

별 말씀을요.
Bitte sehr.

수출부를 방문하고 싶습니다.
Ich möchte die Exportabteilung besuchen.

수출부가 어디 있습니까?
Wo ist die Exportabteilung?

책임자를 만날 수 있습니까?
Kann ich den Zuständigen treffen?

방문객과 인사 나눌 때

안녕하십니까?
Guten Morgen!

잘 오셨습니다.
Herzlich Willkommen!

안녕하세요. 바이골트씨. 만나서 반갑습니다.
Guten Tag, Herr Weihgold. Freut mich!

처음 뵙겠습니다.
Sehr angenehm!

성함이 뭐라 하셨지요?
Wie war Ihr Name doch gleich?

저는 은행에서 근무합니다.
Ich arbeite bei der Bank.

여기 제 명함입니다.
Hier ist meine Karte.

저도 명함을 드리겠습니다.
Ich gebe Ihnen gerne auch meine Karte.

고맙습니다.
Danke, schön.

여행은 어땠습니까?
Wie war Ihre Reise?

먼 여행을 하셨지요?
Sie hatten ja sicher eine weite Reise?

예, 저는 어제 출발했습니다.
Ja, ich bin gestern gestartet.

저는 당신과 함께 우리 제품들에 대해 말씀을 나누고자 여기로 온 겁니다.
Ich bin hierher gekommen, um mit Ihnen über unsere Produkte zu sprechen.

이 번호로 제게 연락할 수 있습니다.
Sie können mich unter dieser Nummer erreichen.

여기서는 어디서 묵으셨습니까?
Wo sind Sie hier untergebracht?

저는 M 호텔에 묵고 있습니다.
Ich bin im Hotel M.

좋은 호텔인 것 같습니다.
Das ist ein gutes Hotel, glaube ich.

당신의 서신에서 저는 당신이 회사에서 어떤 역할을 하시는지 알 수가 없었습니다.
Aus Ihrer Anmeldung konnte ich nicht ersehen, welche Funktion Sie in Ihrer Firma haben.

저는 생산부장입니다.
Ich bin der Produktmanager.

이것은 제 직통번호입니다.
Das ist meine direkte Nummer.

저는 영업부장으로 일하고 있습니다.
Ich bin beschäftigt als Verkaufsleiter.

외투를 벗어놓으시겠습니까?
Möchten Sie Ihren Mantel ablegen?

커피 좀 한 잔 드릴까요?
Kann ich Ihnen eine Tasse Kaffee anbieten?

아 예. 그러십시오.
Oh ja, bitte.

프림과 설탕을 넣습니까?
Nehmen Sie Milch und Zucker?

아니오. 저는 블랙으로 마십니다.
Nein, ich trinke ihn schwarz.

여기 있습니다.
Hier bitte.

뭐, 마실 것 좀 드릴까요?
Darf ich Ihnen etwas zu trinken anbieten?

무엇을 드시고 싶습니까?
Was hätten Sie denn gern?

혹시 커피 좀 마실 수 있을까요?
Einen Kaffee, vielleicht?

커피를 어떻게 드십니까?
Wie nehmen Sie ihn?

가능하다면, 우유와 설탕을 넣어서 주십시오.
Mit Milch und Zucker, wenn es möglich ist, bitte!

그렇게 주문하겠습니다.
Ich werde den Kaffee so bestellen.

커피 곧 나올 겁니다.
Kaffee kommt sofort.

그 사이에 우리 사업 문제 이야기를 시작해볼까요?
Können wir in der Zwischenzeit schon mit den geschäftlichen Dingen anfangen?

이번이 독일에 처음입니까?
Ist das Ihr erster Besuch in Deutschland?

저는 독일에 자주 옵니다.
Ich bin öfters in Deutschland.

Hattingen에 오신 적도 있습니까?
Waren Sie denn auch schon mal in Hattingen?

아니오, 저는 오늘 처음 이 회사에 왔습니다.
Nein, ich bin heute zum ersten Mal bei Ihnen hier.

그런데 맘에 드십니까?
Und wie gefällt es Ihnen?

아주 좋습니다.
Ich muss sagen, sehr gut.

다행입니다.
Das ist schön.

회사를 안내할 때

자, 같이 가시지요.
Kommen Sie dann bitte mit!

그러죠.
Gerne.

저희 회사를 찾아주셔서 감사합니다.
Vielen Dank für den Besuch in unserer Firma.

저희 회사를 찾아주셔서 감사합니다.

Ich danke Ihnen dafür, dass Sie unsere Firma besuchen.

제가 안내드릴까요?

Darf ich Sie den Weg zeigen?

회의실로 모시겠습니다.

Ich möchte Sie zum Sitzungszimmer führen.

> der Sitzungssaal 대회의실, der Konferenzraum 대회의실

이쪽으로 오십시오.

Kommen Sie bitte hierher!

화장실은 엘리베이터 옆에 있습니다.

Die Toilette liegt neben dem Aufzug.

여기가 저희 본사입니다.

Hier ist unsere Zentrale.

> das Hauptbüro, die Hauptgesellschaft 본사

우리 회사는 수원에 본사가 있습니다.

Unser Unternehmen hat seinen Sitz in Suwon.

저희 회사는 1965년에 설립되었습니다.

Unsere Firma ist im Jahr 1965 gegründet worden.

잠깐 쉴까요?

Wollen wir eine Pause machen?

회의

직장생활에서 회의를 할 때 준비해 놓은 정보와 지식을 충분히 활용하려면 이럴 때 구사할 수 있는 표현을 배우고 연습해 놓아야 한다. 그밖에 토론을 할 때 사용하는 표현들과 요약하여 간략히 말하는 기술도 연습해두면 효과를 거둘 수 있다.

회의 준비

회의는 언제 열립니까?
Wann wird die Versammlung abgehalten?

회의는 언제입니까?
Wann ist die Versammlung?

몇 시에 회의합니까?
Um wie viel Uhr ist die Besprechung?

회의는 내일 오전 9시에 있습니다.
Wir haben eine Besprechung morgen um 9 Uhr.

회의 시간이 오전 9시에서 8시로 앞당겨졌습니다.
Die Versammlungszeit ist von 9 Uhr morgens auf acht vorverlegt worden.

회의를 몇 시에 시작할까요?
Um wie viel Uhr sollen wir die Sitzung abhalten?

이 일을 마치고 곧 회의가 있습니다.
Ich habe eine Besprechung gleich nach dieser Angelegenheit.

회의에 늦지 마십시오.
Kommen Sie nicht zu spät zur Besprechung!

쾨넨 씨, 우리가 이번 주에 잡아놓은 일정을 한 번 말해볼 수 있습니까?
Frau Köhnen, können wir mal die Termine besprechen, die wir diese Woche haben?

월요일 10시에 영업부직원들과 회의가 있습니다.
Für Montag haben wir um 10 Uhr die Besprechung mit den Außendienstmitarbeitern.

12시에는 라이센스 문제로 독일에서 로트씨가 옵니다.

Um 12 Uhr haben wir den Besuch von Herrn Roth aus Deutschland wegen der Lizenz.

로트 씨를 누가 마중나갈 겁니까?

Wer holt Herrn Roth ab?

원하신다면, 제가 그 일을 맡을 수 있습니다.

Das kann ich übernehmen, wenn Sie möchten.

로트 씨가 정시에 옵니까?

Ist Herr Roth pünktlich?

그분이 어느 비행기를 타고 오는 지 아십니까?

Wissen Sie, mit welcher Maschine er kommt?

보통은 비행기가 정확히 도착하는 거 같아요.

Gewöhnlich kommt die Maschine pünktlich an, denke ich.

화요일에는 아침 8시에 부서회의 가 있습니다.

Am Dienstag haben wir um 8 Uhr die Abteilungsbesprechung.

그리고 오후 3시에는 임원진과 연례계획 때문에 회의가 계획되어있습니다.

Und um 15 Uhr ist die Besprechung mit der Geschäftsführung wegen der Jahresplanung vorgesehen.

회의 진행할 때

여기를 주목해주시겠습니까?

Darf ich um Ihre Aufmerksamkeit bitten?

지금부터 회의를 시작하겠습니다.

Nun fängt die Sitzung an.

오늘의 의제로 돌아가 볼까요?

Wollen wir zur heutigen Tagesordnung zurückkehren?

그럼 그 계획에 대해 최종 검토를 시작하겠습니다.

Wir fangen dann damit an, den Plan gründlich zu prüfen.

토의를 시작합시다.

Lass uns losgehen!

본 의제로 들어가겠습니다.

Nun kommen wir zur Sache.

다음 주제로 넘어가겠습니다.

Ich will zum nächsten Thema kommen.

실례합니다. 그것을 좀 더 구체적으로 말씀해주시겠습니까?
Entschuldigen Sie, können Sie das mal etwas konkreter sagen?

여기서 잠시 말씀 좀 끊어도 될까요?
Darf ich hier mal kurz unterbrechen?

지금 간단한 중간 질문을 드릴 수 있을까요?
Kann ich gerade mal eine kurze Zwischenfrage stellen?

말씀을 막았다면 용서하십시오. 하지만…
Entschuldigen Sie, wenn ich Sie unterbreche, aber ...

실례합니다. 저는 아직 말을 다 하지 않았는데요.
Entschuldigung, aber ich habe noch nicht ausgeredet.

잠간, 저는 그것을 지금 끝내고 싶거든요.
Moment, ich möchte das gerade noch abschließen.

한 마디만 더 하고요.
Nur noch einen Satz.

제 말은 곧 끝납니다.
Ich bin gleich fertig.

잠깐만요, 제가 이 말을 지금 마무리해도 될까요?
Einen Augenblick, darf ich das gerade noch zu Ende bringen?

그의 설명에 대해 어떻게 생각하십니까?
Was halten Sie von seiner Erklärung?

이 특정 문제에 대해 질문 있습니까?
Haben Sie Fragen zu diesem besonderen Thema?

잠깐만 요, 한 사람씩 말씀하십시오.
Moment, bitte einer nach dem anderen!

모두들 한꺼번에 말씀하시지 마십시오.
Bitte nicht alle auf einmal!

모두 동시에 말하면, 아무 것도 알아듣지 못합니다.
Wenn alle gleichzeitig sprechen, versteht man gar nichts.

말하는 사이에 끼어들지 않도록 노력해 보십시오.
Versuchen Sie doch bitte, nicht dazwischenzureden.

그러니까 먼저 그로스피츠 씨, 그 다음 미스터 김 그리고 난 후에 미스 로테가 말하세요.
Herr Grospitz, dann Herr Kim und danach Frau Rotte.

가능한 한 간략히 요약 좀 해주십시오.
Können Sie sich möglichst kurz fassen?

그러니까 제가 생각한 것은, 사실 다음과 같은 것입니다.
Also was ich gemeint habe, ist eigentlich folgendes...

그것에 대해 투표를 합시다.
Stimmen wir mal darüber ab!

이 일에 대한 결정은 다수결로 정하겠습니다.
Die Entscheidung über diese Sache treffen wir mit Mehrheitsentschluss.

찬성하시는 분은 손을 들어주십시오.
Wer dafür ist, hebt die Hand!

반대하시는 분은 손을 들어주십시오.
Wer dagegen ist, hebt die Hand!

남은 문제는 다음 번 회의에서 토론하도록 합시다.
Lass uns eine Diskussion über die restliche Thematik in der nächsten Sitzung führen!

내일 여기에서 계속합시다.
Setzen wir hier morgen fort!

> tipp fortsetzen (끊어진 이야기나 회의를) 다시 시작하다

회의를 종료할 때

회의를 끝내야할 것 같습니다.
Ich glaube, wir müssen die Sitzung schließen.

토의를 끝내야할 것 같습니다.
Ich glaube, wir müssen die Besprechung beenden.

그러면 우리 서서히 끝내야할 것 같습니다.
Ich glaube, wir sollten langsam zum Ende kommen.

시간이 지났습니다.
Die Zeit läuft uns davon.

우리가 더 이상 시간이 충분치 않은 것 같은데요.
Ich fürchte, wir haben nicht mehr genug Zeit.

오늘은 그만 합시다.
Machen wir Schluss für heute!

그러면 우리 토의를 마쳐야겠다고 생각합니다.
Ich meine, wir sollten dann langsam unsere Diskussion abschließen.

이것으로 오늘 토의를 마치고자 합니다.
Damit wollen wir für heute die Diskussion beenden.

새로운 일정을 2주 후로 잡는 게 어떻겠습니까?
Wie sieht es mit einem neuen Termin in vierzehn Tagen aus?

같은 요일, 같은 시각으로요.
Gleicher Tag, gleiche Uhrzeit.

그래도 괜찮겠습니까?
Würde das gehen?

제 경우는 안 될 것 같습니다..
Nein, bei mir würde das nicht gehen.

저는 외부 약속이 있습니다.
Ich habe einen auswärtigen Termin.

Schmidt씨는 요?
Herr Schmidt?

여기 회사로 고객이 방문하는데요.
Ich habe einen Kundenbesuch hier im Haus.

> im Haus 본사에, 회사내에

그러면 다음 주는 어떻겠습니까?
Wie sieht es denn die nächste Woche aus?

안됩니다. 그때는 저도 약속이 있습니다.
Nee, da habe ich auch einen Termin?

그러면 3월 첫 주가 어떨까요?
Wie sieht es denn in der ersten Märzwoche aus?

제 경우는 괜찮습니다.
Das geht bei mir in Ordnung.

저도 괜찮을 것 같은데요.
Bei mir würde es auch passen.

저도 괜찮습니다.
Das geht bei mir auch in Ordnung.

좋습니다. 잘 됐네요. 그러면 그 때 만납시다.
Prima, schön. Also, treffen wir uns dann.

일정은 아직 정해지지 않았습니다.
Der Termin steht noch nicht genau fest.

회의 결과가 어떻게 되었습니까?
Wie ist die Sitzung ausgegangen?

상담

비즈니스를 할 때 바이어에게 회사에 대해 설명하고, 상품을 구매할 수 있게 구체적으로 설명하고, 가격을 협상하고, 구매 결정을 유도할 때 사용할 수 있는 아래의 표현들을 익혀서 현장에서 적절히 구사하도록 응용하는 연습을 해두면 된다.

바이어를 맞이할 때

저희 회사에 와 주셔서 감사합니다.
Ich danke Ihnen für Ihren Besuch in unserer Firma.

비행은 어땠습니까?
Wie war Ihr Flug?

장시간의 비행으로 피곤하시겠습니다.
Sie müssen nach Ihrem Fernflug sehr müde sein!

따뜻하게 맞아주셔서 감사합니다.
Vielen Dank für Ihre herzliche Begrüßung!

만나 뵙게 되어 반갑습니다.
Freut mich, Sie kennen zu lernen!

저는 HEXA 사의 기술부에서 근무하고 있습니다.
Ich bin in der Technikabteilung bei der HEXA beschäftigt.

명함을 받으십시오.
Hier ist meine Visitenkarte.

우리 회사에는 여러 생산부서들을 담당하는 여러 직원들이 있습니다.
In unserem Hause sind für die verschiedenen Produktgruppen verschiedene Angestellte zuständig.

저는 Neumann씨에게 오늘 우리 상담에 참석하라고 당부했습니다.
Ich habe Herrn Neumann gebeten, an unserem Gespräch heute teilzunehmen.

그가 당신께 자신을 간단히 소개할 겁니다.
Er wird sich Ihnen jetzt selbst kurz vorstellen.

고맙습니다.
Ja, danke.

안녕하십니까? 제 이름은 마이어입니다.
Guten Tag, ich heiße Meyer.

저는 생산라인을 책임 맡고 있습니다.
Ich bin verantwortlich für die Produktionslinie Edelstahlarmaturen.

안녕하십니까. 저는 부산의 Vision 사에서 왔고 조립기계 전체 분야 구매부장입니다.
Guten Tag. Ich komme von der Firma Vision aus Busan und bin dort Verkaufsleiter für den ganzen Bereich von Armaturen.

예, Roth 씨가 우리에게 미리 알려주셨습니다.
Ja, Herr Roth hat uns vorab informiert.

그러시면 아주 잘 아시겠군요.
Dann wissen Sie ja Bescheid.

회사를 설명할 때

저희 회사는 업무용 소프트웨어를 전문으로 하고 있습니다.
Unsere Firma ist auf geschäftliche Software spezialisiert.

우리는 15년 전부터 이 품목의 수출을 전문으로 하고 있습니다.
Wir sind seit 15 Jahren auf den Export dieser Artikel spezialisiert.

그래서 우리는 안전하게 서비스를 제공해 드릴 수가 있습니다.
Daher können wir Ihnen sicherlich unsere Dienste anbieten.

우리 회사는 전자수첩 생산회사입니다.
Wir produzieren elektronische Taschenrechner.

저희 회사는 각종 혁신적인 서비스로 전세계적으로 알려져 있습니다.
Wir sind weltweit bekannt für die Vielfalt unserer innovativen Dienstleistungen.

우리의 가격은 세계시장에서 경쟁력을 갖추고 있습니다.
Unsere Preise sind auf dem Weltmarkt wettbewerbsfähig.

그리고 품질에 관해서 말하자면, 우리 제품은 귀사 측에도 잘 알려진 바입니다.
Und was die Qualität betrifft, sind unsere Produkte sicherlich auch Ihnen bekannt.

우리는 직원이 200명입니다. 그중에서 70명은 관리부 소속입니다.
Wir haben insgesamt 200 Mitarbeiter. Davon sind 70 in der Verwaltung.

나머지는 제품을 생산하는 노동자들입니다.
Der Rest sind Arbeitnehmer, die die Produkte fertigen.

그 중 70명은 관리부에서 근무합니다.
Davon arbeiten 70 in der Verwaltung.

130명은 생산부에서 일합니다.
130 sind in der Produktion beschäftigt.

우리와 거래하는데 관심이 있습니까?
Sind Sie daran interessiert, mit uns ins Geschäft zu kommen?

제품을 설명할 때

이것이 저희 회사의 신제품입니다.
Das ist unser neuestes Produkt.

아마 저희 제품을 들어보셨을 것으로 생각됩니다.
Vielleicht haben Sie von unserem Erzeugnis gehört.

이 제품은 지난주에 발매되었습니다.
Diese Ware ist in der letzten Woche auf den Markt gebracht worden.

우리는 최근에 일련의 신제품들을 시장에 내놓았습니다.
Wir haben in der letzten Zeit eine Reihe neuer Erzeugnisse auf den Markt gebracht.

이 제품은 현재 시장에서 쉽게 찾을 수 있는 성능이 좋고 저렴한 기구들입니다.
Sie sind die leistungsfähigsten und preisgünstigsten Geräte, die man derzeit auf dem Markt finden kann.

이것이 제품 카탈로그입니다.
Das hier ist der Produktkatalog.

우리는 독일 파트너와 사업할 기회를 찾고 있는 중입니다.
Wir suchen eine Chance, mit deutschen Partnern ins Geschäft zu kommen.

구입을 희망할 때

이 제품의 특징에 대해 설명해 드리겠습니다.
Ich möchte Ihnen die Merkmale dieses Produktes erklären.

이것은 혁신적인 제품입니다.
Das ist ein neu entwickeltes Produkt.

상당한 수요가 예상됩니다.
Eine große Herausforderung lässt auf sich warten.

이것은 시장에서 수요가 많은 제품입니다.
Dieses Produkt ist auf dem Markt sehr begehrt.

다양한 연령층이 사용할 수 있습니다.
Leute jeden Alters können es verwenden.

조작은 매우 간단합니다.
Die Bedienung ist ganz einfach.

놀라울 정도로 효율이 높습니다.
Das ist erstaunlich effizient.

분명 만족하실 겁니다.
Ich bin sicher, dass Sie damit zufrieden sein werden.

우리는 충실한 AS를 제공합니다.
Wir bieten einen umfangreichen Kundendienst an.

가격을 협상할 때

가격에 대해 말씀드리고 싶습니다.
Wir möchten den Preis besprechen.

가격에 대해서 어느 정도 생각하십니까?
Wie viel haben Sie im Sinn?

귀사의 최저가격을 제시해보십시오.
Bitte nennen Sie Ihren besten Preis!

지금 가격이 어떻게 됩니까?
Wie ist denn jetzt bitte der Preis?

견적을 내 주십시오.
Wir möchten einen Voranschlag haben.

견적과 관련하여 질문이 있습니까?
Haben Sie bezüglich des Voranschlags Fragen?

단가는 얼마입니까?
Wie viel kostet der Einheitspreis?

그 가격으로는 받아들일 수 없습니다.
Ich fürchte, wir können den Preis nicht annehmen.

순수가격은 개당 35유로입니다.
Der Bruttopreis beträgt 35 Euro pro Stück.

부가가치세가 가격에 포함되어 있습니까?
Ist die Mehrwertsteuer im Preis enthalten?

아니오, 그것을 추가해야합니다.
Nein, die müssen Sie bitte noch dazu addieren.

할인을 요청할 때

할인 좀 해주실 수 있습니까?
Können Sie den Preis ein bisschen ermäßigen?

가격을 깎아 줄 수 있습니까?
Können Sie den Preis herabsetzen?

할인을 부탁드립니다.
Wir wünschen uns, dass Sie einen Preisnachlass gewähren.

물품을 할인을 적용하여 제공해주시겠습니까?
Können Sie uns die Waren mit einem Rabatt anbieten?

지난 번 주문과 같은 조건으로 해주십시오.
Geben Sie uns bitte die gleichen Bedingungen wie beim letzten Mal!

현금할인은 얼마나 해줍니까?
Wie viel Skonto räumen Sie uns ein, bitte?

귀하께서 저에게 특별할인을 양허해 준다는데 근거를 두고 말씀드립니다.
Ich gehe davon aus, dass Sie mir einen Sonderrabatt einräumen.

할인을 허용할 때

한 달 이내에 지불할 경우 우리는 2,5%의 현금할인을 보장합니다.
Bei Zahlung innerhalb eines Monats gewähren wir zwei komma fünf Prozent Skonto.

> Tipp 2,5%는 zwei einhalb Prozent라고도 읽는다.

만약 귀사가 나중에 우리에게 주문을 하신다면, 우리는 5%의 할인을 보장해 드릴 것입니다.
Falls Sie uns später einen Auftrag erteilen, werden wir Ihnen den Abzug von 5 Prozent Skonto versichern.

주문건당 최소 250개의 주문을 수령할 경우 귀사 측에 최고 10%의 할인을 해드릴 수 있습니다.
Wir können Ihnen bei Abnahme von mindestens 250 Einheiten pro Bestellung einen Rabatt in Höhe von 10% gewähren.

우리의 가격표에 표시된 수량할인은 주문량에 따라 변합니다.
Die in unserer Preisliste angegebenen Mengenrabatte richten sich nach der Größe der Bestellung.

우리의 카탈로그 가격에서 우리는 귀하께 33%의 특별할인을 보장합니다.
Auf unsere Katalogpreise gewähren wir Ihnen einen Sonderrabatt von 33%.

우리는 귀하께 목록가격에서 5%의 특별할인을 허용해 드립니다.
Wir räumen Ihnen 5% Sonderrabatt auf unsere Listenpreise ein.

만약에 귀사의 연간 매상이 5,000 유로를 넘기면, 귀사는 3%의 추가 거래할인을 받게 됩니다.
Wenn Ihr Jahresumsatz 5.000 Euro übersteigt, erhalten Sie einen zusätzlichen Mengenrabatt von 3 %.

저는 1만개를 주문하고 싶습니다. 가격은 어떻습니까?
Ich möchte gerne 10.000 Stück bestellen. Wie sieht das mit dem Preis aus?

이 조건이라면 제게 할인을 잘 해주셔야합니다.
Unter dieser Bedingung müssten Sie mir einen guten Rabatt einräumen.

좋습니다. 고객이시니까요. 10 % 할인해드리죠.
Na gut. Weil Sie es sind. 10 Prozent.

그것은 좀 적습니다.
Das ist mir ein bisschen wenig.

추가로 현찰할인을 2%에서 3%로 올려드릴 수 있을 겁니다.
Zusätzlich könnte ich noch das Skonto von zwei auf drei Prozent erhöhen.

이 조건이라면 그것에 동의합니다.
Unter diesen Bedingungen bin ich damit einverstanden.

> **tipp** mit etw. einverstanden sein ...에 동의하다. damit는 mit dem Preis라는 말이다.

납품기간은 어떻습니까?
Wie sieht das mit den Lieferfristen aus?

7주는 생각하셔야 합니다.
Mit sieben Wochen müssen Sie rechnen.

알았습니다.
Einverstanden.

지불조건이 어떻게 됩니까?
Wie sieht das mit den Zahlungsbedingungen aus?

예, 이미 말씀드렸듯이 공장인도조건, 포장포함, 10일 이내 지불시 3% 현찰할인입니다.
Ja, wie gesagt, Lieferung ab Werk, einschließlich Verpackung, 3% Skonto bei Zahlung innerhalb von 10 Tagen.

> **tipp** ab Werk 공장인도 조건, 물품을 공장에서부터 인도할 때 비용을 모두 납품업자가 지불하는 조건.

배송료는 어느 쪽이 부담합니까?
Wer über nimmt die Anlieferungskosten?

납품은 언제까지 되겠습니까?
Wann erfolgt die Lieferung der Ware?

납품은 어느 정도 시간이 걸립니까?
Wie lange wird es dauern, bis die Lieferung erfolgt?

결정을 유보할 때

죄송하지만 저는 결정할 수 없습니다.
Es tut mir Leid, aber ich kann mich nicht entscheiden.

그 문제는 다음 회의로 넘기기로 합시다.
Überlassen wir die Entscheidung der nächsten Sitzung!

남은 세부사항들은 다음 회의에서 다루기로 합시다.
Lass uns die übrigen Einzelheiten nächstes Mal behandeln!

확인을 받고 나서 다시 만납시다.
Treffen wir uns nach der Bestätigung wieder!

다음 협상에서는 더 진전되리라 믿습니다.
Ich bin der Meinung, dass wir in der nächsten Besprechung vortwärts kommen können.

좀 더 검토할 필요한 점이 있습니다.
Wir haben einige Punkte, die wir weiter zu untersuchen haben.

그것에 대해 생각해 보겠습니다.
Ich werde es mir überlegen.

그럼, 그것에 대해 생각해봅시다.
Naja, überlegen wir es uns doch noch eimal!

부장님의 지시를 받을 때까지 기다려주십시오.
Bitte warten Sie, bis ich eine Anweisung von meinem Betriebsleiter bekomme!

가격을 검토하려면 좀 더 시간이 필요합니다.
Ich brauche noch etwas Zeit, um über den Preis nachzudenken.

조건에 합의할 때

좋습니다.
Also gut.

좋은 것 같군요.
Es scheint in Ordnung zu sein.

동의합니다.
Ich stimme mit Ihnen überein.

우리는 몇 가지 조건을 받아들일 수 있다고 생각합니다.
Ich glaube, wir können einige Bedingungen annehmen.

대충 합의가 되었군요.
Wir stimmen im Großen und Ganzen überein.

모든 점에서 합의가 된 것 같습니다.
Ich glaube, wir haben in jeder Hinsicht eine Übereinstimmung.

이 계약은 3년간 유효합니다.
Dieser Vertrag ist 3 Jahre lang gültig.

이 조항에 몇 가지 첨가하고 싶은 게 있습니다.
Ich habe etwas, diesem Artikel hinzufügen.

이 조항은 합의한 내용과 다른 것 같습니다.
Ich glaube, dieser Artikel weicht etwas von den einzelnen Punkten des Vertrags ab.

이제 계약에 사인할 수 있을 것 같습니다.
Ich finde, ich kann jetzt den Vertrag unterschreiben.

귀사와 계약을 맺게 되어서 매우 기쁩니다.
Wir freuen uns, mit Ihnen einen Vertrag zu schließen.

조건을 거부할 때

그것은 동의할 수 없습니다.
Dazu kann ich nicht zustimmen.

미안하지만 할 수 없습니다.
Ich fürchte, ich kann nicht.

저는 그 조건에 동의할 수 없습니다.
Der Bedingung kann ich nicht zustimmen.

유감입니다만, 그것은 불가능합니다.
Es ist leider unmöglich.

현 단계에서는 긍정적인 답을 드릴 수가 없습니다.
Momentan kann ich nicht „Ja" sagen.

동의할 수 없는 몇 가지 점이 있습니다.
Es gibt einige Punkte, mit denen wir nicht übereinstimmen können.

당신이 말씀하신 것에 동의하지 않습니다.
Ich bin darüber nicht mit Ihnen einig.

> **Tipp** Ich stimme damit nicht überein.이라고도 한다.

그 점은 당신과 뜻을 함께 할 수 없습니다.
Da kann ich Ihnen nicht zustimmen.

그 점에서 당신의 말에 전적으로 동의하지 않습니다.
Darin stimme ich mit Ihnen nicht völlig überein.

그 점에 있어서 모두들 의견이 일치하지 않습니다.
Darin stimmen alle Leute nicht überein.

당신 혼동하신 것 같습니다.
Ich glaube, Sie irren sich.

당신 의견에 찬성할 수가 없습니다.
Ich kann Ihnen da nicht zustimmen.

그 문제에 있어 나는 당신과 의견이 다릅니다.
Darüber bin ich anderer Meinung.

죄송하지만, 당신의 요구에 응할 수 없습니다.
Es tut uns Leid, wir können Ihrer Anfrage nicht nachkommen.

글쎄요, 그것은 어려운 문제입니다.
Nun ja, das ist ein schwieriges Problem.

타협점을 찾도록 노력해봅시다.
Versuchen wir mal eine Übereinkunft zu erzielen!

납품과 클레임

독일어권 바이어와 계약을 체결하고 주문, 납품, 배송, 선적, 확인할 때 생길 수 있는 클레임 문제를 제기하거나 거기에 응할 때 그리고 클레임을 거부할 때 쓸 수 있는 기본 표현을 익혀두도록 한다. 이미 위에 나와 있는 전화 기본 표현들도 잘 연습해서 이럴 때 요긴하게 사용하도록 한다.

납품할 때

귀사의 제품에 대해 여쭤어 보고 싶습니다.
Ich möchte bezüglich Ihres Produkts anfragen.

AF-101은 재고가 있습니까?
Haben Sie Artikel AF-103 auf Lager?

목요일까지 10대 납품해 줄 수 있습니까?
Können Sie uns 10 Einheiten bis Donnerstag liefern?

언제 납품받을 수 있나요?
Wann können Sie sie ausliefern?

언제 납품할 수 있나요?
Wann können Sie liefern?

가능하면 빨리 받아보았으면 하는데요.
Wir möchten sie so schnell wie möglich bekommen.

다음 주에 입하할 예정입니다.
Wir rechnen damit, dass Sie sie nächste Woche empfangen werden.

우리가 부품들을 월요일에 납품하겠습니다.
Wir liefern die Ersatzteile am Montag.

우리는 3주안에 납품할 수 있습니다.
Wir können innerhalb von drei Wochen liefern.

오래 걸리는군요. 좀 단축할 가능성은 있습니까?
Das ist mir doch etwas zu lang. Besteht die Möglichkeit, es abzukürzen?

제가 제공할 수 있는 최대한 기간은 14일입니다.
Das Schnellste, was ich anbieten kann, wären 14 Tage.

클레임을 제기할 때

클레임이 있습니다.
Ich möchte eine Beschwerde vorbringen.

클레임을 담당자는 누구입니까?
Wer bearbeitet die Beschwerde?

귀사의 제품에 문제가 있습니다.
Wir haben ein Problem mit Ihrem Produkt.

책임자와 이야기를 하고 싶습니다.
Ich möchte mit dem Sachbearbeiter sprechen.

주문한 상품이 아직 도착하지 않았습니다.
Wir haben die Ware, die wir bestellt haben, noch nicht erhalten.

발송하신 상품이 아직 못 받았습니다.
Wir haben die versandte Ware noch nicht erhalten.

우리는 그 물품을 지금까지 인수하지 못했습니다.
Wir haben die Ware bisher nicht bekommen.

상품의 일부가 운송 중에 손상되었습니다.
Ein Teil der Waren ist auf dem Transport beschädigt worden.

귀사가 우리에게 발송한 상품의 품질이 좋지 않아 사용할 수 가 없습니다.
Wir haben für die schlechte Qualität, die Sie an uns gesendet haben, keine Verwendung.

이 사안에 대해 어떻게 할 생각인지 말씀 좀 해주시겠습니까?
Würden Sie uns sagen, was Sie in dieser Angelegenheit zu tun gedenken?

앞으로 우리의 주문 건에 더 많은 주의를 기울여주십시오.
Führen Sie bitte unsere Aufträge künftig mit größerer Sorgfalt aus!

앞으로 비슷한 일이 일어나지 않도록 노력 좀 해주십시오.
Bemühen Sie sich bitte, ähnliche Vorkommnisse in Zukunft zu vermeiden!

클레임에 응할 때

저희에게 그 상품들에 대한 귀하의 경험을 보고해주셔서 대단히 고맙습니다.
Vielen Dank, dass Sie uns über Ihre Erfahrung mit den Waren berichtet haben.

귀하께서 우리에게 이번 실수를 주목하도록 해주셔서 감사드립니다.
Vielen Dank, dass Sie uns auf dieses Versehen aufmerksam gemacht haben.

결함이 있는 상품들은 흠 없는 것으로 교환해드리겠습니다.
Die mangelhaften Waren werden gegen einwandfreie umgetauscht.

그 상품들을 저희 비용부담으로 되돌려 보내주십시오.
Bitte senden Sie die Waren auf unsere Kosten gegen Gutschrift zurück.

그러한 실수가 반복되지 않도록 모든 조처를 취하겠습니다.
Wir werden alles tun, damit sich ein solcher Fehler nicht wiederholt.

이번 실수로 귀하께 불쾌함을 야기시켜 사과드립니다.
Bitte entschuldigen Sie die Unannehmlichkeiten, die Ihnen durch dieses Versehen entstanden sind.

폐를 끼쳐드려 죄송합니다.
Ich muss mich bei Ihnen für die Unannehmlichkeiten entschuldigen.

그것은 저희의 불찰이었습니다.
Das war unser Versehen.

클레임을 거부할 때

이 경우에 저희가 그 물품들을 돌려받을 수 없어 유감입니다.
Wir bedauern, dass wir in diesem Fall die Waren nicht zurücknehmen können.

조사한 결과 재료에 오류가 없기 때문에, 귀사의 제안대로 이 안건을 다룰 수는 없습니다.
Da die Prüfung keine Materialfehler ergab, ist es uns unmöglich, die Angelegenheit gemäß Ihrem Vorschlag zu regeln.

저희가 이러한 환경 하에서 손실에 대한 책임을 질 수가 없음을 인정하셔야 할 겁니다.
Sie werden zugeben müssen, dass wir unter diesen Umständen für den Verlust nicht verantwortlich gemacht werden können.

이 경우에 있어 저희는 책임을 떠맡을 수가 없습니다.
Wir können in diesem Fall keine Haftung übernehmen.

귀하께서 보험사에 손상 상태를 신청하실 것을 제안 드리고 싶습니다.
Wir möchten vorschlagen, dass Sie den Schaden der Versicherungsgesellschaft melden.

저희는 분쟁조정을 법원에 맡길 준비가 되어있습니다.
Wir sind bereit, uns einem Schiedsverfahren zu unterwerfen.

가능한 한 즉시 분쟁 판정에 대해 귀하게 알려드리겠습니다.
Wir werden Sie so bald wie möglich über den Schiedsspruch informieren.

Teil IX

독일에서의 여행을 위한 표현

01 비행기
02 공항
03 호텔
04 관광과 기념사진
05 쇼핑
06 귀국

비행기

독일 비행기를 타고 여행할 때 한국인 승무원이 있지만 독일인 승무원과 대화할 때 사용할 수 있는 기본 표현들을 정리하였으니 익혀두도록 한다. 독일에서 항공사에 전화걸 때 „Ich möchte einen Flug reservieren."(비행기 예약을 부탁합니다.)라고 하고, 비행기에서는 „Wo ist mein Sitz?"(제 자리는 어디입니까?)라고 물어보고, 승무원이 말하는 „Ihr Platz ist 12C."(손님 좌석은 12C입니다.) „Würden Sie sich jetzt anschnallen?"(지금 벨트를 매십시오.) 그리고 „Bitte sagen Sie mir, wenn Sie Hilfe brauchen!"(도움이 필요하면 제게 말씀하십시오.) 등의 기본 표현을 익혀둔다.

항공기를 이용할 때

비행기 예약을 부탁합니다.
Ich möchte einen Flug reservieren.

마일리지 프로그램을 제공합니까?
Bieten Sie ein Meilenprogramm an?

저는 루프트한자 마일리지가 있습니다.
Ich habe Meilen von der Lufthansa bekommen.

한국행 왕복 비행기표를 주십시오.
Ich möchte ein Hin-und Rückflug-Ticket nach Korea.

베를린행 좌석을 두개 예약하고 싶습니다.
Ich möchte zwei Plätze nach Berlin buchen.

이 노선의 비행기가 언제 출발합니까?
Wann verkehren die Maschinen auf dieser Linie?

매일 오후 6시입니다.
Täglich um 18 Uhr.

내일 로마행 비행기 있습니까?
Haben Sie morgen eine Maschine nach Rom?

일찍 가는 비행기로 부탁합니다.
Ich möchte einen früheren Flug.

늦게 가는 비행기로 부탁합니다.
Ich möchte einen späteren Flug.

토요일 오전 것으로 예약할 수 있습니까?
Kann ich einen Platz für Samstag Vormittag buchen?

미안합니다만 다 예매되었습니다.
Leider ist schon alles ausgebucht.

그러나 손님에게 월요일 것을 예약해 드릴 수 있습니다.
Aber für Montag kann ich Ihnen einen Platz reservieren.

아니오, 그것은 너무 늦습니다.
Nein, das ist leider zu spät.

그러면 대한항공에 문의해보십시오.
Dann versuchen Sie es bei der KAL!

며칠에 출발하실 겁니까?
An welchem Tag wollen Sie fliegen?

5월 7일입니다.
Am siebten Mai.

12월 5일이 될 겁니다.
Es wäre am fünften Dezember etwas frei.

아직 빈 좌석이 있습니다.
Wir haben noch Plätze frei.

비행기 좌석이 거의 다 찼습니다.
Die Maschine ist fast voll.

아직 몇 자리만 남아있습니다.
Es sind nur noch vereinzelt Sitze frei.

그날은 좌석이 이미 다 찼습니다.
Leider ist die Maschine an dem Tag schon ausgebucht.

대기자 명단에 올려드릴까요?
Soll ich Sie auf die Warteliste setzen?

가망은 있나요?
Wie stehen die Chancen?

손님은 대기 순서 5번째입니다.
Sie sind an der fünften Stelle auf der Warteliste.

간혹 행운이 따를 수도 있습니다.
Manchmal hat man Glück.

통로 쪽 좌석으로 하겠습니다.
Ich nehme einen Platz am Gang.

뉴욕으로 가는 다른 비행사가 있습니까?
Gibt es andere Fluggesellschaften, die nach New York fliegen?

그날 서울행 다른 비행기가 있습니까?
Gibst es eine andere Maschine, die an dem Tag nach Seoul fliegt?

아마 모든 비행기가 자리가 없을 겁니다.
Wahrscheinlich sind alle Maschinen ausgebucht.

아시다시피 지금 성수기라서요.
Wie Sie wissen, haben wir jetzt Hochsaison.

출발 전에 다시 예약을 확인해야합니까?
Muss ich vor dem Abflug nochmal die Reservierung bestätigen lassen?

출발 3일 전에 전화 주십시오.
Rufen Sie uns bitte drei Tage vor dem Abflug an!

그러면 확인해드리겠습니다.
Dann sagen wir Ihnen Bescheid.

제가 비행을 확인해야 합니까?
Muss ich meinen Flug rückbestätigen?

출발시간을 확인하고 싶은데요.
Ich möchte die Abflugzeit bestätigen lassen.

제 이름은 박입니다. 예약했는데요.
Ich heiße Park. Ich habe den Flug gebucht.

확인해주시겠어요?
Können Sie ihn bestätigen?

제 이름이 서울행 승객 명단에 있습니까?
Steht mein Name auf der Passagierliste nach Seoul?

그 비행기를 4월 달에 예약했습니다.
Den Flug habe ich im April gebucht.

예, 비행번호 937. 11시 15분 출발입니다.
Ja, das ist die Flugnummer neun drei sieben. Abflug Viertel nach elf.

늦어도 출발 2시간 전에 나와 주셔야합니다.
Sie müssen spätestens zwei Stunden vor Abflug da sein.

루프트한자 항공 카운터는 어디입니까?
Wo ist der Schalter von Lufthansa?

면세점은 어디 있습니까?
Wo ist der Duty-Free-Shop?

면세점에서 물건 좀 사고 싶습니다.
Ich möchte im Duty-Free-Shop etwas einkaufen.

면세점에서 쇼핑할 시간이 되나요?
Reicht die Zeit, um im Duty-Free-Shop etwas zu kaufen?

짐을 부칠 때

수하물 수속은 어디서 합니까?
Wo wird das Gepäck abgefertigt?

수하물 수속을 어디서 할 수 있습니까?
Wo kann ich das Gepäck abfertigen lassen.

수속은 얼마나 오래 걸립니까?
Wie lange dauert die Abfertigung?

지금 체크인 할 수 있습니까?
Kann ich jetzt einchecken?

10시부터 수속을 밟을 수 있습니다.
Ab 10 Uhr können Sie einchecken.

체크인하기 위해서는 무엇이 필요합니까?
Was braucht man zum Einchecken?

체크인을 하기 위해서는 손님의 비행기표, 신분증 또는 여권이 필요합니다.
Zum Einchecken benötigen Sie Ihr Flugticket, Ihren Personalausweis oder Reisepass.

수하물은 저울에 접수되고 자동으로 비행기로 보내집니다.
Das Reisegepäck wird nach dem Wiegen eingecheckt und automatisch zu Ihrer Maschine befördert.

기내수하물은 물론 가지고 있어도 됩니다.
Ihr Handgepäck dürfen Sie selbstverständlich behalten.

이 짐을 맡길게요.
Ich will dieses Gepäck aufgeben.

이 짐을 부칠 수 있습니까?
Kann ich mein Gepäck aufgeben?

항공권을 가지고 있습니까?
Haben Sie Ihr Ticket dabei?

수하물을 위해 표 번호가 필요합니다.
Ich brauche Ihre Ticketnummer für das Gepäck.

짐은 얼마나 많이 허용됩니까?
Wie viel Gepäck ist erlaubt?

부치지 않는 짐을 얼마나 가지고 탈수 있습니까?
Wie viel Freigepäck kann ich mitnehmen?

수하물은 몇 킬로 들고 들어갈 수 있나요?
Wie viel Kilo Handgepäck kann ich mitnehmen?

1인당 20킬로까지입니다.
Bis zwanzig Kilogramm je Person.

짐을 저울에 올려놓으십시오.
Stellen Sie bitte Ihr Gepäck auf die Waage!

이 수하물을 기내로 가지고 가도 됩니까?
Kann ich dieses Handgepäck an Bord mitnehmen?

이 짐은 기내로 가지고 갑니다.
Das ist eine Tragetasche.

이것을 기내에 가지고 들어갈 수 있습니까?
Kann ich diese Tasche in die Kabine mitnehmen?

이 짐은 휴대용품입니다.
Das ist Handgepäck.

여기 손님의 탑승카드가 있습니다.
Hier ist Ihre Bordkarte.

몇 번 출구로 나가면 됩니까?
Welchen Flugsteig soll ich nehmen?

비행은 예정대로 출발합니까?
Ist der Flug pünktlich?

비행은 정시에 출발합니까?
Fliegt die Maschine pünktlich ab?

탑승이 시작되었나요?
Hat das Boarding begonnen?

출발 게시판에 뭐라고 쓰여 있나요?
Was steht auf der Abflugtafel?

비행기가 연착됐습니다.
Die Maschine hat Verspätung.

눈이 내리면 이륙이 연착됩니까?
Verspätet sich der Abflug bei Schnee?

비행기는 약 1시간 연착되어 15시에 출발합니다.
Der Flieger startet mit fast einer Stunde Verspätung um 15 Uhr.

비행기 이륙이 약간 연착됩니다.
Die Maschine hat eine leichte Verspätung beim Abflug.

공항 대합실에서

여기 이 자리 비었습니까?
Ist der Sitz hier noch frei?

예, 앉으시지요.
Bitte sehr.

제 이름은 롤란트 뮐러입니다.
Mein Name ist Roland Müller.

반갑습니다. 저는 김 미라입니다.
Angenehm. Ich heiße Mira Kim.

당신도 런던으로 가십니까?
Guten Tag, fliegen Sie auch nach London?

예, 저도 런던으로 갑니다.
Ja, ich fliege auch nach London.

아니오, 저는 런던에서 계속해서 글래스고우로 갑니다.
Nein, ich fliege von London weiter nach Glasgow.

독일에 처음이십니까?
Sind Sie das erste Mal in Deutschland?

아니오, 저는 3년 전부터 매년 정기적으로 독일에 옵니다.
Nein, ich fliege seit vier Jahren regelmäßig nach Deutschland.

그런데 여기 독일에서 무엇을 하십니까?
Und was machen Sie hier?

저는 비즈니스맨입니다.
Ich bin Kaufmann.

저는 컴퓨터 프로그램을 판매합니다.
Ich verkaufe Computerprogramme.

좌석을 찾을 때

제 자리는 어디입니까?
Wo ist mein Sitz?

이 자리가 어디 있지요?
Wo ist dieser Platz?

이 좌석 번호는 어디 있지요?
Wo finde ich diese Sitznummer?

제 자리가 어디인지 말씀해 주시겠습니까?
Würden Sie mit sagen, wo mein Platz ist?

좌석번호 31 A를 찾는 중입니다.
Ich suche die Sitznummer 31 A.

저기 오른 쪽 창가입니다.
Das ist da rechts am Fenster.

탑승권을 보여주십시오.
Zeigen Sie mir Ihr Flugticket, bitte?

탑승권을 보여주시겠습니까?
Darf ich Ihr Flugticket sehen?

여기 있습니다.
Hier ist es.

손님 좌석은 12C입니다.
Ihr Platz ist zwölf C.

왼쪽 창가입니다.
Links am Fenster.

손님 좌석은 통로 쪽입니다.
Ihr Platz ist an der Gangseite.

손님 좌석은 다른 쪽입니다.
Ihr Sitz ist auf der anderen Seite.

이쪽으로 오십시오.
Kommen Sie bitte hierher!

미안합니다. 좀 지나갈까요?
Entschuldigung, darf ich mal durch?

여기 제 자리입니다.
Hier ist mein Sitz.

내 소형 수하물을 어디에 놓을 수 있나요?
Wo kann ich mein kleines Handgepäck hinstellen?

좌석 아래에 놓으십시오.
Stellen Sie es unter den Sitz hin!

그것을 좌석 위 보관함에 넣지 마십시오.
Legen Sie es bitte nicht in die Ablage über dem Sitz!

그것은 외투와 상의만을 위한 곳입니다.
Sie ist nur für Mäntel und Jacken.

휴대용 수하물을 좌석 위 화물함에 올려놓으십시오.
Legen Sie Ihr Handgepäck in den Stauraum oberhalb des Sitzes!

휴대용 수하물을 화물함에다 보관하실 수 있습니다.
Bewahren Sie das Bordgepäck im Stauraum auf!

안전벨트를 착용하십시오.
Legen Sie bitte Ihren Sicherheitsgurt an!

지금 벨트를 매십시오.
Würden Sie sich jetzt anschnallen?

자리를 좀 앞으로 당겨주십시오.
Stellen Sie bitte den Sitz aufrechts nach vorne!

자리를 뒤로 눕혀도 될까요?
Darf ich den Sitz nach hinten verstellen?

기내서비스를 받을 때

도움이 필요하시면 제게 말씀하십시오.
Bitte sagen Sie mir, wenn Sie Hilfe brauchen!

무엇을 마시고 싶으십니까?
Was möchten Sie trinken?

무엇을 좀 마시겠습니까?
Möchten Sie etwas trinken?

실례합니다. 음료수 좀 줄 수 있습니까?
Entschuldigung. Kann ich mal eine Erfrischung bekommen?

어떤 음료가 있습니까?
Was für Getränke haben Sie?

레몬주스 있습니까?
Haben Sie Limonade?

레몬주스 없습니까?
Haben Sie keine Limonade?

콜라 있습니까?
Haben Sie Cola?

콜라 한잔 마셨으면 합니다.
Ich hätte gerne ein Glas Cola.

맥주를 주시겠습니까?
Können Sie mir ein Bier geben?

커피를 한잔 하고 싶습니다.
Ich möchte gern eine Tasse Kaffee.

맥주와 오렌지 주스 한잔 주십시오.
Bringen Sie uns ein Bier und einen Orangensaft!

베게와 모포를 주시겠습니까?
Können Sie mir ein Kopfkissen und eine Wolldecke bringen?

덮개 하나 주십시오.
Ich möchte eine Decke haben.

한국신문 있습니까?
Haben Sie eine koreanische Zeitung?

혹시 한국신문 있습니까?
Haben Sie vielleicht eine koreanische Zeitung?

죄송합니다. 독일신문과 영자신문만 있습니다.
Tut mir Leid. Wir haben nur deutsche und englische Zeitungen.

좋습니다. 독일신문 좀 하나 가져다주시겠습니까?
Gut. Würden Sie mir bitte eine deutsche Zeitung bringen?

멀미봉지 하나 주십시오.
Geben Sie mir eine Spucktüte!

기내에 멀미약도 있습니까?
Haben Sie auch Mittel gegen Übelkeit an Bord?

몸이 좋지 않습니다.
Ich fühle mich nicht wohl.

몸이 좀 불편합니다.
Mir ist übel.

구토가 납니다.
Es ist mir übel.

저는 비행멀미가 있습니다.
Ich leide an der Luftkrankheit.

비행멀미약 좀 주세요.
Geben Sie mir ein Mittel gegen Luftkrankheit.

이제 좀 낫습니다.
Jetzt geht es mir besser.

기내식을 주문할 때

식사시간은 몇 번 있습니까?
Wie viele Mahlzeiten bekommen wir?

따뜻한 음식은 두 번 나옵니다.
Sie bekommen 2 warme Mahlzeiten.

이 비행기는 한 번만 제공하고 스낵을 한 번 줍니다.
Diese Maschine gibt nur eine aus sowie einen kalten Snack.

식사는 언제 나옵니까?
Wann bringen Sie das Essen?

먹을 만한 게 뭐 있습니까?
Was gibt es zu essen?

치킨이나 파스타를 선택할 수 있습니다.
Es gibt Hähnchen oder Pasta zur Auswahl.

무엇을 드시겠습니까?
Was möchten Sie gern essen?

닭고기를 드릴까요, 아니면 소고기로 드릴까요?
Wollen Sie Hähnchen oder Rindfleisch?

닭고기를 먹겠습니다.
Ich will Hähnchen.

빵을 줄 수 있습니까?
Können Sie mir ein Brot bringen?

식사는 필요 없습니다.
Ich brauche kein Essen.

식사를 다 하셨습니까?
Sind Sie mit dem Essen fertig?

예, 다 했습니다.
Ja, ich bin fertig.

기내 면세품을 구입할 때

기내에서 면세품을 판매합니까?
Verkaufen Sie zollfreie Waren an Bord?

기내 면세품 있습니까?
Gibt es in der Maschine auch Duty Free?

어떤 담배가 있습니까?
Was für Zigaretten haben Sie?

어떤 종류의 화장품이 있습니까?
Was für Kosmetikartikel haben Sie?

여성용 화장품 있습니까?
Gibt es Kosmetik für Frauen?

여기 이것은 있습니까?
Haben Sie das hier?

어떤 상표를 원하십니까?
Welche Marke wollen Sie?

한국 돈 받습니까?
Nehmen Sie koreanisches Geld an?

한국 돈으로 지불해도 되나요?
Darf ich mit koreanischer Währung bezahlen?

우리나라 돈으로 계산할 수 있습니까?
Kann ich in meiner Währung zahlen?

입국카드를 작성할 때

이것은 입국카드입니까?
Ist das ein Immigrationsformular?

이 서류 작성법을 가르쳐주십시오.
Könnten Sie mir sagen, wie ich es ausfüllen muss?

손님의 인적사항과 여권 사항을 기입하셔야합니다.
Sie müssen Ihre Personalien und Passangaben eintragen.

손님께서 주소에 고향의 주소나 호텔을 꼭 기입하셔야함을 주의하십시오.
Achten Sie bitte darauf, dass Sie bei der Adresse Ihre Heimatadresse oder Ihr Hotel eintragen müssen.

몸이 불편할 때

비행기 멀미약 있습니까?
Haben Sie ein Mittel gegen Luftkrankheit?

몸이 좀 불편합니다. 약을 주시겠어요?
Ich fühle mich nicht wohl. Kann ich ein Medikament bekommen?

비행은 예정대로 입니까?
Ist der Flug planmäßig?

현지시간으로 지금 몇 시입니까?
Wie viel Uhr Ortszeit ist es jetzt?

통과·환승할 때

환승은 가능합니까?
Ist ein Stopover möglich?

 die Zwischenlandung 이라고도 한다.

이 공항에서 어느 정도 머뭅니까?
Wie lange halten wir hier?

환승 카운터는 어디입니까?
Wo ist der Transfer-Schalter?

탑승수속은 어디서 합니까?
Wo kann ich einchecken?

환승까지 시간은 어느 정도 있습니까?
Wie lange habe ich Zeit bis zum Umsteigen?

환승 연결이 될 때까지는 얼마나 걸립니까?
Wie lange dauert es, bis man auf die Umsteigeverbindung wartet?

탑승은 몇 시부터 시작합니까?
Wann beginnt das Boarding?

환승을 편하게 하기 위해서 쾰른-본 공항에는 세 개의 특별 환승 카운터가 설치되어있습니다.
Um das Umsteigen zu erleichtern, wurden am Köln-Bonner Flughafen drei spezielle Transfer-Schalter eingerichtet.

먼저 도착한 승객들은 그곳에서 짐을 부치고 계속 비행을 체크인 할 수 있습니다.
Angekommene Fluggäste können dort ihr Gepäck aufgeben und für den Weiterflug einchecken.

공항

독일 공항에서 짐을 찾을 때, 세관을 통과할 때 그리고 공항 안내소에서 숙소나 여행 등에 대한 정보를 얻을 때 사용하는 기본 표현을 익혀 사용하면 된다. 어느 나라 공항이나 마찬가지로 독일 공항에도 1~2시간 미리 도착하여 비행탑승 대기를 한다.

짐을 찾을 때

짐 찾는 곳은 어디입니까?
Wo ist die Gepäckausgabe?

짐은 어디서 찾습니까?
Wo kann ich mein Gepäck bekommen?

여기가 712편 짐 찾는 곳인가요?
Ist das hier das Gepäckausgabeband für den Flug 712?

짐이 도착했습니까?
Ist das Gepäck angekommen?

저 빨강색 가방이 제 것입니다.
Die rote Tasche ist meine.

제 짐을 찾을 수가 없습니다.
Ich kann mein Gepäck nicht finden.

제 짐이 보이지 않습니다.
Ich finde mein Gepäck nicht.

제 짐을 더 이상 찾을 수가 없습니다.
Ich kann mein Gepäck nicht mehr finden.

제 짐을 찾을 수 있게 도와주십시오.
Helfen Sie mir bei meinem Gepäck!

여기 제 수하물인환증입니다.
Hier ist mein Gepäckschein.

수하물인환증을 보여주십시오.
Zeigen Sie mir Ihren Gepäckschein!

찾으면 이 주소로 좀 보내주십시오.
Liefern Sie es zu dieser Adresse, wenn Sie es finden!

입국심사를 받을 때

여권을 보어주시겠습니까?
Darf ich mir mal Ihren Pass sehen?

여권을 보여주십시오.
Zeigen Sie mir bitte Ihren Pass!

여권, 부탁합니다
Ihren Pass, bitte!

여기 제 여권입니다.
Hier ist mein Pass.

제 여권 여기 있습니다.
Hier ist mein Reisepass.

여기 있습니다.
Hier bitte.

여행목적이 무엇입니까?
Was ist der Zweck Ihrer Reise?

나는 사업차 여기 왔습니다.
Ich bin geschäftlich hier.

나는 사업차 여행 중입니다.
Ich mache eine Geschäftsreise.

나는 어학과정에 다닐 겁니다.
Ich will einen Sprachkurs machen.

여행할 겁니다.
Ich will reisen.

여기서 휴가를 보낼 겁니다.
Ich mache hier Urlaub.

저의 삼촌을 방문하는 것입니다.
Ich besuche meinen Onkel.

저는 단지 이곳을 경유해 갈 뿐입니다.
Ich bin nur auf der Durchreise.

이곳에 얼마나 체류하실 겁니까?
Wie lange bleiben Sie hier?

3주 동안 머물 겁니다.
Ich bleibe drei Wochen.

한 달간 머물 겁니다.
Ich bleibe einen Monat.

세 달간 머물 겁니다.
Ich bleibe drei Monate.

독일 어디에서 머무십니까?
Wo bleiben Sie in Deutschland?

뒤셀도르프입니다.
In Düsseldorf.

뒤셀도르프 어디에서 머무실 겁니까?
Wo bleiben Sie in Düsseldorf?

노보텔호텔에 머물 겁니다.
Im Hotel Novotel.

펜션에서 머물 겁니다.
In einer Pension.

저의 고모 집에서 있을 건데요.
Bei meiner Tante.

관광객이십니까?
Sind Sie Tourist?

단체여행입니까?
Sind Sie ein Mitglied einer Reisegruppe?

아니오, 학생입니다.
Nein, ich bin Student.

여기 당신의 여권이 있습니다.
Hier ist Ihr Pass.

즐거운 체류가 되길 바랍니다.
Ich wünsche Ihnen einen angenehmen Aufenthalt.

세관을 통과할 때

여권과 세관검사는 어디서 합니까?
Wo ist die Pass- und Zollkontrolle?

세관원이 검사를 언제 시작하지요?
Wann fängt der Beamte mit der Zollkontrolle an?

과세품을 가지고 계십니까?
Haben Sie etwas zu verzollen?

아니오, 저는 과세품이 없습니다.
Nein, ich habe nichts zu verzollen.

저는 관세를 낼 물건이 없습니다.
Ich habe nichts zu deklarieren.

개인용품뿐입니다.
Ich habe nur persönliche Habe.

저는 개인용 물건만 가지고 있습니다.
Ich habe nur Sachen für den persönlichen Bedarf.

이것은 내 개인적인 용도를 위한 것입니다.
Das ist für meinen persönlichen Gebrauch.

제 짐을 검사할 겁니까?
Wollen Sie mein Gepäck prüfen?

제 가방을 열어야 합니까?
Soll ich meinen Koffer aufmachen?

짐을 모두 열어야 합니까?
Muss ich alles aufmachen?

당신의 가방을 열어보십시오.
Bitte öffnen Sie Ihren Koffer!

이 가방을 열어보십시오.
Bitte machen Sie diesen Koffer auf!

그 안에는 책들만 있습니다.
Darin gibt es nur Bücher.

이거 관세품목인가요?
Ist das zollpflichtig?

아니오, 비과세품목입니다.
Nein, das ist zollfrei.

아니오, 그것은 신고할 필요가 없습니다.
Nein, das brauchen Sie nicht zu deklarieren.

그중에서 관세를 낼만한 것은 아무 것도 없습니다.
Es ist nichts Verzollbares darunter.

이것은 과세대상입니다.
Das ist zollpflichtig.

세관으로 가십시오.
Gehen Sie bitte zum Zollamt!

얼마를 지불해야합니까?
Wie viel muss ich zahlen?

이것은 내 개인적인 용도를 위한 것입니다.
Das ist für meinen persönlichen Gebrauch.

개인 소지품입니다.
Das ist meine Privatsache.

이것은 무엇입니까?
Was ist das?

제 여자친구에게 줄 선물입니다.
Das ist ein Geschenk für meine Freundin.

이것은 제 어머니에게 드릴 손목시계입니다.
Das ist eine Armbanduhr für meine Mutter.

그 시계는 160 유로입니다.
Die Uhr kostet 160 Euro.

> Tipp 독일에서는 175유로 이하의 선물은 비과세품목이다.

저는 포도주 한 병을 갖고 있습니다.
Ich habe eine Flasche Wein.

담배 한 벌 갖고 있는데요.
Ich habe eine Stange Zigaretten.

다 끝났습니까?
Sind Sie fertig?

당신의 짐은 검색이 끝났습니다.
Ihr Gepäck ist schon kontrolliert.

카트는 어디 있습니까?
Wo ist der Gepäckhandwagen?

공항 안내소에서

관광 안내소는 어디 있습니까?
Wo ist das Fremdenverkehrsbüro?

그것은 저 쪽에 있습니다.
Das ist da drüben.

그것은 입구 옆에 있습니다.
Das liegt neben dem Eingang.

시가지도와 관광 팜플렛을 주십시오.
Bitte geben Sie mir einen Stadtplan und einen Reiseführer!

매표소는 어디 있습니까?
Wo ist der Fahrkartenschalter?

여기서 호텔 예약을 할 수 있나요?
Kann ich hier eine Hotelreservierung vornehmen?

여기서 호텔방을 예약을 할 수 있나요?
Kann ich hier ein Hotelzimmer reservieren?

호텔 목록 있습니까?
Haben Sie eine Hotelliste?

그 호텔은 어디 있나요?
Wo liegt das Hotel?

제게 그것을 예약해 주시겠습니까?
Können Sie es mir reservieren?

당신의 호텔은 어디입니까?
Wo ist Ihr Hotel, bitte?

그 호텔은 어디 있습니까?
Wo liegt denn das Hotel?

중앙역 맞은편에 있습니다.
Es liegt gegenüber dem Hauptbahnhof.

중앙역에서 멀지 않습니다.
Es ist nicht weit vom Hauptbahnhof.

공항에서 그다지 멀지 않습니다.
Es ist nicht so weit vom Flughafen.

그곳에서 그다지 멀지 않아요.
Es ist nicht so weit von dort.

그곳에서부터 걸어서 단 5분 거리입니다.
Es sind nur 5 Minuten zu Fuß von dort.

지하철역에서부터 걸어서 10분 거리입니다.
10 Minuten zu Fuß von der U-Bahnstation.

공항에서부터 택시로 20분 거리입니다.
20 Minuten mit dem Taxi vom Flughafen.

다른 호텔을 추천해주십시오.
Können Sie mir ein anderes Hotel empfehlen?

저는 시내 중심부에 있기를 원합니다.
Ich möchte im Zentrum der Stadt sein.

저는 상업지역에 머무는 것을 원치 않습니다.
Ich möchte nicht im Geschäftsviertel sein.

저는 시내에서 너무 멀리 떨어져 있고 싶지는 않습니다.
Ich möchte nicht zu weit außerhalb der Stadt sein.

여기서 렌터카를 예약할 수 있습니까?
Kann ich hier ein Mietauto buchen?

포터를 불러 주십시오.
Bitte rufen Sie mir einen Träger!

이 짐을 택시 승차장까지 옮겨주십시오.
Bringen Sie dieses Gepäck bis zum Taxistand!

카트는 어디 있습니까?
Wo sind Kofferkulis?

> tipp der Kofferkuli 카트

짐을 호텔로 보내주십시오.
Bitte liefern Sie das Gepäck zu meinem Hotel!

제 짐을 역에서부터 가져가 주십시오.
Lassen Sie mein Gepäck vom Bahnhof holen!

누군가 마중 나오나요?
Wird Sie jemand abholen?

누가 공항에 당신을 마중을 나오지요?
Wer holt Sie vom Flughafen ab?

내일 아침에 마중 나와 줄 수 있습니까?
Können Sie mich morgen früh abholen?

마중 나와 주셔서 정말 고맙습니다.
Vielen Dank, dass Sie mich abholen!

호텔

현지의 어느 곳에서든 숙박할 호텔을 찾거나 예약하기, 방의 종류와 방 안의 시설, 숙박기간, 요금, 체크인, 숙박부 작성, 방 확인, 물품 보관, 시설물 이용, 체크아웃 등에 필요한 아래의 기본표현을 충분히 연습하고 익혀둔다.

호텔을 찾을 때

여기 호텔은 어디 있습니까?
Wo ist hier ein Hotel?

호텔을 찾고 있습니다.
Ich suche ein Hotel.

당신네 호텔은 어디 있습니까?
Wo liegt Ihr Hotel?

공항에서 저를 데려갈 수 있습니까?
Können Sie mich vom Flughafen abholen?

역까지 데리러 오시겠습니까?
Können Sie mich am Bahnhof abholen?

슈타인베르크 호텔까지 갑시다.
Zum Hotel Steinberg, bitte!

저는 방을 예약했습니다.
Ich habe ein Zimmer vorbestellt.

여기서 호텔 예약을 할 수 있나요?
Kann ich hier eine Hotelreservierung vornehmen?

여기서 호텔방을 예약을 할 수 있나요?
Kann ich hier ein Hotelzimmer reservieren?

호텔을 예약할 때

안녕하세요. 뭘 원하시죠?
Guten Tag, Sie wünschen bitte?

안녕하세요, 뭘 원하시죠?
Guten Tag. Was wünschen Sie, bitte?

뭘 원하시죠?
Bitte schön?

방을 하나 구했으면 합니다.
Ich hätte gern ein Zimmer.

바다를 전망으로 하는 방을 원합니다.
Ich möchte ein Zimmer mit Blick aufs Meer.

호텔 뒤쪽으로 나 있는 방을 원합니다.
Ich möchte ein Zimmer, nach hinten gelegen.

> Tipp 반면에 zur Straße hin gelegen는 "길쪽으로 나 있는/길쪽으로 놓여있는"이란 뜻이다.

빈 방 있습니까?
Haben Sie ein Zimmer frei?

아직 빈방이 있나요?
Haben Sie noch ein Zimmer frei?

어떤 종류의 방을 원하십니까?
Was für ein Zimmer möchten Sie?

(이중에서) 어떤 방을 원하십니까?
Welches Zimmer möchten Sie?

싱글 룸인가요 아니면 더블 룸인가요?
Ein Einzelzimmer oder ein Doppelzimmer?

욕실이 있는 싱글 룸을 원합니다.
Ich möchte ein Einzelzimmer mit Bad.

샤워기가 있는 더블 룸을 원합니다.
Ich möchte ein Doppelzimmer mit Dusche.

욕실과 샤워기가 있는 더블 룸을 원해요.
Ich möchte ein Doppelzimmer mit Bad und Dusche.

욕실이 없는 싱글 룸을 원합니다.
Ich möchte ein Einzelzimmer ohne Bad.

샤워기나 욕실이 있는 싱글 룸을 원해요.
Ich möchte ein Einzelzimmer mit Dusche oder Bad.

예, 아직 비어있습니다.
Ja, es ist noch frei.

운이 좋군요. 아직 비어있습니다.
Sie haben Glück, es ist noch frei.

예, 정말 운이 좋군요.
Ja, da haben Sie aber Glück.

예, 됩니다.
Ja, es geht.

잠깐이오, 한번 찾아보겠습니다.
Einen Moment, ich sehe mal nach.

예, 샤워기가 있는 방이요. 그것은 됩니다.
Ja, mit Dusche, das geht.

우리는 4층에 샤워만 되는 방이 하나 더 있습니다.
Wir haben noch ein Zimmer mit Dusche im dritten Stock.

예, 그것은 가능합니다.
Ja, das ist möglich.

예, 아직까지도.
Ja, bis jetzt noch.

유감이네요. 벌써 찼습니다.
Es tut mir Leid. Es ist schon besetzt.

이미 찼습니다.
Es ist schon belegt.

이미 모두 다 찼습니다.
Es ist schon alles belegt.

이미 예약되었습니다.
Schon reserviert.

유감입니다만, 더 이상 없습니다.
Nein, leider nicht mehr.

샤워기가 있는 독방만 비어있습니다.
Wir haben nur ein Einzelzimmer mit Dusche frei.

유감스럽게도 그 방은 예약되었습니다.
Leider ist das Zimmer ausgebucht.

방이 모두 찼습니다.
Leider sind die Zimmer voll belegt.

완전히 찼습니다.
Leider sind die Zimmer völlig ausgebucht.

유감입니다만 우리 호텔은 다 찼습니다.
Leider sind wir voll belegt.

죄송합니다만 우리 호텔은 이미 예약이 다 됐습니다.
Leider ist das Hotel völlig ausgebucht.
유감입니다만 우리는 더 이상 빈방이 없습니다.
Wir haben leider kein Zimmer mehr frei.

숙박기간을 말할 때

어느 날로 예약해 드릴까요?
Für wann soll ich das Zimmer reservieren?
금요일 날로 해주십시오.
Für Freitag.
17일날로 해주세요.
Für den siebzehnten, bitte!
여기서 얼마동안 머무실 겁니까?
Wie lange wollen Sie hier bleiben?
얼마동안 숙박하시고 싶습니까?
Wie lange möchten Sie übernachten?
얼마동안 머무시려고 합니까?
Wie lange möchten Sie bleiben?
얼마동안 저희 호텔에서 머무실겁니까?
Wie lange möchten Sie bei uns bleiben?
저희 호텔에서 며칠 묵으실 건가요?
Wie viel Nächte möchten Sie bei uns bleiben?
이틀밤이요.
Zwei Nächte.
얼마간 그 방을 사용하시고 싶습니까?
Wie lange möchten Sie das Zimmer?
여기서 며칠 동안 머무실 겁니까?
Wie viel Tage bleiben Sie hier?
며칠 동안이요?
Für wie viele Nächte, bitte?
얼마동안 머무실 겁니까?
Wie lange bleiben Sie?
그런데 얼마동안이요?
Und für wie lange?

언제부터 언제까지 여기서 묵으실 겁니까?
Von wann bis wann wollen Sie hier übernachten?

 같은 뜻의 동사로 bleiben, wohnen을 쓴다.

언제까지 머무시고 싶습니까?
Bis wann möchten Sie bleiben?

언제까지 그 방을 사용하고 싶습니까?
Bis wann möchten Sie das Zimmer denn?

저는 하루 밤을 머무를 겁니다.
Ich bleibe eine Nacht.

저는 하루 밤만 묵고 싶습니다.
Ich möchte eine Nacht bleiben.

일주일간이요, 어쩌면 더 머물 겁니다.
Für eine Woche, vielleicht länger.

10월 3일까지 머물 겁니다.
Ich bleibe bis zum 3. Oktober.

저는 9월 10일부터 13일 기간에 그곳에 머물고 싶습니다.
Ich möchte für die Zeit vom 10. bis 13. September da bleiben.

우리는 월말까지 머물 겁니다.
Wir bleiben bis Ende des Monats.

5월말까지 머물 겁니다.
Wir bleiben hier bis Ende Mai.

오늘 밤 만이요.
Nur diese Nacht.

3박 4일이요.
Drei Nächte.

6박 7일입니다.
Für sechs Nächte.

1주일간이요.
Für eine Woche.

6일 동안이요.
Sechs Tage.

예, 이틀간입니다.
Ja, zwei Tage.

아직 잘 모르겠습니다.
Ich weiß noch nicht.

아마도 토요일까지 일 겁니다.
Vielleicht bis Samstag.

저는 수요일에 떠날 겁니다.
Ich reise am Mittwoch ab.

저는 토요일 오전에 체크아웃 할 겁니다.
Ich reise am Samstagvormittag ab.

저는 14일 날 떠날 겁니다.
Ich werde am vierzehnten (14.) abreisen.

숙박비를 말할 때

하루 숙박하는 데 얼마입니까?
Was kostet eine Übernachtung?

하루 숙박하는 데 얼마입니까?
Wie teuer ist eine Übernachtung?

방 값은 얼마인가요?
Wie viel kostet das Zimmer?

방 값은 얼마입니까?
Was kostet das Zimmer denn?

방 값은 얼마입니까?
Wie teuer ist das Zimmer denn?

아침식사를 포함한 숙박비는 얼마입니까?
Was kostet das Zimmer mit Frühstück?

요금에 조식이 포함되어 있나요?
Ist das Frühstück in der Rechnung inbegriffen?

아침식사를 포함해서 그 방은 얼마입니까?
Was kostet das Zimmer mit Frühstück?

요금에 조식이 포함되어 있나요?
Ist das Frühstück in der Rechnung inbegriffen?

욕실이 있는 독방은 얼마입니까?
Was kostet das Einzelzimmer mit Bad?

아침식사를 포함해서 105 유로입니다.
Es kostet 105 Euro mit Frühstück.

아침식사를 포함해서 98 유로입니다.
Mit Frühstück 98 Euro.
아침식사를 포함해서 85 유로입니다.
Inklusive Frühstück 85 Euro.
아침식사를 포함해서 하루에 80 유로입니다.
80 Euro pro Nacht, inklusive Frühstück.

체크인 할 때

손님께서는 이미 신청하셨나요?
Sind Sie schon angemeldet?
손님께서는 전화로 신청하셨나요?
Sind Sie telefonisch angemeldet?
손님께서 그것[방]을 주문하셨습니까?
Haben Sie es schon bestellt?
손님께서 방을 예약하셨습니까?
Haben Sie es reserviert?
손님께서 혹시 방을 예약하셨나요?
Haben Sie es vielleicht gebucht?
어떤 이름으로 예약하셨습니까?
Auf welchen Namen, bitte?
김입니다.
Der Name ist Kim.
한 번 조사해 보겠습니다.
Ich schaue mal nach.
혼자 쓰시는 방이었지요?
Das war ein Einzelzimmer?
1박이시죠?
Für eine Nacht?
에, 맞아요.
Ja, richtig.
예, 지난주에 전화로 예약했습니다.
Ja, ich habe es letzte Woche telefonisch gebucht.
그저께 방을 예약했습니다.
Das habe ich vorgestern bestellt.

저는 지난주에 욕실이 있는 방을 예약했습니다.
Ich habe vorherige Woche ein Einzelzimmer mit Bad reserviert.

확인서는 여기 있습니다.
Hier ist meine Buchungsbestätigung.

아직 예약을 하지 않았습니다.
Ich habe noch nicht reserviert.

아침식사 시간은 몇 시입니까?
Wann ist die Frühstückszeit?

호텔은 밤새 개방되어 있습니까?
Ist das Hotel die ganze Nacht geöffnet?

숙박부를 작성할 때

지금 기록해 주시겠습니까?
Wollen Sie sich gleich eintragen?

여기 이 서류를 좀 작성해 주십시오.
Füllen Sie bitte das Formular aus!

신고서 좀 기입해 주시겠습니까?
Füllen Sie doch bitte den Meldeschein hier aus!

신고서 좀 기입해 주시겠습니까?
Können Sie vielleicht noch den Meldeschein ausfüllen?

신고서 좀 기입해 주시겠습니까?
Würden Sie bitte die Anmeldung ausfüllen?

여기 기입 좀 해주시겠습니까?
Würden Sie sich bitte hier eintragen?

여기에다 좀 작성해 주십시오.
Tragen Sie sich hier ein!

여기 이 목록에 성함과 주소를 적어주세요.
Schreiben Sie bitte Ihren Namen und Ihre Adresse hier in diese Liste.

여기에 서명 좀 해 주십시오.
Unterschreiben Sie hier bitte!

그리고 나서 여기 아래 서명을 하나 더 해주시겠습니까?
Dann brauchte ich hier unten noch eine Unterschrift, bitte!

신분증 좀 주십시오.
Ihren Ausweis, bitte!

신분증 좀 볼까요?
Kann ich bitte Ihren Ausweis haben?

손님의 신분증 좀 볼까요?
Kann ich noch Ihren Ausweis haben?

손님의 신분증을 제게 좀 보여주실 수 있습니까?
Können Sie mir noch einmal Ihren Ausweis zeigen?

손님의 신분증을 봐도 될까요?
Darf ich mir mal Ihren Ausweis ansehen?

저 좀 도와주실 수 있나요?
Können Sie mir vielleicht helfen?

저는 독일어를 잘 하지 못합니다.
Ich kann nicht gut Deutsch.

여기에는 성(姓)을 기입하는 겁니다.
Hier wird der Nachname eingetragen.

예, 그 다음 이름은 여기에 씁니다.
Ja, dann kommt hier der Vorname hin.

여기에는 손님의 직업을 기입하십시오.
Tragen Sie hier Ihren Beruf ein.

그리고 여기는 완전한 주소를 쓰십시오. 도시를 먼저 쓰기 시작합니다.
Und hier die vollständige Adresse. Das fängt an mit der Stadt.

그리고 우편번호를 쓰세요.
Und die Postleitzahl.

예, 그 다음은 길 이름과 번지.
Ja, und dann die Straße und die Hausnummer.

그리고 여기는 국적이 옵니다.
Und hier kommt die Nationalität hin.

그리고 나서 여기 아래에 생년월일을 기입하십시오.
Und dann tragen Sie hier unten das Geburtsdatum ein.

그리고 손님께서 부인과 함께 여행하시는 지 아닌지를 쓰시고요.
Und ob Sie mit oder ohne Ehefrau anreisen.

아내와 함께 온 게 아닙니다.
Ohne Ehefrau.

그러면 여기 아래에 싸인을 해주셨으면 좋겠습니다.
Dann hätte ich gerne noch hier unten eine Unterschrift.

고맙습니다.
Danke sehr.

그거 조용한 방입니까?
Ist das ein ruhiges Zimmer?

그 방은 조용합니다. 예, 그러니까 공원 쪽을 향하고 있습니다.
Das Zimmer ist ruhig. Ja, das geht zum Park raus.

이게 방 열쇠입니다.
Das ist Ihr Zimmerschlüssel.

이것은 방 열쇠입니다.
Das ist der Zimmerschlüssel.

방 열쇠를 받으십시오.
Bitte, nehmen Sie den Zimmerschlüssel!

여기 열쇠가 있습니다. 72호입니다.
Hier ist der Schlüssel, Zimmernummer 72.

엘리베이터는 바로 손님 뒤편에 있습니다.
Der Aufzug ist direkt hinter Ihnen.

편히 머무시기를 바랍니다.
Wir wünschen Ihnen einen angenehmen Aufenthalt!

손님께서 편히 머무시기를 바랍니다.
Ich wünsche Ihnen einen angenehmen Aufenthalt!

물건을 보관 맡길 때

이것을 보관하고 싶습니다.
Ich möchte dies im Safe hinterlegen.

귀중품을 보관해주시겠어요?
Können Sie meine Wertsachen aufbewahren?

귀중품은 보관하십시오.
Legen Sie bitte Ihre Wertsachen in den Safe!

서류가방을 보관하실 겁니까?
Möchten Sie eine Mappe im Safe lassen?

당신의 트렁크를 서류가방을 보관하실 겁니까?
Möchten Sie Ihren Koffer im Safe lassen?

당신의 짐을 보관하실 겁니까?
Wollen Sie Ihr Gepäck aufbewahren lassen?

우리의 이 서류가방을 좀 보관해 주실 수 있습니까?
Können Sie diese Mappe für uns im Safe aufbewahren?

저의 이 트렁크를 좀 보관해 주실 수 있습니까?
Können Sie diesen Koffer für mich im Safe aufbewahren?

우리의 이 케이스를 여기에 보관해 주실 수 있습니까?
Können Sie das Etui für uns hier aufbewahren?

물론이지요.
Selbstverständlich.

그럼요.
Aber sicher.

예, 그럼요.
Ja, gern.

체크인에 문제가 있을 때

9시에야 도착할 것 같습니다.
Ich könnte erst um 9 Uhr im Hotel ankommen.

예약을 취소하지 마십시오.
Bitte kündigen Sie meine Reservierung nicht!

방을 취소하지 않았습니다.
Ich habe das Zimmer nicht gekündigt.

다시 한 번 제 예약을 확인해주세요.
Bestätigen Sie erneut meine Reservierung, bitte!

다른 호텔을 찾으시겠습니까?
Wollen Sie ein anderes Hotel suchen?

방의 위치를 확인할 때

방이 도로 쪽으로 나있습니까?
Geht das Zimmer zur Straße?

방이 안마당 쪽으로 나있습니까?
Geht das Fenster zum Innenhof?

예, 방은 안마당 쪽으로 나있습니다.
Ja, es geht zum Innenhof.

아니오, 뒤쪽으로 나 있습니다.
Nein, nach hinten raus.

방은 공원쪽을 바라보고 있습니다.
Das Zimmer geht zum Park raus.

방을 확인할 때

그 방 좀 볼 수 있습니까?
Kann ich mir das Zimmer mal ansehen?

혹시 그 방 좀 봐도 됩니까?
Darf ich mir das Zimmer vielleicht mal ansehen?

그 방 좀 한번 보여주실 수 있습니까?
Können Sie mir wohl das Zimmer mal zeigen?

이리 오시지요, 방은 2층에 있습니다.
Kommen Sie, es ist im ersten Stock.

방은 4층입니다.
Es ist im dritten Stock.

방은 11층에 있습니다.
Es ist im zehnten Stock.

승강기를 타십시오.
Nehmen Sie bitte den Lift hier!

그러시면 제가 지금 방을 보여드리지요.
Dann zeige ich Ihnen jetzt mal das Zimmer.

방은 51호입니다. 여기는 5층입니다.
Es ist das Zimmer 51. Wir sind hier im fünften Stock.

한 번 들어가 보실까요?
Wenn Sie bitte mal eintreten möchten?

자, 여기가 욕실입니다.
Bitte, hier ist das Badezimmer.

그리고 이 앞에 있는 게 욕실입니다.
Dann ist das hier vorne das Badezimmer.

저기에 냉장고가 있고 T.V는 여기에 있습니다.
Da haben Sie einen Kühlschrank und hier ist der Fernsehapparat.

방은 아주 안락합니다.
Das Zimmer ist sehr gemütlich.

방이 아주 좋아 보입니다. 좋습니다.
Das sieht ja prima aus. Gut.

방이 너무 작습니다.
Das ist zu klein.

그럼 좋습니다.
Also gut.

좋군요.
Ist gut.

이 방으로 하겠습니다.
Ich nehme dieses Zimmer.

이 방으로 하겠습니다.
Ich nehme das Zimmer.

예, 그렇다면 이 방으로 하지요.
Ja, dann nehme ich das Zimmer.

좋아요, 이 방으로 정하겠습니다.
Gut, das nehme ich.

방이 너무 작습니다.
Das ist zu klein.

방이 맘에 안 듭니다.
Das Zimmer gefällt mir nicht.

오, 그것은 사실 제게 너무 비쌉니다.
Oh, das ist mir eigentlich etwas zu teuer.

너무 비쌉니다.
Das ist zu teuer.

다른 방은 없습니까?
Haben Sie kein anderes?

더 싼 방은 없습니까?
Haben Sie kein billigeres?

더 싼 방 있습니까?
Haben Sie ein billigeres?

혹시 다른 방 있습니까?
Hätten Sie vielleicht noch ein anderes?

다른 방 좀 보여줄 수 있습니까?
Können Sie mir noch ein anderes Zimmer zeigen?

이 방은 조용합니까?
Ist das ein ruhiges Zimmer?

짐을 옮겨달라고 할 때

짐을 가지고 계신가요?
Haben Sie Gepäck?

트렁크를 가지고 계신가요?
Haben Sie Koffer?

가방들을 가지고 계신가요?
Haben Sie Taschen?

짐꾼이 필요합니까?
Brauchen Sie einen Gepäckträger?

예, 그래주시면 고맙겠습니다.
Ja, ich wäre Ihnen dankbar dafür.

아니오, 트렁크들은 제가 직접 들고 갈 수 있습니다.
Nein, die Koffer kann ich selbst tragen.

짐꾼을 방으로 보내드릴까요?
Soll ich das Gepäck aufs Zimmer bringen lassen.

트렁크를 위로 보내드릴까요?
Soll ich den Koffer nach oben bringen lassen?

짐이 없습니까?
Haben Sie kein Gepäck?

짐을 가지고 계시는군요.
Sie haben Gepäck, nicht wahr?

저는 짐을 가지고 있습니다.
Ich habe Gepäck.

제 짐을 올려다 주세요.
Lassen Sie mein Gepäck heraufbringen!

제 짐을 방으로 가져다주십시오.
Bringen Sie bitte mein Gepäck aufs Zimmer!

보이가 손님의 짐을 즉시 방으로 가져다 줄 겁니다.
Der Träger bringt Ihr Gepäck sofort aufs Zimmer.

제 트렁크들을 방으로 가져다주십시오.
Würden Sie bitte meine Koffer aufs Zimmer bringen?

제 트렁크들을 방으로 가져다주시겠습니까?
Würden Sie bitte meine Koffer aufs Zimmer bringen lassen?

트렁크가 하나 더 있습니다.
Ja, ich habe noch einen Koffer.

제 짐은 아래층 안내대 앞에 있습니다.
Mein Gepäck ist unten an der Rezeption.

아니오, 자동차에 큰 가방이 하나 있어요.
Doch, ich habe eine große Tasche im Auto.

제가 즉시 포터를 보내드리겠습니다.
Ich schicke Ihnen sofort einen Träger.

물건을 여기다 놓아두십시오, 짐을 방으로 가져다 드리겠습니다.
Lassen Sie bitte Ihre Sachen hier liegen, wir bringen sie in Ihr Zimmer.

가방은 제가 직접 들 수 있습니다.
Die Tasche kann ich selbst tragen.

트렁크는 제가 직접 들 수 있습니다.
Den Koffer will ich selbst tragen.

룸서비스를 이용할 때

룸서비스를 부탁합니다.
Zimmerservice bitte!

여기는 708호입니다.
Hier ist Zimmer 708.

무엇을 도와드릴까요?
Kann ich Ihnen helfen?

방이 다 준비되었습니까?
Ist das Zimmer schon fertig?

베개를 하나 더 주십시오.
Ich möchte noch ein Kopfkissen.

저에게 보온병 하나를 가져다 줄 수 있습니까?
Können Sie mir eine Wärmflasche bringen?

아침 식사를 방으로 가져다주시겠습니까?
Können Sie das Frühstück auf mein Zimmer bringen?

여기서 이 편지들을 부칠 수 있나요?
Kann ich diesen Brief hier senden?

우리가 인터넷과 이메일에 접속할 수 있습니까?
Haben wir einen Zugang zum Internet und zu den E-Mails?

예 그리고 무료입니다.
Ja und er ist kostenlos.

여기서 이메일을 확인할 있나요?
Kann ich hier mal eine E-Mail abrufen?

이메일을 좀 쓸 수 있습니까?
Kann ich eine E-Mail schreiben?

팩스 있습니까?
Haben Sie ein Faxgerät?

팩스 좀 사용할 있습니까?
Darf ich bitte Ihr Faxgerät benutzen?

예, 그럼요.
Ja, selbstverständlich.

그렇다면 복사 좀 해야 하거든요.
Dann muss ich ein paar Photokopien machen.

여기 저희들한테 하실 수 있습니다.
Das können Sie auch bei uns.

제 구두를 닦아오도록 해주십시오.
Lassen Sie meine Schuhe putzen!

제 옷들을 다림질 좀 해 주었으면 좋겠는데요.
Ich möchte meine Kleider gebügelt haben.

제 옷들을 다림질 맡기고 싶습니다.
Ich möchte meine Kleider bügeln lassen.

빨래가 좀 있는데요.
Ich möchte etwas in die Wäscherei geben.

그것들을 세탁소에 맡겨 주시겠어요?
Können Sie das zur Reinigung bringen?

제 양복 좀 가져다주십시오.
Bitte, bringen Sie mir meinen Anzug!

내일 아침 6시에 저를 깨워줄 수 있습니까?
Können Sie mich morgen um sechs Uhr wecken?

내일 아침 5시 반에 저를 좀 깨워주세요.
Würden Sie mich bitte morgen um halb sechs wecken?

저는 내일 아침 8시에 일어나고 싶습니다.
Ich bitte Sie, mich morgen um sieben Uhr zu wecken.

저는 내일 아침 8시에 일어나고 싶습니다.
Ich möchte morgen um 8 Uhr geweckt werden.

7시에 저를 좀 깨워주세요.
Wecken Sie mich bitte um 7 Uhr!

예, 그러지요. 그런데 성함이 어떻게 됩니까?
Ja, gern. Wie ist denn Ihr Name?

예, 손님의 방 번호와 성함은 어떻게 됩니까?
Ja, Ihre Zimmernummer und Ihren Namen, bitte?

안녕하세요. 6시에 깨워달라고 하셨지요.
Guten Morgen. Sie wollten doch um sechs Uhr geweckt werden!

안녕하세요, 김 선생님. 벌써 5시입니다.
Guten Morgen, Herr Kim. Es ist schon fünf Uhr!

그밖에 또 궁금하신 것이 있다면 물어보셔도 됩니다.
Wenn Sie sonst noch etwas wissen möchten, können Sie gerne fragen.

물어보실 말씀이 또 있으시거나 교통시간표 또는 팜플렛이 필요하시면 언제든지 제게 문의하십시오.
Wenn Sie weitere Fragen haben und Fahrpläne oder Prospek brauchen, können Sie mich jederzeit fragen.

시설물을 이용할 때

전화는 어떻게 사용할 수 있습니까?
Wie kann ich telefonieren?

1번을 누르시기만 하면 됩니다.
Sie brauchen nur die Nummer 1 zu wählen.

바는 어디입니까?
Wo ist die Bar?

사우나를 하고 싶은데요.
Ich möchte eine Sauna nehmen.

외부로 전화를 어떻게 합니까?
Wie kann ich nach außerhalb telefonieren?

어디에서 먹을 것을 살 수 있습니까?
Wo kann man sich etwas zu essen kaufen?

여기에 레스토랑이 있습니까?
Gibt es hier ein Restaurant?

여기 호텔에서 뭐 좀 먹을 수 있습니까?
Kann man hier im Hotel irgendwie was essen?

우리가 방에서 저녁식사를 할 수 있나요?
Können wir das Abendessen im Zimmer haben?

언제 아침식사를 할 수 있나요?
Wann kann man frühstücken?

몇 시부터 아침식사를 할 수 있나요?
Ab wann kann man frühstücken?

몇 시에 아침식사를 들 수 있나요?
Um wie viel Uhr kann man das Frühstück nehmen?

얼마동안 아침식사를 할 수 있나요?
Wie lange kann man frühstücken?

8시 15분까지요.
Bis Viertel nach acht.

예, 여기에는 레스토랑이 있습니다.
Ja, hier ist ein Restaurant.

아침식사는 7시부터 9시까지 드실 수 있습니다.
Frühstücken können Sie von sieben bis neun Uhr.

내일 아침 7시부터 아침식사를 드실 수 있습니다.
Morgen früh ab sieben können Sie Frühstück bekommen.

레스토랑은 몇 시까지 영업하나요?
Wie lange ist das Restaurant offen?

아침 6시부터 저녁 열 시까지입니다.
Von sechs Uhr bis zweiundzwanzig Uhr.

숙박 이용에 문제가 있을 때

열쇠를 방에 두고 나왔습니다.
Ich habe meinen Schlüssel im Zimmer vergessen.

방 열쇠가 잘 안 듣습니다.
Der Schlüssel schließt etwas schwer.

이 열쇠로 방문이 열리지 않습니다.
Ich kann mit diesem Schlüssel mein Zimmer nicht öffnen.

방 번호를 잊었습니다.
Ich habe meine Zimmernummer vergessen.

옆방이 너무 시끄럽습니다.
Das Zimmer nebenan ist zu laut.

다른 방으로 바꾸어주시겠어요?
Könnten Sie mir ein anderes Zimmer geben?

사람 좀 올려 보내주시겠어요?
Können Sie jemanden hinaufschicken?

화장실 물이 내려가지 않습니다.
Das Klosett spült nicht hinunter.

텔레비전이 고장 났습니다.
Der Fernseher ist defekt.

뜨거운 물이 나오지 않아요.
Das Zimmer hat kein Warmwasser.

지금 고쳐주시겠어요?
Könnten Sie es jetzt reparieren?

백열등이 나갔어요.
Die Glühbirne ist kaputt.

등이 고장났습니다.
Das Licht ist kaputt.

난방기가 작동하지 않습니다.
Die Heizung funktioniert nicht.

물이 안 나옵니다.
Das Wasser läuft nicht.

세면대가 막혔어요.
Das Waschbecken ist verstopft.

수건이 없습니다.
Es fehlen Handtücher.

창문이 잘 열리지 않아요.
Das Fenster klemmt.

 klemmen 삐걱거리다.

수도꼭지에서 물이 샙니다.
Der Wasserhahn tropft.

체크아웃을 할 때

체크아웃은 몇 시입니까?
Wann kann ich auschecken?

체크아웃은 몇 시입니까?
Wann kann ich abreisen?

몇 시에 떠날 겁니까?
Um wie viel Uhr wollen Sie uns verlassen?

저는 정오경에 체크아웃할 겁니다.
Ich reise gegen Mittag ab.

하루 일찍 떠나고 싶습니다.
Ich möchte einen Tag früher abreisen.

오후까지 방을 쓸 수 있을까요?
Darf ich das Zimmer bis zum Nachmittag benutzen?

오늘 떠날 겁니다. 보관한 물건을 찾아야겠습니다.
Ich reise heute ab und muss meine Sachen aus dem Safe holen.

물론이지요. 곧 올라가겠습니다.
Selbstverständlich. Ich komme sofort.

내일 체크아웃할 겁니다. 계산서를 작성해 주십시오.
Ich reise morgen ab. Machen Sie bitte die Rechnung fertig!

계산서를 준비해주십시오.
Können Sie bitte die Rechnung fertig machen?

내일 9시에 출발할건데, 계산서를 내일 아침까지 작성해주시겠어요?
Ich fahre morgen um 9 Uhr ab. Können Sie bitte meine Rechnung bis morgen früh fertigmachen?

체크아웃하시기 전에 우리는 손님의 싸인이 필요합니다.
Bevor Sie abreisen, brauchen wir noch eine Unterschrift von Ihnen.

몇 시까지 방을 비워주어야 합니까?
Bis wann muss ich das Zimmer räumen?

몇 시까지 우리가 방을 비워주어야 합니까?
Bis wie viel Uhr müssen wir das Zimmer räumen?

12시까지 방을 비워주시길 부탁드립니다.
Wir bitten darum, das Zimmer bis 12 Uhr freizugeben.

손님께서는 12시 전까지 체크아웃하셔야 합니다.
Sie müssen vor 12 Uhr auschecken!

포터를 부탁합니다.
Einen Träger, bitte!

저희 호텔에서 편히 쉬셨습니까?
Haben Sie sich bei uns wohl gefühlt?

저희 호텔에서 편히 지내셨기를 바랍니다.
Hoffentlich hatten Sie eine schöne Zeit bei uns!

저희 호텔이 마음에 드셨기를 바랍니다.
Hoffentlich hat es Ihnen bei uns gefallen!

저희 호텔이 마음에 드셨기를 바랍니다.
Wir hoffen, dass es Ihnen hier gut gefallen hat!

아주 잘 보냈습니다.

Ja, sehr.

예, 아주 좋았습니다. 방만 좀 시끄러웠습니다.

Ja, es war sehr angenehm. Nur das Zimmer war ein bisschen zu laut.

택시를 불러드릴까요?

Soll ich ein Taxi für Sie bestellen?

예, 2시 반에 공항으로 갈 택시가 필요합니다.

Ja, um halb drei brauche ich ein Taxi zum Flughafen.

우리 짐 가방들을 방에서 좀 가져오도록 해주시겠습니까?

Können Sie unsere Koffer vom Zimmer holen lassen?

제 짐을 아래로 내려 주시겠습니까?

Würden Sie mein Gepäck herunter bringen lassen?

저에게 택시 좀 불러 주시겠습니까?

Könnten Sie mir ein Taxi bestellen?

우리들에게 택시 좀 불러 주십시오.

Holen Sie uns ein Taxi, bitte!

택시 좀 불러 주십시오.

Ich möchte ein Taxi haben.

그럼요. 택시는 불러놨습니다.

Selbstverständlich. Ihr Taxi ist schon bestellt.

여기 호텔버스 있습니까?

Gibt es einen Autobus vom Hotel?

숙박비를 계산할 때

계산을 부탁합니다.

Die Rechnung, bitte!

계산을 부탁합니다.

Ich hätte gern meine Rechnung.

계산서 이미 준비됐습니까?

Ist meine Rechnung schon fertig?

예, 여기 있습니다.

Ja, hier. Bitte schön.

신용카드도 됩니까?

Nehmen Sie auch Kreditkarten an?

여행자수표도 받습니까?
Nehmen Sie auch Reiseschecks an?

현금으로 할 겁니까, 신용카드로 할 겁니까?
Bezahlen Sie in bar oder mit Karte?

전부 포함된 겁니까?
Ist alles inklusive?

모두 것이 계산서에 포함된 건가요?
Ist alles in der Rechnung inbegriffen?

팩스와 전화사용료로 25유로 78센트를 계산했습니다.
Für das Fax und Telefongespräch haben wir Ihnen 25 Euro 78 berechnet.

여기 345 유로입니다.
Das sind also 345 Euro. Bitte schön.

가격이 345 유로입니다.
Der Preis beträgt 345 Euro.

모두 합쳐서 345 유로입니다.
Das macht 345 Euro alles inbegriffen.

모두 합쳐서 345 유로입니다.
Das macht zusammen 345 Euro.

영수증이 필요합니까?
Brauchen Sie eine Quittung?

계산 착오를 하신 것 같습니다.
Ich glaube, Sie haben sich verrechnet!

실례합니다. 여기가 좀 정확하지 않군요.
Entschuldigen Sie. Hier stimmt etwas nicht!

제게 전화비를 과다하게 작성하셨네요.
Sie haben mir ein Telefongespräch zu viel berechnet.

12일에 저는 전화를 한 통도 쓰지 않았습니다.
Am zwölften habe ich gar nicht telefoniert.

저는 온종일 외출했었습니다.
Ich war den ganzen Tag weg.

한밤중에야 돌아왔습니다.
Ich bin erst in der Nacht zurückgekommen.

즉시 조사해볼 수 있습니다.
Das kann man sofort nachprüfen.

계산서 좀 보여주시겠습니까?
Können Sie mir die Rechnung zeigen, bitte?

12일이라. 718호. 잠시만 기다리십시오.
Also, am zwölften. Zimmer Nummer 718. Einen Moment, bitte.

손님 말씀이 맞습니다. 손님께서 방을 바꾸셨습니다.
Sie haben Recht. Sie haben das Zimmer gewechselt.

그래서 우리가 실수한 겁니다. 그러시면 15유로 78센트를 뺍니다.
Und dadurch ist uns der Fehler unterlaufen. Das sind dann 15 Euro 78 weniger.

제가 이날 전화 안한 게 확실했거든요.
Ich war ganz sicher, dass ich an diesem Tag nicht telefoniert hatte.

용서하십시오.
Ich bitte Sie um Entschuldigung.

됐습니다. 그럴 수도 있는 걸요.
Bitte, bitte! Das kann mal passieren.

고향에 잘 돌아가시기를 바랍니다.
Ich wünsche Ihnen eine schöne Heimreise!

휴가지의 숙소에서

이제 모든 것을 보여드렸습니다. 질문이 또 있습니까?
Nun habe ich Ihnen alles gezeigt. Haben Sie noch Fragen?

쓰레기는 언제 치우나요?
Wann wird der Müll abgeholt?

매주 화요일입니다. 쓰레기통을 전날 저녁에 길가에 내 놓으십시오.
Jeden Dienstag. Bitte stellen Sie die Tonne am Vorabend auf die Straße.

벽난로를 사용해도 됩니까?
Dürfen wir den Kamin benutzen?

그럼요. 장작은 헛간에 있습니다.
Selbstverständlich. Holz ist im Schuppen.

 der Schuppen 헛간, 광

그밖에 문제가 있으면 당신께 꼭 여쭈어봐야겠군요.
Wenn es sonst noch Probleme gibt, dürfen wir uns sicher an Sie wenden?

물론이지요. 만약에 제가 여기에 없을 경우, 쪽지를 하나 남겨두십시오.
Natürlich. Falls ich einmal nicht da sein sollte, hinterlassen Sie einen Zettel!

전기 사용료가 가격에 포함된 것인가요?
Ist der Stromverbrauch im Preis enthalten?

우리가 떠나기 전에 청소를 해놓아야 합니까?
Müssen wir die Endreinigung übernehmen?

애완용동물을 허용합니까?
Sind Haustiere erlaubt?

인근에 생필품가게가 있습니까?
Gibt es einen Lebensmittelladen in der Nähe?

캠핑장에서

캠핑카를 세워놓을 자리 있습니까?
Haben Sie noch Platz für einen Wohnwagen?

1인당 하루에 얼마입니까?
Was kostet es pro Person und Tag?

우리는 4일간 머물 겁니다.
Wir bleiben vier Tage.

텐트를 어디다 칠 수 있습니까?
Wo können wir unser Zelt aufstellen?

그늘진 곳에 있는 자리를 원합니다.
Wir möchten einen Platz im Schatten.

캠핑카도 임대하십니까?
Vermieten Sie auch Wohnwagen?

이곳에 식료품가게가 있습니까?
Gibt es hier einen Lebensmittelladen?

세탁실들은 어디 있습니까?
Wo sind die Waschräume?

온수 샤워비용은 별도로 냅니까?
Kosten die Warmwasserduschen extra?

여기 전기 콘센트 있습니까?
Gibt es hier Stromanschluss?

변기를 어디서 비울 수 있습니까?
Wo kann ich das Chemieklo entsorgen?

망치 좀 빌려주시겠습니까?
Können Sie mir einen Hammer leihen?

병에 든 가스를 어디서 얻을 수 있습니까?
Wo bekomme ich Gasflaschen?

우리는 가스가 떨어졌는데요. 어디서 그것을 살 수 있나요?
Uns ist das Gas ausgegangen. Wo können wir welches bekommen?

안내소 옆에 있는 가게에 가스가 있습니다.
Der Laden neben der Rezeption hat Gas.

그러나 그 가게가 이미 문을 닫았을 거 같은데요.
Aber ich fürchte, der ist schon geschlossen.

다른 가능성이 있나요?
Gibt es noch eine andere Möglichkeit?

유감이지만 이곳에 있는 가게들도 이미 문을 닫았습니다.
Leider haben auch die Laden im Ort schon zu.

제가 가스를 드릴 수는 없지만 우리 함께 요리를 할 수 있을 겁니다.
Ich kann Ihnen leider auch kein Gas geben, aber wir können zusammen kochen.

기꺼이 이 제안에 응하겠습니다.
Dieses Angebot nehmen wir gerne an.

유스호스텔에서

아직 빈자리 있습니까?
Haben Sie noch etwas frei?

숙박비가 얼마입니까?
Wie viel kostet die Übernachtung?

식사시간은 언제입니까?
Wann sind die Essenszeiten?

여기 보관함이 있습니까?
Gibt es hier Schließfächer?

제 남편과 함께 방을 나누어 쓸 수 있나요?
Kann ich ein Zimmer mit meinem Mann teilen?

저녁 몇 시까지 입장이 허용됩니까?
Bis wie viel Uhr abends ist Einlass?

밤 11시까지입니다.
Bis 23 Uhr, bitte.

시내로 가는 가장 적합한 길은 어떻게 됩니까?
Wie kommt man am günstigsten ins Zentrum?

시트를 빌릴 수 있습니까?
Kann ich ein Bettlaken ausleihen?

 das Bettlaken, die Bettwäsche 침구, 시트

가족용 방이 있습니까?
Gibt es ein Familienzimmer?

저는 회원카드가 있습니다.
Ich habe eine Mitgliedskarte.

저희는 유스호스텔 카드가 있습니다.
Wir haben einen Jugendherbergsausweis.

식당은 어디 있습니까?
Wo ist der Speisesaal?

아침식사로는 무엇이 있나요?
Was gibt es zum Frühstück?

뷔페에서 고르실 수 있습니다.
Sie können sich am Buffet etwas aussuchen.

거기에는 전형적인 독일 아침식사도 있습니까?
Gibt es dort auch typisch deutsches Frühstück?

그럼요, 그것은 가격에 포함되어 있습니다.
Natürlich, es ist im Preis enthalten.

그냥 그리로 가면 됩니까?
Kann man einfach so hingehen?

도착했을 때 안내대에서 받은 아침식사 쿠폰만 가져가면 됩니다.
Sie müssen nur die Frühstücksmarken mitnehmen, die Sie bei der Ankunft an der Rezeption erhalten haben.

알려주셔서 고맙습니다.
Vielen Dank für die Auskunft.

관광과 기념사진

공항 안내소나 시내의 중앙역에 위치한 안내소에서는 관광명소와 교통노선 등에 대한 정보를 제공하고 있다. 이러한 정보는 무료로 제공하는 것이기 때문에 기차, 지하철 및 버스노선 등에 대한 정보를 유용하게 수집하도록 한다. 관광지에서 관람할 때나 사진을 촬영할 때 구사할 수 있는 기본 표현들을 연습하여 즐거운 여행이 되도록 한다.

관광안내소에서

관광안내소는 어디에 있습니까?
Wo ist das Fremdenverkehrsbüro?

중앙역 옆에 있습니다.
Das ist am Hauptbahnhof.

관광안내 책자를 하나 주시겠습니까?
Kann ich eine Touristenbroschüre bekommen?

관광 안내서는 있습니까?
Haben Sie einen Reiseführer?

시내 안내책자를 어디서 얻을 수 있습니까?
Wo kann ich einen Reiseführer über die Stadt bekommen?

시내지도와 이 도시에 관한 안내책자를 받았으면 합니다.
Ich möchte gern einen Stadtplan und eine Informationsbroschüre über die Stadt haben?

책자는 저쪽 진열대에서 직접 가져가시면 됩니다.
Sie können die Broschüre dort selbst aus dem Ständer holen.

무료 시내지도 있습니까?
Haben Sie einen kostenfreien Stadtplan?

여기 시내지도 있습니다.
Hier haben Sie einen Stadtplan.

관광지도 좀 주시겠어요?
Können Sie mir eine Besichtigungskarte geben?

관광지도 좀 주시겠어요?
Könnten Sie mir eine Landkarte für Touristen geben?

시내 관광에는 어떤 것들이 있나요?
Was ist in der Stadtrundfahrt inbegriffen?

여기서 볼 만한 곳을 가르쳐주시겠어요?
Könnten Sie mir die Sehenswürdigkeiten empfehlen?

관광 안내책자 좀 제게 추천해 줄 수 있습니까?
Können Sie mir einen guten Reiseführer über die Sehenswürdigkeiten empfehlen?

여기 이 도시의 안내책자가 있습니다.
Hier ist ein Reiseführer dieser Stadt.

어느 곳을 구경하고 싶습니까?
Was möchten Sie sich ansehen?

무엇을 구경하고 싶습니까?
Was wünschen Sie zu sehen?

구경하고 싶은 곳을 선택하십시오.
Bitte, wählen Sie aus, was Sie sehen wollen.

저는 볼만한 것을 모두 구경하고 싶습니다.
Ich möchte alles sehen, was sehenswert ist.

그렇다면 시내 일주관광을 추천하고 싶습니다.
Dann möchte ich Ihnen eine Stadtrundfahrt empfehlen.

일주관광은 언제 시작됩니까?
Wann beginnt die Rundfahrt?

어디서 출발하지요?
Von wo fahren wir denn ab?

시청에서부터 시작하는데요. 버스가 호텔 앞으로 태우러 갑니다.
Vom Rathaus. Aber der Bus holt Sie vor Ihrem Hotel ab.

어느 것이 가장 볼만한 것들입니까?
Welches sind die bedeutendsten Sehenswürdigkeiten?

구경하기에 재미있는 장소들은 어느 것입니까?
Welches sind die interessantesten Sehenswürdigkeiten?

저는 가장 유명한 곳들을 구경하고 싶습니다.
Ich möchte die berühmtesten Sehenswürdigkeiten sehen!

이곳에 특별히 볼만한 박물관 있습니까?
Gibt es hier ein besonders sehenswertes Museum?

박물관은 매일 개관합니까?
Ist das Museum täglich offen?

박물관은 월요일에 문을 엽니까?
Ist das Museum montags geöffnet?

입장은 무료입니까?
Ist der Eintritt frei?

식물원은 언제 문을 엽니까?
Wann öffnet der botanische Graten?

미술관은 언제 문을 닫습니까?
Wann schließt die Kunstgalerie?

투어를 이용할 때

어떤 관광이 있습니까?
Was für Touren bieten Sie an?

관광버스 투어도 있습니까?
Haben Sie auch eine Tour mit dem Bus?

가이드 관광을 하고 싶습니다.
Ich möchte eine geführte Tour machen.

주요 관광명소로는 무엇이 있습니까?
Was sind die Hauptsehenswürdigkeiten?

우리는 이 도시의 명소들을 보고 싶습니다.
Wir möchten die Sehenswürdigkeiten dieser Stadt besuchen.

진짜 독일다운 것을 보고(알고) 싶습니다.
Ich möchte das echte Deutschland kennen lernen.

성을 구경할 수 있습니까?
Kann man das Schloss besichtigen?

우리가 안내원의 인도를 받아야만 합니까?
Müssen wir einen Führer haben?

독일어로 하는 가이드가 있습니까?
Gibt es Führungen auf Deutsch?

가이드 안내는 언제 시작됩니까?
Wann beginnt die Führung?

안내는 얼마나 걸립니까?
Wie lange dauert die Führung?

안내원에게 얼마나 주어야 합니까?
Wie viel muss ich dem Führer geben?

오전 코스는 있습니까?
Gibt es eine Vormittagstour?

패키지여행을 하고 싶습니다.
Wir möchten eine Pauschalreise machen.

야간관광은 있습니까?
Haben Sie eine Nachttour?

일주관광을 하는데 얼마입니까?
Was kostet die Rundfahrt?

일주관광은 얼마입니까?
Was kostet die Rundfahrt?

53 유로입니다.
Dreiundfünfzig Euro.

식사도 나옵니까?
Ist das Essen inbegriffen?

이 가격에 점심식사가 포함되어 있습니다.
In diesem Preis ist das Mittagessen inbegriffen.

몇 시에 관광이 시작됩니까?
Um wie viel Uhr beginnt die Rundfahrt?

시내관광 버스는 어디서 출발합니까?
Wo startet ein Bus zur Stadtrundfahrt?

우리는 어디서 출발합니까?
Von wo fahren wir ab?

우리는 언제 돌아오게 됩니까?
Wann werden wir zurück kommen?

언제 출발하고 우리는 언제 돌아옵니까?
Wann geht es los und wann kommen wir zurück?

한 명당 비용은 얼마입니까?
Wie viel kostet die Fahrt pro Person?

우리는 자동차를 렌트하고 싶습니다.
Wir möchten ein Auto mieten.

우리는 무엇을 타고 갑니까?
Womit fahren wir?

어떤 버스를 우리가 타야합니까?
Welchen Bus müssen wir nehmen?

입장권을 살 때

입장권은 어디서 받습니까?
Wo bekommt man die Eintrittskarte?

티켓은 어디서 삽니까?
Wo kann ich eine Karte kaufen?

입장권은 얼마입니까?
Was kostet die Eintrittskarte?

입장료는 유료입니까?
Ist der Eintritt gebührenpflichtig?

입장료는 얼마입니까?
Wie viel kostet die Eintrittsgebühr?

어른 2장 주십시오.
Zwei Erwachsene, bitte!

어린이 한 장이요.
Ein Kind, bitte!

청소년 2장이요.
Zwei Jugendliche, bitte!

단체할인 가능합니까?
Ist eine Gruppenermäßigung möglich?

단체할인 해줍니까?
Haben Sie eine Gruppenermäßigung?

관광지에서 자유시간이 있습니까?
Haben wir im Ort Zeit zur freien Verfügung?

관광지에서

안내서를 갖고 싶은데요.
Ich hätte gerne einen Führer.

카탈로그는 얼마입니까?
Was kostet der Katalog?

나는 기념물들에 흥미가 있습니다.
Ich interessiere mich für Denkmale.

특히 볼만한 게 무엇입니까?
Was ist besonders sehenswert?

수도원은 어디입니까?
Wo ist das Kloster?

나는 먼저 성당을 구경하고 싶습니다.
Ich möchte mir zuerst den Dom ansehen.

이 성당이 들어 있는 그림엽서를 사고 싶습니다.
Ich möchte die Ansichtskarte mit dem Dom kaufen.

그림엽서는 어디서 살 수 있습니까?
Wo kann man die Ansichtskarten kaufen?

저 성의 이름은 무엇입니까?
Wie heißt das Schloss?

이 거리의 이름은 무엇입니까?
Wie heißt diese Straße?

하이네슈트라쎄라고 합니다.
Sie heißt Heinestraße.

저것은 무슨 건물입니까?
Was für ein Gebäude ist das?

이 건물은 언제 지어진 겁니까?
Wann wurde dieses Gebäude aufgebaut?

쇼핑구역은 어디 있습니까?
Wo ist das Geschäftsviertel?

지금 어디로 갑니까?
Wohin gehen wir jetzt?

여기서 얼마나 머뭅니까?
Wie lange bleiben wir hier?

시간은 어느 정도 있습니까?
Wie lange haben wir hier Zeit?

자유시간은 있습니까?
Haben Sie Zeit zur freien Verfügung?

몇 시에 버스로 돌아오면 됩니까?
Wann soll ich zurückkommen?

관람할 때

이 티켓으로 모든 전시를 볼 수 있습니까?
Kann ich mir alles mit dieser Karte ansehen?

무료 팜플렛은 어디 있습니까?
Wo ist die kostenlose Broschüre?

짐을 어디다 보관할 수 있나요?
Wo kann ich mein Gepäck aufbewahren?

관내를 안내할 가이드는 있습니까?
Ist da jemand, der mich durchführen kann?

안내해 줄 가이드가 필요한데요.
Wir brauchen einen, der uns durchführen kann.

안내해 줄 가이드가 필요한데요.
Wir brauchen eine, die uns durchführen kann.

그 박물관은 오늘 엽니까?
Ist das Museum heute geöffnet?

개관시간이 어떻게 됩니까?
Wie sind die Öffnungszeiten?

재입관할 수 있나요?
Kann ich wieder eintreten?

입장료를 환불해줄 수 있습니까?
Können Sie mir die Gebühr zurückgeben?

이 그림은 누가 그린 건가요?
Wer hat das Bild gemalt?

베토벤 생가는 어디 있습니까?
Wo ist das Beethovenhaus?

기념촬영을 할 때

여기서 사진 찍어도 됩니까?
Darf ich hier fotografieren?

여기서 사진 한 장 찍어도 됩니까?
Darf ich hier eine Aufnahme machen?

여기서 플래쉬를 터뜨려도 됩니까?
Darf ich hier einen Blitz benutzen?

비디오 촬영을 해도 됩니까?
Darf ich hier auf Video aufnehmen?

당신 사진을 찍어도 될까요?
Darf ich Sie fotografieren?

제가 당신 사진 찍어도 됩니까?
Darf ich ein Foto von Ihnen machen?

함께 사진을 찍으시겠습니까?
Wollen Sie sich mit mir fotografieren lassen?

저기 함께 정렬하십시오.
Stellen Sie sich da zusammen auf!

제 사진을 좀 찍어 주시겠습니까?
Könnten Sie mich bitte fotografieren?

저희들 사진 좀 찍어주시겠어요?
Könnten Sie uns bitte fotografieren?

저희들 사진 좀 하나 찍어 주시겠습니까?
Könnten Sie ein Foto von uns machen?

사진 좀 찍고 싶습니다.
Ich möchte mich fotografieren lassen.

여권사진을 찍고 싶습니다.
Ich möchte Passbilder machen lassen.

기념으로 단체사진을 찍겠습니다.
Zum Andenken möchte ich eine Gruppenaufnahme machen.

움직이지 마십시오.
Keine Bewegung, bitte!

웃으십시오.
Bitte lächeln!

자 얼굴표정 다정하게 해주십시오.
Bitte recht freundlich!

한 장 더 부탁합니다.
Noch eine Aufnahme, bitte!

나중에 사진을 보내드리겠습니다.
Ich will Ihnen später das Foto schicken.

여기 이메일 주소를 적어주시겠어요?
Könnten Sie hier Ihre E-Mailadresse aufschreiben?

이것을 현상해주시겠어요?
Könnten Sie diesen Film entwickeln?

인화도 해주시겠습니까?
Können Sie auch kopieren?

30분 후면 다 됩니다.
Die Bilder können Sie in einer halben Stunde abholen.

손님의 사진은 월요일에 끝납니다.
Ihre Bilder sind am Montag fertig.

이 카메라용 저장카드 있습니까?
Haben Sie eine Speicherkarte für diese Kamera?

2기가바이트 저장카드 하나 사고 싶습니다.
Ich möchte eine Speicherkarte mit 2GB kaufen.

이 필름을 현상해 주시겠습니까?
Können Sie diesen Film entwickeln?

테두리 없이 해주세요.
Ohne Rand, bitte!

반짝이는 사진으로 해주십시오.
Hochglanz, bitte!

광이 나지 않는 것으로 해주십시오.
Matt, bitte!

필름 원판당 2장씩 인화해주십시오.
Ich möchte 2 Abzüge von jedem Negativ.

나는 이 싸이즈를 좋아합니다.
Ich hätte gern dieses Format.

이것을 확대해 주시겠습니까?
Können Sie bitte dieses vergrößern?

어느 사이즈를 원하십니까?
Welches Format wünschen Sie, bitte?

이 필름의 경우 6x9 싸이즈가 제일 좋습니다.
6 mal 9 ist bei diesem Film das beste Format.

각각 한 장 씩 현상해 주십시오.
Von jedem eins, bitte!

좋은 것만 현상하십시오.
Machen Sie nur die, die wirlich gut sind.

언제 인화가 끝납니까?
Wann sind die Abzüge fertig?

사진을 언제 찾을 수 있습니까?
Wann kann ich das Foto abholen?

한 시간 내로 필름을 현상할 수 있습니다.
Wir können den Film innerhalb einer Stunde entwickeln.

이 카메라용 배터리를 주십시오.
Ich brauche eine Batterie für diesen Apparat.

제 카메라 좀 수리해줄 수 있습니까?
Können Sie mir meinen Fotoapparat reparieren?
셔터가 작동하지 않습니다.
Der Auslöser funktioniert nicht.

쇼핑

독일에서 쇼핑할 때는 영업시간이 정해져 있으니 영업시간에 대해 미리 정보를 얻어 두도록 한다. 토요일에는 일찍 폐점하며, 일요일에는 문을 열지 않는 곳이 많다. 물건을 고를 때, 품질을 고려할 때, 사이즈나 색상을 고를 때, 계산할 때를 고려한 기본 표현을 역시 소리 내어 읽으며 연습해서 실제로 구사하도록 한다. 쇼핑할 때 받아둔 부가가치세(Mehrwertsteuer) 면제용 영수증을 챙겨둔다.

쇼핑센터를 찾을 때

쇼핑센터는 어디 있나요?
Wo liegt das Einkaufszentrum?

이 도시의 쇼핑가는 어디 있습니까?
Wo ist das Einkaufsviertel in dieser Stadt?

선물은 어디서 살 수 있습니까?
Wo kann ich Geschenke kaufen?

백화점은 어디 있습니까?
Wo liegt das Kaufhaus?

편의점을 찾고 있습니다.
Ich suche eine Drogerie.

이 주변에 할인점은 있습니까?
Gibt es einen Laden, der Waren zu reduzierten Preisen verkauft?

저와 함께 쇼핑하러 가지 않겠습니까?
Wollen Sie mit mir zusammen einkaufen gehen?

매장을 찾을 때

가장 가까운 백화점이 어디입니까?
Wo ist das nächste Kaufhaus?

가장 가까운 식료품점은 어디에 있습니까?
Wo ist der nächste Lebensmittelladen?

이 근처에 좋은 슈퍼마켓이 어디 있습니까?
Wo ist ein guter Supermarkt hier in der Nähe?

남성복은 몇 층에 있습니까?
Welcher Stock ist für Herrenanzüge?

여성복 매장은 몇 층에 있습니까?
Im wie vielten Stock ist die Abteilung für Damenbekleidung?

화장품 코너는 어디에 있습니까?
Wo ist die Kosmetikabteilung?

1층에 있습니다.
Im Erdgeschoss.

세일은 어디서 하고 있습니까?
Wo ist der Verkauf von Sonderangeboten?

그것은 지금 특별세일 중입니다.
Das ist zurzeit ein Sonderangebot.

가게로 가려고 할 때

그것은 어디서 살 수 있습니까?
Wo kann man es kaufen?

몇 시에 문을 엽니까?
Um wie viel Uhr öffnen Sie das Geschäft?

여기 가게들이 언제 문을 엽니까?
Wann öffnen hier die Läden?

여기 가게들이 언제 문을 닫습니까?
Wann ist hier Ladenschluss?

몇 시까지 합니까?
Bis wann ist der Laden geöffnet?

쇼핑 좀 갔다 오겠어요.
Ich gehe mal einkaufen.

과일 좀 사러 갔다 오겠어요.
Ich gehe mal schnell Obst holen.

잠깐 담배 좀 사러 갔다 오겠어요.
Ich gehe mal schnell Zigaretten holen.

가게에 들어서 말할 때

무엇을 도와드릴까요?
Womit kann ich Ihnen dienen?

무엇을 찾으시지요?
Kann ich Ihnen helfen?

무엇을 찾으십니까?
Was suchen Sie, bitte?

무엇을 드릴까요?
Sie wünschen?

무엇을 드릴까요?
Was darf es sein?

무엇을 드릴까요?
Bitte schön?

특별히 원하시는 것이 있나요?
Haben Sie einen bestimmten Wunsch?

특별한 것을 찾으십니까?
Suchen Sie etwas Bestimmtes?

다음 분 누구시죠?
Wer ist der Nächste, bitte?

다음 순서는 누구십니까?
Wer ist dran?

그냥 둘러보고 있는 중입니다.
Ich sehe mich nur um.

고마워요 그냥 구경하고 있는 중입니다.
Ich schaue mich nur um, danke!

그냥 둘러보겠습니다.
Ich möchte mich nur umschauen.

둘러만 볼게요.
Ich möchte nur gucken.

원하시는 것이 있으면 저를 불러주십시오.
Sie können mich rufen, wenn Sie einen Wunsch haben.

물건을 찾을 때

디지털 카메라를 찾고 있습니다.
Ich suche eine Digitalkamera.

이 카메라가 어떻습니까?
Wie finden Sie diese hier?

이것은 1200만 화소와 디지털 10배 줌을 갖추고 있어요.
Sie hat 12 Megapixel und zehnfachen Digitalzoom.

저장 카드도 취급하십니까?
Führen Sie auch Speicherkarte?

이 카메라에도 보증기간이 있습니까?
Ist auf der Kamera auch Garantie?

예, 2년간 입니다.
Ja, zwei Jahre.

외투를 샀으면 해서요.
Ich hätte gern einen Mantel.

오늘 세일 중인 상품은 무엇입니까?
Was ist heute im Angebot?

기념품을 하나 사고 싶습니다.
Ich möchte ein Andenken kaufen.

예쁜 선물을 찾는데요.
Ich suche ein hübsches Geschenk.

이 지역의 전형적인 기념품을 사고 싶습니다.
Ich suche nach einem typischen Andenken aus dieser Gegend.

이 지역에 전형적인 것을 좀 사고 싶습니다.
Ich hätte gern etwas, das typisch für diese Gegend ist.

제게 몇 가지 좀 보여주시겠습니까?
Würden Sie mir einige zeigen?

이 귀걸이가 참 예쁘군요.
Diese Ohrringe sind sehr schön.

커플반지를 좀 사고 싶습니다.
Ich hätte gerne Partnerringe.

금 함량이 얼마나 됩니까?
Wie hoch ist der Goldanteil?

은 함량이 얼마나 됩니까?
Wie hoch ist der Silberanteil?

실크 스타킹을 찾는데요.
Ich suche Strümpfe aus Seide.

 der Strumpf 스타킹, Strümpfe aus Wolle 면 스타킹, die Strumpfhose 팬티스타킹, ein Wollstrumpf 울스타킹

양말 몇 켤레를 사려고 합니다.
Ich hätte gern ein paar Socken.

 〈ein paar +복수명사〉 몇 몇의 …, die Socke, -n 양말, ein Paar Socken 양말 한 켤레.

브라우스를 찾고 있습니다.
Ich suche eine Bluse.

치수 43짜리 재킷을 원합니다.
Ich möchte eine Jacke, Größe 43.

셔츠를 하나 사고 싶습니다.
Ich möchte ein Hemd.

손질하기 쉬운 셔츠를 하나 사고 싶습니다.
Ich möchte gern ein pflegeleichtes Hemd kaufen.

여기 스웨터는 어디 있습니까?
Wo haben Sie hier Pullover?

저는 빨강색 스웨터를 찾는데요.
Ich suche einen Pullover in Rot.

캐주얼한 것을 찾고 있습니다.
Ich suche eine Freizeitkleidung.

캐주얼 복을 찾는 중입니다.
Ich suche eine Freizeitbekleidung.

스포티한 셔츠를 찾고 있습니다.
Ich suche ein sportliches Hemd.

선물로 적당한 것은 없습니까?
Können Sie mir etwas für ein Geschenk empfehlen?

면으로 된 것이 필요합니다.
Ich brauche etwas aus Baumwolle.

브레이저를 찾는데요.
Ich suche einen BH.

 BH.는 der Büstenhalter의 줄임말.

푸쉬업 브라를 사고 싶습니다.
Ich möchte einen Push-Up-BH.

팬티를 찾고 있는 중입니다.
Ich suche ein Höschen.

> das Höschen 여성용 팬티, Seidenhöschen 실크팬티, Baumwollhöschen 면팬티, ein Höschen in Rot 빨강색 팬티, die Unterhose 팬티

물건을 고를 때

저 블라우스를 보여주세요.
Bitte zeigen Sie mir die Bluse da?

좀 더 예쁜 것을 보여주세요.
Bitte zeigen Sie mir eine schönere!

좀 더 예쁜 것은 없습니까?
Haben Sie keine schönere?

진열장에 있는 저 양복을 볼 수 있을까요?
Kann ich mir mal den Anzug im Schaufenster ansehen?

다른 양복 있습니까?
Haben Sie einen anderen?

곧 갖다드리겠습니다.
Den bringe ich Ihnen sofort.

이게 마음에 드네요.
Der gefällt mir!

다른 양복은 없습니까?
Haben Sie keinen anderen?

이 원피스가 마음에 듭니다.
Dieses Kleid gefällt mir gut.

잠깐 다른 것을 좀 보겠습니다.
Ich versuche mal, mir etwas anderes anzusehen.

저희 신상품들을 보여드릴까요?
Darf ich Ihnen unsere neuen Waren zeigen?

마음에 드는 게 없습니다.
Ich finde nichts, was mir gefällt.

이 양복 어떻습니까?
Wie wär's mit diesem Anzug?

그것은 제가 찾는 것이 아닙니다.
Er ist nicht das, wonach ich suche.

이 재킷은 어떻습니까?
Wie wäre es mit dieser Jacke?

어떤 상표를 원하십니까?
Welche Marke möchten Sie?

이거 손으로 만든 건가요?
Ist das Handarbeit?

> Tipp handgemalt 손으로 그린, handgeschnitzt 손으로 깎은, handgestrickt 손으로 짠, handgeknüpft 손으로 매듭을 뜬

정할 때

좋습니다. 그것을 사겠습니다.
Gut, das nehme ich.

> Tipp 지시대명사는 성에 따라(남성, 여성, 중성) 주격은 der, die, das(단수)와 die(복수), 그리고 목적격(4격) 지시대명사로는 위의 성에 따라 각각 den, die, das, die이다.

그것을 사겠습니다.
Die/Den nehme ich.

이게 내게 잘 맞네요.
Die passt mir gut.

포장해 줄 수 있습니까?
Können Sie es einpacken?

색상을 고를 때

무슨 색이 있습니까?
Was für Farben haben Sie?

이것은 너무 화려합니다.
Das ist zu glitzernd.

이것은 제가 입기에는 너무 눈에 띕니다.
Das ist für mich zu auffällig.

이 블라우스는 너무 수수하네요.
Diese Bluse ist zu uni.

uni[yuni], einfarbig (색상이) 수수한

더 화려한 것 있습니까?
Haben Sie eine glitzerndere?

이 색은 좋아하지 않습니다.
Ich mag diese Farbe nicht.

갈색으로 된 것을 좀 보여주세요.
Zeigen Sie mir eine braune, bitte!

무지인 것은 없습니까?
Haben Sie keine einfarbige?

푸른 색 외투를 찾습니다.
Ich suche einen blauen Mantel.

푸른 색 외투를 찾습니다.
Ich suche einen Mantel in Blau.

노란색 바지 있습니까?
Haben Sie eine Hose in Gelb?

노란색 바지를 찾아요.
Ich suche eine gelbe Hose.

색상이 마음에 안 드십니까??
Gefällt die Farbe Ihnen nicht?

요란한 색상이 지금 유행중이예요.
Schreiende Farben sind zurzeit in Mode.

이 모델은 지금 크게 유행중이예요.
Dieses Modell ist gerade in Mode.

더 밝은 색상은 없습니까?
Haben Sie keine helleren?

더 밝은 색 원피스 있어요?
Haben Sie ein helleres Kleid?

이런 종류로 다른 색상 있습니까?
Haben Sie dieses in anderen Farben?

색깔이 마음에 안 들어요.
Die Farbe gefällt mir nicht.

사이즈와 색상은 어떤 것을 원하십니까?
Welche Größe und Farbe hätten Sie gern?

저는 빨강색을 좋아하지 않아요.
Ich mag Rot nicht.

그것은 너무 야해요. 저는 아주 단순한 것을 원해요.
Das ist zu schick, ich will etwas ganz Einfaches.

무늬가 마음에 안 들어요.
Das Muster gefällt mir nicht.

색깔이 손님에게 잘 어울립니다.
Die Farbe steht Ihnen sehr gut.

재단이 별로 맘에 들지 않아요.
Der Schnitt gefällt mir nicht besonders.

사이즈를 고를 때

치수가 얼마입니까?
Welche Größe haben Sie?

치수가 얼마입니까?
Welche Kragenweite haben Sie?

치수 43입니다.
Größe dreiundvierzig.

정확히 모릅니다.
Ich weiß es nicht genau.

저는 독일 치수를 모릅니다.
Ich kenne die deutsche Größe nicht.

치수를 재어주십시오.
Bitte, nehmen Sie Maß.

치수를 재어주시겠어요?
Können Sie mich messen?

저의 치수를 재어주십시오.
Nehmen Sie bei mir Maß, bitte!

제 치수를 재어주십시오.
Ich möchte meine Maße nehmen lassen.

치수를 재겠습니다.
Gestatten Sie, dass ich Maß nehme!

이것이 손님께 잘 맞을 것 같습니다.
Ich glaube, dieser ist gerade richtig.

이것은 제게 안 맞습니다.
Das passt mir nicht.

이것은 제 치수가 아닙니다.
Das ist nicht meine Größe.

이것은 나에게 너무 큽니다.
Das ist mir zu groß.

같은 것으로 작은 사이즈가 있습니까?
Haben Sie das Gleiche in kleiner Größe?

사이즈 47짜리 치마도 있습니까?
Haben Sie den Rock auch in Größe 47?

너무 헐렁해요.
Das ist mir zu breit.

셔츠가 너무 좁아요.
Das Hemd ist zu eng.

더 큰 것은 없습니까?
Haben Sie nichts Größeres?

더 작은 것 있습니까?
Haben Sie ein kleineres?

다른 것들 좀 보여주시겠습니까?
Würden Sie mir noch andere zeigen?

이 재킷은 어깨부분 있는 데가 너무 꽉 낍니다.
Diese Jacke ist in der Schulter zu schmal.

(재킷의) 흉부와 어깨부위가 잘 맞습니다.
Sie sitzt an der Büste und an den Schultern gut.

> Tipp 여기서 sie는 위 문장의 die Jacke를 가리키는 인칭대명사.

더 작은 것 있습니까?
Haben Sie eine kleinere?

어깨부분이 너무 넓어요.
Die Schultern sind zu breit.

치마가 너무 길어요.
Der Rock ist zu lang.

좀 더 짧은 것으로 부탁합니다.
Einen kürzeren, bitte!

치마(der Rock)가 남성이므로 '다른 것을'이라고 할 때는 여기서 처럼 목적격을 쓴다.

그렇지만 손님께 잘 어울리는데요.
Der steht Ihnen aber sehr gut!
그렇지만 손님의 블라우스와 잘 어울립니다.
Aber der passt gut zu Ihrer Bluse!
이 치마를 입어 봐도 될까요?
Kann ich den mal anprobieren?

 이미 치마를 보고 있는 중이니까 den Rock을 쓸 필요가 없고, 대신 지시대명사를 쓴다.

여기 이 블라우스는 어떻습니까?
Wie wäre es mit der Bluse hier?
그것 좀 입어 봐도 될까요?
Kann ich die mal anprobieren?
그것 좀 입어 봐도 될까요?
Darf ich die vielleicht mal anprobieren?
그것 좀 입어 봐도 될까요?
Kann ich die mal überziehen?
예, 저쪽에 옷 갈아입는 곳이 있습니다.
Ja, da drüben sind die Kabinen.
스웨터가 제게 너무 커요. 더 작은 것 있습니까?
Der Pullover ist mir zu lang. Haben Sie einen kleineren?
더 작은 것 없습니까?
Haben Sie keinen kleineren?
이 스웨터 하나 더 없습니까?
Haben Sie den nicht noch einmal da?
아니오, 유감스럽게도 44치수만 있어요.
Nein, leider nur noch in Größe vierundvierzig.
혹시 이거 하나 더 있어요?
Haben Sie davon vielleicht noch einen?
아니오, 그게 마지막입니다.
Nein, das ist der letzte.

 말하는 것이 여성명사일 경우 das ist die letzte; 중성명사일 경우 das ist das letzte.

한 번 더 생각해볼게요.
Ich überlege es mir noch einmal.

그거 보러 다시 오겠습니다.
Ich komme vielleicht darauf zurück.

디자인을 고를 때

어떤 디자인이 유행하고 있습니까?
Was für ein Schnitt ist jetzt in Mode?

> Tipp der Schnitt 패션의 디자인

다른 디자인은 있습니까?
Haben Sie einen anderen Schnitt?

다른 디자인은 있습니까?
Haben Sie andere Modelle?

다른 스타일로 된 것들을 좀 보여주십시오.
Darf ich die anderen Modelle sehen?

품질을 물을 때

질 좋은 물건 있습니까?
Haben Sie ein qualitativ gutes Sortiment?

재질은 무엇입니까?
Woraus ist das gemacht?

독일제품입니까?
Ist das ein deutsches Produkt?

독일에서 생산된 제품입니까?
Ist das ein in Deutschland hergestelltes Produkt?

질은 괜찮습니까?
Ist das von guter Qualität?

이 원피스의 질은 좋은 건가요?
Hat dieses Kleid eine gute Qualität?

이것은 실크 100%입니까?
Ist das hundertprozentige Seide?

이것은 수제품입니까?
Ist das in Handarbeit hergestellt?

이것은 진짜 가죽입니까?
Ist das echtes Leder?

더 좋은 품질을 원합니다.
Ich möchte eine bessere Qualität.

더 싼 것은 없습니까?
Haben Sie nichts Billigeres?

아니오, 그것은 마음에 안 들어요.
Nein, das gefällt mir nicht!

그것은 내가 원하는 게 아닙니다.
Das ist nicht, was ich will.

가격을 물을 때

얼마입니까?
Was kostet das?

이것은 얼마입니까?
Wie viel kostet das hier?

46 유로입니다.
Es kostet sechsundvierzig Euro.

그것 좀 써 주십시오.
Schreiben Sie es bitte auf!

현찰로 계산할 겁니까 아니면 신용카드로 계산할 겁니까?
Zahlen Sie bar oder mit Karte?

신용카드를 받습니까?
Nehmen Sie Kreditkarten an?

이 신용카드로 계산할 수 있습니까?
Kann ich mit dieser Kreditkarte zahlen?

이것으로 계산할 수 있나요?
Kann ich hiermit bezahlen?

부가가치세를 공제 받을 수 있습니까?
Kann die Mehrwertsteuer abgezogen werden?

값을 조금 깎아 줄 수 있습니까?
Können Sie es mir bitte etwas billiger geben?

값을 조금 깎아 줄 수 있습니까?
Können Sie den Preis etwas ermäßigen?

죄송합니다만 깎아드릴 수가 없습니다.
Es tut mir Leid, ich kann nichts nachlassen.

여기는 정찰제입니다.
Wir haben feste Preise.

우리는 정찰제로 판매합니다.
Wir verkaufen zu festen Preisen.

좀 더 생각해 봐야겠습니다.
Ich muss es mir noch überlegen.

현금으로 지불하면 더 싸게 됩니까?
Gewähren Sie ein Skonto für Barzahlung?

현금으로 지불하면 더 싸게 됩니까?
Ziehen Sie ein Skonto ab?

현금으로 지불하면 몇 퍼센트 더 싸게 됩니까?
Wie viel Prozent ziehen Sie als Skonto ab?

제가 예상했던 것보다 더 비싸군요.
Das ist viel teurer als ich gedacht habe.

포장을 부탁할 때

봉지를 주시겠어요?
Könnte ich eine Tüte haben?

따로따로 포장해주세요.
Packen Sie es bitte getrennt ein!

이것을 포장할 수 있습니까?
Können Sie es einpacken?

그것을 선물용으로 포장 좀 해주시겠습니까?
Könnten Sie es für mich als Geschenk einpacken?

이것을 우편으로 보내고 싶거든요.
Ich möchte es mit Postversand schicken.

제가 이 바지를 그냥 입고 가도 돼죠?
Kann ich diese Hose gleich anbehalten?

그럼요. 헌 바지를 포장해드리겠습니다.
Natürlich. Ich packe Ihre alte Hose ein.

이것을 넣을 만한 박스 좀 얻을 수 있나요?
Kann ich ein Kästchen dafür haben?

배달과 배송을 부탁할 때

언제 배달해줄 수 있습니까?
Wann können Sie es liefern?

이것을 이 주소로 갖다 주시겠습니까?
Können Sie es zu dieser Adresse bringen?

별도로 요금이 듭니까?
Gibt es einen Zuschlag dafür?

별도로 요금을 지불해야합니까?
Muss ich etwas zusätzlich zahlen?

이 카드와 함께 보내주십시오.
Liefern Sie es mit dieser Karte!

이 가게에서 한국으로 발송해주시겠습니까?
Könnten Sie es von hier nach Korea schicken?

한국 제 주소지로 보내주시겠습니까?
Könnten Sie es zu meiner Adresse in Korea schicken?

배달이 얼마나 걸리죠?
Wie lange dauert wohl die Lieferung?

물건을 교환하거나 환불받을 때

이것을 교환해주시겠습니까?
Können Sie es umtauschen?

다른 것으로 바꾸어주시겠습니까?
Kann ich es gegen ein anderes umtauschen?

이것을 무르고 싶습니다.
Ich möchte das zurückgeben.

이 가방을 바꾸어 주시겠습니까?
Kann ich diese Tasche bitte umtauschen?

돈을 환불받고 싶습니다.
Ich möchte das Geld zurückerstattet haben.

이 접시가 깨져 있습니다.
Dieser Teller ist zerbrochen.

이 원피스가 여기 찢겨 있습니다.
Dieses Kleid ist hier gerissen.

이것은 제 치수가 아닙니다.
Das ist nicht meine Größe.

그것은 제게 안 맞습니다.
Das passt mir nicht.

여기 얼룩이 있어요.
Hier steht ein Fleck.

어디로 가면 됩니까?
Wohin soll ich gehen?

반품하고 싶은데요.
Ich möchte Ihnen diese Ware zurückschicken.

반품하고 싶습니다.
Ich möchte dieses Produkt zurückgeben.

아직 쓰지 않았습니다.
Ich habe die Ware gar nicht benutzt.

영수증은 여기 있습니다.
Hier ist die Quittung.

수리해주든지 아니면 환불해주세요.
Reparieren Sie es oder erstatten Sie das Geld zurück!

귀국

이제 한국으로 돌아올 때 공항에 2시간 정도 일찍 도착하도록 하고, 예약을 확인한다. 그리고 쇼핑을 하고 받아둔 부가세 면제용 영수증을 공항 안내소에서 안내받아 환급받도록 한다. 독일은 20%가 부가세이니 환급액이 상당히 많을 것이다. 짐을 부칠 때 무게를 초과하면 많은 비용을 부담하므로 미리 공항에 도착해서 기내로 들고갈 짐과 화물로 부칠 짐을 체크한다.

귀국편을 예약할 때

예약은 어디서 합니까?
Wo kann ich eine Reservierung machen?

내일 비행편을 예약할 수 있나요?
Können Sie einen Flug für morgen für uns buchen?

첫 번째 줄에 있는 자리를 하나 예약할 수 있을까요? 제가 애들하고 가기 때문에 그렇거든요.
Kann ich einen Platz in der ersten Reihe reservieren, weil ich mit den Kindern fliege?

서울행 편도 비행기표 한 장 사고 싶습니다.
Ich möchte ein Hinflugticket nach Seoul.

가능한 빠른 편이 좋겠습니다.
Ich möchte so schnell wie möglich fliegen.

서울행 비행기편이 언제 있습니까?
Wann gibt es einen Flug nach Seoul?

다음 비행기편은 내일 오후 6시입니다.
Der nächste Flug ist morgen um 18 Uhr.

다음 비행기편은 월요일입니다.
Der nächste Flug ist am Montag.

다른 비행편은 없습니까?
Haben Sie keine anderen Maschinen?

직항편입니까?
Ist das ein direkter Flug?

직항편입니까?
Ist es ein Direktflug?

한 자리 예약할 수 있습니까?
Kann ich einen Platz reservieren lassen?

비행기 번호가 어떻게 됩니까?
Welche Flugnummer ist es?

환승해야합니까?
Muss ich umsteigen?

서울행 비행기편과 언제 연결됩니까?
Wann gibt es einen Anschluss nach Seoul?

연결 비행기는 얼마나 기다려야합니까?
Wie lange muss man auf den Weiterflug warten?

이 비행기는 정시에 출발합니까?
Fliegt die Maschine pünktlich ab?

인천에는 몇 시에 도착합니까?
Um wie viel Uhr werden wir in Incheon ankommen?

예약을 재확인할 때

예약 재확인을 하고 싶습니다.
Ich möchte meinen Flug rückbestätigen.

몇 시에 출발하는지 확인하고 싶은데요.
Ich möchte bestätigen, um wie viel Uhr die Maschine abfliegt.

예약을 재확인했어요.
Sie sind rückbestätigt.

당신의 비행기표는 여기 있습니다.
Ihr Ticket ist hier.

제시간에 공항에 오셔야합니다.
Sie müssen rechtzeitig am Flughafen sein.

출발 2시간 전에 공항에 도착하시는 것이 좋겠습니다.
Sie sollten 2 Stunden vor dem Abflug am Flughafen sein.

항공편을 변경하거나 취소할 때

일정을 변경하고 싶습니다.
Ich möchte das Datum verändern.

예약을 변경할 수 있습니까?
Kann ich meine Reservierung umbuchen?

비행기편을 변경하고 싶습니다.
Ich möchte meinen Flug umbuchen.

오후 비행기로 변경하고 싶습니다.
Ich möchte gerne den Flug mit dem Flug am Nachmittag tauschen.

미안합니다. 그 편은 다 찼습니다.
Tut mir Leid, der Flug ist total ausgebucht.

대기자로 해주십시오.
Könnten Sie meinen Namen auf die Warteliste setzen.

어느 정도까지 기다려야합니까?
Wie lange soll ich denn warten?

비행예약을 취소하고 싶은데요.
Ich möchte meine Flugreservierung zurücknehmen.

예약을 취소하고 싶은데요.
Ich möchte meine Reservierung annullieren.

공항으로 갈 때

공항까지 부탁합니다.
Zum Flughafen, bitte!

짐은 몇 개입니까?
Wie viel Gepäck haben Sie denn?

공항까지 어느 정도 걸립니까?
Wie lange dauert es zum Flughafen?

빨리 가주십시오. 늦었습니다.
Fahren Sie bitte schnell. Ich fürchte, ich bin spät.

어느 항공사입니까?
Welche Fluggesellschaft?

호텔로 돌아가 주시겠습니까?
Wollen Sie zum Hotel zurückfahren?

여권을 호텔에 두고 왔습니다.
Ich habe meinen Pass im Hotel liegen lassen.

중요한 것을 놓고 왔습니다.
Ich habe etwas Wichtiges da vergessen.

어디에 두고 왔는지 기억하고 있습니까?
Erinnern Sie sich, wo Sie es haben liegen lassen?

탑승 수속을 할 때

대한항공 카운터는 어디입니까?
Wo ist der Schalter von Korean Airlines?

여기서 체크인 할 수 있습니까?
Kann ich hier einchecken?

언제 체크인 해야 합니까?
Wann muss ich einchecken?

통로 쪽 좌석을 주십시오.
Einen Sitz am Gang, bitte!

탑승개시는 몇 시부터입니까?
Wann beginnt das Boarding?

탑승카드는 어디서 받습니까?
Wo kann ich die Bordkarte bekommen?

꼭 그 비행기를 타야 합니다.
Ich muss die Maschine erreichen.

공 항세는 있습니까?
Gibt es eine Flughafengebühr?

짐 수속은 어디서 합니까?
Wo wird das Gepäck abgefertigt?

중량초과 수하물은 별도로 계산합니다.
Übergepäck wird extra berechnet.

짐의 초과중량 요금은 얼마입니까?
Wie viele Gebühren muss ich für das Übergewicht zahlen?

예를 들어 스포츠용 가방 같은 특별한 짐을 반드시 신고해야합니까?
Muss ich Sondergepäck, wie beispielsweise Sportgepäck, anmelden?

이 가방은 기내에 가지고 들어갈 수 있습니까?
Kann ich diese Tasche an Bord mitnehmen?

이 수하물을 기내로 가지고 타도됩니까?
Darf ich dieses Handgepäck behalten?

어떤 통로를 통해서 탑승합니까?
Durch welches Gate gehen wir an Bord?

712편 탑승게이트는 여기입니까?
Ist das der Flugsteig für die Maschine 712?

탑승카드는 항공보안검사대에서 검사를 받습니다.
Ihre Bordkarte wird am Eingang zur Luftsicherheitskontrolle geprüft.

비행기 안에서

탑승권을 보여주세요.
Darf ich Ihr Flugticket sehen?

이제 비행기가 움직입니다.
Die Maschine ist jetzt in Bewegung.

입국카드는 가지고 계십니까?
Haben Sie eine Einwanderungskarte?

이것이 세관신고서입니다.
Das ist die Zollerklärung.

인천에 언제 도착합니까?
Wann landen wir in Incheon?

제 시간에 도착합니까?
Kommen wir zur rechten Zeit an?

목적지는 인천입니까?
Ist Incheon Ihr Flugziel?

비행기 여행은 어땠습니까?
Wie war Ihr Flug?

여행은 어땠습니까?
Wie war Ihre Reise?

Teil X

독일에서의 생활을 위한 표현

01 길 안내
02 대중교통
03 자동차 이용
04 관공서
05 은행
06 주택임대
07 우체국
08 세탁소
09 이발소와 미용실
10 시장보기
11 병원
12 약국

길 안내

여행 중이거나 낯선 곳에서 길을 찾는 일은 흔히 일어난다. „Wie komme ich zum Bahnhof?"(역으로 가려면 어떻게 가죠?) „Wie komme ich ins Zentrum?"(시내로 어떻게 갑니까?) „Ist das die Straße nach Heidelberg?"(이 길이 하이델베르크로 가는 길입니까?) 등으로 묻고, „Fahren Sie immer geradeaus!"(곧장 가십시오.) „Gehen Sie um die Ecke!"(모퉁이를 돌아가십시오.)라는 말도 듣게 된다.

길을 물을 때

실례합니다.
Entschuldigen Sie, bitte!

시내로 가는 길을 아십니까?
Wissen Sie, wie man zur Stadt fährt?

이 길이 기차역으로 가는 길인가요?
Ist das die Straße zum Bahnhof?

이 길이 대학병원으로 가는 길 맞나요?
Ist das der richtige Weg zur Uni-Klinik?

이 길이 보쿰으로 가는 길인가요?
Ist das die Straße nach Bochum?

이 전차는 어디로 갑니까?
Wohin fährt diese Straßenbahn?

이 길이 라이프치히로 가는 길 맞습니까?
Komme ich auf diesem Weg nach Leipzig?

이 길은 어디로 가는 길입니까?
Wohin führt diese Straße?

도르트문트로 가는 길을 알려주십시오.
Würden Sie mir den Weg nach Dortmund erklären?

에쎈으로 가는 가장 빠른 길이 어느 것입니까?
Welcher ist der beste Weg nach Essen?

부탁이 있는데요. 하겐으로 가는 길을 알려주시겠어요?
Würden Sie so gut sein und mir den Weg nach Hagen zeigen?

제가 어디에 있는지 지도에 표시 좀 해주실래요?
Können Sie mir auf der Karte zeigen, wo ich bin?

장소를 물을 때

여기 역이 어디 있습니까?
Wo ist hier der Bahnhof?

역을 찾고 있습니다.
Ich suche den Bahnhof.

역이 어디 있습니까?
Wo finde ich den Bahnhof?

역으로 가려고 하는데요.
Ich möchte zum Bahnhof.

역으로 어떻게 가면 됩니까?
Wie komme ich zum Bahnhof?

여기서 역으로 가는 길이 어떻게 되는지 말씀 좀 해주시겠습니까?
Können Sie mir vielleicht sagen, wie ich von hier zum Bahnhof komme?

시청으로 가는 길이 어디입니까?
Wie komme ich zum Rathaus?

시청으로 가는 길을 알려주실 수 있습니까?
Können Sie mir sagen, wie ich zum Rathaus komme?

시내로 가려면 어떻게 가는 게 가장 좋지요?
Wie komme ich am besten zur Stadtmitte?

어느 버스가 대학교로 갑니까?
Welcher Bus fährt zur Universität?

어떤 전차가 Johannesplatz로 갑니까?
Welche Straßenbahn fährt zum Johannesplatz?

시내로 어떻게 갑니까?
Wie komme ich ins Zentrum?

박물관에는 어떻게 가면 됩니까?
Wie kommt man zum Museum?

우체국이 어디 있습니까?
Wo ist die Post?

우체국은 중앙역 근처에 있습니까?
Ist die Post in der Nähe vom Hauptbahnhof?

은행은 호텔 근처에 있나요?
Ist die Bank in der Nähe vom Hotel?

호텔에서 멀리 멀어요?
Ist es weit vom Hotel?

아니오, 호텔 아주 가까이에 있습니다.
Nein, es ist ganz in der Nähe des Hotels.

이 주위에 지하철역이 있습니까?
Ist hier in der Gegend eine U-Bahn-Station?

근처에 서점이 있습니까?
Ist hier in der Nähe eine Buchhandlung?

여기 서점이 어디 있나요?
Wo ist hier die Buchhandlung?

여기 하이네 가(街)가 어디지요?
Wo ist hier die Heinestraße?

이 근처 어디인데, 어디더라?
Die ist hier irgendwo, aber wo?

그것을 지도에 표시해 주시겠습니까?
Könnten Sie es mir auf der Karte zeigen?

PC방은 몇 번지에 있습니까?
In welcher Straße ist das Internetcafé?

PC방은 133번지입니다.
Das Internetcafé hat die Hausnummer 101.

걸리는 시간과 거리를 말할 때

역까지 가는데 10분 걸립니다.
Zum Bahnhof brauchen Sie zehn Minuten.

공항까지는 거리가 얼마나 됩니까?
Wie weit ist es zum Flughafen?

공항까지는 몇 분 거리입니까?
Wie viel Minuten sind es zum Flughafen?

버스로 30분 거리입니다.
Es dauert eine halbe Stunde mit dem Bus.

거리가 얼마나 됩니까?
Wie weit ist es?

여기서 아직 먼가요?
Sind wir noch weit von dort entfernt?

걸어서 갈 수 있습니까?
Kann ich zu Fuß gehen?

예, 여기서 멀지 않아요.
Ja, es ist nicht weit von hier.

아니오, 버스를 타고 가야합니다.
Nein, Sie müssen mit dem Bus fahren.

버스로 약 15분 거리입니다.
Es sind etwa 15 Minuten mit dem Bus.

지하철로 단 5분 거리입니다.
Mit der U-Bahn sind es nur 5 Minuten.

자동차로 반시간 거리입니다.
Mit dem Auto ist es eine halbe Stunde.

걸어서 10분 거리입니다.
Es sind etwa 10 Minuten zu Fuß.

걸어 갈 수 있나요, 아니면 차를 타야하나요?
Kann ich zu Fuß gehen oder muss ich einen Wagen nehmen?

택시를 타십시오, 여기서 너무 멉니다.
Nehmen Sie ein Taxi, es ist sehr weit von hier.

그게 몇 정거장입니까?
Wie viele Stationen sind das?

정확히 모르는데, 아마 세, 네 정거장일겁니다.
Das weiß ich nicht genau, vielleicht drei oder vier.

그리 많이 걸리지는 않아요.
Es dauert nicht zu lang.

드레스덴까지 가는데 얼마나 걸립니까?
Wie lange braucht man nach Dresden?

길을 알려줄 때

어디 가시려고 합니까?
Wohin wollen Sie gehen?(/fahren?)

무엇을 찾고 계십니까?
Was suchen Sie?

저는 박물관으로 가려고 합니다.
Ich möchte zum Museum.

정류장에서 3번 노선을 타시고 중앙역 방향으로 가십시오.
Nehmen Sie an der Haltestelle die Linie 3 in Richtung Hauptbahnhof!

시청 앞에서 갈아타세요. 거기서도 7번 노선이 섭니다.
Steigen Sie am Rathaus um! Dort hält auch die Linie 7.

그 노선이 박물관으로 직접 갑니다.
Die fährt dann direkt zum Museum.

지커 미테 역 다음에 마이엔 광장이 나옵니다. 거기가 박물관입니다.
Nach der Sieker Mitte kommt der Marienplatz, wo das Museum ist.

길을 건너십시오.
Gehen Sie über die Straße!

곧장 가십시오.
Fahren Sie immer geradeaus!

곧장 가십시오.
Gehen Sie immer geradeaus!

모퉁이를 돌아가십시오.
Gehen Sie um die Ecke!

문제없습니다. 저 앞 네거리 보이시죠?
Kein Problem! Sehen Sie die Kreuzung da vorn?

거기서 모퉁이 왼쪽으로 가세요.
Da gehen Sie links um die Ecke!

거기에 교회가 보일 겁니다. 거기가 하이네 가(街)입니다.
Da sehen Sie eine Kirche. Da ist die Heinestraße.

그러면 큰 광장에 닿을 겁니다.
Und dann kommen Sie auf einen großen Platz.

이 광장에서 오른쪽으로 가십시오.
An diesem Platz gehen Sie rechts!

그런 다음 좀 더 가시면 왼쪽에 우체국이 있어요.
Und dann etwas weiter auf der linken Seite ist das Postamt.

그 오른쪽에 시청이 있습니다.
Da rechts ist das Rathaus.

오른쪽에 시청이 있습니다.
Auf der rechten Seite ist das Rathaus.

예, 지금 여기서 시청광장을 가로질러 가면 그 길에 닿을 겁니다.
Ja, Sie gehen jetzt hier über den Rathausplatz, dann kommen Sie auf die Straße!

지금 여기서 시청광장을 건너세요. 그러면 중앙역로가 나옵니다.
Sie gehen jetzt hier über den Rathausplatz, dann kommen sie auf die Bahnhofstraße!

그것은 보행지역입니다. 그 길을 400미터 정도 왼쪽으로 내려가세요.
Das ist eine Fußgängerzone. Die gehen Sie etwa 400 Meter links runter!

그러면 당신은 곧바로 중앙역으로 가게 됩니다.
Sie laufen dann direkt zum Hauptbahnhof.

먼저 곧장 가서서 첫 번째 길에서 즉시 오른쪽으로 가십시오.
Also zuerst gehen Sie immer geradeaus und dann gleich die erste Straße rechts!

그렇다면 여기 이 길을 따라 가는 게 제일 좋습니다.
Da gehen Sie am besten hier diese Straße entlang!

오른 쪽 차도를 타고 가십시오.
Halten Sie sich rechts!

저 광장을 건너가세요.
Gehen Sie über den Platz!

그러면 중앙우체국 앞을 지나가고, 그 다음 중앙역에 직접 닿게 됩니다.
Sie kommen dann an der Hauptpost vorbei und laufen dann direkt auf den Hauptbahnhof zu.

우회 할 만한가요?
Lohnt es sich, einen Umweg zu machen?

첫 번째 길에서 우회전하십시오.
Biegen Sie die erste Straße rechts ab!

첫 번째 신호등에서 좌회전하십시오.
An der ersten Ampel links.

다음 번 신호등에서 직진하십시오.
Fahren Sie an der nächsten Ampel geradeaus!

교회 앞에서 우회전하십시오.
An der Kirche rechts.

다리를 건너가십시오.
Fahren Sie über die Brücke!

네거리까지 이 방향으로 되돌아가십시오.
Fahren Sie in diese Richtung zurück bis zur Kreuzung!

되돌아가십시오.
Fahren Sie doch mal zurück!

두 블록 더 되돌아가십시오.
Fahren Sie doch mal zwei Straßen zurück!

자신도 모를 때

모르겠는데요.
Ich weiß nicht.

저는 여기 초행길입니다.
Ich bin fremd hier.

미안합니다, 저도 이곳에 낯선 사람입니다.
Tut mir Leid, ich bin auch fremd hier.

저는 이곳 사람이 아닙니다.
Ich bin nicht von hier.

저는 이곳 지리를 잘 모릅니다.
Ich kenne mich hier nicht aus.

저는 여행자입니다.
Ich bin Tourist.

저도 모릅니다.
Ich weiß es auch nicht.

지도를 가지고 계십니까?
Haben Sie einen Stadtplan?

저기 경찰관에게 물어보세요.
Fragen Sie doch mal den Polizisten da!

어쩌면 그가 당신에게 정보를 줄 겁니다.
Vielleicht kann er Ihnen eine Auskunft geben.

하이네가(街)요? 모르겠네요.
Heinestraße? Kenne ich nicht.

길을 잃었을 때

길을 잘못 들었습니다.
Sie sind in die falsche Richtung gegangen.

이 길이 아닙니다.
Das ist der falsche Weg!

저는 길을 잃었습니다.
Ich habe mich verlaufen.

운전 중 길을 잃었습니다.
Ich habe mich verfahren.

여기 지도에 표시해주십시오.
Zeigen Sie es mir hier auf dem Stadtplan!

나는 길을 잃어버릴지도 모릅니다.
Ich könnte den Weg verfehlen.

길을 잃었는데요, 당신은 이 지역을 잘 아십니까?
Ich habe mich verirrt. Kennen Sie sich hier aus?

이 길이 아닙니까?
Bin ich auf dem falschen Weg?

여기가 무슨 거리입니까?
Wie heißt diese Straße?

대중교통

여행 중에 택시를 이용할 경우가 있다. 또한 시내버스는 거의 운행 시간 간격이 길기 때문에 시간을 잘 알아서 타야 한다. 지하철과 열차를 이용할 때 사용할 수 있는 표현들을 여기서 익히도록 한다. 택시와 초특급 ICE 열차를 제외하고는 구간과 상관없이 차표가 환승이 되니까, 표를 구매할 때도 거리와 시간 등을 염두에 두고 구입해야 한다.

택시를 이용할 때

택시 승차장은 어디입니까?
Wo ist der Taxistand?

택시를 탑시다.
Nehmen wir ein Taxi!

어디서 택시를 탈 수 있습니까?
Wo kann man ein Taxi nehmen?

택시를 좀 불러주시겠습니까?
Könnten Sie mir ein Taxi bestellen?

저에게 택시 한 대 좀 주선해주십시오.
Besorgen Sie mir bitte ein Taxi!

역으로 갈 택시 한 대가 즉시 필요합니다.
Ich möchte sofort ein Taxi zum Bahnhof!

한자슈트라쎄 11번지로 택시 좀 보내주세요.
Schicken Sie mir bitte ein Taxi in die Hansastraße 11!

어디서 기다리고 있으면 됩니까?
Wo soll ich denn warten?

공항까지 요금이 얼마나 됩니까?
Wie viel kostet es bis zum Flughafen?

택시로 가면 얼마나 걸립니까?
Wie lange dauert es mit dem Taxi?

얼마나 걸릴까요?
Wie lange wird es wohl dauern?

택시를 부르려고 해요.
Ich will ein Taxi bestellen.

밤에는 요금이 더 드나요?
Ist der Tarif in der Nacht viel teurer?

택시!
Taxi!

우리들 모두 탈 수 있습니까?
Können wir alle ins Taxi einsteigen?

트렁크를 열어주시겠습니까?
Würden Sie mal bitte den Kofferraum aufmachen?

어디까지 가십니까?
Wohin bitte?

어디로 모실까요?
Wohin kann ich Sie bringen?

역으로 가주세요.
Zum Bahnhof, bitte!

이 주소로 데려다주십시오.
Zu dieser Adresse bitte!

저를 이 주소로 좀 태워다 주십시오.
Bringen Sie mich zu dieser Adresse!

빨리 가 주세요.
Beeilen Sie sich, bitte!

9시까지 거기 도착할 수 있을까요?
Können wir bis 9 Uhr da sein?

9시까지 역에 도착해야하는데 가능해요?
Ich muss bis 9 Uhr am Bahnhof sein. Geht das?

공항까지 얼마나 더 오래 가야하지요?
Wie lange fahren wir noch bis zum Flughafen?

20분 더 가야합니다.
Noch 20 Minuten.

가장 가까운 길로 가 주세요.
Nehmen Sie bitte den kürzesten Weg!

좀 더 천천히 가 주실래요?
Fahren Sie bitte langsamer!

다 왔습니다. 손님.
Bitte schön, der Herr.

여기서 세워주세요.
Halten Sie hier, bitte!

여기서 세워주시겠습니까?
Können Sie hier halten?

다음 신호에서 세워주세요.
Halten Sie bitte an der nächsten Ampel!

이 근처 아무 곳에서나 세워주세요.
Halten Sie irgendwo in der Nähe von hier!

이 근처 아무데나 내려주세요.
Lassen Sie mich irgendwo in der Nähe von hier aussteigen!

다음 모퉁이에서 왼쪽으로 가주세요.
Biegen Sie an der nächsten Ecke links ab!

여기서 정차하면 안 됩니다.
Hier darf man nicht halten!

좀 더 앞까지 가 주세요.
Könnten Sie noch ein bisschen weiter weg anhalten?

제 가방을 내려주시겠습니까?
Würden Sie bitte meine Taschen herunternehmen?

요금은 얼마입니까?
Wie viel kostet es?

요금이 잘 못된 것 같아요.
Ich glaube, die Fahrkosten stimmen nicht!

감사합니다. 잔돈은 가지세요.
Danke. Das Kleingeld ist für Sie.

잔돈은 가지십시오.
Der Rest ist für Sie.

(잔돈을 받지 않으면서) 이거면 됐죠?
Stimmt so.

여기서 기다려 주시겠어요?
Würden Sie hier auf mich warten?

5분 후에 돌아오겠습니다.
Ich bin in 5 Minuten zurück.

시내버스를 이용할 때

버스 정류소는 어디 있습니까?
Wo ist die Bushaltestelle?

가장 가까운 버스 정류소는 어디 입니까?
Wo ist die nächste Bushaltestelle?

버스 정류소는 저쪽에 있습니다.
Die Bushaltestelle ist da drüben.

역으로 가는 버스가 어디서 섭니까?
Wo hält der Bus, der zum Bahnhof fährt?

어느 버스가 시내로 가지요?
Welcher Bus fährt ins Stadtzentrum?

제가 어느 버스를 타야합니까?
Welchen Bus soll ich nehmen?

표는 어디서 살 수 있습니까?
Wo kann man die Fahrkarte kaufen?

공항으로 가는 버스가 자주 있습니까?
Wie oft fahren die Busse zum Flughafen?

시험까지 아직 몇 정거장 남았나요?
Wie viele Haltestellen sind es noch bis zum Rathaus?

시청행 입니까?
Fährt dieser Bus zum Rathaus?

이 버스 슈타트파크 앞에서 섭니까?
Hält dieser Bus am Stadtpark?

갈아타야합니까?
Muss ich umsteigen?

시청으로 가려면 어디서 내리지요?
Wo soll ich aussteigen, wenn ich zum Rathaus gehe?

어디서 내리는 지 말씀좀 해주시겠습니까?
Könnten Sie mir sagen, wo ich aussteigen muss?

승차권은 자동판매기에서만 살 수 있습니다.
Fahrkarten gibt es nur am Automaten.

다음 정거장이 박물관입니까?
Ist die nächste Haltestelle das Museum?

이 표를 가지고 갈아탈 수 있나요?
Kann ich mit dieser Fahrkarte umsteigen?

몇 번 노선으로 갈아타야 합니까?
In welche Linie muss ich denn umsteigen?

10번이요.
In die Linie 10.

지하철을 이용할 때

지하철 노선도를 주시겠습니까?
Kann ich eine U-Bahnkarte haben?

이 근처에 지하철역이 있습니까?
Gibt es eine U-Bahnstation in der Nähe von hier?

가장 가까운 지하철역이 어디죠?
Wo ist die nächste U-Bahnstation?

지하철역이 어디죠?
Wo ist die U-Bahnstation?

지하철역 가는 길 좀 가르쳐주십시오.
Wie kommt man zur U-Bahnstation?

> Würden Sie mir sagen, wie ich zur U-Bahnstation komme?

지하철역은 저쪽에 있습니다.
Die U-Bahnstation ist da drüben.

입구가 어디지요?
Wo ist der Eingang, bitte?

시청으로 가려면 어디로 나가면 됩니까?
Welchen Ausgang muss ich nehmen, wenn ich zum Rathaus will?

박물관으로 나가는 출구는 어디죠?
Wo ist der Ausgang zum Museum?

벤더-슈트라세로 나가는 출구가 어디입니까?
Wo ist der Ausgsang zur Wender-Straße?

어느 선이 시청으로 가죠?
Welche Linie geht zum Rathaus?

어느 선이 대학으로 가죠?
Welche Linie geht zur Universität?

어디서 갈아탑니까?
Wo soll ich umsteigen?

제가 몇호선을 타야합니까?
Welche Linie muss ich nehmen?

3호선입니다.
Die drei.

표는 어디서 살 수 있습니까?
Wo kann ich die Fahrkarte kaufen?

매표소가 어디죠?
Wo ist der Fahrkartenschalter?

자동매표기는 어디에 있습니까?
Wo ist der Fahrkartenautomat?

이 지하철은 북부역으로 갑니까?
Fährt diese U-Bahn zur Nordstation?

다음은 어디입니까?
Wo ist die nächste Station?

이 노선의 종점은 어디입니까?
Wo ist die Endstation dieser Linie?

여기가 어디입니까?
Wo sind wir jetzt?

표를 잃어버렸습니다.
Ich habe meine Fahrkarte verloren.

지하철에 가방을 두고 내렸습니다.
Ich habe meine Tasche in der U-Bahn vergessen.

나는 지하철로 출근합니다.
Ich fahre mit der U-Bahn zur Arbeit.

지하철 2호선을 타시고 박물관역에서 내리십시오.
Nehmen Sie die U-Bahnlinie Nr. 2 und steigen Sie bei der Station Museum aus.

열차를 이용할 때

열차 시간표를 어디서 구할 수 있을까요?
Wo kann ich einen Fahrplan bekommen?

안내소가 어디 있습니까?
Wo ist die Auskunft?

매표소가 어디 있습니까?
Wo ist der Fahrkartenschalter?

좌석예매소가 어디 있지요?
Wo ist die Platzreservierung?

베를린까지 편도 1장 주십시오.
Eine einfache Fahrkarte nach Berlin, bitte!

베를린행 편도 2장 주십시오.
Zwei einfache Fahrkarten nach Berlin, bitte!

편도입니까, 왕복입니까?
Einfach oder Hin und Zurück?

왕복입니다.
Hin und zurück, bitte!

일등석입니까, 이등석입니까?
Erster Klasse oder zweiter Klasse?

일등석 차표는 얼마입니까?
Wie viel kostet eine Fahrkarte erster Klasse?

프랑크푸르트행 2등석 표 한 장 주세요.
Bitte eine Fahrkarte zweiter Klasse nach Frankfurt.

함부르크행 다음 열차는 언제 있나요?
Wann fährt der nächste Zug nach Hamburg?

11시 15분에 7번 선로에서 이체에 고속열차가 떠납니다.
Um 11.15 Uhr fährt ein ICE von Gleis 7.

더 이른 열차는 있습니까?
Haben Sie einen früheren Zug?

2등석 편도 차표 한 장 주십시오.
Ich möchte gern eine einfache Fahrkarte, zweiter Klasse.

이체에 추가요금도 필요한데요.
Sie brauchen auch einen ICE-Zuschlag.

우리는 바이마르행 왕복표 두 장을 사고 싶습니다.
Wir möchten zwei Hin - und Rückfahrkarten nach Weimar kaufen.

드레스덴으로 가는 연결편이 언제 있습니까?
Wann gibt es eine Verbindung nach Dresden?

뮌헨행 막차가 언제 있습니까?
Wann geht der letzte Zug nach München?

마지막 열차를 탈 수 있을까요?
Kann ich den letzten Zug nehmen?

저는 1등석으로 타고 갑니다.
Ich fahre erster Klasse.

저는 2등석으로 타고 갑니다.
Ich fahre zweiter Klasse.

뮌헨에서 오는 기차가 몇 번 홈에 도착합니까?
Auf welchem Gleis kommt der Zug aus München an?

7번 홈입니다.
Auf Gleis sieben.

여기 2등석이 어디 있죠?
Wo ist hier die zweite Klasse?

실례합니다만 2등석을 못 찾겠어요.
Entschuldigen Sie, ich finde die zweite Klasse nicht.

저 뒤에 있습니다.
Die ist da hinten.

이 열차는 어느 플렛폼에서 출발합니까?
Auf welchem Bahnsteig fährt dieser Zug ab?

3번 플렛폼에서 출발합니다.
Ihr Zug fährt auf Bahnsteig drei.

라이프치히 행 열차는 몇 번 플랫폼에서 떠납니까?
Auf welchem Gleis fährt der Zug nach Leipzig?

이 열차가 뷔르츠부르크로 가는 것이 맞습니까?
Ist das der Zug nach Würzburg?

하노버에서 오는 열차는 언제 도착하지요?
Wann kommt der Zug aus Hannover an?

10분 후에 도착해요.
In zehn Minuten.

뮌헨까지 얼마나 걸리지요?
Wie lange fährt der Zug nach München?

대략 3시간 이상 걸립니다.
Etwas über drei Stunden.

여기서부터 베를린까지 얼마나 걸리지요?
Wie lange dauert die Fahrt von hier nach Berlin?

3시간 채 안 걸립니다.
Knapp drei Stunden.

라이프치히까지 시간이 얼마나 걸리지요?
Wie lange braucht man von hier nach Leipzig?

함부르크까지 가는 데는 얼마나 걸리나요?
Wie lange dauert die Fahrt bis Hamburg?

약 5시간 걸립니다.
Etwa fünf Stunden.

약 4시간 걸립니다.
Circa vier Stunden.

열차가 언제 드레스덴에 도착합니까?
Wann kommt der Zug in Dresden an?

1시간 후에요.
In einer Stunde.

20분 후에 도착합니다.
In zwanzig Minuten.

6시 정각에 도착해요.
Um Punkt sechs.

이 열차 예정대로 출발합니까?
Fährt dieser Zug nach Fahrplan ab?

도중에 하차할 수 있습니까?
Kann ich unterwegs aussteigen?

열차를 놓쳤습니다.
Ich habe meinen Zug verpasst.

다음 출발은 언제입니까?
Wann fährt der nächste Zug ab?

다음 역은 무슨 역입니까?
Was ist die nächste Station?

내릴 역을 지나쳤습니다.
Ich habe die Station verpasst.

이 열차가 바이마르를 경유합니까?
Fährt dieser Zug über Weimar?

라이프치히까지 가는 접속열차가 있습니까?
Haben wir Anschluss nach Leipzig?

라이프치히행 열차가 어디 있는 거죠?
Wo bleibt der Zug nach Leipzig?

그 열차가 연착입니다.
Er hat leider Verspätung.

지체시간이 얼마나 걸립니까?
Wie lange dauert die Verzögerung?

약 20분 걸립니다.
Etwa zwanzig Minuten.

제가 쾰른에서 연결편 열차를 잡을 수 있을까요?
Erreiche ich den Anschlusszug in Köln?

그 열차가 기다릴 겁니다.
Der Zug wird warten.

짐 보관소가 어디 있습니까? 제 짐을 맡기고 싶은데요.
Wo ist die Gepäckaufbewahrung? Ich möchte mein Gepäck abgeben.

짐 보관함은 어디 있지요?
Wo sind die Schließfächer?

항공기를 이용할 때

비행기 예약을 하려고 합니다.
Ich möchte einen Flug reservieren.

비행기 예약을 부탁합니다.
Ich möchte einen Flug reservieren lassen.

내일 서울행 비행기 있습니까?
Haben Sie morgen einen Flug nach Seoul?

직항 편을 원합니다.
Ich möchte einen Direktflug.

일찍 가는 비행기로 부탁합니다.
Ich möchte einen früheren Flug.

늦게 가는 비행기로 부탁합니다.
Ich möchte einen späteren Flug.

출발시간을 확인하고 싶은데요.
Ich möchte die Abflugzeit bestätigen lassen.

지금 체크인 할 수 있습니까?
Kann ich jetzt einchecken?

항공권을 가지고 계십니까?
Haben Sie ein Flugticket dabei?

통로 쪽을 부탁합니다.
Einen Gangplatz, bitte!

이 짐은 휴대용 가방입니다.
Das ist Handgepäck.

요금은 어떻게 됩니까?
Wie hoch ist der Flugpreis?

몇 번 출구로 나가면 됩니까?
Welchen Ausgang soll ich nehmen?
이것은 서울행 출구입니까?
Ist das der Flugsteig nach Seoul?
비행은 예정대로 출발합니까?
Ist der Abflug planmäßig?
탑승시간은 언제입니까?
Ab wann kann man einsteigen?
탑승은 10시입니다.
Boarding ist um zehn Uhr.
탑승라운지는 어디입니까?
Wo ist der Warteraum?

자동차 이용

승용차를 운전하거나 렌터카를 이용할 때, 그리고 주유소나 주차장을 이용할 때를 대비한 기본 표현들을 익혀둔다. 렌터카는 국제면허증이 있으면 빌릴 수 있고, 여행 목적지에서 자동차를 반납할 수도 있다. 시내에서는 주차단속이 심하므로 정확하게 주차구역에 요금을 내고 주차하면 된다. 주유소에서는 본인이 직접 주유하는 경우가 더 많다.

렌터카를 이용할 때

이 근처에 렌터카 회사가 있습니까?
Wo gibt es eine Autovermietung in der Nähe?

저는 3일간 자동차를 빌리고 싶습니다.
Ich möchte einen Wagen für drei Tage mieten

렌터카를 한 대 예약하고 싶습니다.
Ich möchte ein Mietauto buchen.

저는 일주일간 차를 한 대 렌트하려고 합니다.
Ich möchte für eine Woche ein Auto mieten.

우리는 3일간 자동차를 한 대 렌트하려고 합니다.
Wir möchten für drei Tage ein Auto mieten.

좋아요. 어떤 모델을 원하십니까?
Gut. Welches Modell hätten Sie gern?

어떤 종류의 차를 원하십니까?
Was für einen Wagen hätten Sie gern?

차를 언제 쓰실 겁니까?
Wann brauchen Sie den Wagen?

오늘 필요합니다.
Den brauche ich heute.

주말에 필요합니다.
Den brauche ich am Wochenende.

얼마동안 쓸 겁니까?
Wie lange brauchen Sie den Wagen?

차를 딱 하루만 이용하고 싶습니다.
Ich möchte den Wagen nur einen Tag mieten.

3일간 사용할 겁니다.
Für drei Tage.

어떤 차를 원하십니까?
Was für einen Wagen möchten Sie?

소형차를 빌리고 싶습니다.
Ich hätte gern einen Kleinwagen.

자동 변속기가 있는 중형차를 한 대 빌릴 수 있을까요?
Kann ich einen Mittelklassewagen mit Automatik mieten?

벤츠를 한 대 빌리고 싶습니다.
Ich möchte gern einen Mercedes-Benz leihen.

자동변속 차량으로 하고 싶습니다.
Einen Wagen mit Automatikschaltung.

수동 변속 차량으로 하고 싶습니다.
Einen Wagen mit manueller Gangschaltung.

종합보험이 들어있는 차를 한 대 원합니다.
Ich hätte gern einen Wagen, der vollversichert ist.

하루에 요금이 얼마입니까?
Wie viel nehmen Sie für einen Tag?

일주일간 요금은 얼마입니까?
Was kostet es pro Woche?

이 차는 하루에 70 유로입니다.
Wir vermieten ihn für 70 Euro pro Tag.

주말 요금은 얼마입니까?
Wie hoch ist der Wochenendtarif?

보증금이 얼마입니까?
Wie hoch ist die Anzahlung?

요금에 휘발유 값이 포함됩니까?
Ist das Benzin im Preis enthalten?

제가 어떤 연료를 주유해야합니까?
Was muss ich tanken?

제 아내 역시 차를 운전해도 괜찮습니까?
Darf auch meine Frau den Wagen fahren?

자동차를 다시 가져오면 누가 있습니까?
Wer ist da, wenn ich den Wagen zurückbringe?

원래는 "제가 자동차를 돌려주는 곳에 누가 있나요?"란 뜻.

목적지에 가서 차를 반납해도 되나요?
Kann ich den Wagen am Ziel zurückgeben?

공항에서 차를 반납할 수 있나요?
Kann ich den Wagen am Flughafen zurückgeben?

보험을 들고 싶습니다.
Ich möchte eine Versicherung abschließen.

그 요금에 보험은 포함되어 있습니까?
Ist der Preis inklusive Versicherung?

모든 요금은 보험 포함입니다.
Alle Preise verstehen sich inklusive Versicherung.

모든 요금에는 보험이 포함되어있고 주유는 포함되어 있지 않습니다.
Alle Preise verstehen sich inklusive Versicherung und exklusive Tankfüllung.

종합보험이 포함되어있나요?
Ist eine Vollkaskoversicherung eingeschlossen?

종합보험을 들어주십시오.
Schließen Sie bitte eine Vollkaskoversicherung ab!

보험은 선불입니다.
Sie müssen Ihre Versicherung im Voraus bezahlen!

운전면허증을 갖고 계십니까?
Haben Sie Ihren Führerschein dabei?

예, 저는 국제면허증을 갖고 있습니다.
Ja, ich habe einen internationalen Führerschein.

차를 운전할 때

운전 조심하세요.
Fahren Sie vorsichtig!

운전할 줄 아십니까?
Wissen Sie, wie Sie fahren?

운전할 줄 몰라요?
Ich weiß nicht, wie ich fahren kann.

운전 면허증 있어요?
Haben Sie Ihren Führerschein?

운전면허 취득한 지 얼마나 되었나요?
Seit wann haben Sie Ihren Führerschein?

5년 됐어요.
Seit fünf Jahren.

긴급연락처를 알려주시겠어요?
Wie soll ich Sie notfalls erreichen?

도로지도를 주시겠습니까?
Würden Sie mir eine Straßenkarte geben?

본은 어느 길로 가면 됩니까?
Welche Richtung fährt man nach Bonn?

곧장 입니까, 아니면 오른쪽 입니까?
Immer geradeaus oder nach rechts?

뷔르츠부르크까지 몇 킬로미터입니까?
Wie viele Kilometer sind es bis Würzburg?

자동차로 부퍼탈까지 어느 정도 걸립니까?
Wie lange braucht man mit dem Auto bis Wuppertal?

가장 가까운 교차로는 어디입니까?
Wo ist die nächste Kreuzung?

안전벨트를 매세요.
Schnallen Sie sich bitte an!

에어컨 좀 켜주세요.
Schalten Sie bitte die Klimaanlage ein!

밤에 운전을 잘 못합니다.
In der Nacht kann ich nicht so gut fahren.

좀 천천히 운전하세요.
Fahren Sie bitte langsamer!

속도를 좀 줄이세요.
Drosseln Sie das Tempo!

조심하세요!
Vorsicht!

조금 더 빨리 운전해주시겠어요?
Würden Sie bitte noch schneller fahren?

속도를 좀 내주실래요?
Würden Sie mal bitte das Tempo erhöhen!

우측 차선으로 가 주세요.
Wechseln Sie bitte auf die rechte Fahrbahn!

우리가 어디에 있는지 알아요?
Wissen Sie, wo wir sind?

주유할 때

가까운 주유소가 어디 있습니까?
Wo ist die nächste Tankstelle?

이 근처에 주요소가 있습니까?
Gibt es eine Tankstelle in der Nähe von hier?

휘발유는 충분한가요?
Haben Sie genug Benzin?

주유 좀 하고 싶습니다.
Ich möchte Benzin haben.

보통 휘발유 있습니까?
Haben Sie Normalbenzin?

수퍼 20리터 주세요.
Geben Sie mir bitte 20 Liter Super!

40 리터 넣어주십시오.
Tanken Sie bitte vierzig Liter!

제 자동차가 두 가지 다 넣어도 됩니까?
Kann mein Auto mit beiden fahren?

예, 수퍼 휘발유를 권해드리겠습니다.
Ja, ich empfehle Ihnen aber Super.

30 유로 어치 넣어주십시오.
Tanken Sie für dreißig Euro!

디젤 25리터 주세요.
Ich möchte 52 Liter Diesel.

가득 채워주세요.
Tanken Sie bitte voll!

 Voll tanken, bitte! 또는 den Tank voll, bitte 라고도 한다.

세차 좀 해주세요.
Waschen Sie bitte meinen Wagen!

세차를 해주시겠습니까?
Würden Sie bitte meinen Wagen waschen?

여기 세차기 있나요?
Gibt es hier eine Autowaschanlage?

세차를 맡기고 싶은데요.
Ich möchte mein Auto waschen lassen.

고급휘발유 가격은 현재 리터당 1유로 17센트 이상 입니다.
Der Preis für Superbenzin liegt zurzeit bei über einem Euro siebzehn pro Liter.

주차할 때

주차장이 어디입니까?
Wo ist der Parkplatz?

근처에 실내주차장이 있나요?
Gibt es in der Nähe ein Parkhaus?

자동차를 어디 세워둘 수 있나요?
Wo kann ich den Wagen lassen?

차를 어디다 주차할 수 있습니까?
Wo kann ich parken?

여기다 주차해도 됩니까?
Darf ich hier parken?

주차장에 감시원이 있나요?
Ist der Parkplatz bewacht?

여기에 차를 얼마동안 세워 둘 수 있나요?
Wie lange kann man hier parken?

주차장이 꽉 찼습니다.
Der Parkplatz ist voll.

차를 뒤로 좀 빼주시겠어요?
Würden Sie etwas rückwärts fahren?

어디에 주차하셨어요?
Wo haben Sie Ihren Wagen geparkt?

당신은 주차권이 필요합니다.
Sie brauchen einen Parkschein.

시간당 주차료가 얼마입니까?
Was kostet die Parkgebühr pro Stunde?

시간당 2 유로입니다.
Zwei Euro pro Stunde.
주차미터기에 사용할 잔돈 좀 있습니까?
Haben Sie etwas Kleingeld für die Parkuhr?
주차권은 자판기에 있습니다.
Den Parkschein gibt es am Automaten.

관공서

독일에서 생활하려면 방을 세 얻거나 임대한 주택 계약서와 은행에 개설한 지로(Giro)통장을 가지고 관공서에서 주민신고를 해야 한다. 6개월 이상 체류할 경우에는 위의 조건 외에 의료보험 가입증을 발부받아 시청의 외국인 등록처에 가서 비자를 연장해야 한다.

저는 입주신고 때문에 왔는데요.
Ich komme wegen der Anmeldung.

입주신고를 하고 싶습니다.
Ich möchte mich hier anmelden.

여기서 입주신고를 할 수 있습니까?
Kann ich mich hier bei Ihnen anmelden?

여기가 주민등록처입니까?
Ist hier das Einwohnermeldeamt?

담당부서를 가르쳐 주시겠습니까?
Würden Sie mir die zuständige Abteilung sagen?

부서를 바로 찾아오셨습니다.
Sie sind in die richtige Abteilung gekommen.

이 일은 어느 분이 담당합니까?
Wer ist für diese Angelegenheit zuständig?

누가 그 일을 담당합니까?
Wer ist dafür verantwortlich?

기다리게 해서 죄송합니다.
Entschuldigen Sie, dass ich Sie habe warten lassen!

> 부문장 속에서 동사는 문장 맨 뒤에 위치하지만, 〈haben+동사원형+lassen〉은 부문장 안에서 한 단위로 묶여 문장 끝에 위치한다. 여기서 위의 haben을 맨 뒤에 위치시키지 않는다.

그 분은 지금 안 계십니다.
Er ist im Moment nicht da.

신속하게 도와드리지 못해 죄송합니다.
Es tut mir Leid, dass wir Ihnen nicht schnell helfen können.

저는 1주일 전에 독일에 왔습니다.
Ich bin vor einer Woche in Deutschland angekommen.

저는 3일 전에 여기로 이사 왔습니다.
Ich bin vor drei Tagen hier eingezogen.

체류허가를 연장하려고 합니다.
Ich möchte meine Aufenthaltserlaubnis verlängern lassen.

문서를 작성하셔야 합니다.
Sie müssen die Formulare ausfüllen!

우선 신청부터 하셔야합니다.
Sie müssen sich zuerst darum bewerben!

신청서를 작성만 하면 됩니다.
Sie brauchen nur ein Anmeldungsformular auszufüllen!

제가 작성해야 할 서류가 무엇인가요?
Was ist das für ein Formular, das ich ausfüllen muss?

자리에 앉아서 기다리십시오.
Bitte nehmen Sie Platz!

여기 서명하시고 날짜를 쓰십시오.
Unterschreiben Sie hier und schreiben Sie das Datum!

다음 손님 오십시오.
Der nächste, bitte!

제 여권은 아직 3개월 간 유효합니다.
Mein Pass ist noch drei Monate gültig.

먼저 여권을 연장해야 합니까?
Muss ich vorher den Pass verlängern lassen?

이 신청서에 기입하고 여권을 제출하십시오.
Füllen Sie bitte diesen Antrag aus und legen Sie auch Ihren Reisepass vor!

약 2주 후에 저희들이 서면으로 알려드리겠습니다.
Nach etwa zwei Wochen bekommen Sie von uns schriftlich Bescheid.

주택 임대계약서와 통장 사본 그리고 사진 한 장을 가져오십시오.
Bringen Sie auch Ihren Mietvertrag, eine Kopie Ihres Kontos und ein Foto mit!

저는 독일주재 한국회사에 근무하고 있습니다.
Ich bin bei einer koreanischen Firma in Deutschland angestellt.

그러면 서류를 검사하고 다시 필요한 경우에 서류제출을 요청하겠습니다.

Wir prüfen Ihre Akte und werden dann noch von Ihnen Unterlagen anfordern, wenn dies erforderlich sein sollte.

노동허가를 3년간 발급해줄 수 있습니까?
Können Sie mir die Arbeitserlaubnis für drei Jahre erteilen?

영주허가를 얻으려면 어떤 조건들을 충족해야합니까?
Welche Voraussetzungen müssen erfüllt werden, damit man eine unbefristete Aufenthaltserlaubnis bekommen kann?

독일에서 최소 5년간 계속 취업을 했어야 합니다.
Sie müssen mindestens fünf Jahre in Deutschland gearbeitet haben.

그 밖의 전제조건들은 사람에 따라 다릅니다.
Sonstige Voraussetzungen sind individuell verschieden.

은행

은행을 찾을 때는 „Wo ist die Bank?"(은행은 어디 있습니까?), 유로(Euro)화로 환전할 때는 „Kann ich hier Geld wechseln?"(여기서 환전할 수 있습니까?) „Können Sie mir Dollar in Euro wechseln?"(달러를 유로화로 환전해주실 수 있습니까?), 돈을 내줄 때는 „Wie möchten Sie es haben?"(어떻게 드릴까요?)라고 한다. 그러나 장기간 체류하려면 은행계좌를 개설한다. 이때 „Ich möchte ein Konto eröffnen."(계좌를 개설하고 싶습니다.)라고 한다.

은행을 찾을 때

거기 은행이죠?
Ist da die Bank?

은행은 어디 있습니까?
Wo ist die Bank?

가까운 은행이 어디 있습니까?
Wo ist die nächste Bank?

저는 은행을 찾는 중입니다.
Ich suche die Bank.

은행은 우체국 바로 건너편에 있습니다.
Die Bank liegt gegenüber der Post.

은행 영업시간을 알려주십시오.
Sagen Sie mir bitte die Geschäftszeiten Ihrer Bank!

은행은 언제 문을 엽니까?
Wann öffnet die Bank?

은행은 몇 시에 문을 엽니까?
Um wie viel Uhr macht die Bank auf?

은행은 8시에 문을 엽니까?
Öffnet die Bank um acht Uhr?

아니오, 은행은 9시에 문을 엽니다.
Nein, die Bank öffnet um neun Uhr.

은행은 언제 문을 닫습니까?
Wann schließt die Bank?
(은행에서 직접 물어보면서) 언제 문을 닫지요?
Wann schließen Sie?

환전할 때

환전은 어디서 합니까?
Wo kann man Geld umtauschen?
여기서 환전할 수 있을까요?
Kann ich hier Geld wechseln?
가까운 은행이 어디 있습니까?
Wo ist die nächste Bank?
가까운 환전소가 어디 있습니까?
Wo ist die nächste Wechselstube?
돈 좀 바꾸고 싶습니다.
Ich möchte gleich Geld wechseln.
여기서 그것을 할 수 있나요?
Kann ich das hier?
제가 환전창구에 제대로 온 건가요?
Bin ich bei Ihnen richtig, am Währungsschalter?
여기 당신한테서 돈을 바꿀 수 있습니까?
Kann ich hier bei Ihnen Geld wechseln?`
여기서 돈을 찾을 수 있나요?
Kann ich hier Geld abheben?
이 지폐를 바꿔주시겠습니까?
Können Sie mir diesen Schein umtauschen?
저에게 돈 좀 환해해 주시겠습니까?
Würden Sie mir mal Geld wechseln?
여행자수표도 환전해줍니까?
Tauschen Sie auch Reiseschecks?
이 여행자 수표를 현금으로 바꾸고 싶어요.
Ich möchte diesen Reisescheck einlösen.
저는 500달러를 유로화로 바꾸고 싶습니다.
Ich möchte gern für 500 Dollar Euro eintauschen.

저는 100달러가 있는데요, 그것을 유로화로 바꾸고 싶습니다.
Ich habe 100 Dollar, die ich gerne in Euro wechseln möchte.

달러를 유로화로 환전해 주실 수 있습니까?
Können Sie mir Dollar in Euro wechseln?

미국 돈을 유로화로 환전할 수 있습니까?
Kann man hier amerikanisches Geld gegen Euro umtauschen?

환율을 물을 때

환율이 어떻게 되나요?
Wie ist der Kurs?

오늘의 환율은 얼마입니까?
Wie hoch ist der heutige Kurs?

오늘의 환율은 얼마입니까?
Wie liegt der Wechselkurs heute?

현재 달러 환율이 얼마입니까?
Wie hoch ist momentan der Dollarkurs?

오늘의 환율은 1달러에 0.78 Euro 입니다.
Der Wechselkurs heute ist achtundsiebzig Cent für einen Dollar.

오늘의 환율은 1유로에 1.465입니다.
Der Kurs heute ist eins Komma vier sechs fünf Dollar für einen Euro.

오늘의 환율은 1유로에 1.46달러입니다.
Der Kurs heute ist ein Dollar sechsundvierzig Cent für einen Euro.

오늘 환율에 따라 당신은 1 유로에 1390원을 받습니다.
Nach dem heutigen Kurs bekommen Sie 1,390 Won für einen Euro.

오늘의 환율에 따라 당신은 1달러에 68센트를 받습니다.
Nach dem heutigen Kurs bekommen Sie für einen Dollar achtundsechzig Cent.

여기 외환환산표가 있습니다.
Hier ist eine Wechselkurstabelle.

어떻게 드릴까요?
Wie möchten Sie es haben?

예, 그럼요. 어떤 통화를 가지고 계신가요?
Ja, gerne. Welche Währung haben Sie?

어떤 통화로 돈을 환전하시고 싶은가요?
In welche Währung wollen Sie Ihr Geld wechseln?

얼마나 환전하고 싶습니까?
Wie viel möchten Sie wechseln?

1000 달러를 유로화로 바꾸고 싶습니다.
Ich möchte eintausend Dollar in Euro umtauschen.

당신에게 이 돈을 어떻게 지불해 드릴까요?
Wie darf ich Ihnen das Geld auszahlen?

이 수표를 어떻게 교환해 드릴까요?
Wie möchten Sie Ihren Scheck eingelöst haben?

원하시는 대로 하십시오.
Wie Sie möchten.

어떻게 하든 상관없습니다.
Das spielt keine Rolle.

수수료는 얼마입니까?
Wie hoch sind die Gebühren?

잔돈을 바꿀 때

근처에 현금인출기가 있습니까?
Gibt es einen Geldautomaten in der Nähe?

이것을 잔돈으로 바꿀 수 있습니까?
Könnte ich dafür Kleingeld haben?

센트로 바꿔 주시겠습니까?
Können Sie es in Cent wechseln?

100유로짜리로 바꿔주시겠어요?
Könnten Sie dafür 100 Euro wechseln?

10유로 지폐를 5유로 동전으로 바꿔주실 수 있어요?
Können Sie mir den Zehneuroschein in Fünfeuromünze wechseln?

이 수표를 현금으로 바꾸고 싶습니다.
Ich möchte diesen Scheck einlösen.

여기서 이 수표를 바꿀 수 있습니까?
Kann ich hier diesen Scheck einlösen?

이 지폐를 바꿔주시겠습니까?
Würden Sie mir diesen Schein wechseln?

이 수표를 현금으로 바꾸어 주십시오.
Würden Sie mir bitte Bargeld für diesen Scheck geben?

얼마나 현금으로 바꾸시겠어요?
Wie viel möchten Sie in Bargeld wechseln?

구좌를 개설할 때

제가 여기 당신네 은행에 구좌를 개설할 수 있나요?
Kann ich hier bei Ihnen ein Konto eröffnen?

저는 여기서 구좌를 개설하고 싶습니다.
Ich möchte gern hier ein Konto einrichten lassen.

구좌를 개설하고 싶은데요.
Ich möchte ein Konto eröffnen.

먼저 정보를 좀 얻고 싶습니다.
Aber ich möchte mich zuerst informieren.

신분증을 가지고 오셨습니까?
Haben Sie Ihren Ausweis dabei?

지로구좌인가요 아니면 저축구좌가 필요한가요?
Brauchen Sie ein Giro- oder ein Sparkonto?

어떤 구좌가 필요하신가요?
Was für ein Konto brauchen Sie?

어떤 구좌를 원하십니까?
Was für ein Konto möchten Sie?

어떤 구좌를 원하시는데요?
Welches Konto wollen Sie denn?

지로구좌와 저축구좌 사이의 차이는 무엇입니까?
Was ist der Unterschied zwischen einem Giro- und einem Sparkonto?

두 구좌들의 차이점을 설명해주시겠습니까?
Würden Sie mir mal sagen, was der Unterschied zwischen beiden Kontos ist?

죄송합니다만 '지로구좌' 가 뭔가요?
Entschuldigung, was bedeutet denn 'Girokonto'?

지로구좌의 의미는 무엇입니까?
Was versteht man unter einem Girokonto?

그것은 최소의 이자가 붙는 구좌입니다.
Das ist ein Konto mit minimalen Zinsen.

지로구좌는 규칙적으로 돈을 이체하고 찾을 수 있는 구좌입니다.
Ein Girokonto ist ein Konto, mit dem man Geld regelmäßig überweisen und abheben kann.

지로구좌의 경우 손님께서는 거의 이자를 받지 못합니다.
Bei einem Girokonto bekommen Sie wenig Zinsen.

저축구좌의 경우 더 많은 이자를 받습니다.
Bei einem Sparkonto bekommt man mehr Zinsen.

어떤 목적으로 구좌가 필요하지요?
Wozu brauchen Sie ein Konto?

왜 구좌를 개설하시려고 합니까?
Warum wollen Sie denn ein Konto eröffnen?

저는 규칙적으로 몇 가지 요금을 이체해야만 합니다.
Ich muss regelmäßig einige Beträge überweisen.

규칙적으로 몇 가지 요금을 이체해야 하기 때문입니다.
Weil ich regelmäßig einige Beträge überweisen muss.

제가 규칙적으로 돈을 인출해야 하기 때문입니다.
Weil ich regelmäßig Geld abheben muss.

저는 의료보험료를 이체하기 위해서 지로구좌가 필요합니다.
Ich will regelmäßig die Miete überweisen.

방세를 정기적으로 이체하려고 합니다.
Ich möchte die Miete regelmäßig überweisen.

저는 의료보험료를 이체하기 위해서 지로구좌가 필요합니다.
Zur Überweisung der Beiträge für die Krankenkasse brauche ich ein Girokonto.

그냥 뭐 좀 저축을 하려고요.
Einfach zum Sparen!

돈을 저축하기 위해서요.
Um Geld zu sparen.

아, 예. 그렇다면 당신에겐 지로구좌가 필요합니다.
Ah, ja. Dann brauchen Sie ein Girokonto.

그렇다면 지로구좌가 당신에게 맞는 겁니다.
Dann ist ein Girokonto für Sie das Richtige.

그렇다면 저축구좌가 당신에게 맞는 겁니다.
Dann ist ein Sparkonto für Sie das Richtige.

예, 당신은 그러면 저축구좌가 필요합니다.
Ja, Sie brauchen dann ein Sparkonto.

어떻게 해야 제가 저축구좌를 개설할 수 있을까요?
Wie kann ich ein Sparkonto eröffnen?

어떻게 해야 제가 지로구좌를 개설할 수 있을까요?
Wie kann ich ein Girokonto eröffnen?

지로구좌를 개설하기 위해서 제가 무엇을 해야 합니까?
Was soll ich machen, um ein Girokonto zu eröffnen?

여기에 있는 서식에 기입하셔야만 합니다.
Sie müssen das Formular hier ausfüllen!

여기 서식에 기입하시기만 하면 됩니다.
Sie brauchen nur, das Formular hier auszufüllen.

서식에 기입해주십시오.
Füllen Sie bitte das Formular aus!

이 서식에 기입해주십시오.
Füllen Sie bitte dieses Formular aus!

여기 서식에 기입하시고 그 아래에다 서명을 해 주십시오.
Bitte, füllen Sie mal das Formular hier aus und unterschreiben Sie darunter!

여권을 소지하고 계신가요?
Haben Sie Ihren Pass dabei?

신분증을 소지하고 계신가요?
Haben Sie Ihren Ausweis dabei?

여권 좀 보여주십시오.
Zeigen Sie mir mal bitte Ihren Pass!

신분증 좀 제게 주시겠습니까?
Würden Sie mir mal Ihren Ausweis geben?

당신의 여권이 필요한데요. 그리고 나면 제가 선생님을 위해서 서식을 기입하겠습니다.
Ich brauche Ihren Pass und dann fülle ich das Formular für Sie aus.

입출금과 송금할 때

돈을 언제 다시 인출할 수 있지요?
Wann kann ich das Geld wieder abheben?

언제든지 돈을 인출할 수 있어요.
Jederzeit kann man das Geld abheben.

여기서 돈을 송금할 수 있습니까?
Kann ich hier Geld überweisen?

저는 정기적으로 돈을 이체하고 싶습니다.
Ich möchte regelmäßig Geld überweisen.

이 금액을 드레스드너 은행의 구좌에 송금해주십시오.
Überweisen Sie mal bitte diesen Betrag auf das Konto bei der Dresdner Bank!

이 수표를 제 구좌에 이체해주시겠습니까?
Würden Sie mal diesen Scheck auf meinem Konto gutschreiben?

500 유로를 예금하고 싶습니다.
Ich möchte 500 Euro einzahlen.

3000 유로를 정기예금하고 싶습니다.
Ich möchte 3000 Euro fest anlegen.

금리는 얼마입니까?
Wie hoch ist der Zinssatz?

확정이자로 3% 받게 됩니다.
Sie bekommen drei Prozent Festzins.

경우에 따라 구좌를 해약 가능합니까?
Kann ich mein Konto eventuell früher kündigen?

예, 가능합니다.
Ja, es ist möglich.

2,000 유로를 제 구좌에 예금하고 싶습니다.
Ich möchte 2,000 Euro auf mein Konto einzahlen.

얼마를 예금하시고 싶습니까?
Wie viel möchten Sie einzahlen?

얼마를 예금하시려고 합니까?
Wie viel wollen Sie einzahlen?

400 유로를 인출하고 싶습니다.
Ich möchte 400 Euro abheben.

200 유로를 인출할 수 있나요?
Kann ich 200 Euro abheben?

송금수수료는 얼마입니까?
Wie hoch sind die Überweisungsgebühren?

제 구좌에 돈이 들어왔습니까?
Ist Geld für mich eingegangen?

은행 마감 시간이 지났습니다.
Die Bank ist heute geschlossen.

현금자동인출기에서 돈을 좀 인출해야합니다.
Ich muss am Geldautomaten etwas abheben.

신용카드

저는 현금카드가 필요합니다.
Ich brauche eine Scheckkarte.

이 카드가 있으면 전 세계 어디서나 수수료 없이 돈을 인출할 수 있습니다.
Mit dieser Karte kann man an allen Geldautomaten der Welt kostenfrei Bargeld abheben.

연간 회비는 얼마입니까?
Wie hoch ist die Jahresgebühr?

손님은 회비를 낼 필요가 없습니다.
Sie brauchen keine Gebühr bezahlen.

연회비 없는 신용카드는 저희 은행의 마케팅입니다.
Die Kreditkarte ist ohne Jahresgebühr, weil sie eine Marketing Maßnahme unserer Bank ist.

저는 비자카드를 가지고 있는데 1,500 유로를 찾고 싶습니다.
Ich habe eine Visa Kreditkarte und möchte gerne 1.500 Euro abheben.

가능할까요?
Ist das möglich?

어떤 신용카드를 가지고 계시지요? 일반카드입니까, 아니면 골드카드입니까?
Welche Kreditkarte haben Sie? Die normale oder die Goldkarte?

골드카드를 가지고 있습니다.
Ich habe die Goldkarte.

그러시면 저는 당신께 1,500 유로를 인출해 드릴 수가 있습니다.
Dann kann ich 1.500 Euro für Sie abheben.

먼저 프랑크푸르트주재 아메리칸 익스프레스사에 전화만 걸면 됩니다.
Ich muss nur vorher bei American Express in Frankfurt anrufen.

돈을 100 유로짜리로 드릴까요?
Möchten Sie es in Hundertern?

> 50유로짜리로 in Fünfzigern, 20유로짜리로 in Zwanzigern, 10유로짜리로 in Zehnern

500 유로 지폐 4장, 200 유로 지폐 1장 그리고 나머지는 100 유로짜리로 주십시오.
Geben Sie mir vier Fünfhunderter, einen Zweihunderter und den Rest in Hundertern, bitte!

여기 있습니다.
Bitte schön.

주택임대

주택을 임대할 때는 임대계약서를 꼼꼼하게 읽어봐야 한다. 계약서에서 특히 주의할 사항을 잘 읽고 그대로 이행하도록 한다. 보통 임대 보증금은 임대료 1개월분이다. 여기서는 주택이나 아파트를 구할 때, 집구경할 때 그리고 임대료와 임대기간과 입주, 계약할 때와 이사를 하게 될 때 구사할 수 있는 표현들을 수록하였다.

방을 임대할 때

방 때문에 왔습니다.
Ich komme wegen des Zimmers.

방을 구하고 있습니다.
Ich suche ein Zimmer.

저는 발코니가 있는 방을 원합니다.
Ich hätte gerne ein Zimmer mit Balkon.

아직 빈 방이 있기를 바랍니다.
Ich hoffe, es ist noch frei.

방이 아직 비어 있나요?
Ist das Zimmer noch frei?

방을 받을 수 있을까요?
Ist das Zimmer noch zu haben?

가구 있는 방 세놓는 것 있습니까?
Haben Sie möblierte Zimmer zu vermieten?

볕이 잘 듭니까?
Hat das Zimmer viel Sonne?

햇볕이 충분히 드는 방을 원합니다.
Ich hätte gerne ein sonniges Zimmer.

지금까지는 비어 있습니다.
Ja, bis jetzt noch.

예, 아직 비어 있어요.
Ja, es ist noch frei.

아니오, 더 이상 없습니다.
Nein, leider nicht mehr.

이미 나갔습니다.
Das ist schon vergeben.

정말 운이 좋으십니다.
Da haben Sie aber Glück.

아니오, 없어요. 운이 없으시네요.
Nein, da haben Sie leider Pech.

방을 한 번 볼 수 있을까요?
Kann ich das Zimmer mal sehen?

방을 한 번 봐도 될까요?
Darf ich mir das Zimmer mal ansehen?

저에게 그 방을 좀 보여줄 수 있을까요?
Können Sie mir wohl das Zimmer mal zeigen?

물론입니다.
Ja, natürlich.

물론이지요. 어서 들어오십시오.
Gern, kommen Sie doch herein.

바로 이 왼쪽입니다.
Gleich hier links.

정말 밝은 방입니다.
Das ist aber ein helles Zimmer.

정말 방이 크네요.
Das ist ein großes Zimmer.

와, 정말 방이 크군요.
Oh, das ist aber groß!

그리고 가격도 저렴한 방입니다.
Und es ist auch ein preiswertes Zimmer.

방은 어느 방향으로 놓여 있나요?
Nach welcher Richtung hin ist das Zimmer gelegen?

뒤쪽으로 나 있습니다.
Nach hinten.

앞쪽으로 나 있습니다.
Nach vorne hinaus.

이 방은 비싸지 않아요.
Es ist nicht teuer.

이 방은 얼마입니까?
Was kostet das Zimmer?

임대료가 얼마죠?
Wie hoch ist die Miete?

그리고 부수비용은 얼마입니까?
Und wie hoch sind die Nebenkosten?

부수비용은 어떤가요?
Wie ist es mit den Nebenkosten?

180 유로입니다.
Hundertachtzig Euro.

부수비용은 이미 포함되어 있습니다.
Die sind schon inklusive.

임대료 200 유로에 부수비용이 더 추가됩니다.
Zu den 200 Euro Miete kommen noch Nebenkosten dazu.

물, 전기 그리고 난방비로 35 유로 정도입니다.
Circa fünfunddreißig Euro für Wasser, Strom und Heizung.

30 유로 정도 합니다.
Etwa dreißig Euro.

부엌과 욕실 사용이 가능한가요?
Ist Küchen- und Badbenutzung möglich?

물론이죠.
Ja, selbstverständlich.

유감입니다만 그건 안 됩니다.
Das geht leider nicht.

방이 마음에 듭니다.
Das Zimmer gefällt mir gut.

방이 마음에 안 들어요.
Das Zimmer gefällt mir nicht.

방이 너무 비싸요.
Das Zimmer ist zu teuer.

저에게는 너무 비싼 것 같아요.
Das kommt mir zu teuer vor.

방이 너무 어두워요.
Das Zimmer ist zu dunkel.

다른 방은 없어요?
Haben Sie kein anderes?

더 싼 방이 있나요?
Haben Sie noch ein billigeres?

더 밝은 방 있습니까?
Haben Sie noch ein helleres?

임대계약을 할까요?
Können wir einen Mietvertrag machen?

계약을 하는 게 어떻겠어요?
Wie ist es mit einem Mietvertrag?

나중에 하지요.
Den können wir später machen.

아파트나 주택을 구할 때

우리는 단독 주택을 구하고 있습니다.
Wir suchen ein Einzelhaus.

아파트를 빌리고 싶습니다.
Ich möchte eine Wohnung mieten.

아파트를 빌리려고 하는데요.
Ich hätte gern eine Wohnung gemietet.

우리는 집을 구해야 합니다.
Wir müssen eine Wohnung suchen.

집구하는 것을 좀 도와주실 수 있습니까?
Können Sie mir bei der Wohnungssuche helfen?

가구가 딸린 아파트를 얻으려고 합니다.
Ich möchte eine möblierte Wohnung bekommen.

저는 아파트에 관심이 있습니다.
Ich interessiere mich für die Wohnung.

어떤 아파트를 원하십니까?
Was für eine Wohnung möchten Sie?

침실이 두 개인 아파트를 찾고 있습니다.
Ich suche eine Zweizimmerwohnung.

방이 둘인 아파트가 필요합니다.
Ich brauche eine Zweizimmerwohnung.

우리는 방 세 개짜리 아파트가 필요합니다.
Wir benötigen eine Dreizimmerwohnung.

우리는 방이 세 개에서 네 개가 필요합니다.
Wir brauchen drei bis vier Zimmer.

아이가 하나이니 방이 둘인 아파트가 필요합니다.
Wir brauchen eine Zweizimmerwohnung, weil wir ein Kind haben.

아이가 하나이니 방이 둘인 아파트가 필요합니다.
Wir möchten eine Wohnung mit zwei Zimmern, weil wir ein Kind haben.

현재 살고 있는 아파트는 네 식구가 살기에는 너무 작습니다.
Die jetzige Wohnung ist für vier Personen zu klein.

그리고 어떤 지역을 원하십니까?
Und welche Gegend?

어떤 지역에 살고 싶으세요?
In welchem Bezirk möchten Sie wohnen?

단독주택을 원하십니까, 아니면 아파트를 원하십니까?
Möchten Sie lieber ein Haus oder eine Wohnung?

우리는 정원이 필요하니까, 단독 주택이 더 좋습니다.
Ein Haus ist schon besser, denn wir brauchen einen Garten.

애들이 셋이나 되거든요.
Wir haben nämlich drei Kinder.

구체적인 내용을 물을 때

그 아파트는 몇 평방미터입니까?
Wie viel Quadratmeter hat die Wohnung?

그 아파트는 욕실이나 샤워시설이 있습니까?
Hat die Wohnung ein Bad oder eine Dusche?

그 아파트는 발코니가 있습니까?
Hat die Wohnung einen Balkon?

그 아파트는 어떤 종류의 난방시설을 갖추고 있나요?
Was für eine Heizung hat die Wohnung?

중앙집중식 난방입니다.
Sie hat eine Zentralheizung.

그 아파트는 중앙집중식 난방입니까?
Hat die Wohnung Zentralheizung?

아파트는 개조되었나요?
Ist die Wohnung renoviert?

그 아파트는 몇 층에 있습니까?
In welchem Stockwerk ist die Wohnung?

그 아파트는 어느 지역에 있습니까?
In welcher Gegend ist die Wohnung?

가능하면 시내를 원해요.
Möglichst Innenstadt.

대학교 근처를 원합니다.
In der Nähe der Universität.

아파트는 대학교 근처에 있는 것이라야 합니다.
Die Wohnung soll in der Nähe der Universität sein.

중개료는 얼마나 지불해야합니까?
Wie viel soll ich Vermittlungsgebühr bezahlen?

대부분 3개월 치 임대료에 해당하는 금액을 받습니다.
Meistens drei Monatsmieten.

신문을 찾아보면 중개료를 지불할 필요가 없습니다.
In der Zeitung braucht man keine Vermittlungsgebühr zu bezahlen.

전화를 많이 걸어보셔야만 합니다.
Aber Sie müssen viel telefonieren.

주택과에 가시면 아파트들이 그렇게 비싸지 않습니다.
Beim Wohnungsamt sind die Wohnungen nicht so teuer.

물론 중개료를 지불할 필요가 없습니다.
Natürlich braucht man keine Vermittlungsgebühr zu bezahlen.

거기서는 여러 가지 서류를 작성하여야만 합니다.
Da müssen Sie viele Formulare ausfüllen!

수입이 많으면, 임대아파트를 얻지 못합니다.
Wenn man viel verdient, bekommt man keine Wohnung.

그리고 아주 오랫동안 임대아파트를 기다려야만 합니다.
Und man muss sehr lang auf die Wohnung warten.

저 사람들이 여기서 왜 이사 나가려고 하는지 아십니까?
Ist Ihnen bekannt, warum die Leute hier ausziehen wollen?

그 아파트는 임대료가 얼마입니까?
Wie hoch ist denn die Miete?

여기 한 개 더 있는데, 650 유로입니다.
Hier ist noch eine, die kostet 650 Euro.

우리는 그만한 돈을 지불할 능력이 없습니다.
Das können wir nicht bezahlen.

여기에 방 네 칸짜리 아파트가 있습니다.
Hier gibt es noch eine Vierzimmerwohnung.

그 아파트는 시내에서 멀리 떨어진 곳에 있습니다.
Sie liegt zu weit außerhalb.

그렇지만 그것은 너무 큽니다.
Das ist aber viel zu groß.

임대료에 대해서

이 지역의 임대료는 얼마나 됩니까?
Wie hoch ist die Miete in dieser Gegend?

집세는 얼마입니까?
Wie hoch ist die Miete?

사용료 등은 집세에 포함되어있습니까?
Sind die Nebenkosten in der Miete inklusive?

부수비용은 어떤가요?
Wie ist es mit den Nebenkosten?

부수비용은 얼마나 됩니까?
Wie hoch sind die Nebenkosten?

한 달에 500유로이고 전기료는 별도입니다.
500 Euro pro Monat und die Stromkosten sind extra.

부수비용은 이미 포함되어 있습니다.
Die sind schon inklusive.

물, 전기 그리고 난방비로 약 60 유로 정도합니다.
Etwa sechzig Euro für Wasser, Strom und Heizung.

난방비는 얼마나 됩니까?
Wie hoch sind die Heizkosten?

임대료는 얼마 정도 내시려고 합니까?
Wie viel wollen Sie bezahlen?

대략 600유로 정도요.
So um die 600 Euro.

최소 600 유로를 낼 수 없다면, 손님께 소개할 아파트는 없습니다.
Wenn Sie nicht mindestens sechshundert Euro zahlen können, habe ich für Sie keine Wohnung.

좀 더 싼 것은 없습니까?
Haben Sie keine billigere?

좀 더 싼 것은 없습니까?
Haben Sie nicht eine billigere?

여기에 좀 있는데요. 이 아파트는 그렇지만 부엌이 작습니다.
Ich habe hier etwas. Die Wohnung hat aber eine kleine Küche.

괜찮습니다.
Das macht nichts.

그 집은 얼마죠?
Was kostet die Wohnung?

500유로와 관리비가 붙습니다.
Fünfhundert Euro und Umlagen.

전기요금은 별도로 지불해야 합니다.
Die Stromrechnung müssen Sie extra bezahlen.

보증금은 얼마입니까?
Wie hoch ist die Kaution?

보증금을 얼마 지불해야합니까?
Wie wiel muss man Kaution zahlen?

보증금도 비싸지 않습니다.
Die Kaution ist nicht hoch.

보통 1개월 치 임대료입니다.
Normalerweise eine Monatsmiete.

보증금은 3개월분 집세입니다.
Sie beträgt drei Monatsmieten.

보증금은 나중에 되돌려 받을 수 있나요?
Ist die Kaution später rückzahlbar?

집이 별 하자가 없으면 이사 나갈 때 보증금을 돌려받으십니다.
Wenn die Wohnung in Ordnung ist, bekommen Sie die Kaution beim Auszug wieder zurück.

보증금은 돌려받을 수 있습니까?
Kann man die Kaution zurückbekommen?

임차인이 이사를 가면, 집주인은 원칙적으로 보증금을 돌려주어야 합니다.
Der Vermieter muss in der Regel die Kaution zurückzahlen, wenn der Mieter auszieht.

관리비는 얼마나 듭니까?
Wie hoch ist die Umlage?

관리비는 집세에 포함되어 있습니까?
Sind die Umlagen in der Miete inklusive?

예, 그것은 이미 포함되어 있습니다.
Ja, sie sind schon inklusive.

집세는 어떻게 지불합니까?
Wie bezahlt man die Miete?

편의 시설과 주변 환경에 대해

시설은 어떤가요?
Wie sind die Einrichtungen?

저는 교통편이 좋은 조용한 주거지를 원해요.
Ich hätte gern eine ruhige Wohnlage mit guter Verkehrsanbindung.

주변이 조용합니까?
Ist die Gegend ruhig?

집 주변은 조용합니까?
Liegt die Wohnung ruhig?

아파트는 조용합니까?
Ist die Wohnung ruhig?

그게 어디 있나요?
Wo liegt sie denn?

역 근처에 있습니다.
In der Nähe vom Bahnhof.

그것은 백화점 바로 옆에 있습니다.
Sie liegt beim Kaufhaus.

거기 시끄럽지 않습니까?
Ist da nicht viel Lärm?

교통은 어떤가요?
Wie ist die Verkehrsanbindung?

이 마을은 교통접근성이 좋습니다.
Dieses Dorf ist leicht zugänglich.

시내 가는 교통편은 어떻습니까?
Wie ist die Verkehrsverbindung in die Stadt?

근처에 전철역이 있습니까?
Gibt es eine U-Bahnstation in der Nähe der Wohnung?

여기 어떤 노선이 다니는지도 아세요?
Wissen Sie auch, welche Linie hier fährt?

수위는 몇 시에서 몇 시까지 근무합니까?
Von wann bis wann arbeitet der Portier?

이 지역은 안전합니까?
Ist diese Gegend sicher?

근처에 쇼핑센터가 있습니까?
Gibt es ein Einkaufszentrum in der Nähe?

유치원은 어디에 있습니까?
Wo ist der Kindergarten?

쇼핑센터와 학교는 여기서 얼마나 떨어져 있나요?
Wie weit sind das Einkaufszentrum und die Schule von hier entfernt?

모두 근처에 있습니다.
Sie liegen in der Nähe.

주차장은 쓸 수 있습니까?
Kann ich den Parkplatz benutzen?

거주자용 주차장이 있습니까?
Gibt es einen Parkplatz für die Bewohner?

임대기간과 입주

언제 이사할 예정입니까?
Wann wollen Sie einziehen?

제가 언제 입주할 수 있습니까?
Wann kann ich einziehen?

언제 입주할 수 있습니까?
Wann können wir in die Wohnung einziehen?

언제부터 아파트가 빕니까?
Ab wann ist die Wohnung frei?

이 집은 당장 입주할 수 있습니다.
Ist die Wohnung sofort beziehbar?

언제라도 입주할 수 있습니다.
Sie können zu jeder Zeit einziehen.

현재 입주자는 아마 9월 30일에 이사갈 것입니다.
Der jetzige Mieter wird wahrscheinlich am dreißigsten September ausziehen.

빠르면 빠를수록 좋습니다.
Je schneller, desto besser.

이르면 이를수록 좋습니다.
Je früher, desto besser.

저는 빨라야 5월초에 입주할 겁니다.
Ich werde frühestens Anfang Februar einziehen.

6월 3일에요.
Am dritten Juni.

7월1일부터요.
Ab ersten Juni.

저로서는 좋습니다.
Das passt mir gut.

집을 구경할 때

언제 집을 구경할 수 있을까요?
Wann kann ich die Wohnung besichtigen?

언제 집을 둘러보러 오시겠습니까?
Wann können Sie unsere Wohnung abnehmen?

아파트 좀 보여주시겠어요?
Können Sie mir die Wohnung mal zeigen?

지금 그 아파트를 볼 수 있습니까?
Kann ich die Wohnung jetzt sehen?

그 아파트 좀 볼 수 있을까요?
Kann ich mal die Wohnung sehen?

그 아파트를 구경할 수 있습니까?
Kann ich die Wohnung besichtigen?

전망이 참 좋군요.
Die Wohnung hat eine gute Aussicht.

거실이 좀 어둡군요.
Das Wohnzimmer ist ein bisschen dunkel.

이 방은 너무 작아요.
Dieses Zimmer ist zu klein.

커튼을 바꾸어 줄 수 있나요?
Können Sie die Gardinen wechseln?

빌릴 수 있는 아파트는 이것뿐인가요?
Ist das die einzige Wohnung, die ich mieten kann?

먼저 살던 사람이 이사 갈 때 집수리를 했나요?
Hat der Vorgänger die Wohnung beim Auszug renoviert?

아니오, 처음 이사 왔을 때 이 집을 새로 수리했었습니다.
Nein, als er eingezogen ist, war die Wohnung renoviert.

이사 나갈 때 다시 수리하셔야 합니다.
Die Wohnung muss beim Auszug wieder renoviert werden!

이 아파트는 방이 몇 개지요?
Wie viele Zimmer hat diese Wohnung?

계약할 때

집이 마음에 들어요.
Die Wohnung gefällt mir gut.

이 집을 택하겠습니다.
Die nehme ich.

이 집으로 정하겠습니다.
Ich möchte sie nehmen.

이 아파트를 임대하겠습니다.
Ich möchte diese Wohnung mieten.

이 집을 택하겠습니다.
Ich will die Wohnung nehmen.

이 아파트로 하겠습니다.
Ich nehme diese Wohnung.

그러면 이 임대계약서 양식을 작성해주십시오.
Dann füllen Sie bitte das Formular für den Einheitsmietvertrag aus!

지금 임대계약을 체결합시다.
Schließen wir den Mietvertrag gleich ab!

임대계약서를 주십시오.
Geben Sie mir bitte den Mietvertrag!

임대계약을 하는 게 어떻겠습니까?
Wie ist es mit einem Mietvertrag?

임대계약을 할 수 있을까요?
Können wir einen Mietvertrag machen?

임대계약서를 보여주시겠습니까?
Würden Sie mir den Mietvertrag zeigen?

임대계약은 누구하고 합니까?
Mit wem mache ich dann den Mietvertrag?

임대계약은 누구하고 해야 합니까?
Mit wem muss ich den Mietvertrag abschließen?

저하고 합니다.
Mit mir.

집주인하고 하셔야 합니다.
Den müssen Sie mit dem Hausbesitzer abschließen.

임대계약서를 작성해 줄 수 있습니까?
Können Sie den Mietvertrag anfertigen?

이 임대계약에는 특별한 조건이 있습니까?
Gibt es eine besondere Bedingung in diesem Mietvertrag?

임대 여부를 내일 전화로 알려드리겠습니다.
Morgen sage ich Ihnen telefonisch Bescheid, ob ich die Wohnung mieten will.

제가 한 번 생각해보고 내일 전화 드리겠습니다.
Ich werde es mal überlegen und rufe Sie morgen an.

제가 한 번 생각해보고 내일 알려드리겠습니다.
Ich werde es mal überlegen und sage Ihnen morgen Bescheid.

이사할 때

이사 가세요?
Ziehen Sie aus?

오늘 이사 오신다고요?
Ziehen Sie heute ein?

이사 갈 준비는 다 됐어요?
Sind Sie schon bereit, auszuziehen?

언제 이사 들어올 수 있나요?
Wann kann ich einziehen?

아파트에 언제 입주하고 싶으세요?
Wann möchten Sie in die Wohnung einziehen?

저는 빨라야 9월 초에 입주할 수 있어요.
Ich kann frühestens Anfang September einziehen.

언제 입주할 수 있습니까?
Wann können wir in die Wohnung einziehen?

우리는 언제라도 준비가 되어 있습니다.
Wir sind jeder Zeit bereit.

그러면 내일 오후에 제 물건을 가지고 오겠습니다.
Dann bringe ich morgen Nachmittag meine Sachen herauf.

현재의 입주자는 8월 15일에 이사 갈 겁니다.
Der jetzige Mieter wird am fünfzehnten August ausziehen.

언제부터 그 방이 비나요?
Ab wann ist das Zimmer frei?

언제부터 그 집이 비나요?
Ab wann ist die Wohnung leer?

1일 날 이사 올 수 있을까요?
Kann ich schon zum Ersten einziehen?

> 시점을 나타낼 때 전치사 an 대신에, zu를 쓰기도 한다; Das Gesetz tritt zum (am) 1. Januar in Kraft. 그 법은 1월1일에 발효된다.

이 아파트에 즉시 이사올 수 있나요?
Ist die Wohnung sofort beziehbar?

10월1일일부터요.
Ab ersten Oktober.

15일에요.
Am fünfzehnten.

아니오, 유감입니다만, 10일에야 이사 올 수 있습니다.
Nein, leider erst zum zehten.

우체국

우체국에서 구사할 수 있는 표현들로서 „Ich möchte diesen Brief nach Korea schicken."(이 편지를 한국으로 부치고 싶습니다.) „Was kostet das?"(얼마죠?) „Was kostet ein Einschreibebrief?"(등기우편 한 통에 얼마죠?) „Wie hoch ist das Porto?"(우표값이 얼마입니까?) „Per Luft Post, bitte!"(항공편으로 부탁합니다.) „Per Eilboten, bitte!"(속달로 부탁합니다.) „Wo ist die Paketannahme?"(소포 부치는 데는 어디죠?)라고 표현한다.

우체국을 찾을 때

우체국이 어디 있지요?
Wo ist die Post?

우체국을 찾고 있어요.
Ich suche eine Post.

우체국으로 가는 길을 알려주시겠어요?
Können Sie mir zeigen, wie ich zur Post komme?

가장 가까운 우체국은 어디 있지요?
Wo ist die nächste Post?

우체국은 다음 교차로 왼쪽에 있습니다.
Die Post befindet sich in der nächsten Querstraße links.

우체통이 어디 있습니까?
Wo liegt der Briefkasten?

여기 우체통은 어디 있지요?
Wo ist hier ein Briefkasten?

저 맞은편에 있습니다.
Da gegenüber.

우체국은 몇 시에 닫습니까?
Um wie viel Uhr schließt das Postamt?

편지를 부칠 때

이 편지를 뉘른베르크로 보내려고 합니다. 얼마죠?
Ich möchte diesen Brief nach Nürnberg senden. Was kostet das?

보통 편지 한 통에 얼마입니까?
Was kostet ein Standardbrief?

55센트입니다.
Fünfundfünfzig Cent.

이 편지에 1유로짜리 우표를 붙여야하나요?
Muss ich diesen Brief mit einem Euro frankieren?

아니오, 그러실 필요 없어요. 55센트면 됩니다.
Nein, das brauchen Sie nicht. Fünfundfünfzig Cent genügen.

그리고 베를린으로, 등기우편 한 통 보내는데 얼마죠?
Und was kostet ein Einschreibebrief nach Berlin?

2유로 5센트입니다.
Zwei Euro fünf.

한국까지 보통우편으로는 얼마입니까?
Was kostet ein Standardbrief nach Korea?

1유로 70센트입니다.
Einen Euro siebzig.

한국까지 엽서 한 장 보내는 데는 얼마입니까?
Wie viel kostet eine Postkarte nach Korea?

1유로입니다.
Einen Euro, bitte.

한국으로 등기우편 한 통 보내는데 얼마죠?
Was kostet ein Einschreibebrief nach Korea?

3유로 75센트입니다.
Drei Euro fünfundsiebzig.

이 편지를 항공우편으로 보내고 싶습니다.
Ich möchte diesen Brief gerne mit Luftpost senden.

 mit Luftpost 또는 per Luftpost라고 한다. senden 대신에 verschicken을 쓰기도 한다.

이것은 항공우편으로 보낼 겁니다.
Das soll mit Luftpost gehen.

이 편지를 속달로 보내고 싶습니다.
Ich möchte diesen Brief per Eilboten senden.

이 편지를 등기로 보내고 싶은데요.
Ich möchte diesen Brief per Einschreiben senden.

속달로 보내주세요.
Per Eilboten, bitte!

항공편으로 부탁합니다.
Per Luftpost, bitte!

한국에는 언제 도착합니까?
Wann ist dieser Brief in Korea?

우표를 살 때

유표 값이 얼마입니까?
Wie hoch ist das Porto?

55센트짜리 우표 5장 주십시오.
Fünf Briefmarken zu fünfundfünfzig Cent!

45센트짜리 우표 3장하고 1유로짜리 2장 주세요.
Ich möchte drei Briefmarken zu fünfundvierzig Cent und zwei zu einem Euro.

저에게 1유로짜리 우표 다섯 장과 45 센트짜리 우표 두 장 주십시오.
Geben Sie mir fünf Briefmarken zu einem Euro und zwei zu fünfundvierzig Cent!

모두 합쳐서 5유로 90센트입니다.
Das macht zusammen fünf Euro neunzig.

총 5유로 90센트입니다.(5,90 Euro)
Insgesamt fünf Euro neunzig, bitte!

그러면 3유로 35입니다.
Das macht drei Euro fünfunddreißig.

55센트짜리 우표 한 장 주십시오.
Geben Sie mir bitte eine fünfundfünfzig Cent Briefmarke!

90센트짜리 우표 2장 주십시오.
Ich hätte gerne zwei neunzig Cent Briefmarken.

1유로짜리 우표 10장 주십시오.
Zehn Briefmarken zu einem Euro.

1유로 45센트짜리 우표 7장 주세요.
Geben Sie mir sieben Briefmarken zu einem Euro fünfundvierzig.

기념우표를 주시겠습니까?
Ich hätte gern Erinnerungsbriefmarken.

소포를 부칠 때

어디서 소포를 부칩니까?
Wo ist die Paketannahme?

이 소포를 한국으로 보내고 싶습니다.
Ich möchte dieses Paket nach Korea schicken.

이 작은 소포를 우편으로 한국으로 보내고 싶습니다.
Ich möchte dieses Päckchen per Post nach Korea übersenden.

> 작은 소포는 길이 600mm까지, 넓이 300mm까지 그리고 높이 150mm까지의 포장크기와 무게 2Kg까지를 말한다.

세관신고 용지에 기입해주십시오.
Bitte füllen Sie die Zollpapiere aus!

소포 안에 무엇이 들어있습니까?
Was ist in dem Gepäck?

이 작은 소포에 무엇이 들어 있습니까?
Was ist in diesem Päckchen?

CD 10장이요.
Zehn CDs.

책인데요.
Bücher.

이 소포 안에는 책이 몇 권 있습니다.
In diesem Päckchen sind ein paar Bücher.

이 소포의 요금은 얼마입니까?
Wie viel Porto ist für dieses Paket zu bezahlen?

12유로 90센트입니다.
Zwölf Euro neunzig.

소포 안에 편지는 없습니까?
Haben Sie keinen Brief in dem Päckchen?

아니오, 없습니다.
Nein.

저는 인쇄물이 있습니다.
Ich habe eine Drucksache.

그러면 이 책들을 인쇄물로 보내면 훨씬 더 저렴할 텐데요.
Dann ist es günstiger für Sie, wenn Sie Ihre Bücher als Drucksache schicken.

그것은 등기로 얼마입니까?
Was kostet das per Einschreiben?

한국으로요?
Nach Korea?

인쇄물을 저울 위에 올려 놔보세요.
Legen Sie mal die Drucksache auf die Waage!

편지를 이 저울 위에 올려놓아 보십시오.
Legen Sie Ihren Brief bitte auf die Waage!

이 책을 함부르크로 보내고 싶습니다.
Ich möchte dieses Buch nach Hamburg schicken.

그러면 85센트입니다.
Das macht fünfundachtzig Cent.

편지 값으로 1유로 45센트하고 소포 값으로는 3유로 90입니다.
1,45 für den Brief und 3,90 für das Päckchen.

세탁소

사실 독일의 일상생활에서 세탁소를 찾는 일은 드물다. 역이나 유스호스텔 같은 곳에는 빨래를 할 수 있는 자동 세탁시설들이 갖추어져 있다. 세탁소에서 세탁물을 맡길 때 „Ich möchte diese Kleider reinigen lassen."(이 옷들을 세탁해 주십시오.) „Bitte bügeln Sie diesen Anzug!"(이 양복 좀 다려주십시오.) „Wann kann ich meine Wäsche abholen?"(제 세탁물을 언제 찾아갈 수 있나요?)라고 한다.

세탁물을 맡길 때

가까운 세탁소가 어디 있나요?
Wo ist die nächste chemische Reinigung?

이 옷들 좀 세탁해 주세요.
Ich möchte diese Kleider reinigen lassen.

이 양복을 세탁해 주십시오.
Ich möchte diesen Anzug reinigen lassen.

양복과 셔츠를 세탁 맡기고 싶습니다.
Ich möchte einen Anzug und ein Hemd reinigen lassen.

이 블라우스 좀 세탁해 주세요.
Bitte reinigen Sie diese Bluse!

제 셔츠 좀 빨아주세요.
Ich möchte meine Hemden waschen lassen.

이 옷을 다려주실 수 있습니까?
Können Sie dieses Kleid aufbügeln?

이 양복 좀 다려주세요.
Bitte bügeln Sie diesen Anzug!

언제 (세탁이) 끝날까요?
Wann ist sie fertig?

저는 그것이 되도록이면 즉시 필요합니다.
Ich brauche sie möglichst bald.

저는 양복이 오늘 저녁에 필요합니다.
Ich brauche den Anzug heute Abend.

저는 양복이 내일 오후까지 필요합니다.
Ich brauche ihn bis morgen Nachmittag.

오후 6시 이전에는 안 되는데요.
Vor 18 Uhr geht es leider nicht.

이 옷을 내일까지 세탁해주시겠습니까?
Können Sie das Kleid bis morgen reinigen?

이것 좀 세탁소에 맡겨 주시겠어요?
Können Sie das zur Reinigung bringen?

옷 한 벌 다림질 하는데 얼마나 걸립니까?
Wie lange brauchen Sie, um einen Anzug zu bügeln?

이 단추를 달 수 있습니까?
Können Sie diesen Knopf annähen?

여기 얼룩이 있습니다.
Hier ist ein Fleck

얼룩 좀 빼 주세요.
Entfernen Sie bitte diesen Fleck!

이 얼룩 좀 빼 주실 수 있습니까?
Könnten Sie diesen Fleck entfernen?

시도는 해보겠지만, 약속할 수는 없습니다.
Ich werde es versuchen, aber ich kann es nicht versprechen.

이 코트를 수선해주시겠어요?
Könnten Sie diesen Mantel reparieren?

이 바지를 좀 줄이고 싶습니다.
Ich möchte diese Hose kürzen lasssen.

이 옷 길이 좀 줄여주세요.
Verkürzen Sie bitte dieses Kleid!

이것을 좀 늘여줄 수 있습니까?
Können Sie das etwas länger machen?

얼마나 걸리겠습니까?
Wie lange wird es wohl dauern?

옷이 오늘 필요합니까?
Brauchen Sie das Kleid noch heute?

내일 끝내도 괜찮습니다.
Es reicht, wenn es morgen fertig ist.

세탁물을 찾을 때

세탁물을 언제 찾아갈 수 있지요?
Wann kann ich meine Wäsche abholen?

언제 다 됩니까?
Wann wird es fertig sein?

언제 다 찾아갈 수 있습니까?
Wann kann ich alles abholen?

이 양복을 내일 오후에 찾아갈 수 있습니까?
Kann ich den Anzug morgen Nachmittag abholen?

그러면 한 번 시도해 보겠습니다.
Dann versuche ich es mal.

그러면 그 양복을 내일 오후 3시까지 다 끝내 놓을 수 있습니다.
Dann kann ich den Anzug morgen bis 15 Uhr fertig machen.

제가 맡긴 세탁물이 다 됐습니까?
Ist meine Wäsche schon fertig?

제 세탁물이 다 됐는지 확인하고 싶습니다.
Ich möchte nachfragen, ob meine Wäsche schon fertig ist.

세탁물을 찾고 싶습니다.
Ich möchte meine Wäsche abholen.

이 얼룩이 안 빠졌어요.
Der Fleck ist noch nicht entfernt.

이발소와 미용실

이발소나 미용실을 예약을 하고 간다. 어떤 종류의 이발을 원하는지 말해야 한다. 머리를 감아주거나, 면도 또는 드라이를 하면 요금이 추가된다. „Ich möchte gerne einen Haarschnitt."(이발 좀 하고 싶습니다.) „Wie möchten Sie es haben?"(어떻게 해드릴까요?) „Föhnen?"(드라이 해드릴까요?) „Können Sie mir eine Dauerwelle machen?"(파마 좀 해주실래요?)라고 한다.

이발 좀 하고 싶습니다.
Ich möchte mir die Haare schneiden lassen.

이발 좀 해주십시오.
Bitte schneiden Sie mir das Haar!

이발을 하고 싶습니다.
Ich möchte gerne einen Haarschnitt.

어떻게 자를 까요?
Wie soll ich sie schneiden?

어떻게 해드릴까요?
Wie möchten Sie sie geschnitten haben?

어떻게 해드릴까요?
Wie möchten Sie es haben?

조금만 잘라 주세요.
Nur ein bisschen schneiden, bitte!

너무 짧지 않게 깎아 주세요.
Nicht zu kurz.

양 옆을 좀 쳐주십시오.
Kurz an den Seiten.

옆은 좀 길게 하고 뒤는 짧게 커트해주십시오.
Ich möchte es an den Seiten länger und hinten kurz haben.

약간 좀 속아내 주십시오.
Könnten Sie es etwas ausdünnen?

아주 짧게 커트해주십시오.
Ich hätte es gerne sehr viel kürzer.

여기까지 잘라 주세요.
Ungefähr bis hier.

귀 윗부분까지요.
Knapp über den Ohren.

앞머리를 조금 잘라 주세요.
Schneiden Sie ein bisschen vom Pony ab!

머리끝만 잘라주세요.
Schneiden Sie bitte nur die Spitzen ab!

뒷머리는 약간 길게 해주세요.
Hinten etwas länger!

커트만 해주십시오.
Nur den Haarschnitt, bitte!

이 사진처럼 내 머리를 좀 잘라 줄 수 있어요?
Können Sie mein Haar wie auf diesem Bild schneiden?

머리 스타일을 다르게 하고 싶습니다.
Ich möchte gerne einen neuen Haarschnitt haben.

끝부분만 다듬어 주세요.
Ich möchte gern nur die Spitzen geschnitten haben.

커트와 면도를 해주십시오.
Haarschnitt und Rasieren, bitte!

면도 해주십시오.
Bitte, rasieren!

면도를 하고 싶습니다.
Ich möchte mir den Bart rasieren lassen.

드라이를 하시겠습니까?
Möchten Sie eine Föhnfrisur?

단발머리를 해주세요.
Ich hätte gerne einen Pagenschnitt.

파마 좀 해주세요.
Können Sie mir eine Dauerwelle machen?

약하게 파마 해주세요.
Eine leichte Dauerwelle, bitte!

모발보호 파마를 하겠습니다.
Ich hätte gern eine haarschonende Dauerwelle.
강한 파마를 하겠습니다.
Ich hätte gern eine kräftige Dauerwelle.
약한 파마를 하고 싶습니다.
Ich hätte gern eine leichte Dauerwelle.
파마기 없는 머리를 원해요.
Ich möchte meine Frisur glatt tragen.
머리 좀 염색하고 싶어요.
Ich möchte meine Haare färben lassen.
머리 좀 염색하고 싶어요.
Ich möchte mich färben lassen.
머리를 염색하고 싶습니다.
Ich hätte gern meine Haare gefärbt.
내 머리를 갈색으로 염색해주실 수 있어요?
Können Sie mein Haar blondieren?
내 머리를 옅은 갈색으로 염색해주실 수 있어요?
Können Sie mein Haar hellbraun färben?
머리를 갈색으로 염색하고 싶어요.
Ich möchte mir die Haare blond färben lassen.
샴푸를 한 다음 세트 좀 해주세요.
Waschen und legen, bitte!
머리를 탈색해 주십시오.
Ich möchte mir gern die Haare bleichen lassen.
드라이 해드릴까요?
Föhnen?
왼쪽으로 가르마를 타 주세요.
Den Scheitel trage ich links.
가르마를 오른쪽으로 오게 해주세요.
Den Scheitel bitte rechts!
가운데 가르마를 타 주세요.
Ich möchte den Scheitel in der Mitte tragen.
가르마 없게 해주세요.
Ohne Scheitel, bitte!

머리 좀 감겨주세요.
Ich möchte mir die Haare waschen lassen.

머리를 올려주세요.
Die Haare aufstecken, bitte!

위를 조금 곱슬머리로 해주세요.
Bitte, oben etwas toupieren!

그냥 드라이기로 말려주십시오.
Ich möchte mir die Haare einfach mit dem Föhn trocknen lassen.

손님 머리가 정말 건조하시군요.
Ihre Haare sind wirklich trocken.

손님한테는 좋은 컨디셔너가 필요해요.
Sie brauchen eine gute Pflegespülung.

정말 멋진 자연스러운 웨이브를 가지셨군요.
Sie habe eine wirklich schöne, angeborene Welle.

스프레이는 하지 마세요.
Bitte, kein Haarspray!

무스는 바르지 마세요.
Bitte keinen Festiger!

시장보기

　시장이나 쇼핑센터 그리고 양장점이나 서점 혹은 문구점, 야채가게나 생선가게 등에서 물건을 고르고 물건 값을 치르기 위해서 사용하는 기본표현들을 알아두어야 한다. 게다가 수량단위라든가 물건들의 이름들을 암기하고 익혀두도록 한다. „Sie wünschen, bitte?"(뭘 원하세요?) „Was hätten Sie gern?"(무엇을 원하십니까?) „Ich möchte gern ...."(저는 ...을 원해요.) „Haben Sie vielleicht ...?"(혹시 ... 있어요?) „Was kostet das?"(그것 얼마죠?)

쇼핑센터나 시장에서

다음 분 누구시죠?
Wer ist der Nächste, bitte?

제 차례입니다.
Ich bin an der Reihe.

뭘 도와드릴까요?
Womit kann ich Ihnen helfen?

뭘 드릴까요?
Was darf ich Ihnen geben?

커피 한 팩 주십시오.
Geben Sie mir bitte eine Packung Kaffee!

유감스럽게도 다 나갔습니다.
Er ist leider ausgegangen.

치즈도 있습니까?
Haben Sie auch Käse?

슬라이스 식으로 잘라드릴까요, 아니면 덩어리로 드릴까요?
In Scheiben oder am Stück?

자른 것으로 주세요.
In Scheiben, bitte!

그것 좀 시식해볼 수 있을까요?
Kann ich davon etwas probieren?

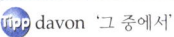 davon '그 중에서'

좀 더 드릴까요?
Darf es ein bisschen mehr sein?

좀 더 드릴까요?
Darf es etwas mehr sein?

예, 좋습니다.
Ja, o.k.

좀 더 주십시오.
Etwas mehr, bitte!

조금 적게 주세요.
Etwas weniger, bitte!

이게 다예요?
War's das?

예, 그게 다입니다.
Ja, das war's.

고맙습니다. 그게 다입니다.
Danke, das ist alles.

그게 다예요?
Ist das alles?

예, 그게 다인 거 같아요.
Ja, das wäre es.

아니오, 토마토가 더 필요합니다.
Nein, ich brauche noch Tomaten.

여기 있습니다.
Hier bitte.

고맙습니다.
Danke schön.

합쳐서 7유로 80센트입니다.
Das macht zusammen sieben Euro achtzig.

저는 곡물빵이 필요한데요, 하나 주세요.
Ich brauche ein Vollkornbrot. Geben Sie mir bitte eins.

저는 초콜릿 케이크를 하나 사고 싶습니다. 있습니까?
Ich hätte gern einen Schokoladenkuchen. Haben Sie einen.

운이 좋으십니다. 여기 케이크 하나 있습니다.
Sie haben Glück. Hier ist einer.

우리도 그게 없습니다.
Wir haben auch keinen.

달팽이 모양의 호두 빵을 사고 싶은데요.
Ich möchte Nussschnecken.

예, 있습니다.
Ja, wir haben welche.

야채, 과일 등을 고를 때

저는 감자가 필요합니다.
Ich brauche Kartoffeln.

감자 있습니까?
Haben Sie Kartoffeln?

미안합니다. 다 팔렸어요.
Tut mir Leid, die Kartoffeln sind alle verkauft.

 Sie sind leider ausgegangen. "그것들 다 팔렸습니다."라고 해도 된다.

미안합니다. 더 이상 없습니다.
Tut mir Leid, wir haben keine mehr.

 keine는 위의 Kartoffeln을 가리키는 부정의 불특정대명사 복수형 4격.

우유가 하나 필요한데요. 하나 있습니까?
Ich brauche eine Milch. Haben Sie welche?

 이 경우 welche가 맞다. 우유가 한 개만 있느냐고 묻는 것은 아니다. 불특정대명사 복수형은 welche이다.

아니오, 저희도 없습니다.
Nein, wir haben auch keine.

우유 있습니까?
Haben Sie Milch?

예, 그럼요.
Ja, natürlich.

아니오, 우유는 더 이상 없습니다.
Nein, wir haben keine Milch mehr.

얼마나 원하십니까?
Wie viel möchten Sie?

1킬로 주십시오.
Ein Kilo.

무엇을 또 드릴까요?
Was möchten Sie noch?

토마토 있습니까?
Haben Sie Tomaten?

토마토가 더 필요합니다.
Ich brauche noch Tomaten.

1킬로 주십시오.
Bitten geben Sie mir ein Kilo!

오이가 필요합니다.
Ich brauche Gurken.

여기 있습니다.
Hier sind welche.

> welche는 불특정대명사 복수형 1격(물론 4격도 welche이다.)

사과 1킬로를 주십시오.
Ich hätte gern ein Kilo Äpfel.

어떤 종류를 원하십니까?
Welche Sorte wünschen Sie?

여기 이것 주세요.
Diese hier, bitte!

이 사과들은 이 지방 것입니다.
Diese Äpfel sind von hier.

싱싱한 과일보다 더 좋은 것은 없습니다.
Es gibt nichts Besseres als frisches Obst.

또 원하시는 게 있습니까?
Haben Sie noch einen Wunsch?

이 포도들 달아요?
Sind die Trauben süß?

그럼요. 직접 드셔보십시오.
Ja, aber probieren Sie selbst.
고맙습니다. ··· 아주 맛 있네요.
Vielen Dank. ... Die sind sehr lecker.
얼마나 드릴까요?
Wie viel hätten Sie gern?
1킬로 정도 주십시오.
Geben Sie mir ein gutes Kilo!

> Tipp ein gutes Kilo "1킬로 정도"

수량이나 단위로 값을 물을 때

당근 한 캔에 얼마입니까?
Was kostet eine Dose Möhren?
당근 허브 차 한 팩에 얼마입니까?
Wie viel kostet eine Packung Kräuter Tee?
양파 1킬로에 얼마입니까?
Wie viel kostet ein Kilo Zwiebeln?
양파 1파운드에 얼마입니까?
Was kostet ein Pfund Zwiebeln?
밭 딸기 1파운드에 얼마입니까?
Was kostet ein Pfund Erdbeeren?
샐러드 한 통은 얼마입니까?
Wie viel kostet ein Kopf Salat?
치즈 100 그램은 얼마입니까?
Was kosten hundert Gramm Käse?
쥬스 한 병에 얼마입니까?
Was kostet eine Flasche Saft?
79 센트(0,79€)입니다.
Neunundsiebzig Cent.
달걀 10개에 얼마입니까?
Wie viel kosten zehn Eier?
빵 한 개는 얼마입니까?
Was kostet ein Brötchen?

바나나 4개는 얼마입니까?
Was kosten vier Bananen?

사과 2킬로그램은 얼마입니까?
Wie viel kosten zwei Kilo Äpfel?

소고기 500그램은 얼마죠?
Was kosten fünfhundert Gramm Rindfleisch?

작은 빵 두 개와 오렌지 쥬스 한 병을 사고 싶어요.
Ich hätte gern zwei Brötchen und eine Flasche Orangensaft.

치즈 한 덩어리에 3유로 90센트(3,90€)입니다.
Ein Stück Käse kostet drei Euro neunzig.

요구르트 한 개에 단 39센트(0,39€)입니다.
Ein Becher Joghurt kostet nur neununddreißig Cent.

 der Becher 작은 잔, (손잡이가 없는) 작은 컵/떠먹는 요구르트 통

살라미는 킬로당 6유로 95센트(6,95€)입니다.
Eine Salami kostet je Kilogramm sechs Euro fünfundneunzig.

허브 차 한 팩은 2,39유로(2,39€)입니다.
Eine Packung Kräuter Tee kostet zwei Euro neununddreißig.

빵들은 싱싱한가요?
Sind die Brötchen frisch?

예, 햄 100그램과 치즈 300 그램을 또 사려고 하는데요.
Ja, ich möchte noch hundert Gramm Schinken und dreihundert Gramm Käse.

예, 맥주 한 병 더 살 겁니다.
Ja, ich nehme noch eine Flasche Bier.

좋아요, 반 파운드 사지요.
Gut, ich nehme ein halbes Pfund.

좋아요, 반 킬로 주십시오.
Gut, ich möchte ein halbes Kilo.

파운드에 1유로 40센트입니다.
Das Pfund ein Euro vierzig.

킬로 당 2유로 60센트입니다.
Das Kilo zwei Euro sechzig.

햄 100그램에 3유로 20센트입니다.
100 Gramm Schinken kosten drei Euro zwanzig.

햄은 아주 비싸요.
Der Schinken ist sehr teuer.

치즈가 저렴합니다.
Der Käse ist billig.

샐러드 한 통에 단 1유로입니다.
Ein Kopf Salat kostet nur einen Euro.

커피는 1유로 80입니다.
Kaffee macht eins achtzig.

죄송해요, 얼마요?
Entschuldigung, wie viel?

1유로하고 80센트요.
Ein Euro und achtzig Cent.

여기 2유로입니다.
Zwei Euro.

그러면 20센트 거슬러드리죠, 고맙습니다.
Und zwanzig Cent zurück, danke.

합쳐서 얼마입니까?
Was macht das zusammen?

이거 모두 합쳐서 얼마입니까?
Was kostet das alles zusammen?

합쳐서 24,68입니다.
24,68 Euro zusammen.

〈야채 (Gemüse)〉

die Aubergine	- die Auberginen	가지
der Blumenkohl	- die Blumenkohl	꽃배추
die Bohne	- die Bohnen	콩
der Brokkoli	- die Brokkolis	브로콜리
der Champignon	- die Champignons	버섯
der Chinakohl	- die Chinakohle	배추
die Erbse	- die Erbsen	완두콩
der Erdnuss	- die Erdnüsse	땅콩
die Gurke	- die Gurken	오이
der Ingwer	- die Ingwer	생/새양
die Kartoffel	- die Kartoffeln	감자
der Kohl	- die Kohle	배추
der Knoblauch	- die Knoblauch	마늘

der Kopfsalat	- die Kopfsalate	상치
der Kürbis	- die Kürbisse	호박
der Lauch	- die Lauche	파
der Mais	- die Mais	옥수수
die Möhre	- die Möhren	당근
die Paprika	- die Paprikas	고추
das Paprikapulver	- die Paprikapulver	고추가루
die Petersilie	- die Petersilien	파슬리
der Pilz	- die Pilze	버섯
der Porree	- die Porrees	부추
der Rettich	- die Rettiche	무우
der Sellerie	- die Selleries	샐러리
der Spargel	- die Spargel	아스파라가스
der Spinat	- die Spinate	시금치
die Stangenbohne	- die Stangenbohnen	강낭콩
die Süßkartoffel	- die Süßkartoffeln	고구마
der Weißkohl	- die Weißkohle	양배추
die Zucchini	- die Zucchini	애호박
die Zwiebel	- die Zwiebeln	양파

〈과일 (Obst)〉

der Apfel	- die Äpfel	사과
die Ananas	- die Annas	파인애플
die Aprikose	- die Aprikosen	살구
die Banane	- die Bananen	바나나
die Birne	- die Birnen	배
die Erdbeere	- die Erdbeeren	딸기
die Kirsche	- die Kirschen	버찌
die Kiwi	- die Kiwis	키위
die Melone	- die Melonen	참외
die Orange	- die Orangen	오렌지
die Pflaume	- die Pflaumen	자두
der Pfirsich	- die Pfirsiche	복숭아
die Tomate	- die Tomaten	토마토

die Traube	- die Trauben	포도
die Wassermelone	- die Wassermelonen	수박
die Zitrone	- die Zitronen	레몬
das Brötchen	- die Brötchen	작은 빵
das Brot	- die Brote	빵
das Ei	- die Eier	달걀
der Kuchen	- die Kuchen	케이크

〈양념 (Gewürze)〉

der Essig 식초	das Salz 소금
der Pfeffer 후추	der Zucker 설탕
der Würfelzucker 각설탕	das Mehl 밀가루
die Hefe 효모	der Senf 겨자
die Sojabohnensoße 간장	das Olivenöl 올리브유
die Lorbeerblätter 월계수잎	das Ketchup/Ketschup 캐찹
die Margarine 마가린	die Mayonnaise 마요네즈
der Meerrettich 와사비	der Honig 꿀

〈생선 (Fisch)〉

die Auster 굴	die Forelle 송어
die Garnele 새우	der getrocknete Meerlattich 김
der Hering 청어	die Krabben 게
die Kreiselschnecke 소라	der Lachs 연어
die Makrele 고등어	der Riementang 미역
die Sardine 정어리	die Scholle, Thunfisch 참치
der Tintenfisch 오징어	

〈고기류 (Fleisch)〉

der Schinken 햄	die Wurst 소시지
das Rippchen 갈비	das Rindfleisch 소고기
das Hackfleisch 다진고기	das Brustfleisch 가슴살
das Schnitzel 돈가스	der Schweinebauch 삼겹살

das Schweinefleisch 돼지고기
das Hähnchenfleisch 닭고기
das Schweineschnitzel 돈가스
das Kalbfleisch 송아지고기
das Lamm (새끼)양고기

das Hammelfleisch 양고기
das Steak 스테이크
der Speck 베이컨
die Leber 간

1 Kilogramm = 1000g   1 Pfund = 500 g   ein halbes Pfund = 250g

옷을 고를 때

여기 담당자입니까?
Sind Sie hier zuständig?

예, 무엇을 도와드릴까요?
Ja, kann ich Ihnen helfen?

저는 파카를 하나 찾는데요.
Ich suche einen Anorak.

여기 이것은 어떤가요?
Wie wäre es denn mit diesem hier?

그 천이 별로 맘에 들지 않아요.
Der Stoff gefällt mir nicht besonders.

다른 것은 없습니까?
Haben Sie nicht etwas anderes?

겨울용으로 찾으시나요?
Für den Winter?

그러시다면 저 뒤를 보십시오.
Dann schauen Sie mal dahinten!

기성복을 찾으십니까, 아니면 사무실 출퇴근용을 찾으십니까?
Etwas Festliches oder fürs Büro?

사무실용 입을 것으로 주세요.
Eher fürs Büro.

손님은 치수가 50 같은데요.
Größe 50, denke ich.

그러시면 여기 이것을 입어보십시오.
Dann probieren Sie mal den hier!

이 치마가 맘에 들어요?
Wie gefällt Ihnen dieser Rock?

아주 좋습니다. 그것으로 하죠.
Sehr gut. Den nehme ich.

그것은 제게 너무 좁아요.
Der ist mir zu eng.

한 치수 더 큰 게 필요해요.
Ich brauche eine Nummer größer.

사이즈 50짜리 치마도 있습니까?
Gibt es den auch in Größe 50?

> 여기서 den은 위의 den Rock을 가리키는 지시대명사 4격이다. Haben Sie ihn noch in Größe 50?라고 표현해도 좋다.

다른 치수의 치마도 있습니까?
Haben Sie ihn noch in einer anderen Größe?

어떤 치마를 사야하지?
Welchen Rock soll ich kaufen?

저는 스웨터를 찾고 있습니다.
Ich suche einen Pullover.

밝은 갈색의 스웨터만 있습니다.
Den gibt es nur in Hellbraun.

한 번 입어보십시오.
Probieren Sie den mal an!

이게 잘 맞아요.
Der sitzt sehr gut.

이거 그냥 입어도 될까요?
Kann ich ihn gleich anbehalten?

바지들은 어디 있습니까?
Wo haben Sie denn Hosen?

저 앞에 있습니다.
Da vorn.

저는 노랑색이나 갈색 바지를 찾고 있어요.
Ich suche eine in Gelb oder in Braun.

손님 치수로는 파랑색과 녹색 바지들 밖에 없는데요.
In Ihrer Größe habe ich nur noch welche in Blau und Grün.

뭐 그렇다면 저기 저것을 입어보죠.
Na gut, ich probiere mal die da.

여기서 die는 위의 die Hose를 가리키는 지시대명사이다.

이 바지는 제게 안 맞아요. 너무 작아요.
Die Hose passt mir nicht. Sie ist zu klein.

저는 54 사이즈가 필요합니다.
Ich brauche Größe 54.

이 블라우스가 마음에 듭니까?
Wie gefällt Ihnen diese Bluse?

아주 좋네요. 이것을 사겠어요.
Sehr gut. Die nehme ich.

좋네요. 이것을 한번 입어볼게요.
Gut. Die probiere ich mal an.

카비넷은 여기 앞에 있습니다.
Die Kabinen sind hier vorne.

이게 맞네요. 이거 얼마예요?
Die passt. Was kostet die?

이게 정말 손님께 잘 어울립니다.
Sie steht Ihnen ausgezeichnet.

이것은 특별세일 중입니다. 단 40유로입니다.
Sie ist im Sonderangebot. Nur 40 Euro.

빨강색 블라우스 있습니까?
Haben Sie die Blusen auch in Rot?

아니오, 우리는 파랑색과 흰색으로만 있는데요.
Nein, die haben wir nur noch in Blau oder Weiß.

검정색 블라우스도 있어요?
Haben Sie die auch in Schwarz?

 여기서 die는 지시대명사이다. 가리키는 대상은 그 위의 die Bluse이다.

이 셔츠를 입으니까 금방 훨씬 좋아 보인다.
Mit dem Hemd siehst du gleich viel besser aus.

어떤 셔츠가 내게 더 잘 어울립니까?
Welches Hemd steht mir besser?

이 셔츠 맘에 듭니까?
Wie gefällt Ihnen dieses Hemd?

좋습니다. 이것을 사지요.
Gut. Das nehme ich nicht.

이 셔츠를 다른 색으로도 가지고 있습니까?
Haben Sie das Hemd in einer anderen Farbe?

그것은 연두색과 청색도 있습니다.
Das gibt es noch in Grüne und Blau.

이 양말들은 어때요?
Wie gefallen Ihnen diese Socken?

아니요, 그거 안 살래요.
Nein, die nehme ich nicht.

여름에는 어떤 옷을 입으십니까?
Was tragen Sie im Sommer?

저는 여름에 늘 티셔츠를 입어요.
Im Sommer trage ich immer T-Shirts.

넥타이는 전혀 안 매시나요?
Tragen Sie nie eine Krawatte?

아뇨, 사무실에서는 매요. 하지만 여가 시간에는 안 하죠.
Doch, im Büro, aber in der Freizeit nie.

가끔 치마를 입습니까?
Tragen Sie manchmal einen Rock?

예, 저는 거의 치마를 입는 편이에요.
Ja, ich trage fast immer einen Rock.

바지들을 즐겨 입고 다니십니까?
Tragen Sie gern Hosen?

아니오, 치마들이나 원피스들을 입는 걸 더 좋아해요.
Nein, lieber Röcke oder Kleider.

der Schal 스카프, 목도리	die Strümpfe 스타킹
der Trainingsanzug 트레이닝복	der Pullover 스웨터
die Jacke 재킷	der Anzug 양복
das Kostüm 양장	das T-Shirt 티셔츠
die Jeans 청바지	das Hemd 남방, 와이셔츠
die Socken 양말	der Slip 슬립
die Unterhose 팬티	die Bluse 블라우스
die Krawatte 넥타이	der Gürtel 벨트
die Handschuhe 장갑	die Mütze 모자

der Hut 모자
der Anorak 파카
die Weste 조끼
die Unterwäsche 속옷
das Sakko 콤비

der Bluson 점퍼
der Pullunder (팔없는) 스웨터
der Mantel 외투
die Srickjacke 가디간

구두를 살 때

나는 구두를 한 켤레 사고 싶습니다.
Ich möchte ein Paar Schuhe.

어떤 구두를 원하십니까?
Was für Schuhe wünschen Sie?

어떤 구두를 원하십니까?
Was für welche möchten Sie?

검정 구두를 샀으면 합니다.
Ich hätte gern schwarze Schuhe.

나는 갈색 구두를 원합니다.
Ich möchte braune Lederschuhe haben.

굽이 높은 검정 구두를 원합니다.
Schwarze Lederschuhe mit hohem Absatz.

굽이 낮은 구두를 원합니다.
Ich wünsche Lederschuhe mit flachem Absatz.

이 신발 37 반짜리도 있나요?
Haben Sie diese Schuhe auch in Größe 37 $1/2$?

 Siebenunddreißig einhalb라고 읽는다.

나는 신발 치수 38을 신습니다.
Ich habe Größe 38.

이 구두가 잘 맞을 겁니다.
Ich glaube, diese Schuhe passen Ihnen gut.

이 구두를 신어 보십시오.
Probieren Sie mal bitte diese Schuhe an!

구두 주걱 좀 주십시오.
Geben Sie mir bitte einen Schuhanzieher!

너무 꽉 조입니다./작습니다.
Sie sind zu eng./klein.

이 구두가 훨씬 더 편하네요.
Diese Schuhe sind viel bequemer.

너무 넓어요
Sie sind zu weit.

구두가 여기서 조입니다.
Die Schuhe drücken hier.

구두가 발가락을 조입니다.
Die Schuhe drücken an den Zehen.

그것은 제게 안 맞습니다.
Sie passen mir nicht.

한 치수 더 큰 구두 있습니까?
Haben Sie die Schuhe eine Nummer größer?

치수는 맞는데, 굽이 좀 높아요.
Die Größe ist in Ordnung, aber der Absatz ist etwas hoch.

이거 진짜 가죽입니까?
Ist es echtes Leder?

예, 이 구두는 좋은 가죽으로 만든 겁니다.
Ja, diese Schuhe sind aus gutem Leder gearbeitet.

문구류를 살 때

문방구가 어디 있습니까?
Wo ist das Schreibwarengeschäft?

편지지와 편지봉투가 필요합니다.
Ich brauche Briefpapier und Umschläge.

편지지와 편지봉투를 사려고 합니다.
Ich möchte Briefpapier und Umschläge haben.

클립이 필요합니다.
Ich möchte Büroklammern.

싸인펜 있습니까?
Gibt es bei Ihnen Filzschreiber?

예, 여기 하나 있습니다.
Hier ist einer.

좋군요. 그것을 사겠습니다.
Gut, den nehme ich.

앨범 있습니까?
Haben Sie Fotoalben?

예, 있습니다.
Ja, wir haben welche.

볼펜 한 자루가 필요합니다.
Ich brauche einen Kuli.

있습니까?
Haben Sie einen?

여기 하나 있습니다.
Hier ist einer.

여기 이건 3유로 80입니다. 하나 드릴까요?
Der hier kostet drei Euro achtzig. Möchten Sie einen?

자 있어요?
Haben Sie ein Lineal?

어떤 종류의 자를 찾으시는데요?
Was für ein Lineal suchen Sie denn?

여기 이게 맞나요?
Ist das richtig?

여기 딱 하나 있습니다.
Hier ist nur eins.

서류 정리철은 어디 있습니까?
Wo stehen die Ordner?

노트패드가 하나 필요합니다.
Ich möchte einen Block.

이거 맞습니까?
Ist der richtig?

아니오, 그것은 너무 큽니다.
Nein, der ist viel zu groß.

독일공업규격품 A4-메모용지 있나요?
Haben Sie einen DIN A4-Block?

예, 그것은 여기 있습니다.
Ja, den haben wir hier.

크립보드 있습니까?
Haben Sie ein Clipboard?

X. 독일에서의 생활을 위한 표현 **643**

어떤 종류의 크립보드를 원하십니까?
Was für ein Clipboard möchten Sie?
녹색이면서 실용적인 클립보드를 원합니다.
Ein grünes und praktisches.
여기 이것이 아주 최근 것입니다.
Dieses hier ist ganz neu.

Hefte (das Heft) 노트
Bleistifte (der Bleistift) 연필
Klebstifte (der Klebstift) 풀
Klebstoffe (der Klebstoff) 풀
Briefumschläge(der Briefumschlag) 편지봉투
das Geschenkpapier 선물포장지
Scheren (die Schere) 가위
Postkarten (die Postkarte) 우편엽서
Zirkel (der Zirkel) 콤파스
Büroklammern (die Büroklammer) 클립
Ordner (der Ordner) 서류정리철
Tinten (die Tinte) 잉크
Kulis (der Kuli) 볼펜
das Klebeband 스카치 테이프
die Zettelbox 메모지박스

Lineale (das Lineal) 자
Notizbücher (das Notizbuch) 메모장
Radiergummis (der Radiergummi) 지우개
Briefpapiere (das Briefpapier) 편지지
Kartenspiele (das Kartenspiel) 포커용카드
Farbstifte (der Farbstift) 색연필
Füller (der Füller) 만년필
das Clipboard 크립보드
die Klemmmappe 크립화일

서점에서

나는 독-영 사전을 원합니다.
Ich möchte ein Deutsch-Englisches Wörterbuch.
그것 좀 보여주시겠습니까?
Können Sie es mir zeigen?
그것은 2층에 있습니다.
Es ist im ersten Stock.
2층으로 올라가십시오.
Bitte gehen Sie in den ersten Stock hinauf!

그리고 그것(들)을 구경하십시오.
Und sehen Sie es / sie sich an!

제목이 어떻게 됩니까?
Wie lautet der Titel?

여기 정확한 제목이 있습니다.
Hier ist der genaue Buchtitel.

공교롭게도 그것들은 이미 다 팔렸습니다.
Leider sind sie schon ausverkauft.

그 책을 주문할 수 있을까요?
Kann ich das Buch bestellen?

영어 책들은 어디 있습니까?
Wo stehen die englischen Bücher?

전공서적을 찾습니다. 이것이 제목입니다.
Ich suche ein Fachbuch. Das ist der Titel.

공교롭게도 그것이 없습니다.
Das haben wir leider nicht.

지금은 그 책이 없습니다.
Im Moment haben wir das Buch leider nicht da.

그 책은 절판됐습니다.
Das Buch ist vergriffen.

지금은 그 책 재고가 없습니다.
Im Moment haben wir das Buch leider nicht vorrätig.

그렇지만 그것을 기꺼이 주문해드리겠습니다.
Wir bestellen es Ihnen aber gerne.

언제 그 책을 가지러 올 수 있지요?
Wann kann ich denn das Buch abholen?

4일 후에 오십시오.
In vier Tagen.

손님께 통지를 보내겠습니다.
Wir schicken Ihnen eine Nachricht.

주문하실 겁니까?
Wollen Sie es bestellen?

시가 지도가 있습니까?
Haben Sie Stadtpläne?

어떤 것을 원하십니까?
Was für einen möchten Sie?

작고 실용적인 시가 지도를 원합니다.
Einen kleinen und praktischen.

여기 이것이 아주 최근 것입니다.
Dieser hier ist ganz neu.

이 책에 교통노선이 들어 있습니까?
Stehen in diesem Band auch die Verkehrslinien?

연애소설을 한 권 사고 싶습니다.
Ich möchte einen Liebesroman kaufen.

면세품을 구입할 때

면세점은 어디 있습니까?
Wo ist der Duty-Free-Shop?

얼마까지 면세가 됩니까?
Wie viel kann ich zollfrei kaufen?

어느 브랜드를 원하십니까?
Welche Marke möchten Sie?

이 가게에서는 면세로 살 수 있습니까?
Kann ich hier bei Ihnen zollfrei einkaufen?

여권을 보여주시겠습니까?
Würden Sie Sie mir Ihren Pass zeigen?

병원

독일에서는 먼저 가정의원(Allgemeinearzt)에서 의사가 진료를 한다. 종합병원으로 가려면 여기서 의뢰서(Überweisung)를 받거나 일반의원(Arzt)에서 의뢰를 받아야한다. 일반의원은 한국에서처럼 직접가면 된다. 어느 의원이든 먼저 예약을 해야 한다. 전화예약이 기본이며 직접 접수창구를 찾아 „Wann kann ich einen Termin haben?"(어느 시간대에 약속을 할 수 있습니까?), „Ich möchte mich zur Sprechstunde anmelden."(진찰접수를 하고 싶습니다.)라고 한다. 의사가 진찰할 때 „Was fehlt Ihnen denn?"(어디가 편찮으십니까?)라고 말한다. 여행 중에 급히 호텔 등에서 의사가 필요할 때는 „Rufen Sie bitte schnell einen Arzt!"(빨리 의사를 불러 주십시오.)라고 한다.

병원에 갈 때

빨리 의사를 불러 주세요.
Rufen Sie bitte schnell einen Arzt!

의사 선생님 좀 모셔 오십시오.
Holen Sie bitte einen Arzt!

저를 의원에 좀 데려다 주십시오.
Bringen Sie mich bitte zum Arzt!

저를 병원에 좀 데려다 주세요.
Bringen Sie mich bitte zum Krankenhaus!

저를 병원으로 좀 데려다 주시겠습니까?
Würden Sie mich bitte zum Krankenhaus bringen?

의사를 좀 불러줄 수 있습니까?
Können Sie einen Arzt holen?

저에게 좋은 의사를 추천해줄 수 있습니까?
Können Sie mir einen guten Arzt empfehlen?

제게 내과의사를 한 분 추천해주시겠습니까?.
Können Sie mir einen Internisten empfehlen?

혹시 좋은 의사선생님을 알고 있습니까?
Kennen Sie vielleicht einen guten Arzt?

X. 독일에서의 생활을 위한 표현 **647**

내가 의원에다 진료 신청을 하고 택시를 부르겠습니다.
Ich melde Sie beim Arzt an und bestelle auch ein Taxi.

그때까지 누워 계십시오.
Legen Sie sich solange hin.

병원이 어디 있습니까?
Wo ist das Krankenhaus?

구급차를 불러주세요.
Rufen Sie einen Rettungswagen!

당신 안 좋아 보입니다. 의원에 가셔야해요.
Sie sehen ja schlecht aus. Sie müssen zum Arzt gehen.

의사에게 좀 가보십시오.
Gehen Sie zum Arzt!

진찰 좀 받아 보세요.
Lassen Sie sich mal untersuchen!

나는 진찰을 받기 위해서 의원에 갑니다.
Ich gehe zum Arzt, um mich untersuchen zu lassen.

그는 몸이 아파서 병원에 갑니다.
Er geht zum Arzt, weil er krank ist.

그는 진찰 받으러 의원에 갔습니다.
Er ist zum Arzt gegangen, um sich untersuchen zu lassen.

제 아내는 주사를 맞으러 의원에 갔습니다.
Meine Frau ist zum Arzt gegangen, um sich eine Spritze geben zu lassen.

접수창구에서

진찰접수를 시키려고 합니다.
Ich möchte mich zur Sprechstunde anmelden.

진찰을 받고 싶습니다.
Ich möchte mich untersuchen lassen.

진료시간이 언제입니까?
Wann ist die Sprechstunde?

의사선생님과 상담을 하고 싶습니다.
Ich möchte den Herrn Doktor sprechen.

의사 선생님 좀 뵙고 싶습니다.
Ich möchte zum Herrn Doktor.

의사 선생님 좀 뵙고 싶습니다.
Ich möchte zur Frau Doktor.
어느 시간대에 약속을 할 수 있습니까?
Wann kann ich einen Termin haben?
이미 진료예약을 했는데요. 제 이름은 김입니다.
Ich habe schon einen Termin. Ich heiße Kim.
저는 전화로 접수했습니다.
Ich habe mich telefonisch angemeldet.
저희한테 예약하셨습니까?
Haben Sie sich schon bei uns angemeldet?
예, 예약했는데요.
Ja, ich habe mich schon angemeldet.
지금 곧 가도 돼요?
Kann ich gleich kommen?
위급합니다.
Es ist ein Notfall.
전에 저희 의원에 오신 적이 있으신가요?
Waren Sie schon mal bei uns?
예, 그럼요. 제 이름은 박입니다.
Ja, Park ist mein Name.
아니오, 오늘이 처음입니다.
Nein, ich komme zum erstenmal zu Ihnen.
이미 저희 의원에 오신 적이 있습니까?
Sind Sie schon einmal bei uns gewesen?
아니오, 아직 없는데요.
Nein, noch nicht.
며칠 전에 독감 때문에 온 적이 있습니다.
Ich war vor einigen Tagen bei Ihnen wegen einer Grippe.
가정의로부터 의뢰서를 받았습니다.
Ich habe eine Überweisung vom Hausarzt.
의료보험카드를 가지고 계신가요?
Haben Sie Ihre Krankenkarte dabei?
다음에 그것을 꼭 가져오십시오.
Vergessen Sie bitte nicht, sie das nächste Mal mit zu bringen!
의료보험증을 가지고 오셨습니까?
Haben Sie Ihren Krankenschein mitgebracht?

아니오, 내일 의료보험증을 낼게요.
Nein, ich will den Krankenschein morgen abgeben.

아니오, 집에 두고 왔습니다.
Nein, den habe ich zu Hause liegen lassen.

다음번에 그것을 가져오십시오.
Bringen Sie ihn das nächste Mal mit!

어느 보험에 가입하셨습니까?
Wo sind Sie denn versichert?

어떤 의료보험에 들어있습니까?
Bei welcher Krankenkasse sind Sie versichert?

저는 아오카(AOK)에 보험을 들었습니다.
Ich bin bei der AOK versichert.

미리 예약하고 오셨습니까?
Haben Sie sich schon angemeldet?

9시 반에 약속을 받았습니다.
Ich habe heute um halb zehn einen Termin.

오늘 시간약속이 있습니까?
Haben Sie für heute einen Termin?

예, 10시에 오기로 했습니다.
Ja, ich sollte um 10 Uhr kommen.

약속을 받지는 않았는데, 너무 급합니다.
Ich habe keinen Termin, aber es ist dringend.

가능하면 빨리 진찰을 받고 싶습니다.
Ich möchte mich möglichst gleich untersuchen lassen.

대기실에서 좀 앉아계십시오.
Nehmen Sie bitte im Wartezimmer Platz.

대기실로 가십시오.
Gehen Sie bitte ins Wartezimmer!

곧 불러드리겠습니다.
Ich rufe Sie gleich auf.

순서가 되면 알려드리겠습니다.
Ich sage Ihnen Bescheid, wenn Sie dran sind.

1번 진찰실로 들어가십시오.
Gehen Sie bitte ins Sprechzimmer 1.

오늘 9시에 약속 받았으나, 갈 수가 없습니다.
Ich habe heute um 9 Uhr einen Termin, aber ich kann nicht kommen.

다른 기일을 받을 수 있을까요?
Kann ich bitte einen anderen Termin haben?

저는 오후에만 갈 수 있습니다.
Ich kann nur nachmittags kommen.

증상을 물을 때

의자에 앉으세요.
Bitte, setzen Sie sich auf den Stuhl!

어디가 아프십니까?
Wo tut es Ihnen weh?

어디가 아프세요?
Wo tut es weh?

어디가 아프십니까?
Was fehlt Ihnen denn?

어디가 아프십니까?
Wo haben Sie Schmerzen?

어디가 아프십니까?
Was für Beschwerden haben Sie?

여기가 아픕니까?
Tut es hier weh?

무슨 일로 제게 오셨습니까?
Was führt Sie zu mir?

자, 무슨 일이십니까?
Na, was ist los?

무슨 증세가 있습니까?
Haben Sie irgendwelche Beschwerden?

뭐가 잘못됐습니까?
Ist etwas nicht in Ordnung?

목이 아픕니까?
Haben Sie Halsschmerzen?

두통이 있습니까?
Haben Sie Kopfschmerzen?

식욕이 있습니까?
Haben Sie Appetit?

식욕은 어떠십니까?
Wie ist Ihr Appetit?

식사를 아주 조금 드시나요?
Essen Sie zuwenig?

열이 있습니까?
Haben Sie Fieber?

열이 있습니까?
Haben Sie Temperatur?

체온을 재어 보셨나요?
Haben Sie schon Temperatur gemessen?

열이 몇 도나 되지요?
Wie hoch ist das Fieber?

체온이 몇 도였습니까?
Wie hoch war das Fieber?

지금 즉시 재어봅시다.
Nun wollen wir gleich Ihre Temperatur messen.

정말 열이 있네요.
Das ist richtiges Fieber!

옷을 벗어주십시오.
Machen Sie sich bitte frei!

혀를 보여주세요.
Zeigen Sie mir die Zunge!

기침을 해보세요.
Husten Sie!

통증이 심합니까?
Haben Sie starke Schmerzen?

언제부터 통증이 있나요?
Seit wann haben Sie Schmerzen?

언제부터 아프십니까?
Seit wann sind Sie schon krank?

그런 증세가 나타난 지 얼마나 되었지요?
Wie lange haben Sie das schon?

약을 드셨어요?
Haben Sie Medikamente genommen?

거기에 대처하여 무엇을 하셨습니까?
Was haben Sie dagegen unternommen?

거기에 대처하여 무엇을 하셨습니까?
Was haben Sie dagegen getan?
뭐 좀 복용하셨습니까?
Haben Sie etwas eingenommen?
벌써 어떤 약을 복용하셨습니까?
Haben Sie schon irgendwelche Medikamente genommen?
다시 옷을 입으십시오.
Kleiden Sie sich wieder an!
어디를 다치셨나요?
Wo haben Sie sich verletzt?
발을 다치셨나요?
Haben Sie sich den Fuß verletzt?
잠을 거의 못 주무십니까?
Schlafen Sie zuwenig?
산책을 거의 안 하십니까?
Gehen Sie zuwenig spazieren?
운동을 거의 안 하십니까?
Treiben Sie zuwenig Sport?
운동을 규칙적으로 하세요?
Treiben Sie regelmäßig Sport?
담배를 많이 피우십니까?
Rauchen Sie zu viel?
술을 많이 드십니까?
Trinken Sie zu viel Alkohol?
커피를 많이 드십니까?
Trinken Sie zu viel Kaffee?
일을 많이 하십니까?
Arbeiten Sie zu viel?
화를 많이 내십니까?
Regen Sie sich zu viel auf?
주사를 맞으세요.
Lassen Sie sich eine Spritze geben!
자리에 좀 누워 계십시오.
Legen Sie sich bitte ins Bett!
심한 감기에 걸리셨군요.
Sie haben eine starke Erkältung.

아주 심한 감기에 걸렸군요.
Sie haben sich sehr schwer erkältet.

재킷을 따뜻하게 입으세요.
Ziehen Sie sich bitte eine warme Jacke an!

그렇지 않으면 감기에 걸립니다.
Sonst erkälten Sie sich.

며칠 침대에 누워계십시오.
Bleiben Sie einige Tage im Bett!

전혀 심각한 것이 아닙니다.
Es ist nichts Ernstes.

내과의사에게 당신을 위임해 드리겠습니다.
Ich werde Sie an einen Internisten überweisen.

> der/ein Internist, den/einen Internisten 내과의사

담배를 그렇게 많이 피우면 안 됩니다.
Sie sollten nicht so viel rauchen.

> sollten은 화법조동사 sollen의 간곡한 표현에 쓰이는 형태이다.

신체의 이상을 말할 때

저는 몸이 좋지 않습니다.
Ich fühle mich nicht wohl.

저는 몸이 좋지 못합니다.
Mir ist schlecht.

저는 몸이 아주 좋지 않습니다.
Es geht mir gar nicht gut.

저는 컨디션이 안 좋습니다.
Ich fühle mich einfach schlecht.

저는 며칠 전부터 몸이 편치 않습니다.
Ich fühle mich seit einigen Tagen nicht wohl.

잠이 안 옵니다.
Ich kann nicht einschlafen.

저는 몸이 아파요.
Ich bin krank.

온몸이 다 아파요.
Es tut mir alles weh.

여기저기 쑤셔요.
Es tut mir überall weh.

진찰을 받고 싶습니다.
Ich möchte mich untersuchen lassen.

예, 두통이 납니다.
Ja, ich habe Kopfschmerzen.

현기증이 납니다.
Mir ist schwindlig.

어지러워요.
Mir ist es schwindlig.

가끔 어지럼증이 있어요.
Ich habe öfter ein Schwindelgefühl.

편두통이 있어요.
Ich habe Migräne.

두통이 있습니다.
Ich habe Kopfschmerzen.

나는 머리가 아픕니다.
Mir tut der Kopf weh.

나는 머리가 아픕니다.
Mein Kopf tut weh.

머리가 아픕니다.
Ich habe Kopfweh.

예, 저는 머리가 아픕니다.
Ja, der Kopf tut mir weh.

예, 머리가 너무 아픕니다.
Ja, mein Kopf tut furchtbar weh.

저혈압이 있습니다.
Ich habe niedrigen Blutdruck.

과식을 했습니다.
Ich habe zu viel gegessen.

저는 배가 아픕니다.
Ich habe Bauchschmerzen.

저는 복통이 있습니다.
Ich habe Magenschmerzen.

여기 배가 아픕니다.
Hier im Bauch.

배에 통증이 있습니다.
Ich habe Schmerzen im Bauch.

설사가 납니다.
Ich habe Durchfall.

구토증이 있습니다.
Ich habe Brechreiz.

토했습니다.
Ich habe mich übergeben.

위경련이 있습니다.
Ich habe Magenkrämpfe.

위에 압박감이 느껴집니다.
Ich habe Druckgefühl im Magen.

위가 상했습니다.
Ich habe mir den Magen verdorben.

위가 좋지 않습니다.
Ich habe Magenbeschwerden.

위가 사르르 아픕니다.
Ich habe Sodbrennen.

소화가 잘 안 됩니다.
Ich habe schlechte Verdauung.

늘 소화가 안 됩니다.
Ich habe immer Probleme mit der Verdauung.

헛배가 부릅니다.
Ich habe Blähungen.

위궤양이 있습니다.
Ich habe ein Magengeschwür.

늘 손과 발이 차갑습니다.
Ich habe immer kalte Füße und Hände.

등이 쑤십니다.
Ich habe Rückenschmerzen.

저는 등이 쑤십니다.
Ich habe Rückenweh.

등이 가렵습니다.
Ich habe Juckreiz am Rücken.

피부발진이 있습니다.
Ich habe einen Hautausschlag.

요통이 있습니다.
Ich habe Rückenschmerzen.

관절통이 있습니다.
Ich habe Gelenkschmerzen.

저는 치통이 있습니다.
Ich habe Zahnschmerzen.

치질이 있습니다.
Ich habe Hämorriden.

변비입니다.
Ich habe Verstopfung.

늘 추위를 탑니다.
Ich friere immer.

저는 감기에 걸렸습니다.
Ich habe mich erkältet.

저는 감기에 걸렸습니다.
Ich habe eine Erkältung.

저는 감기에 걸렸습니다.
Ich bin erkältet.

저는 감기에 걸린 것 같습니다.
Ich glaube, ich bin erkältet.

저는 독감에 걸렸습니다.
Ich habe eine furchtbare Erkältung.

저는 유행성 감기에 걸렸습니다.
Ich habe eine Grippe.

저는 기침이 조금 납니다.
Ich habe ein bisschen Husten.

3일 전부터 기침을 합니다.
Seit drei Tagen habe ich Husten.

어제부터 감기 들었습니다.
Seit gestern habe ich mich erkältet.

4일 전부터 저는 코감기에 걸렸습니다.
Seit vier Tagen habe ich Schnupfen.

이런 기침을 한 게 벌써 2주전부터입니다.
Diesen Husten habe ich schon seit zwei Wochen gehabt.

이 감기를 모면하려면 어떻게 해야 합니까?
Was muss ich tun, um diese Erkältung loszuwerden?

이 기침을 멈추게 하려면 어떻게 해야 합니까?
Was muss ich tun, um diesen Husten loszuwerden?

저는 열이 있습니다.
Ich habe Fieber.

예, 열이 38도나 됩니다.
Ja, 38 Grad.

예, 오늘 아침에 38도 2부였습니다.
Ja, am Morgen hatte ich achtunddreißig Komma zwei.

아직 재보지 않았습니다.
Ich habe noch nicht gemessen.

그녀는 열이 약간 있습니다.
Sie hat leichtes Fieber.

그는 열이 조금 있습니다.
Er hat ein wenig Fieber.

그는 열이 있습니다.
Er hat Fieber.

그녀는 열과 통증이 있습니다.
Sie hat Fieber und Schmerzen.

그녀는 열이 있어서 자리에 누워 있습니다.
Sie liegt mit Fieber im Bett.

나는 열 때문에 자리에 누워 있습니다.
Ich liege mit Fieber im Bett.

숨을 쉴 때마다 온 몸이 쑤십니다.
Beim Atmen tut mir alles weh.

숨을 쉴 때마다 등이 쑤십니다.
Beim Atmen tut mir der Rücken weh.

숨을 쉴 때마다 배가 아파요.
Beim Atmen tut mir der Bauch weh.

저는 눈이 부었습니다.
Meine Augen sind geschwollen.

양 다리가 부었습니다.
Meine Beine sind geschwollen.

발이 너무 부었습니다.
Mein Fuß ist zu dick.

발이 부었군요?
Sie haben ja einen dicken Fuß

저는 발을 삐었습니다.
Ich habe mir den Fuß verstaucht.

저는 발을 삐었습니다.
Ich habe meinen Fuß verstaucht.

그는 다리가 부러졌습니다.
Er hat sich das Bein gebrochen.

저는 손을 다쳤습니다.
Ich habe mir die Hand verletzt.

팔을 삐었습니다.
Ich habe mir den Arm verrenkt.

화상을 입으셨군요?
Sie haben ja eine Verbrennung?

요리를 하다가 데었어요.
Ich habe mich beim Kochen verbrannt.

제 아들이 베었습니다.
Mein Sohn hat sich geschnitten.

제 딸이 손에 상처가 났어요.
Meine Tochter hat eine Wunde an der Hand.

그녀는 몸이 좋지 못합니다.
Ihr ist schlecht.

변을 볼 때 통증이 있습니다.
Beim Stuhlgang habe ich Schmerzen.

소변을 볼 때 통증이 있습니다.
Beim Urinlassen habe ich Schmerzen.

식욕이 없어요.
Ich habe keinen Appetit.

아무 것도 먹고 싶지 않습니다.
Ich mag gar nichts essen.

식욕을 잃었어요.
Ich habe den Appetit verloren.

진찰할 때

이 문을 통해 진찰실로 들어가십시오.
Gehen Sie bitte durch diese Tür ins Untersuchungszimmer!

오늘 기분이 좀 어떠세요?
Wie fühlen Sie sich heute?

검진해보겠습니다.
Ich untersuche Sie gleich.

당신을 진찰해야 봐야겠습니다.
Ich muss Sie untersuchen.

배를 진찰해야 봐야겠습니다.
Ich muss den Bauch untersuchen.

상체를 좀 벗으십시오.
Machen Sie bitte den Oberkörper frei!

침대에 누우세요.
Legen Sie sich auf das Bett!

의사 선생님이 당신을 아주 잘 진찰하실 수 있도록 침대에 누우십시오.
Bitte legen Sie ich bitte ins Bett, damit der Arzt Sie besser untersuchen kann!

붕대를 매 주겠습니다.
Ich lege Ihnen einen Verband an.

팔에 붕대를 매고 다녀야 합니까?
Muss ich um meinen Arm einen Verband tragen?

발에 붕대를 감아드릴게요.
Ich bandagiere Ihnen den Fuß.

즉시 상처에 붕대를 매 드리겠습니다.
Ich verbinde die Wunde gleich.

언제부터 통증이 있나요?
Seit wann haben Sie Schmerzen?

언제부터 그러십니까?
Seit wann haben Sie das?

그 증상이 일어난 게 얼마나 됐습니까?
Wie lange haben Sie das schon?

그게 언제 시작되었지요?
Wann hat das angefangen?

언제 통증을 처음으로 감지하셨습니까?
Wann haben Sie die Schmerzen zum ersten Mal gespürt?

그것이 어떤 종류의 통증인가요?
Was für eine Art Schmerzen ist das?

이전에도 그런 적이 있었나요?
Hatten Sie das schon einmal?

전에도 가끔 아팠었습니까?
Waren Sie schon öfter krank?

심장에 통증도 있습니까?
Haben Sie auch Herzschmerzen?

소화불량도 있습니까?
Haben Sie auch Verdauungsstörungen?

수면장해도 있습니까?
Haben Sie auch Schlafstörungen?

기침도 나십니까?
Haben Sie auch Husten?

어디가 아프세요?
Was fehlt Ihnen?

대변은 정상입니까?
Ist Ihr Stuhlgang normal?

자꾸만 어지럽습니다.
Mir ist oft schwindlig.

가끔 몸이 으스스하게 떨려요.
Manchmal friere ich.

그리고 늘 아주 피곤합니다.
Und ich bin immer so müde.

늘 기운이 없고 피곤합니다.
Ich fühle mich immer schlapp und müde.

그런 증상이 얼마나 됐나요?
Wie lange haben Sie das schon?

그러니까 토요일에 그게 시작되었어요.
Am Samstag hat es angefangen.

여기를 누르면 아픕니까?
Tut es weh, wenn ich hier drücke?

누우십시오.
Legen Sie sich bitte hin!

옆으로 누우십시오.
Legen Sie sich bitte auf die Seite hin!

열이 더 이상 오르지 않도록 하기 위해서 약을 먹어야합니다.
Sie müssen Tabletten nehmen, damit das Fieber nicht weiter steigt!

통증이 멈추도록 하기 위해서 내게 주사를 놓아드릴게요.
Ich gebe Ihnen eine Spritze, damit die Schmerzen aufhören.

우선 피검사를 받으셔야 합니다.
Sie sollten als erstes eine Blutuntersuchung machen lassen!

그러시려면 아침에 의원에 오셔야합니다.
Dazu müssen Sie an einem Morgen in die Praxis kommen.

대략 8시부터요.
Ungefähr ab acht Uhr.

그러면 우리 직원들 중 누군가 나와 있을 겁니다.
Dann ist schon jemand von uns hier.

채혈을 해야 합니다.
Wir müssen Blut abnehmen.

내일 아침에 빈속으로 채혈하러 오십시오.
Kommen Sie morgen früh nüchtern zur Blutabnahme!

소변검사샘플도 곧 가져오셔야 합니다.
Sie müssen auch gleich eine Urinprobe mitbringen.

즉시 엑스레이 사진을 찍어봐야겠습니다.
Ich mache gleich eine Röntgenaufnahme.

우선 엑스레이 사진을 찍으셔야합니다. 뢴트겐을 찍으로 가도록 위임장을 써드리겠습니다.
Sie müssen erst mal geröntgt werden. Ich schreibe Ihnen eine Überweisung zum Röntgen.

혈압을 지금 재봐야겠어요.
Wir messen jetzt den Blutdruck.

제가 혹시 몹시 아픈 건가요?
Bin ich schwer krank?

제가 어디가 아픈 건가요?
Was fehlt mir denn?

수술을 받아야 합니까?
Muss ich mich operieren lassen?

제가 수술을 받아야 합니까?
Muss ich operiert werden?

걱정하실 필요 없습니다.
Sie brauchen sich keine Sorge zu machen!

심각한 게 아닙니다.
Es ist nichts Ernstes.

저는 주사를 한 대 맞고 싶습니다.
Ich möchte mir eine Spritze geben lassen.

주사를 맞을 필요는 없습니다.
Sie brauchen keine Spritze.

음식을 조금만 드십니까?
Essen Sie zu wenig?

흡연을 많이 하십니까?
Rauchen Sie zu viel?

진찰 후 조언을 할 때

조언하는데요, 더 많이 드셔야 해요.
Ich rate Ihnen, mehr zu essen.

폭음은 건강에 해롭습니다.
Das viele Trinken schadet der Gesundheit.

술을 마시면 안 됩니다.
Sie dürfen keinen Alkohol trinken.

담배를 좀 적게 피십시오.
Rauchen Sie doch bitte weniger!

담배를 끊으셔야 합니다.
Sie müssen sich das Rauchen abgewöhnen!

흡연은 건강을 해칩니다.
Rauchen schadet der Gesundheit!

규칙적으로 산책을 하십시오.
Gehen Sie regelmäßig spazieren!

물을 많이 마시거나 차를 드십시오.
Trinken Sie viel Wasser oder Tee!

이렇게 습하고 차가운 날씨는 당신께 절대로 좋지 않습니다.
Dieses nasskalte Wetter ist gar nicht gut für Sie.

조심하셔야 합니다.
Sie müssen vorsichtig sein.

푹 쉬셔야 합니다.
Sie müssen sich ausruhen.

신선한 공기를 더 마시고 운동을 해야 합니다.
Sie müssen mehr in die frische Luft gehen und etwas Sport treiben.

운동을 하시면 안 됩니다.
Sie dürfen keinen Sport machen!

이제 집에 가셔서 자리에 누워 계십시오.
Jetzt gehen Sie nach Haus und legen Sie sich ins Bett!

며칠 동안 집에 계십시오.
Bleiben Sie einige Tage zu Hause!

안 돼요. 저 일을 해야만 해요.
Aber es geht nicht. Ich muss arbeiten.

많이 주무셔야합니다.
Sie müssen viel schlafen.

속히 건강해지고 싶으십니까?
Wollen Sie schnell wieder gesund werden?

진짜 폐렴에 걸리려고 그러세요?
Hätten Sie lieber eine richtige Lungenentzündung?

동료들을 감염 시키고 싶지는 않으실 테지요?
Sie wollen doch auch Ihre Kollgen nicht anstecken!

당신 동료들이 당신한테 감염 되면 안 됩니다.
Ihre Kollegen sollen sich nicht bei Ihnen anstecken.

열이 계속 올라갈 경우 제에게 전화 주십시오.
Falls das Fieber weiter steigt, können Sie mich anrufen.

열이 계속 올라가면 제에게 전화 주십시오.
Bei einer weiteren Steigerung des Fiebers, können Sie mich anrufen.

열이 계속 올라가면 종합병원으로 가십시오.
Wenn das Fieber weiter steigt, gehen Sie doch bitte mal ins Krankenhaus!

다음 주에 다시 검진해봐야겠습니다.
Nächste Woche möchte ich Sie wieder untersuchen!

제가 한 번 더 와야 합니까?
Muss ich noch einmal herkommen?

제가 언제 다시 와야 합니까?
Wann muss ich wiederkommen?

일주일 후에 다시 오세요.
Kommen Sie in acht Tagen wieder!

예, 다음 주 월요일에 한 번 더 진찰을 받으러 오십시오.
Ja, kommen Sie am nächsten Montag zur Nachuntersuchung!

내과에서

어디가 아프신가요?
Wo tut es Ihnen weh?

여기 배가 아픕니다.
Hier im Bauch.

저는 배가 너무 아픕니다.
Ich habe furchtbare Schmerzen im Bauch.

감기에 걸렸습니다.
Ich habe eine Erkältung.

오한이 납니다.
Ich habe Schüttelfrost.

머리가 무겁습니다.
Ich habe einen schweren Kopf.

머리가 좀 띵합니다.
Ich habe rasende Kopfschmerzen.

재채기가 계속 나옵니다.
Ich bekomme immer dieses Niesen.

재채기를 심하게 합니다.
Ich niese kräftig.

감기가 떨어지지 않습니다.
Diese Erkältung hört nicht auf!

제가 어떻게 하면 이 감기를 낫습니까?
Was muss ich tun, um diese Erkältung loszuwerden?

> **Tipp** um .... zu +동사원형; "...을 ~하기 위하여"; loswerden "~에서 벗어나다."

코감기에 걸리셨군요.
Sie haben Schnupfen.

제가 어떻게 하면 이 코감기를 낫습니까?
Was muss ich tun, um diesen Schnupfen loszuwerden?

가슴이 막힐 듯합니다.
Die Brust fühlt sich so eingeschnürt an.

가슴이 막힐 듯합니다.
Ich fühle mich bedrückt.

가슴이 두근거립니다.
Mein Herz klopft.

가끔 숨이 막힙니다.
Manchmal stockt mir der Atem.

가슴이 뻐근합니다.
Ich bin schweren Herzens.

가슴에 뻐근한 통증이 있습니다.
Ich habe dumpfe Schmerzen in der Brust.

땀을 많이 흘립니다.
Ich schwitze zu viel.

늘 소화가 안 됩니다.
Ich habe immer Probleme mit der Verdauung.

식욕이 없습니다.
Ich habe Appetitlosigkeit.

헛배가 찬 듯한 느낌이 들어요.
Ich habe Blähungen.

아랫배가 아픕니다.
Ich habe Schmerzen im Unterleib.

숨이 찹니다.
Ich atme schwer.

식중독에 걸린 것 같아요.
Ich glaube, ich habe eine Lebensmittelvergiftung bekommen.

속이 메스꺼워요.
Ich fühle mich übel.

늘 손발이 찹니다.
Ich habe immer kate Füße und Hände.

위장이 말썽입니다.
Ich hab's mit dem Magen.

저혈압입니다.
Ich habe niedrigen Blutdruck.

숙취가 있습니다.
Ich habe einen Kater.

맥박을 좀 재볼까요?
Erlauben Sie, dass ich Ihnen den Puls messe?

의사 선생님이 나더러 담배 끊으래.
Der Arzt hat mir gesagt, ich soll mir das Rauchen abgewöhnen.

그분 말씀이 옳아. 자네는 정말 담배를 너무 많이 피워.
Da hat er Recht. Du rauchst wirklich zu viel.

 sich abgewöhnen etw. ...한 습관을 버리다

외과에서

운동하다가 다쳤습니다.
Ich habe mich beim Sprottreiben verletzt.

팔을 삐었습니다.
Ich habe mir den Arm verrenkt.

발을 삐었습니다.
Ich habe mir den Fuß verrenkt.

저는 발목을 삐었습니다.
Ich habe mir den Fuß verstaucht.

그런데 어쩌다 그렇게 되었습니까?
Und wie ist das passiert?

 Wie ist das passiert? [직역]그것이 어떻게 일어났습니까?

계단을 내려가다가 넘어졌습니다.
Als ich die Treppe runterging, bin ich gestürzt.

손가락을 베었습니다.
Ich habe mich in den Finger geschnitten.

저는 설거지 기계에서 그릇을 꺼내려다가 손을 다쳤어요.
Ich habe mir die Hand verletzt, als ich das Geschirr aus der Spülmaschine holen wollte.

상처를 좀 볼까요?
Kann ich mir die Wunde ansehen?

어디 좀 볼까요?
Sehen wir mal nach!

아, 너무 아파요.
Oh, es tut mir so weh.

상처가 아주 깊군요.
Die Wunde ist ziemlich tief.

손에 붕대를 감아드리겠어요.
Lassen Sie mich die Hand verbinden.

제가 파우더를 한 개 처방해드릴게요.
Ich verschreibe Ihnen ein Puder.

손은 분명 곧 회복 될 겁니다.
Die Hand wird sicher bald gesund.

파상풍 예방주사를 맞았습니까?
Sind Sie gegen Tetanus geimpft?

예, 6개월 전에요.
Ja, vor einem halben Jahr.

다리가 저립니다.
Mir sind die Beine eingeschlafen.

왼쪽 다리에 마비가 온 것 같아요.
Ich glaube, das linke Bein ist gelähmt.

딸아이가 발을 삐었습니다.
Meine Tochter hat sich den Fuß verrenkt.

그 애가 보도 가장자리에 걸려 넘어졌어요.
Sie ist über den Bordstein gestolpert und gestürzt.

다리가 부었습니다.
Meine Beine sind geschwollen.

아들이 손을 다쳤습니다.
Meine Sohn hat sich die Hand verletzt.

저는 벽에 부딪쳤습니다.
Ich bin gegen die Wand gestoßen.

그는 다리가 부러졌습니다.
Er hat sich das Bein gebrochen.

어깨가 뻐근합니다.
Ich fühle mich in der Schulter steife.

목을 거의 움직일 수가 없습니다.
Ich kann meinen Nacken fast nicht bewegen.

음식을 만들다가 손을 데었습니다.
Ich habe mir die Hände beim Kochen verbrannt.

벤 상처가 부었습니다.
Die Schnittwunde ist geschwollen.

상처가 곪았습니다.
Die Wunde ist entzündet.

얼굴에 멍이 들었습니다.
Ich habe einen blauen Fleck im Gesicht.

눈에 멍이 들었습니다.
Ich habe ein blaues Auge.

모서리에 부딪쳤습니다.
Ich habe mich an der Kante gestoßen.

여기 피가 났습니다.
Es hat hier geblutet.

오래 서 있을 수가 없습니다.
Ich kann nicht lange stehen.

허리통증이 납니다.
Ich habe Rückenschmerzen.

좌골신경통이시군요.
Sie haben einen Ischias.

찌르는 듯이 아픕니다.
Es ist ein beißender Schmerz.

도려내는 듯한 통증입니다.
Es ist ein bohrender Schmerz.

정확히 어디에 통증이 있습니까?
Wo genau spüren Sie die Schmerzen?

통증이 어떤 것인지 말씀해보세요, 쑤십니까, 뻐근합니까, 화끈거리나요?
Bitte beschreiben Sie den Schmerz, ist er stechend, dumpf oder brennend?

당기는 듯한 통증이 납니다.
Ich habe ziehende Schmerzen.

찢는 것처럼 아파요.
Es sind ziehende Schmerzen.

말할 수 없이 아픕니다.
Es sind ganz unbestimmbare Schmerzen.

이렇게 젊은데 벌써 디스크 문제가 있어요?
So jung und schon Bandscheibenprobleme?

그것에 대처해서 무조건 뭔가를 해야만 합니다.
Dagegen müssen Sie unbedingt was tun!

그렇지만 무엇을 하죠? 제게 조언 좀 해주실 수 있습니까?
Ja, aber was? Können Sie mir einen Rat geben?

피부과에서

피부발진이 있습니다.
Ich habe einen Hautausschlag.

등이 가렵습니다.
Ich habe Juckreiz am Rücken.

입술이 틉니다.
Meine Lippen werden rissig.

피부가 건조합니다.
Meine Haut ist trocken.

피부가 텄습니다.
Meine Haut ist aufgesprungen.

제 피부가 몹시 거칠어요.
Meine Haut ist sehr rauh.

여드름이 심합니다.
Ich habe starke Akne.

얼굴에 여드름이 생겨요.
Es bilden sich Pusteln im Gesicht.

여드름이 생기지 않게 하려면 어떻게 해야 할까요?
Was kann ich gegen Akne unternehmen?

손바닥에 굳은살이 생겼습니다.
Eine Schwiele bildet sich an der Handfläche.

왼쪽 팔에 물집이 생겼습니다.
Ich habe eine Blutblase an dem linken Arm.

피부가 불그스레하고 얼룩이 있어요.
Meine Haut ist rötlich und gefleckt.

화장품 때문에 피부발진이 생겼습니다.
Wegen der Kosmetik schlägt meine Haut aus.

오른 손을 불에 데었습니다.
Ich habe mir die rechte Hand verbrannt.

여기가 가렵습니다.
Es juckt hier.

발에 무좀이 있습니다.
Ich habe Fußpilz.

발가락 사이에 무좀이 생겼습니다.
Zwischen meinen Zehen haben sich Ekzembläschen gebildet.

이비인후과에서

코가 막혔습니다.
Die Nase ist verstopft.

귀가 멍멍합니다.
Meine Ohren rauschen.

귀가 울립니다.
Ich habe Ohrensausen.

한 쪽 귀가 안 들립니다.
Ich bin auf einem Ohr taub.

귀에 뭐가 들어갔습니다.
Ich habe Fremdkörper im Ohr.

> Fremdkörper 이물

귀에 물이 들어갔습니다.
Ich habe Wasser ins Ohr bekommen.

이제 귀가 멍한 느낌이 듭니다.
Nun fühlt sich mein Ohr dumpf an.

물이 빠지지 않습니다.
Das Wasser läuft nicht ab.

귀가 막힌 것 같은 느낌이 듭니다.
Ich habe das Gefühl, als sei mein Ohr mit Watte ausgestopft.

귀에 조그만 벌레가 들어갔어요.
Ein kleines Insekt ist ins Ohr geflogen.

한쪽 귀에서 고름이 나요.
Der Eiter entrinnt aus einem Ohr.

잘 듣지 못합니다.
Ich kann nicht gut hören.

귀가 아파요.
Ich habe Ohrenschmerzen.

중이염이 있습니다.
Ich habe Mittelohrentzündung.

코를 풀기만 하면 코피가 납니다.
Immer wenn ich mir die Nase putze, blutet mir die Nase.

코를 살살 푸세요.
Schneuzen Sie die Nase sanft!

냄새 맡기가 곤란합니다.
Es fällt mir schwer, zu riechen.

기침이 나고 목이 아파요.
Ich habe Husten und Halsschmerzen.

목이 따끔거립니다.
Ich habe stechende Halsschmerzen.

저는 목의 통증이 있습니다.
Ich habe Halsschmerzen.

나는 목이 아픕니다.
Mir tut der Hals weh.

예, 저는 목이 아픕니다.
Ja, der Hals tut mir weh.

저는 인후염이 심합니다.
Ich habe eine starke Halsentzündung.

인후염을 과소평가해서는 안 됩니다.
Sie sollten eine Halsentzündung nicht unterschätzen.

지난 주 초부터 인후염이 있습니다.
Anfang vergangener Woche hatte ich eine Halsentzündung.

몇 년 전에 이미 앓았던 적이 있습니다.
Das hatte ich vor ein paar Jahren schon mal.

목이 부었습니다.
Der Hals ist geschwollen.

기관지염이 있어요.
Ich habe Bronchitis.

목에 뭔가 걸린 것 같아 불편해요.
Etwas bleibt mir im Hals stecken.

목을 한 번 봅시다.
Lassen Sie mich bitte einmal in den Hals sehen!

입을 크게 벌려보세요.
Machen Sie Ihren Mund weit auf!

편도선이 빨갛게 부었군요.
Die Mandeln sind rot und geschwollen.

목에 염증이 있군요.
Sie haben Halsentzündung.

저는 목이 쉬었어요.
Ich habe meine Stimme verloren.

저는 목에 혹이 있습니다.
Ich habe einen Kloß im Hals.

소아과에서

제 아들이 어제부터 고열이 납니다.
Mein Sohn hat seit gestern hohes Fieber.

아이의 코가 막혔습니다.
Seine Nase ist verstopft.

아이가 먹으려들지를 않습니다.
Er will gar nicht essen.

아이의 편도선이 부었습니다.
Er hat geschwollene Mandeln.

아이가 온 몸을 떨어요.
Mein Kind zittert am ganzen Leibe.

아이의 귀에 중이염이 생겼습니다.
Er hat eine Mittelohrentzündung.

딸아이가 젖을 잘 빨지 못해요.
Meine Tochter saugt nicht.

딸아이는 예방주사를 맞았습니까?
Hat Ihre Tochter schon eine Impfung bekommen?

한국에서 홍역예방주사를 맞았습니다.
Sie hat in Korea eine Impfung gegen Masern bekommen.

예방주사를 다시 맞아야합니까?
Muss die Impfung wiederholt werden?

당신 딸은 풍진 예방주사 맞았나요?
Hat sie schon Impfungen gegen Röteln bekommen?

제 아들에게 수두 예방주사를 맞히고 싶습니다.
Ich möchte meinen Sohn gegen Windpocken impfen lassen.

그 애에게 홍역예방주사를 맞혀야겠습니다.
Ich muss ihn gegen Masern impfen lassen.

지금까지 어떤 병을 앓았나요?
Was für Krankheiten hat er bisher gehabt?

제 아기가 고열이 있습니다.
Mein Baby hat hohes Fieber.
제 딸은 밤새 울었습니다.
Sie hat die ganze Nacht geschrien.
어제는 열이 38.2도였습니다.
Gestern war das Fieber bei achtunddreißig Komma zwei Grad.
그래서 어떻게 했습니까?
Und was haben Sie dagegen gemacht?
해열좌약을 사용했습니다.
Ich habe ihr Zäpfchen gegen das Fieber gegeben.
지금은 미열이 있을 뿐입니다.
Sie hat im Moment nur leichte Temperatur.
오늘 아침에는 심한 설사를 했습니다.
Heute Morgen hat sie starken Durchfall gehabt.
밤에 몇 번 토했습니다.
Sie hat sich in der Nacht ein paar Mal übergeben.
딸아이가 코피를 자주 흘려요.
Die Nase blutet ihr öfter.
아기가 자주 울어요.
Mein Baby schreit öfter.
아이가 몹시 가려운 것 같아요.
Ich fürchte, es hat Juckreiz.
아이는 겨우 생후 2개월입니다.
Es ist erst zwei Monate alt.
애가 잠을 들지 못합니다.
Das Kind kann nicht einschlafen.
애가 경기를 합니다.
Mein Kind hat einen Krampf.
애가 심한 기침을 합니다.
Mein Kind hat starken Husten.
괜찮을까요?
Wird es in Ordnung sein?
걱정하실 필요 없습니다.
Sie brauchen sich keine Sorge zu machen!
대단치 않습니다.
Es ist nichts Ernstes.

아이의 변색깔이 이상해요.
Die Stuhlgangsfarbe meines Kindes ist ungewöhnlich.

아기가 기저귀 발진이 있습니다.
Mein Kind hat einen Windelausschlag bekommen.

제 아기는 기저귀찬 부위에 붉은 발진이 생겼습니다.
Mein Baby hat einen roten Ausschlag im Windelbereich.

발진은 기저귀 때문에 생긴 겁니다.
Wegen der Windeln schlägt die Haut aus.

기저귀발진은 공교롭게도 신생아들에게 아주 흔히 나타나는 겁니다.
Die Windelentzündung tritt bei Säuglingen leider sehr häufig auf.

예방 차원에서 기저귀는 가능한 신속하게 갈아주어야합니다.
Vorbeugend sollte die Windel sooft wie möglich gewechselt werden.

아이의 손발이 차갑습니다.
Mein Kind hat kalte Füße und Hände.

아이가 추위를 탑니다.
Mein Kind friert.

안과에서

눈에 염증이 생겼어요.
Ich habe Augenentzündung.

눈이 부었습니다.
Die Augen sind geschwollen.

흐릿하게 보입니다.
Meine Sehkraft ist verschwommen.

제 눈이 흐립니다.
Ich habe trübe Augen.

눈이 침침합니다.
Meine Augen sind matt.

눈물이 납니다.
Meine Augen sind nass.

눈병이 났습니다.
Ich leide an einer Augenkrankheit.

눈이 아파요.
Mir tun die Augen weh.

눈을 감을 때 아픕니다.
Wenn ich meine Augen zumache, habe ich Schmerzen.
눈이 가렵습니다.
Es kitzelt mich in den Augen.
눈이 따끔거립니다.
Meine Augen brennen.
눈이 따갑고 가렵습니다.
Meine Augen brennen und jucken.
눈을 비비지 마십시오.
Sie dürfen nicht Ihre Augen reiben!
대부분의 안구염증은 박테리아나 바이러스에 감염되어 야기되는 것입니다.
Viele Augenentzündungen werden durch Infektionen mit Bakterien oder Viren hervorgerufen.
저는 3주 전부터 심한 안구 건조증을 앓고 있습니다.
Ich leide seit drei Wochen an sehr trockenen Augen.
시력이 나빠졌어요.
Ich habe mir die Augen verdorben.
눈이 충혈 되었습니다.
Meine Augen sind mit Blut überfüllt.
결막염에 걸리셨군요.
Sie leiden an Bindehautentzündung.
안구건조증입니다.
Sie haben eine Augenaustrocknung
따갑습니다.
Es brennt.

치과에서

이가 아픕니다.
Ich habe Zahnschmerzen.
저는 치통을 앓고 있습니다.
Ich leide viel an Zahnschmerzen.
이 위쪽이 아픕니다.
Ich habe hier oben Schmerzen.
이 이빨이 아픕니다.
Dieser Zahn tut weh.

또는 Mir tut dieser Zahn weh.

이 이빨이 흔들립니다.
Dieser Zahn wackelt.

이 이빨을 빼고 싶습니다.
Ich möchte ihn ziehen lassen.

이를 빼고 싶지 않습니다.
Ich möchte den Zahn nicht ziehen lassen.

이를 뽑아야 합니까?
Muss der Zahn gezogen werden?

왼쪽 위의 송곳니에 통증이 있습니다.
Ich habe Schmerzen am Eckzahn oben links.

이 이가 부러졌습니다.
Dieser Zahn ist abgebrochen.

그 이를 임시로 치료해줄 수 있습니까?
Können Sie den Zahn provisorisch behandeln?

당신은 충치가 있는 것 같습니다.
Ich finde, Sie haben faule Zähne.

그 이빨들을 치료받고 싶습니다.
Die möchte ich behandeln lassen.

치석이 많이 끼었습니다.
Ich habe viel Zahnstein.

치석을 제거해주시겠습니까?
Könnten Sie bitte den Zahnstein entfernen?

이를 치료받고 싶습니다.
Ich möchte meine Zähne behandeln lassen.

먼저 이를 엑스레이로 찍어봐야겠습니다.
Wir müssen zuerst Ihr Gebiss röntgen.

두드리면 이가 아픕니다.
Ich habe Schmerzen, wenn ich an die Zähne tippe.

앞니가 차가운 것에 아주 예민해요.
Mein Schneidezahn ist gegen kaltes sehr empfindlich.

아무래도 구멍이 난 것 같아요.
Ich fürchte, er hat ein Loch.

차가운 것이 닿으면 이가 아픕니다.
Ich habe Schmerzen, wenn etwas Kaltes drankommt.
차가운 것을 마시면 이가 아픕니다.
Ich habe Schmerzen, wenn ich etwas Kaltes trinke.
사랑니가 다시 아파요.
Mein Weisheitszahn plagt mich wieder.
아래 어금니가 아픕니다.
Der untere Backenzahn tut mir weh.
잇몸에서 피가 납니다.
Das Zahnfleisch blutet.
잇몸이 아파요.
Ich habe Schmerzen am Zahnfleisch.
이 봉한 것이 잘못 되었습니다.
Meine Zahnplombe ist schlecht geworden.
이를 봉한 지 얼마나 되었습니까?
Wie alt ist Ihre Füllung?
이를 때우셔야합니다.
Sie brauchen eine Füllung.
봉한 것이 떨어져나갔습니다.
Die Plombe ist herausgefallen.
왼쪽으로 씹을 수가 없습니다.
Ich kann auf der linken Seite nicht kauen.
양치질 하고 뱉으세요.
Gurgeln Sie und spülen Sie aus!
사랑니를 뽑아야합니다.
Sie müssen Ihre Weisheitszähne ziehen lassen!
교정틀을 하셔야합니다.
Sie brauchen eine Spange.
제가 당신을 치과 교정의에게 보내드리겠습니다.
Ich schicke Sie zum Kieferorthopäden.
두 시간 동안 아무 것도 먹지 마십시오.
Bitte zwei Stunden nichts essen!
언제 다시 와야 합니까?
Wann soll ich wiederkommen?

산부인과에서

생리통이 심합니다.
Ich leide an Menstruationskrämpfen.

월경이 아닌데도 피가 나옵니다.
Ich habe Zwischenblutungen.

분비물이 많습니다.
Ich leide an Ausfluss.

피가 많이 나옵니다.
Meine Blutung ist zu stark.

피가 적게 나옵니다.
Ich habe eine schwache Blutung.

월경이 불규칙합니다.
Meine Periode ist nicht regelmäßig.

생리가 1주 늦습니다.
Meine Periode ist eine Woche zu spät.

생리주기는 항상 30일입니다.
Meine Menstruationsperiode ist immer dreißig Tage lang.

저의 생리주기가 왜 이렇게 긴지 모르겠어요.
Ich weiß nicht, warum meine Periode so lang ist.

저의 생리주기가 왜 짧은지 모르겠어요.
Ich weiß nicht, warum meine Periode so kurz ist.

초경이 언제 시작되었지요?
Wann war die erste Monatsblutung?

생리가 나면 얼마동안 지속됩니까?
Wie lange dauert die Menstruation?

어렸을 때 어떤 질병을 앓은 적 있나요?
Welche Kinderkrankheiten hatten Sie?

어떤 예방주사를 맞았었나요?
Welche Impfungen wurden vorgenommen?

피임약을 사용하고 있거나 사용하셨나요? 있다면 어떤 것이지요?
Werden oder wurden Verhütungsmittel benutzt? Wenn ja, welche?

심한 질병이나 현재 건강상의 문제가 있거나, 가족 중에서도 그런 사람 있나요?
Gibt es ernste Erkrankungen oder aktuelle gesundheitliche Probleme, auch in der Familie?

임신인지 검사하고 싶습니다.
Ich möchte einen Schwangerschaftstest machen lassen!

임신하셨습니다.
Sie sind schwanger.

임신 중이십니다.
Sie sind in anderen Umständen.

제가 벌써 임신했어요?
Bin ich schon schwanger?

당신은 임신 3개월째입니다.
Sie sind im dritten Monat schwanger.

아내가 제 아이를 임신했습니다.
Meine Frau trägt mein Kind unter dem Herzen.

남자아이입니까, 여자아이입니까?
Ist mein Baby ein Junge oder ein Mädchen?

출산 예정일이 언제입니까?
Wann ist der erwartete Tag der Geburt?

그녀는 아이를 분만하러 병원으로 갔어요.
Sie ist ins Krankenhaus gegangen, um ein Kind zu gebären.

유산을 한 번 했습니다.
Ich hatte eine Fehlgeburt.

임신중절을 한 번 한 적이 있습니다.
Ich habe eine Schwangerschaft abgebrochen.

임신초기에는 검진이 매우 중요합니다.
Zu Beginn der Schwangerschaft ist die Untersuchung sehr wichtig.

예방검진을 받은 적이 있습니까?
Waren Sie schon zur Vorsorgeuntersuchung?

음부에 염증이 있습니다.
Meine Schamteile haben eine Entzündung.

음부에 종기가 있습니다.
Meine Schamteile habe eine Schwellung.

임신한 것 같아서요.
Ich fühle mich, dass ich schwanger bin.

입덧이 심합니다.
Ich habe schreckliche Schwangerschaftsbeschwerden.

불임수술을 받고 싶습니다.
Ich möchte eine Sterilisation.

불임수술을 받고 싶습니다.
Ich möchte mich sterilisieren lassen.

피임약으로 인해 어떤 부작용이 일어날 수 있습니까?
Welche Nebenwirkungen könnte es durch die Pille geben.

그 피임약은 어떤 부작용이 있나요?
Welche Nebenwirkungen hat die Pille?

그 피임약의 신빙성은 어느 정도죠?
Wie groß ist die Zuverlässigkeit des Verhütungsmittels?

아랫배 속에 혹 같은 것이 있는 것 같아요.
Ich fürchte, ich habe eine Schwellung im unteren Bauch.

제 아내는 초산이기 때문에 겁을 냅니다.
Meine Frau hat Angst, weil das ihre erste Geburt ist.

진통이 오고 양수가 터지면 즉시 병원으로 오십시오.
Wenn Sie die Wehen haben und das Wasser ausbricht, kommen Sie sofort ins Krankenhaus.

약이 필요할 때

저는 감기약이 필요합니다.
Ich brauche Grippetabletten.

저는 감기약이 필요합니다.
Ich brauche ein Mittel gegen Grippe.

저는 해열제가 필요합니다.
Ich brauche ein Mittel gegen Fieber.

저는 기침약이 필요합니다.
Ich brauche ein Mittel gegen Husten.

두통약을 처방해주시겠습니까?
Würden Sie mir bitte etwas gegen Kopfschmerzen verschreiben?

코감기 약이 필요합니까?
Brauchen Sie ein Mittel gegen Schnupfen?

처방전 좀 써주십시오.
Schreiben Sie mir bitte ein Rezept!

저는 처방전을 받고 싶습니다.
Ich möchte mir ein Rezept geben lassen.

무슨 약이라도 드셨습니까?
Haben Sie schon irgendwelche Medikamente genommen?

약을 복용하셨습니까?
Haben Sie Medikamente genommen?

약을 좀 드셨나요?
Haben Sie etwas eingenommen?

비타민 C를 먹었습니다. 그렇지만 아무 소용이 없었어요.
Ich habe Vitamin C genommen. Aber es hat nichts genützt.

어제 진통제 두 알을 먹었어요.
Gestern habe ich zwei Schmerztabletten genommen.

그렇지만 아무 효과가 없었어요.
Aber die haben nichts genützt.

더 이상 드시지 마세요.
Lassen Sie das mal lieber sein!

더 이상 드시지 마세요.
Nehmen Sie das doch bitte nicht mehr!

더 이상 복용하지 마세요.
Nehmen Sie das doch bitte nicht mehr ein!

처방전을 써드리겠습니다.
Ich schreibe Ihnen ein Rezept.

처방전을 써드리겠습니다.
Ich verschreibe Ihnen ein Rezept.

회사에 제출할 의견서도 써 드리겠습니다.
Ich schreibe Ihnen noch ein Attest für die Firma.

진단서를 써 주시겠습니까?
Können Sie mir ein Attest ausstellen?

여기 복용할 것을 써 드리겠습니다.
Ich schreibe Ihnen hier etwas auf.

강한 진통제는 처방하지 않겠습니다.
Ich möchte Ihnen kein starkes Schmerzmittel verschreiben.

약한 소화제를 처방해드리지요.
Ich verschreibe Ihnen ein schwaches Mittel für die Verdauung.

두통약을 처방해드릴 테니까, 담배 피우시면 안돼요.
Ich verschreibe Ihnen Tabletten gegen die Kopfschmerzen und Sie dürfen nicht rauchen.

규칙적으로 감기약을 복용하세요.
Nehmen Sie bitte das Mittel gegen Erkältung regelmäßig!

식후 30분마다 알약을 한 알씩 복용하세요.
Nehmen Sie bitte eine Tablette immer 30 Minuten nach dem Essen ein!

제가 여기 처방전 좀 써 드릴 테니, 하루 3번씩 식후에 그것을 복용하세요.
Ich schreibe Ihnen hier etwas auf. Das nehmen Sie bitte dreimal täglich nach den Mahlzeiten!

제가 감기약을 어떻게 복용해야 하는 겁니까?
Wie muss ich das Grippemittel einnehmen?

매일 3번 식후에 4알씩 드세요.
Dreimal täglich nach den Mahlzeiten vier Tabletten.

제가 포장지에 써 드릴게요.
Ich schreibe es Ihnen auf die Packung.

환자의 상태를 물을 때

그가 언제 퇴원하게 될까요?
Wann wird er aus dem Krankenhaus entlassen?

그는 1주일이면 퇴원할 것 같습니다.
Er wird in einer Woche das Krankenhaus verlassen.

그는 매일 조금씩 좋아지고 있습니다.
Jeden Tag geht es ihm ein bisschen besser.

저는 이제 훨씬 좋아졌습니다.
Nun geht es mir schon viel besser.

내일이면 집에 갈 수 있을 겁니다.
Ich kann schon morgen nach Hause gehen.

환자의 상태는 좋습니다.
Es geht dem Patienten gut.

그가 회복할 가능성이 있습니까?
Hat er wohl eine Möglichkeit, sich zu erholen?

수술이 잘 됐습니다.
Die Operation ist gut verlaufen.

제가 언제 일어날 수 있습니까?
Wann kann ich aufstehen?

⑫ 약국에서

약을 살 때는 대부분 의사의 처방전(**Rezept**)이 있어야 한다. 처방전이 필요하지 않은 약도 판매한다. 의료보험이 없다면 한국에서 가입한 여행자보험증을 이용하여 의사에게 진료를 받을 수 있는지 그리고 처방전을 받아 약을 구입한 후, 나중에 한국에서 비용을 보험사에 청구할 수 있는지 여행을 떠나기 전에 알아두도록 한다.

약을 살 때

약국이 어디 입니까?
Wo ist die Apotheke?

근처에 약국이 있습니까?
Wo ist in der Nähe eine Apotheke?

안녕하세요, 무엇을 도와드릴까요?
Guten Tag, was kann ich für Sie tun?

처방전을 가져오셨습니까?
Haben Sie Ihr Rezept mitgebracht?

이 처방전대로 약을 주십시오.
Bitte geben Sie mir die Medikamente auf diesem Rezept!

벌레물린데 바르는 연고는 얼마입니까?
Wie viel kostet die Salbe gegen Insektenstiche?

설사약이 좀 필요합니다.
Ich brauche etwas gegen Durchfall.

통증과 열도 있습니까?
Haben Sie auch Schmerzen und Fieber?

아닙니다. 그러나 식욕이 거의 없어요.
Nein, aber ich habe kaum Appetit.

(소화를 돕기 위한) 탄소정제를 드리겠습니다.
Ich gebe Ihnen Kohletabletten.

얼마마다 이것을 복용해야합니까?
Wie oft muss ich sie einnehmen?

하루에 세 번 식후에 한 알씩 드세요.
Dreimal täglich eine nach dem Essen.

해열제 주십시오.
Ich brauche ein Mittel gegen Fieber.

독감약 주십시오.
Ich brauche ein Mittel gegen Grippe.

감기 약 좀 주십시오.
Geben Sie mir Tabletten gegen die Erkältung!

여기 제 처방전입니다.
Hier ist mein Rezept.

목 아픈데 먹는 약과 해열제 그리고 독감약이군요. 잠깐만요.
Einmal Halstabletten und einmal Tabletten gegen Fieber und Grippe. Einen Moment, bitte.

여기 목 아픈데 먹는 약과 해열제입니다.
Hier sind die Halstabletten und die Tabletten gegen Fieber.

독감 약은 지금 준비되어 있지 않습니다.
Das Grippemittel ist im Moment leider nicht vorrätig.

주문해드릴까요?
Sollen wir es Ihnen bestellen?

그러면 점심시간 이후에 찾아가실 수 있습니다.
Dann können Sie es nach der Mittagspause abholen.

그러십시오.
Ja, bitte.

이 약을 주십시오.
Ich möchte dieses Medikament haben.

처방전에 따른 약 구입

그것은 처방전이 있어야 합니다.
Es ist rezeptpflichtig.

처방의무가 있는 약은 의사의 처방전이 있어야만 구입할 수 있습니다.
Rezeptpflichtige Medikamente bekommen Sie nur mit Rezept.

처방전 없이는 약을 드리지 못합니다.
Ohne Rezept können Sie die Tabletten nicht bekommen.

이 약은 처방전을 내야만 받을 수 있습니다.
Diese Arznei ist nur gegen Rezept erhältlich.

의사의 처방을 받아오십시오.
Lassen Sie sich vom Arzt ein Rezept geben!
몇몇 안정제는 의사의 처방전 없이 구입할 수 있습니다.
Einige Beruhigungsmittel sind rezeptfrei zu erhalten.

복용방법

질문이 있는데요. 기침약을 어떻게 먹지요?
Ich habe eine Frage. Wie muss ich die Hustentropfen einnehmen?
제가 감기약을 어떻게 복용해야 하는 겁니까?
Wie muss ich das Grippemittel einnehmen?
의사선생님이 여기 처방전에 써주셨네요.
Der Arzt hat es Ihnen hier auf das Rezept geschrieben.
하루 4번 각각 10방울씩입니다.
Viermal täglich jeweils zehn Tropfen.
제가 그것을 약 포장지에 써드리겠습니다.
Ich schreibe es Ihnen auf die Packung.
3시간마다 한 알씩 드세요.
Nehmen Sie alle drei Stunden eine Tablette!
매일 3번 식후에 4알씩 드세요.
Dreimal täglich nach den Mahlzeiten vier Tabletten.
그리고 천천히 입 안에서 녹이세요.
Und lassen Sie sie langsam im Munde zergehen.
그밖에 원하시는 게 또 있습니까?
Sonst noch etwas?
예, 하마터면 잊을 뻔했네요.
Ja, beinahe hätte ich es vergessen.
여기 제 딸의 처방전이 더 있습니다.
Hier ist noch ein Rezept für meine Tochter.
제 딸은 연고가 하나 필요합니다.
Meine Tochte braucht eine Salbe.
좀 보여주시겠어요.
Zeigen Sie es mir mal, bitte!
아 그렇군요. 이것은 꼭 문질러 발라줘야 합니다.
Ach ja. Die muss angerührt werden.

얼마를 드려야합니까?
Wie viel muss ich bezahlen?

두 가지 약값이 10유로 30센트입니다.
Das macht zehn Euro dreißig für zwei Medikamente.

아스피린 플러스 C 한 곽 주십시오.
Geben Sie mir eine Packung Aspirin plus C!

그것은 7유로 46센트입니다.
Die macht sieben Euro sechsundvierzig.

처방의무가 있는 약들의 경우 가격의 10%를 지불하지만, 약마다 최소 5유로에서 최대 10유로를 냅니다.
Für verschreibungspflichtige Medikamente beträgt die Zuzahlung 10 Prozent des Preises, jedoch mindestens 5 Euro und maximal 10 Euro pro Arzneimittel.

 die Zuzahlung 추가지불(약국에서 내야하는 금액)

어린이들과 만 18세 미만의 청소년들은 지불이 면제입니다.
Kinder und Jugendliche bis zum vollendeten 18. Lebensjahr sind von allen Zuzahlungen befreit.

처방의무가 있는 약품의 지불최고금액은 약품 가격에 좌우됩니다.
Die Höhe der Zuzahlungen für rezeptpflichtige Arzneimittel ist abhängig vom Preis.

약품이 저렴하면 할수록 지불한 금액은 점점 더 적어집니다.
Je preiswerter das Medikament, desto geringer die Zuzahlung.

의사와 약사에게 저렴한 약품을 물어보는 게 유익합니다.
Es lohnt sich, Ihren Arzt und Ihren Apotheker nach preisgünstigen Präparaten zu fragen.

Teil XI

긴급 상황 대처를 위한 표현

01 난처하거나 위급한 상황
02 분실과 도난
03 교통사고
04 자동차 수리
05 안경점

난처하거나 위급한 상황

난처한 상황에서 „Ich habe ein Problem."(제게 문제가 있습니다.) „Was soll ich denn jetzt machen?"(이제 어떻게 해야 하죠?)라고 분명히 말하던가, „Hilfe!"(도와주세요.)라고 외치던가, „Hallo, Polizei!"(여보세요, 경찰!), „Rufen Sie die Polizei!"(경찰을 불러주십시오.) 하고 도움을 요청한다.

난처할 때

문제가 있습니다.
Ich habe ein Problem.

지금 무척 난처합니다.
Ich bin in der Klemme.

저는 난처하게 됐습니다.
Ich bin ratlos.

저는 어려움에 처해있습니다.
Ich bin in Schwierigkeiten.

저는 지금 곤경에 처했습니다.
Ich bin in eine Sackgasse gekommen.

무슨 좋은 방법이 없을까요?
Haben Sie irgendwelche Vorschläge?

왜 제가 책임져야합니까?
Warum sollte ich die Schuld auf mich nehmen?

어떻게 해야 할까요?
Was soll ich jetzt machen?

어떻게 좀 해봐.
Tu doch bitte etwas!

제가 그것과 관련이 있을 거라고 생각하시나보죠?
Sie denken, ich hätte etwas damit zu tun?

당신이 나를 화나게 했어요.

네가 나를 난처하게 만들었어.
Du hast mir Schwierigkeiten gemacht!

질문 때문에 난처했어요.
Da war ich überfragt.

나를 몰라보겠니?
Erkennst du mich denn nicht?

너 나한테 화난거니?
Bist du mir böse?

대체 나를 어떻게 여기는 거니?
Wofür hälts du mich eigentlich?

나를 놀리는 거니?
Führst du mich an der Nase herum?

네가 어떻게 나에게 이럴 수 있니?
Wie kannst du mir das antun?

즉시 말했어야지.
Hättest du das doch gleich gesagt!

진작 제게 말씀해주셨어야지요.
Das hätten Sie mir früher sagen müssen!

내게 할 말이 없을 거야.
Du hast mir gar nichts zu sagen!

저는 몹시 급해요.
Ich bin in Eile.

왜 내게 그것을 즉시 말하지 않았니?
Warum hast du mir das nicht sofort gesagt?

저는 난처한 상황에 처했습니다.
Ich bin in eine peinliche Situation geraten.

돈이 아주 모자라.
Das Geld ist sehr knapp.

사업이 아주 부진합니다.
Das Geschäft ist sehr flau.

위급할 때

무엇을 원하세요?
Was wollen Sie?

거기서 물러나.
Geh da weg!

옆으로 비켜!
Beiseite!

너희들 거기서 물러나!
Geht weg da!

다가서지 말아요!
Wegbleiben!

나를 만지지 마세요!
Fassen Sie mich nicht an!

나를 건드리지 마!
Rühr mich nicht an!

그거 건드리지 마!
Rühr's nicht an!

그 남자 건드리지 마세요!
Rühren Sie ihn nicht an!

그만 둬요!
Halt!

잠깐! 뭐 하는 겁니까?
Moment! Was machen Sie denn?

나를 좀 내버려 두세요!
Lassen Sie mich in Ruhe!

이제 나를 좀 내버려둬!
Lass mich jetzt in Ruhe!

내게 거짓말 하지 마!
Lüg mich nicht an!

경찰을 불러!
Ruf die Polizei!

경찰을 부를 거야!
Ich will die Polizei rufen!

경찰에게 달려가세요!
Laufen Sie zur Polizei!

경찰에 호소하십시오!
Beklagen Sie sich bei der Polizei!

의사를 부르십시오.
Rufen Sie bitte einen Arzt!

도움을 요청할 때

도와줘요!
Hilfe!

누구 없어요?
Ist da jemand?

경찰 아저씨!
Polizei!

경찰을 불러주세요!
Rufen Sie die Polizei!

경찰을 오게 해주세요.
Lassen Sie die Polizei kommen!

여보세요! 거기 경찰이지요?
Hallo! Ist da die Polizei?

경찰을 연결해주십시오.
Verbinden Sie mich bitte mit der Polizei!

도둑이야!
Dieb!

저놈 잡아라!
Schnapp ihn!

불이야!
Feuer!

문 열어!
Mach die Tür auf!

위급한 경우에 소방서에 전화하세요.
Im Notfall rufen Sie die Feuerwehr an!

화재를 신고하려면 몇 번을 눌러야하죠?
Welche Nummer soll ich wählen, um die Feuerwehr zu rufen?

위급한 경우 112를 돌리세요. 거기가 소방서입니다.
Wählen Sie die Nummer 112! Das ist die Feuerwehr.

도둑을 신고하려고요.
Ich möchte einen Dieb melden!

경찰을 부를 때는 110을 누르세요.
Wählen Sie 110, wenn Sie die Polizei anrufen!

분실과 도난

여행 중에 분실이나 도난을 당할 때를 대비해 보험에 가입해두고, 만약에 이런 일이 발생하면, 경찰에 신고하여 서식에 구체적인 내역을 꼼꼼하게 작성하도록 한다. „Ich möchte einen Verlust melden."(분실신고를 하려고 왔는데요.) „Kann ich hier eine Verlustmeldung machen?"(여기서 분실신고를 할 수 있나요?)라고 한다.

분실물 취급소에서

여기 분실물 센터가 있어요?
Gibt es hier ein Fundbüro?

분실물 센터가 어딥니까?
Wo ist das Fundbüro?

여기서 분실 신고를 할 수 있습니까?
Kann ich hier einen Verlust melden?

신고를 하러 왔습니다.
Ich möchte eine Meldung machen.

분실 신고 할 것이 있습니다.
Ich habe einen Verlust zu melden.

분실신고를 하러 왔습니다.
Ich möchte eine Verlustmeldung machen.

분실신고를 하려고요.
Ich möchte einen Verlust melden.

무엇을 신고하려고 하십니까?
Was möchten Sie denn melden?

경찰서는 어디에 있습니까?
Wo ist die Polizei?

경찰에 신고하셔야 합니다.
Sie müssen es der Polizei melden.

빨리 분실신고를 하세요.
Melden Sie den Verlust schnell!

무슨 사건에 관한 것입니까?
Worum geht es denn?

세 개의 트렁크에 관한 것입니다.
Es geht um drei Koffer.

무엇을 분실했습니까?
Was haben Sie denn verloren?

저는 짐을 하나 분실했습니다.
Ich habe ein Gepäckstück verloren.

무슨 일이 일어났는지 자세히 설명해보세요.
Erklären Sie genau, was passiert ist!

저는 트렁크를 찾을 수가 없습니다. 서울에서 수하물로 그것을 부쳤거든요.
Ich kann meinen Koffer nicht finden. Den habe ich in Seoul als Gepäck aufgegeben.

사건의 경과를 좀 더 정확히 설명해주시겠습니까?
Können Sie den Ablauf des Geschehens genauer beschreiben?

저는 그 트렁크들을 함부르크 역에서 수하물로 부쳤습니다.
Ich habe die Koffer im Hauptbahnhof Hamburg als Gepäck aufgegeben.

그런데 지금까지 찾지 못하고 있습니다.
Bis jetzt habe ich sie nicht bekommen.

이륙하기 직전에 트렁크를 부쳤었습니다.
Ich hatte den Koffer kurz vor dem Abflug aufgegeben.

수하물 수령증 좀 보여주실래요?
Darf ich mir Ihren Annahmeschein ansehen?

여기 영수증을 보십시오.
Hier sehen Sie den Annahmeschein!

어느 비행기를 타고 오셨습니까?
Mit welcher Maschine sind Sie gekommen?

루프트한자 712편으로 왔습니다.
Mit Lufthansa 712.

어느 기차를 타고 오셨습니까?
Mit welchem Zug sind Sie gefahren?

ICE를 타고 왔습니다.
Mit dem ICE.

여기 혹시 여행가방 하나 들어온 것 있습니까?
Ist hier vielleicht eine Reisetasche abgegeben worden?

누군가 그것을 갖다 놓지 않았습니까?
Hat jemand sie bei Ihnen abgegeben?

여기 이 서류가방이 당신 것입니까?
Ist das Ihre Aktentasche?

그 가방이 정확히 어떻게 생겼습니까?
Wie sieht die Tasche genau aus?

지갑이 어떻게 생겼는지 정확히 설명해주실 수 있어요?
Können Sie das Portemonnaie genau beschreiben?

트렁크의 색상, 크기, 제품명, 제조회사 그리고 특이사항을 상세히 써주세요.
Beschreiben Sie bitte ausführlich die Farbe, die Größe, den Produktnamen, den Hersteller und besondere Merkmale des Koffers!

여기 서식을 좀 작성해주십시오.
Füllen Sie bitte die Formulare hier aus!

제가 서술해야 할 게 더 있습니까?
Soll ich noch etwas beschreiben?

됐습니다. 곧 조사할 것입니다.
In Ordnung. Die Sache wird sofort nachgeprüft.

분실신고를 확인해드리겠습니다.
Ich bestätige Ihnen die Verlustanzeige.

얼마나 걸리지요?
Wie lange wird das dauern?

몇 분 걸립니다.
Das dauert nur ein paar Minuten.

이것을 가지고 영사관으로 가십시오.
Gehen Sie damit zum Konsulat!

그곳에서 임시증명서를 발급받으십시오.
Dort erhalten Sie einen Ersatzausweis!

어디서 찾으셨습니까?
Wo haben Sie es gefunden?

찾으면 제게 연락해주시겠습니까?
Könnten Sie mich informieren, wenn Sie es finden sollten?

찾으면 한국으로 보내주시겠습니까?
Könnten Sie es nach Korea schicken, wenn Sie es finden sollten?

여기가 제 주소입니다.
Hier ist meine Adresse.

분실했을 때

여기서 가방 못 보셨어요?
Haben Sie hier eine Tasche gesehen?

열차 안에 트렁크를 두고 내렸습니다.
Ich habe meinen Koffer im Zug liegen lassen.

택시 안에 가방을 두고 내렸습니다.
Ich habe meine Tasche im Taxi liegen lassen.

카메라를 분실했습니다.
Ich habe meine Kamera verloren.

여행가방을 분실했습니다.
Ich habe meine Reisetasche verloren.

서류가방을 분실했습니다.
Ich habe meine Aktentasche verloren.

여권을 분실했어요.
Ich habe meinen Pass verloren.

그것을 언제 어디서 분실했나요?
Wann und wo haben Sie ihn verloren?

그것을 어디서 분실했지요?
Wo haben Sie ihn verloren?

은행에서 분실했습니다.
Ich habe ihn in der Bank verloren.

은행에 갔었는데요, 아마도 그곳에 두고 온 것 같아요.
Ich war auf der Bank und habe ihn wohl dort liegen lassen.

신용카드를 잃어버렸어요.
Ich habe meine Kreditkarte verloren.

제 지갑이 없어졌습니다.
Mein Portemonnaie ist weg.

조금 전에 여기에 돈지갑을 놓고 왔습니다.
Ich habe vorhin meine Geldbörse hier liegen lassen.

도난당했을 때

제 핸드백을 도난당했습니다.
Mir wurde die Handtasche gestohlen.

지갑을 도난당했습니다.
Mir wurde das Portemonnaie gestohlen.

강탈당했습니다.
Ich bin beraubt worden.

무엇을 도난당했습니까?
Was ist Ihnen gestohlen worden?

우리 집이 도난당했습니다.
Bei uns ist gestohlen worden.

제 집에 도둑이 들었습니다.
Bei mir ist eingebrochen worden.

누군가 현관문을 강제로 열려고 했어요.
Jemand hat versucht, die Tür mit Gewalt zu öffnen.

경찰에 신고해야겠어요.
Ich muss es der Polizei melden.

경찰을 불러야겠어요.
Ich muss die Polizei rufen.

제 자동차가 파괴되고 손상을 입었습니다.
Mein Auto wurde aufgebrochen und beschädigt.

무엇을 도난당했습니까?
Wurde etwas gestohlen?

네비게이션입니다.
Das Navigationsgerät.

어디서 그게 발생했습니까?
Wo ist das passiert?

우체국 앞 주차장에서요.
Auf dem Parkplatz vor der Post.

범행을 목격한 증인들이 있습니까?
Gibt es Zeugen für die Tat?

여기 증인의 이름과 전화번호가 있습니다.
Hier sind Name und Telefonnummer eines Zeugen.

> **Tipp** 대부분 -e로 끝나는 남성명사는 2격, 3격, 4격에서 어미 n을 첨가한다.

모르겠습니다.
Ich weiß es nicht.

보험사에 제출할 양식은 여기 있습니다.
Hier ist ein Formular für die Versicherung.

교통사고

 교통사고 발생시 먼저 경찰에 신고를 한다. 그리고 보험사나 렌터카 회사에 알려준다. 렌터카를 빌릴 때 보험 가입여부를 확인해둘 필요가 있다. 교통사고를 당했든 또는 냈든 간에 신고를 철저히 하고 처리과정을 확인하도록 한다. 여기서는 사고 발생 직후, 사고 경위, 교통위반 등에 사용하는 기본표현을 서술해 놓았다.

교통사고가 났을 때

큰일 났습니다.
Hier ist ein Notfall eingetreten!

교통사고를 당했습니다.
Ich habe einen Autounfall.

교통사고가 났습니다.
Es ist ein Autounglück geschehen.

교통사고를 신고하고 싶습니다.
Ich möchte einen Autounfall melden.

보행인이 차에 치었습니다.
Ein Fußgänger ist angefahren worden.

아이가 차에 치었어요.
Ein Kind ist angefahren worden.

구급차를 불러주세요.
Bitte rufen Sie einen Rettungswagen!

구급차를 불러주세요.
Rufen Sie bitte einen Krankenwagen!

다친 사람이 있습니다.
Es gibt einen Verletzten.

 여자일 경우 eine Verletzte 부상자, 다친 사람

부상자를 보살펴줄 수 있습니까?
Können Sie sich bitte um den Verletzten kümmern?

저를 병원으로 데려가 주시겠어요?
Könnten Sie mich ins Krankenhaus bringen?

증인이 돼줄 수 있습니까?
Können Sie mein Zeuge sein?

아무도 다치지 않았습니다.
Es ist niemand verletzt.

당신 책임입니다.
Es ist Ihre Schuld.

당신이 제 차를 손상시켰습니다.
Sie haben meinen Wagen beschädigt.

당신은 그렇게 위험하게 추월하지 말았어야 했습니다.
Sie hätten nicht so riskant überholen dürfen.

여기서는 진입이 금지 되어 있습니다.
Die Einfahrt ist hier verboten.

당신이 과속을 했습니다.
Sie sind mit überhöhter Geschwindigkeit gefahren.

당신이 가해자입니다.
Sie sind der Schuldige.

교통법규에 대해 아직 아무 것도 못 들었단 말입니까?
Haben Sie noch nie etwas von Verkehrsregeln gehört?

눈을 똑바로 뜨고 다닐 수 없었습니까?
Konnten Sie Ihre Augen nicht aufmachen?

주의할 수가 없었나요?
Konnten Sie nicht aufpassen?

좀 기다릴 수 없었습니까?
Konnten Sie nicht warten?

저를 못 봤습니까?
Haben Sie mich nicht gesehen?

왜 접니까? 당신이 주의하지 않은 겁니다.
Wieso ich? Sie haben nicht aufgepasst.

당신이 아니라 내게 우선권이 있었어요.
Ich hatte Vorfahrt, nicht Sie!

우리가 경찰을 부르는 게 낫겠습니다.
Es ist besser, wir holen die Polizei.

당신의 보험번호를 제게 알려주십시오.
Geben Sie mir Ihre Versicherungsnummer!

교통사고를 냈을 때

사고를 냈습니다.
Ich habe einen Autounfall verursacht.

경찰에 알려주세요.
Verständigen Sie bitte die Polizei!

보험을 들었습니까?
Sind Sie versichert?

렌터카 회사로 연락해주시겠어요?
Würden Sie es bitte der Autovermietung melden?

교통사고 경위를 설명할 때

제가 우선권이 있었습니다.
Ich hatte Vorfahrt.

운전자가 시속 100킬로미터 이상으로 주행했습니다.
Ein Autofahrer ist über 100 Kilometer pro Stunde gefahren.

상대차가 과속을 했습니다.
Der andere Wagen ist zu schnell gefahren.

상대차가 제 차를 추월하려고 했습니다.
Der andere Wagen wollte mich überholen.

그 차가 뒤에서 제 자동차를 추돌했습니다.
Der Wagen ist von hinten auf meinen aufgefahren.

> meinen은 소유대명사로서 앞의 Wagen과 같은 성질로 meinen Wagen을 말한다. 'meinen Wagen'의 meinen은 소유관사이다. Suchst du einen Kugelschreiber? Nimm doch meinen! (너 볼펜을 찾고 있니? 내 것 가져라.)-여기의 meinen은 '소유대명사'이다.

상대차가 뒤에서 내 차를 추돌했습니다.
Der andere ist von hinten auf meinen Wagen geknallt.

이 자동차는 여기가 긁혔어요.
Der Wagen hat hier Kratzer.

범퍼가 휘었습니다.
Die Stoßstange ist verbogen.

그 운전자가 음주 운전을 했습니다.
Der Autofahrer ist betrunken gefahren.

그 운전자가 술을 과음했습니다.
Der Autofahrer hat zu viel Alkohol getrunken.

교통표지판의 뜻을 몰랐습니다.
Ich wusste nicht, was das Schild bedeutet.

신호를 무시했습니다.
Ich habe die Ampel ignoriert.

제가 집으로 가는 도중에 사고를 목격했습니다.
Auf dem Weg nach Hause hat Anne sich den Autounfall angesehen.

나는 아무 것도 모릅니다.
Ich weiß nichts davon.

나는 관계가 없어요.
Ich habe nichts damit zu tun.

제 책임이 아니에요.
Daran habe ich keine Schuld.

제 탓이 아닙니다.
Die Schuld liegt nicht bei mir.

그것은 제 잘못입니다.
Das ist mein Fehler.

나는 적색신호가 들어왔을 때 정차했어요.
Ich hielt bei Rot.

상황이 잘 기억나지 않습니다.
Ich erinnere mich nicht, was passiert ist.

저야말로 피해자입니다.
Ich bin das Opfer.

이제 가 봐도 되겠습니까?
Kann ich jetzt weiterfahren?

여러분들 중에서 증인이 누구입니까?
Wer ist der Augenzeuge von Ihnen?

사고를 목격하셨습니까?
Haben Sie den Autounfall gesehen?

사고 현장에 계셨었습니까?
Waren Sie am Unfallort?

하이네 3가(街)에서 교통사고가 났습니다.
In der Heinerstraße 3 hat sich ein Verkehrsunfall ereignet.

이 사고로 한 아주머니가 다쳤습니다.
Dabei ist eine Dame verletzt worden.

사고가 났을 때 어디 계셨습니까?
Wo waren Sie, als der Unfall passierte?
저는 보도에 있었습니다.
Ich war auf dem Gehweg.
그 운전자가 미친 듯이 급브레이크를 밟았어요.
Der Autofahrer hat wie verrückt gebremst.
그는 붉은 신호등이 들어왔는데도 계속 차를 몰았어요.
Er ist bei Rot weitergefahren.
그 사람이 과속을 했어요.
Er ist zu schnell gefahren.
그 사람이 잘 못 추월했습니다.
Er hat falsch überholt.
그 부상자가 붉은 신호등에서 길을 건넜어요.
Der Verletzte hat bei Rot die Straße überquert.
그가 내 차를 추월하려고 했을 때 그 사람이 경적 울리는 걸 듣지 못했습니다.
Ich habe nicht gehört, dass er hupte, als er mich mit seinem Auto überholen wollte.
당신이 그렇게 위험하게 추월하지 말았어야지요.
Sie hätten nicht so riskant überholen dürfen.
예, 제가 정말 너무 위험하게 추월했습니다.
Ja, ich habe wirklich zu riskant überholt.
사고는 운전자의 부주의가 원인이었습니다.
Der Unfall kam aufgrund der Unvorsichtigkeit des Fahrers.
운전자가 부주의했습니다.
Der Autofahrer ist unvorsichtig gewesen.
그 아이가 막무가내로 길로 뛰어들었습니다.
Das Kind ist einfach über die Straße gelaufen.
그 아이가 주위를 살피지도 않고 그냥 길로 뛰어들었습니다.
Das Kind ist ohne sich umzusehen einfach über die Straße gerannt.
그 아이가 주의를 기울이지 않았습니다.
Das Kind hat nicht aufgepasst.
운전자가 너무 늦게 브레이크를 밟았습니다.
Der Autofahrer hat zu spät gebremst.
그 여자가 주차금지 지역에 차를 세워두었어요.
Die Frau hat den Wagen im Halteverbot geparkt.

삼각대 세우는 것 잊으셨습니까?
Haben Sie vergessen, das Warndreieck aufzustellen?

그렇지 않으면 다른 차가 뒤에서 추돌할 수도 있습니다.
Sonst könnte ein anderer von hinten auf Ihren Wagen knallen.

교통법규를 위반했을 때

운전면허증 좀 보여주시겠습니까?
Kann ich mal Ihren Führerschein sehen?

왜 그러십니까, 제가 과속을 했나요?
Wieso, bin ich zu schnell gefahren?

실례합니다만, 제가 왜 30유로를 내야합니까?
Entschuldigen Sie, warum muss ich denn 30 Euro bezahlen?

정차금지구역에 주차했기 때문입니다.
Weil Sie im Halteverbot parken.

이곳은 주차금지입니다.
Hier ist Parkverbot.

자동차를 잠그시지 않았습니다.
Sie haben Ihr Auto nicht abgeschlossen.

자동차 문을 잠그지 않았기 때문에 30유로를 지불해야합니다.
Sie müssen 30 Euro bezahlen, weil Sie Ihr Auto nicht abgeschlossen haben.

문을 한 번 잠그지 않았는데, 그렇게 안 좋다는 겁니까?
Ist das denn so schlimm, wenn man mal die Tür nicht abschließt?

유감입니다만, 그렇게 하는 것은 금지 되었습니다.
Tut mir leid, aber das ist nun mal verboten.

주차를 잘 못하면 30유로를 물어야합니다.
Wenn man falsch parkt, muss man 30 Euro zahlen.

당신은 빨간 불이 들어왔는데도 계속 진행하셨습니다.
Sie sind bei Rot weitergefahren.

당신은 잘 못 추월을 하셨습니다.
Sie haben falsch überholt.

당신은 위험하게 추월을 했습니다.
Sie haben zu riskant überholt.

당신은 잘 못 회전을 하셨습니다.
Sie sind falsch abgebogen.

고속도로에서 역주행하면 200유로를 벌금으로 내야합니다.
Man muss 200 Euro Strafe zahlen, wenn man auf Autobahnen rückwärts fährt.

과음을 하셨군요.
Sie haben zu viel Alkohol getrunken.

당신은 신호를 무시했습니다.
Sie haben die Ampel nicht beachtet.

안전벨트를 매지 않으셨습니다.
Sie haben sich nicht angeschnallt.

제한속도를 정확히 지키지 않으셨습니다.
Sie haben die Geschwindigkeitsbegrenzung nicht eingehalten.

자동차 수리

 자동차가 고장 났을 때 수리를 하기 위해 알아야 할 자동차들의 기본적 용어들을 이용한 표현을 익히도록 구성하였다. 큰 고장은 정비소에서 처리해주지만, 사소한 고장을 본인이 수리점에서 처리할 때 구사할만한 표현들을 열거했으니 잘 익혀두고 일상 독어로 사용한다.

자동차 수리를 문의할 때

제일 가까운 정비공장이 어디 있습니까?
Wo ist die nächste Werkstatt?

제 자동차가 고장 났습니다.
Mein Wagen ist nicht in Ordnung.

제 자동차가 고장 났습니다.
Mein Wagen hat eine Panne.

자동차가 어떻게 된 것인지 모르겠어요.
Ich weiß nicht, was mit dem Wagen los ist.

차에 문제가 좀 있는 것 같아요.
Ich glaube, es ist etwas nicht in Ordnung mit dem Wagen.

아주 안 좋아 보이는군요.
Das sieht schlimm aus.

예, 사고가 났습니다.
Ja, ich hatte einen Unfall.

며칠 걸릴 것 같은데요.
Ich fürchte, es wird einige Tage dauern.

내일 계속해서 가려고 했는데요.
Ich wollte morgen weiterfahren.

이 자동차로는 안 됩니다.
Mit diesem Wagen geht das nicht.

제 차의 수리신청을 하고 싶습니다.
Ich möchte meinen Wagen zur Reparatur anmelden.

수리비가 많이 들까요?
Wird die Reparatur teuer?

그럴 것 같은데요. 대략 800 유로 정도요.
Ich fürchte ja. Etwa um die 800 Euro.

제 차의 수리신청을 하려고 합니다.
Ich möchte meinen Wagen zur Reparatur anmelden.

배기가스 검사를 신청하고 싶습니다.
Ich möchte den Wagen zur AU anmelden.

 Abgasuntersuchung 배기가스검사의 약자.

자동차등록증을 보여주십시오.
Zeigen Sie mir Ihre Wagenpapiere!

차를 언제 가지고 오면 되겠습니까?
Wann kann ich ihn vorbeibringen?

 ihn은 den Wagen을 가리키는 인칭대명사이다.

무엇을 고쳐야 합니까?
Was soll gemacht werden?

무엇이 고장입니까?
Was ist kaputt?

시동이 안 걸립니다.
Mein Auto springt nicht an.

시동이 잘 안 걸립니다.
Mein Auto springt schlecht an.

언제 수리가 가능하지요?
Wann können Sie das reparieren?

지시등이 제대로 작동하지 않습니다.
Der Blinker geht nicht richtig.

브레이크 라이트가 안 켜집니다.
Das Bremslicht brennt nicht.

냉각수를 보충해주십시오.
Füllen Sie bitte Kühlwasser nach!

오일 상태를 봐 주십시오.
Kontrollieren Sie bitte den Ölstand!

오일을 보충하셔야합니다.
Es muss etwas Öl nachgefüllt werden.

그렇게 해 주십시오.
Bitte machen Sie das!

엔진오일 좀 교환해 주시겠습니까?
Würden Sie bitte das Öl wechseln?

오일을 바꾸어 주십시오.
Ich möchte einen Ölwechsel machen lassen.

그러지요. 1/2 리터면 충분합니다.
Gerne. Ein halber Liter genügt.

오일이 샙니다.
Das Öl läuft aus.

이 차는 아직까지 오일이 샌 적이 없었습니다.
Der Wagen hat noch nie Öl verloren.

밀도를 측정해 보셔야 합니다.
Sie sollten die Dichtung prüfen lassen.

여기서 그것을 즉시 해줄 수 있습니까?
Können Sie das gleich hier machen?

오일 상태를 자주 체크하시기만 하면 됩니다.
Sie müssten nur öfter den Ölstand prüfen.

엔진을 꺼 보십시오.
Stellen Sie bitte den Motor ab!

가속기가 고장 났어요.
Das Gaspedal funktioniert nicht.

클러치가 고장 난 것 같아요.
Die Kupplung scheint nicht in Ordnung zu sein.

변속기를 검사 받아야겠어요.
Die Gangschaltung muss nachgesehen werden.

일단 기어가 잘 안 걸립니다.
Der erste Gang hakt.

2단 기어가 안 걸립니다.
Der zweite Gang geht nicht fein.

브레이크 검사를 받고 싶습니다.
Ich möchte die Bremse nachsehen lassen.

브레이크 좀 검사해 주시겠습니까?
Können Sie die Bremse kontrollieren?

브레이크 액을 검사해 주십시오.
Prüfen Sie bitte die Bremsflüssigkeit!

정지등을 좀 봐 주십시오.
Prüfen Sie bitte das Bremslicht!

공기압력과 냉각수도 좀 봐 주세요.
Prüfen Sie auch gleich den Reifendruck und den Wasserstand!

타이어가 펑크 났어요.
Ich habe eine Reifenpanne.

타이어에 구멍이 났어요.
Der Reifen hat ein Loch.

왼쪽 앞바퀴가 펑크 났어요.
Der linke vordere Reifen ist geplatzt.

왼쪽 앞 타이어가 바람이 빠져요.
Der linke Vorderreifen verliert Luft.

뒷바퀴가 펑크 났습니다.
Ein Reifen an der Hinterachse ist geplatzt.

타이어 두 개가 펑크 났습니다.
Zwei Reifen sind platt.

타이어에 공기를 주입하고 싶습니다.
Ich möchte die Reifen aufpumpen lassen.

이 타이어 좀 교체해 주십시오.
Würden Sie bitte diesen Reifen wechseln?

겨울용 타이어를 끼워주십시오.
Bitte ziehen Sie die Winterreifen auf!

밧데리가 나갔습니다.
Meine Batterie ist leer.

제 차에 맞는 알루미늄 휠캡을 사고 싶습니다.
Ich möchte eine Alufelge für meinen Wagen kaufen.

앞 범퍼를 수리하려고 합니다.
Ich möchte die vordere Stoßstange reparieren lassen.

문 뒤 맨 왼쪽 측면이 찌그러졌어요.
Die ganze linke Seite hinter der Tür ist eingedrückt.

제 차를 수리 맡기고 싶습니다.
Ich möchte meinen Wagen reparieren lassen.

제 차를 견인할 수 있습니까?
Könnten Sie meinen Wagen abschleppen?

제 차를 공업사로 견인시키고 싶습니다.
Ich möchte meinen Wagen in die Werkstatt abschleppen lassen.

가장 필요한 수리만 해주세요.
Machen Sie bitte nur die nötigsten Reparaturen!

언제 끝납니까?
Wann ist es fertig?

그것에 필요한 정품 부속이 있습니까?
Haben Sie Original-Ersatzteile dafür?

언제 부속이 들어옵니까?
Wann bekommen Sie die Ersatzteile?

안경점

갑자기 안경에 부서졌거나 수리를 해야 할 때 참고하도록 기본표현을 열거했다. 안경점에서는 친절하게 서비스를 받을 수 있으니 이러한 표현들도 흥미롭게 여기고 필요할 때 말할 수 있을 정도로 알아두면 좋을 것이다. 독일에서는 안경을 맞출 때 보험이 적용된다.

안경점에서

가까운 안경점이 어디인지 말씀해줄 수 있습니까?
Können Sie mir sagen, wo der nächste Optiker ist?

제 안경알이 하나 깨졌습니다.
Ein Brillenglas ist zerbrochen.

제 안경테가 부러졌습니다.
Mein Brillengestell ist zerbrochen.

안경테가 휘었습니다.
Das Brillengestell ist verbogen.

이 안경을 수리해줄 수 있습니까?
Könnten Sie bitte die Brille reparieren?

콘택트렌즈를 맞추고 싶습니다.
Ich hätte gerne Kontaktlinsen.

콘택트렌즈 클리닝 액이 필요합니다.
Ich brauche Reinigungssubstanz.

콘택트렌즈 린스 용액 1병 주세요.
Ich möchte eine Flasche Aufbewahrungssubstanz.

제 안경이 고장 났어요; 빨리 수리해야만 해요.
Meine Brille ist kaputtgegangen; sie muss schnell repariert werden!

다른 안경을 갖고 있지 않습니다.
Ich habe keine andere Brille bei mir.

안경이 없이는 아무 것도 볼 수가 없어요.
Ich kann ohne Brille nichts sehen.

안경알을 잃어버렸어요.
Ich habe ein Brillenglas verloren.

선글라스를 구입하고 싶습니다.
Ich möchte eine Sonnenbrille kaufen.

커팅 렌즈로 된 선글라스가 필요합니다.
Ich brauche eine Sonnenbrille mit geschliffenen Gläsern.

콘택트렌즈를 잃어버렸습니다.
Ich habe eine Kontaktlinse verloren.

근시입니까 아니면 원시입니까?
Sind Sie kurz- oder weitsichtig?

저는 근시입니다. 왼쪽 눈의 렌즈가 없어요.
Kurzsichtig. Die Linse für das linke Auge fehlt.

하드렌즈를 원하세요?
Möchten Sie eine harte Kontaktlinse?

소프트렌즈요.
Eine weiche Linse, bitte.

시력 좀 검사해주시겠습니까?
Lassen Sie mich die Sehstärke prüfen?

저는 디옵터 마이너스 5.5입니다.
Ich habe minus fünf Komma fünf Dioptrien.

맞습니다. 렌즈는 3시간 후에 완성됩니다.
Richtig. Die Linse ist in drei Stunden fertig.

그러면 내일 오겠습니다.
Dann komme ich morgen.